Glaboniat · Müller · Rusch · !

Profile deutsch

Gemeinsamer europäischer Referenzrahmen

Lernzielbestimmungen

Kannbeschreibungen

Kommunikative Mittel

Niveau A1–A2 · B1–B2 · C1–C2

Erst Klett Sprachen

Stuttgart

Projektleitung
Martin Müller, Lukas Wertenschlag (CLAC und Universität Freiburg/Fribourg)

Autoren und Autorinnen
Manuela Glaboniat, Martin Müller, Paul Rusch, Helen Schmitz, Lukas Wertenschlag

CD-ROM
Konzeption: Lukas Wertenschlag
Gestaltung: Lukas Wertenschlag, Christophe Berger (teamtime consulting), Martin Müller
Programmierung: Tobie Gobet, Martin Surka (teamtime consulting), Machiel Wiegel
Produktion: teamtime consulting, Freiburg/Fribourg

Expertengremium
Hans-Peter Apelt (Goethe-Institut), Karl-Richard Bausch (Ruhr-Universität Bochum), Mirjam Egli (Universität Basel), Bernd Kast (Goethe-Institut), Jochen Neuberger (Goethe-Institut), Robert Saxer (Universität Klagenfurt), Werner Schmitz (Goethe-Institut), Günther Schneider (Universität Freiburg/Fribourg, Vertreter der Schweizerischen Konferenz der kantonalen Erziehungsdirektoren/EDK), Hans Simon-Pelanda (Goethe-Institut), John Trim (Europarat)

Mitarbeiter und Mitarbeiterinnen
Mündliche Textmuster: Ursula Hirschfeld (Universität Halle), Kerstin Reinke (Universität Leipzig)
Kannbeschreibungen Sprachmittlung C1, C2: Susanne Jekat, Monika Lanz (Zürcher Hochschule Winterthur)
Lernerbeispiele: Hanna Bancher, Karoline Janicek (Österreichisches Sprachdiplom Deutsch/ÖSD); Thomas Studer (Universität Freiburg/Fribourg)
Gerd Neuner (Universität Kassel)
Stéfanie Villarmé (Vorstudienlehrgang der Wiener Universitäten und Diplomatische Akademie Wien)

Umschlaggestaltung
Andrea Pfeifer

Verlagsredaktion
Manuela Beisswenger

„**Profile deutsch**" ist auf Initiative des Goethe-Instituts (München) und des Europarats (Straßburg/Strasbourg) entstanden. Es wurde in trinationaler Zusammenarbeit zwischen Deutschland, Österreich und der Schweiz durchgeführt. Das Projekt wurde finanziert durch

- das Goethe-Institut, Deutschland
- das Österreichische Bundesministerium für Bildung, Wissenschaft und Kultur, Wien
- das Österreichische Sprachdiplom Deutsch, Wien
- die Schweizerische Konferenz der kantonalen Erziehungsdirektoren (EDK)

Hinweis zum Wörterbuch
Der Langenscheidt Verlag hat freundlicherweise die elektronischen Daten des e-Großwörterbuchs Deutsch als Fremdsprache 4.0 zur Verwendung in „Profile deutsch" überlassen.

1. Auflage 1 6 5 4 | 2021 20 19 18 17

Erstausgabe erschienen 2005 bei der Langenscheidt KG, München

Druck und Bindung: CEWE Stiftung & Co. KGaA, Germering

ISBN 978-3-12-606518-4

Inhaltsverzeichnis

Vorwort

Der Europarat begrüßt das Erscheinen der neuen Fassung von „Profile deutsch". Die Publikation setzt einen bedeutsamen Meilenstein auf dem Weg zur Beschreibung von Kompetenzniveaus bei Lernzielbestimmungen und diesen zugeordneten sprachlichen Mitteln. Es handelt sich dabei – am Beispiel des Deutschen – um eine erste Konkretisierung der Vorschläge des Europarats zur Beschreibung der sechs Niveaustufen der Sprachbeherrschung, wie sie im „Gemeinsamen europäischen Referenzrahmen für Sprachen" vorgestellt werden.
Die Initiative des Goethe-Instituts und des Europarats zu diesem Vorhaben geht auf das Jahr 1997 zurück. In trinationaler Kooperation haben sich auch Institutionen aus Österreich und der Schweiz an dem Vorhaben beteiligt. Im Jahr 2002 erschien die erste Fassung von „Profile deutsch", die mit innovativer Intention Konkretisierungen für die Niveaus A und B vorschlug. Dieses Projekt wurde von Dr. John Trim, dem ehemaligen Leiter des Fremdsprachenprojekts des Europarats und Mitinitiator des Konzepts der sog. Kommunikationsschwelle („Threshold Level", deutsch „Kontaktschwelle"), beratend betreut, im Namen des Europarats.
Die jetzt vorliegende neue Fassung als Referenzbeschreibung für die deutsche Sprache wurde durch Niveaubeschreibungen, Lernzielbestimmungen und sprachliche Mittel auf den Niveaus C1 und C2 ergänzt und auf den Niveaus A und B angereichert. Sie bildet eine unschätzbare Handreichung für alle, die mit Sprachunterricht und Sprachenlernen befasst sind:

- bei der Lehrplanentwicklung,
- bei der inhaltlichen Gestaltung von Lehrbüchern und Prüfungen,
- bei der Planung und Durchführung von Sprachkursen.

Die neue Fassung ist nicht nur hilfreich aufgrund ihres anregenden inhaltlichen Angebots und ihrer klaren Gliederung, sondern auch aufgrund ihres theoretischen Anspruchs und der methodologisch begründeten Auswahl, die Anstöße geben werden für eine lebendige Diskussion mit fruchtbaren Ergebnissen.
„Profile deutsch" stellt mit seiner Konzeption und der inhaltlichen Konkretisierung dieser konzeptionellen Ansprüche eine neue Referenzbeschreibung für das Lehren und Erlernen der deutschen Sprache dar. Vorausgegangen war die Veröffentlichung der „Kontaktschwelle" (1980) mit dem Anspruch, zu beschreiben, was ein Sprachanwender/eine Sprachanwenderin können sollte, um sich auf einem bestimmten Niveau verständigen zu können. In der Folgezeit wurden Lernzielbestimmungen für 24 nationale und regionale Sprachen erarbeitet; außerdem wurden jeweils ein niedrigeres und ein höheres Niveau festgelegt.
Die Besonderheit von „Profile deutsch" liegt in der Konzeption. Das Werk besteht aus einer CD-ROM und einem begleitenden Handbuch. Die CD-ROM enthält in einer Datenbank als Kern der Niveaubeschreibungen Kannbeschreibungen für alle Niveaus und zu diesen sprachliche Mittel sowie weitere Informationen. Das Programm erlaubt vielfältige Abfragen und bietet Möglichkeiten, die spezifischen Bedürfnisse der Anwender und Anwenderinnen zu integrieren. Das Aufzeigen flexibler Lösungen und Querverbindungen sowie wesentlicher sprachlicher Mittel, verbunden mit einem Wörterbuch und dem Text des „Gemeinsamen europäischen Referenzrahmens für Sprachen", erleichtert den praktischen Gebrauch dieser Referenzbeschreibung ungemein.
Dank und Anerkennung gebührt dem Autorenteam (aus Deutschland, Österreich und der Schweiz), das „Profile deutsch" erarbeitet hat, dem begleitenden Expertengremium, dem Goethe-Institut München, dem bm:bwk (Österreichisches Bundesministerium für Bildung, Wissenschaft und Kultur) Wien, dem ÖSD (Österreichisches Sprachdiplom Deutsch) und der EDK (Eidgenössische Konferenz der kantonalen Erziehungsdirektoren) für die Finanzierung des Projekts, und den Universitäten Klagenfurt und Freiburg/Fribourg.
Der Europarat fördert und unterstützt das Erlernen mehrerer Sprachen im Verlauf des Lebens durch ein ganzes Paket politischer Initiativen. Die Ausarbeitung von Referenzbeschreibungen für das Erlernen nationaler und regionaler Sprachen ist Teil des hierauf abzielenden Arbeitsprogramms. Ich freue mich mithin über die Fertigstellung der neuen Fassung von „Profile deutsch" für die sechs Niveaustufen der Sprachbeherrschung. Damit wurde ein weiterer wichtiger Meilenstein der sprachlichen Lernzielbestimmung erreicht.

Joseph Sheils
Leiter der Abteilung für Sprachenpolitik
Europarat, Straßburg/Strasbourg

Vorbemerkung

Wege entstehen dadurch, dass wir sie gehen.
(Franz Kafka)

„Profile deutsch" C-Niveaus – eine Herausforderung

„Profile deutsch" mit den Niveaubeschreibungen A1, A2 und B1, B2 wurde erstmals auf der Internationalen Deutschlehrertagung (IDT) 2001 in Luzern einem größeren Kreis des Fachpublikums vorgestellt. Vor allem die CD-ROM als praktisches und flexibles Produkt – nicht zuletzt wegen der konkreten Beispiele zur Verdeutlichung der Kannbeschreibungen – fand dort großen Anklang. Die Publikation der Niveaubeschreibungen A1, A2 und B1, B2 des Jahres 2002 fand breite und anerkennende Resonanz.

Mit der Erarbeitung der hier vorliegenden Version von „Profile deutsch", die um die Niveaus C1 und C2 erweitert wurde, betrat das Autorenteam wiederum Neuland, da keine vergleichbaren Grundlagen oder Vorgaben existierten, um den „Gemeinsamen europäischen Referenzrahmen für Sprachen" für diese fortgeschrittenen Niveaus für eine Einzelsprache umzusetzen. Die Weiterentwicklung von „Profile deutsch" war daher keine leichte Aufgabe und stellte für alle Beteiligten eine Herausforderung dar. Es galt, ein Konzept zu entwerfen und die hoch gesteckten Erwartungen mit realistischen Zielen in Einklang zu bringen. Ebenso wie bei der Entwicklung der Niveaus A und B war es auch hier eines der Hauptanliegen, ein flexibles und praktisches Instrument zu entwickeln.

Es ist offensichtlich, dass die sprachlichen Bedürfnisse für Lernende mit fortgeschrittenem Niveau schwer zu definieren sind, denn – je höher das sprachliche Niveau ist, desto komplexer sind die sprachlichen Handlungsabläufe, desto spezifischer werden die Bedürfnisse der einzelnen Lernenden und desto weniger lassen sich sprachliche Mittel oder Strukturen insgesamt festlegen.

Diese Grundannahmen stehen stellvertretend für viele Fragen und Probleme, für die es galt, praktische Lösungen zu finden, und die das Autorenteam zusammen mit verschiedenen Experten und Expertinnen in Workshops und Tagungen diskutierte. Nicht zuletzt beschäftigte uns aus der Perspektive der Benutzer und Benutzerinnen immer wieder die Frage, wie flexible und offene Beschreibungen für die C-Niveaus sinnvoll in die bestehende Struktur von „Profile deutsch" integriert werden können. Im Zusammenhang damit stellte sich auch die Aufgabe, die Benutzerfreundlichkeit des Gesamtproduktes für die Anwender und Anwenderinnen zu verbessern.

„Profile deutsch" – ein benutzerfreundlicher Kompass für alle Niveaus

Das vorliegende Ergebnis dieser Überlegungen und Aktivitäten ist ein benutzerfreundlicher Kompass geworden, ein offenes Instrument gewissermaßen, das allen Anwendern und Anwenderinnen helfen soll, einen eigenen Weg durch die Niveaustufen A – C und bei der Arbeit mit ihnen zu gehen.

„Profile deutsch A – C" enthält im Vergleich zur Version von 2002 folgende neue Komponenten, die – so hoffen wir – die Benutzerfreundlichkeit, aber auch die Offenheit und Flexibilität erhöhen:

- Zur präzisen Anpassung und Beschreibung bedarfsorientierter Profile wurde ein Modell entwickelt, mit dem sich **eigene, neue Gruppenprofile beschreiben** und ins bestehende Netz der international anerkannten Standards der Kannbeschreibungen einbinden **lassen**.
- Zur Verdeutlichung, aber auch um ein Gefühl für die Niveaus zu bekommen, wurden **„hörbare" Lernerbeispiele für alle Niveaus** aufgenommen, mit den Kannbeschreibungen kalibriert und kommentiert.
- Zur Ergänzung des Wortschatzes wurde **ein vollständiges Wörterbuch für Deutsch als Fremdsprache** in die bestehende Struktur integriert.
- Zur schnelleren und praktischeren Handhabung wurden **die globalen und detaillierten Kannbeschreibungen** auf allen Niveaustufen **nach Abfragekriterien gegliedert**, so dass Kompetenzskalen von A1 – C2 besser sichtbar werden.

Viele Menschen haben das Projekt begleitet

„Profile deutsch" ist ein Projekt von und mit Menschen, war und ist somit nicht frei von Problemen und Fehlern, für die das Autorenteam geradestehen muss. Wir möchten allen danken, die uns geholfen haben, auf dem Weg zum Ziel ein tragfähiges Netzwerk aufzubauen. Damit wurde dem gesamten Autorenteam ermöglicht, die Motivation und die Bereitschaft zu einem enormen Arbeitseinsatz über die lange und intensive Arbeit hinweg aufrechtzuerhalten.

Ein erstes und großes Dankeschön gebührt natürlich dem **Autorenteam**, Helen, Manuela und Paul, das nie aufgehört hat, gemeinsam das Projekt voranzutreiben und das immer wieder mit kreativen Ideen nach Wegen und Lösungen gesucht hat. Dank sagen wir auch Monika Lanz und Susanne Jekat von der Hochschule Winterthur, Departement Angewandte Linguistik und Kulturwissenschaften, die als temporäre Mitarbeiterinnen des Teams Wichtiges zur Sprachmittlung beigetragen haben.

Ein herzliches Dankeschön geht an unsere **Auftraggeber**, die finanzielle Mittel bereitgestellt und uns durch ihr Vertrauen immer wieder ermutigt haben, den eingeschlagenen Weg zu Ende zu gehen:
Margareta Hauschild, Jochen Neuberger, Hans Simon-Pelanda und Bernd Kast vom Goethe-Institut, München, Gertrude Zhao-Heissenberger vom Österreichischen Bundesministerium für Bildung, Wissenschaft und Kultur, Elisabeth Piskernik vom Österreichischen Sprachdiplom, Olivier Maradan von der Eidgenössischen Konferenz der kantonalen Erziehungsdirektoren, Joe Sheils vom Europarat.

Danken möchten wir unseren **fachlichen Beratern und Beraterinnen**, die uns auch in schwierigen Situationen unterstützend begleitet haben: Hans Peter Apelt, Bernd Kast und Werner Schmitz vom Goethe-Institut, München, Richard Bausch von der Ruhr-Universität Bochum, Mirjam Egli von der Universität Basel, Robert Saxer von der Universität Klagenfurt, Günther Schneider von der Universität Freiburg/Fribourg, John Trim vom Europarat.

Zusammen mit verschiedenen **Experten und Expertinnen des Europarats** wurden die C-Niveaus in einem Workshop, organisiert durch das Lern- und Forschungszentrum für Fremdsprachen der Universität Freiburg/Fribourg, diskutiert und als ein Modell für die Umsetzung des „Referenzrahmens" in eine Einzelsprache verabschiedet. Unser Dank dafür geht an Philia Thalgott (Europarat), Gabriele Gauler (Deutschland), Mirjam Egli und Georges Lüdi (Schweiz), Daniel Coste und Jean-Marie Gautherot (Frankreich), José Pascoal (Portugal), Nick Saville (Großbritannien) und Günther Schneider (Schweiz).

Danken möchten wir auch den vielen **Teilnehmern und Teilnehmerinnen von Workshops** in verschiedenen Ländern und an den unterschiedlichsten Institutionen, die uns mit Ideen und Verbesserungsvorschlägen unterstützt haben. Namentlich danken wir den Teilnehmern und Teilnehmerinnen des Startworkshops, bei dem wir nach Zielen und Wegen gesucht haben: Gabriele Kecker (TestDaF), Karin Kleppin (Universität Leipzig), Christina Kuhn und Hermann Funk (Universität Jena).

Unser Dank geht auch an Gerd Neuner und seine Seminarteilnehmer und -teilnehmerinnen an der Universität Kassel und an Herbert Bornebusch vom Langenscheidt Verlag.

Ohne die Unterstützung und den Einsatz der **IT-Spezialisten** Tobie Gobet und Martin Surka von teamtime consulting wären unsere Ideen und Entwürfe graue Theorie geblieben. Auch ihnen sagen wir danke.

Sprachen lassen sich nicht über Niveaus definieren – und Menschen schon gar nicht

„Profile deutsch" war die erste Umsetzung der Grundideen des „Gemeinsamen europäischen Referenzrahmens für Sprachen" für eine Einzelsprache. In der Zwischenzeit liegen auch für Französisch erste Niveaubeschreibungen (vgl. Auswahlbibliographie) vor und für weitere Sprachen sind Expertenteams an der Arbeit.

Die Niveaubeschreibungen für Deutsch enthalten Lernzielbestimmungen und sprachliche Mittel für die sechs Niveaustufen des Europarats. Das Autorenteam von „Profile deutsch" versteht diese „Stufen" nicht als „ein für alle Mal in Stein gemeißelt", sondern als Orientierungspunkte und Leitplanken für Lernende, Lehrende und Vertreter von Wirtschaft und Gesellschaft in unterschiedlichsten Institutionen. Viele Entscheidungen, die wir selbst nach längeren

Diskussionen getroffen haben, werden daher hoffentlich wieder zu neuen Diskussionen führen. Dies wäre ganz in unserem Sinn, denn Sprachen – und Menschen schon gar nicht – lassen sich nicht über Niveaus definieren. Wir sind aber fest davon überzeugt, dass diese „Stufen" als Richtgrößen helfen werden, mehr Transparenz und Kohärenz in das Lernen und Lehren der deutschen Sprache zu bringen.

Niveaubeschreibungen als Vorgaben und als Anstoß für Veränderungen

Ein zentrales Anliegen von „Profile deutsch" ist, dem bestimmenden und normierenden Charakter, den Niveaubeschreibungen bekommen können, entgegenzuwirken. Die Niveaubeschreibungen verstehen sich als Richtgrößen, nicht als hermetisch-objektive Vorgaben. Die Listen sind als Anregungen gedacht, die man für die eigene Praxis umschreiben oder den spezifischen Bedürfnissen von Lernenden oder Institutionen anpassen kann. Dank dem technischen Mittel der CD-ROM ist dies möglich geworden. Viele Inhalte können regionalen oder spezifischen Bedürfnissen angepasst werden, ohne dass dabei der Wert international vergleichbarer Niveaustufen verloren geht. Damit ist natürlich unser Wunsch verbunden, dass Sie als Benutzer und Benutzerinnen nicht nur Ihre eigenen Erfahrungen einbringen, sondern auch kritisch und verantwortungsvoll mit dem vorliegenden Material umgehen.

Wir wünschen Ihnen als **Benutzern und Benutzerinnen** viel Spaß beim Entdecken von „Profile deutsch" und hoffen, dass die CD-ROM und das Buch Ihnen hilfreiche und nützliche Weg-Begleiter bei Ihrer täglichen Arbeit sein werden.

Freiburg/Fribourg 2005

Martin Müller und Lukas Wertenschlag

Hintergrundinformationen

- in Reaktion auf gesellschaftliche, wirtschaftliche & politische Prozesse des 21. Jh. ...
  (–> multikulti Gesellschaft
  –> zunehm. Globalisierung & größerer Wettbewerb
  –> Suche nach neuen Identitäten
  –> Etablierung des Engl. als Lingua Franca)
  ... versteht sich das Fremdsprachenlernen nicht mehr nur als Erwerb von Wörtern & Strukturen!
- Im Zentrum stehen andere Aspekte, die den FS-Erwerb verstärkt in einen kulturellen, sozialen & wirtsch. Kontext einbetten
  –> es ist jetzt wichtiger in unterschiedl. Sprachen handeln zu können (lieber Teilkenntnisse in mehreren Sprachen, als Perfektion in einer)
  –> kulturelle Ziele, um auch in der eigenen Kultur das Andere zu entdecken & mit dem Fremden umzugehen
  –> Handlungsorientierter Ansatz
  –> Sprachenlernen & Fremdsprachenkenntnisse vor dem polit. Hintergrund, Toleranz & Demokratie zu fördern

1 Die CD-ROM

1.1 Erste Schritte

Programm installieren

Legen Sie die CD-ROM in das Laufwerk ein und folgen Sie den Anweisungen auf dem Bildschirm. Warten Sie, bis das Programm vollständig installiert ist. Nehmen Sie erst dann die CD-ROM aus dem Laufwerk.

Programm starten

Klicken Sie auf dem Desktop auf das Icon „Profile deutsch 2.0" oder unter <Start> <Alle Programme> auf das Symbol „Profile deutsch 2.0".

Kapitel wählen

Wählen Sie ein Kapitel auf der linken Seite.

Wählen Sie im Kapitelfenster ein Unterkapitel, z. B. *Gruppenprofile.*
Die gewünschte Information erscheint rechts im Informationsfenster.

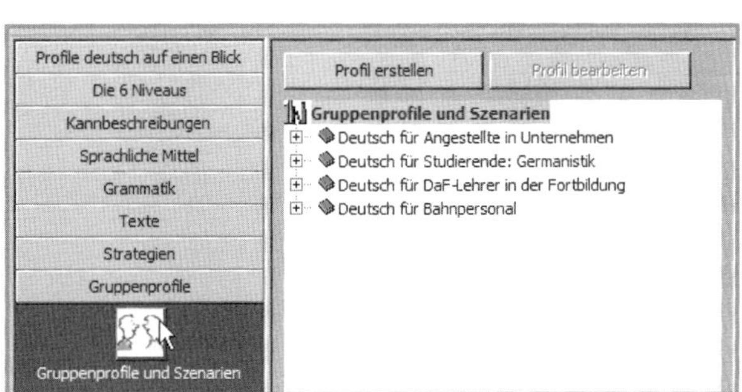

Programm beenden

Klicken Sie auf das Symbol „Programm beenden" oder auf das Kreuz „Schließen" im Programmfenster oben rechts.

Hilfe aufrufen

Wählen Sie in der Befehlzeile den Punkt <Hilfe> <Inhalt> oder drücken Sie die Taste F1.
Wählen Sie das gewünschte Thema. Hier finden Sie Informationen zum Bildschirmaufbau und zu wichtigen Funktionen des Programms.

1.2 Das Programm im Überblick

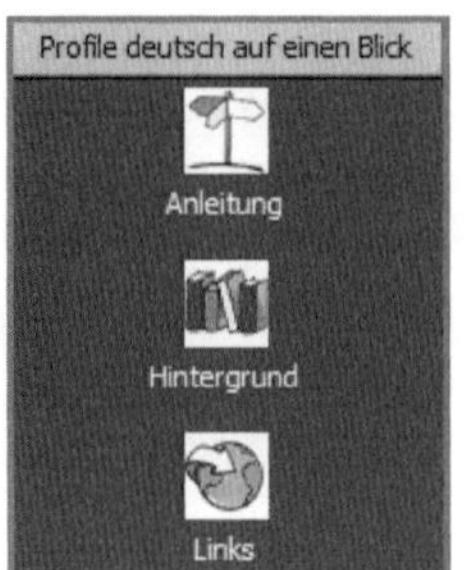

„Profile deutsch" auf einen Blick

Hier finden Sie kurze Informationstexte zu den einzelnen Komponenten der CD-ROM, eine **Kurzanleitung** zum Programm und weitere Informationen zu „Profile deutsch".
So finden Sie unter **Hintergrund** z. B. den „Gemeinsamen europäischen Referenzrahmen für Sprachen"[1] (Europarat 2004), in dem Sie direkt etwas nachlesen oder nachschlagen können.
Die **Links** führen Sie zu ausgewählten Adressen im Internet, die im Zusammenhang mit „Profile deutsch" stehen.

Die 6 Niveaus

Unter **Übersicht** sind die Niveaubeschreibungen des „Referenzrahmens", die so genannte Globalskala mit den Globaldeskriptoren, zu finden.
Die **Selbsteinschätzung** enthält den Selbsteinschätzungsraster des „Referenzrahmens". Sie können bestimmte Niveaus oder Aktivitäten auswählen und diese für Ihre Lernenden ausdrucken.
Die **Lernerbeispiele** beinhalten authentische Aufnahmen mündlicher Produktionen von Lernenden und dienen der Illustration der sprachlichen Fähigkeiten auf den verschiedenen Niveaustufen. Sie können die Beispiele anhören, um ein besseres Gespür für die einzelnen Niveaustufen zu bekommen, oder sie für verschiedene Unterrichtszwecke nutzen (Vergleich mit eigenen Lernerproduktionen, Anregungen für Beurteilung mündlicher Produktionen usw.) (→ S. 101).
Unter **Info** gibt es jeweils ein paar Erklärungen zum aktuellen Kapitel.

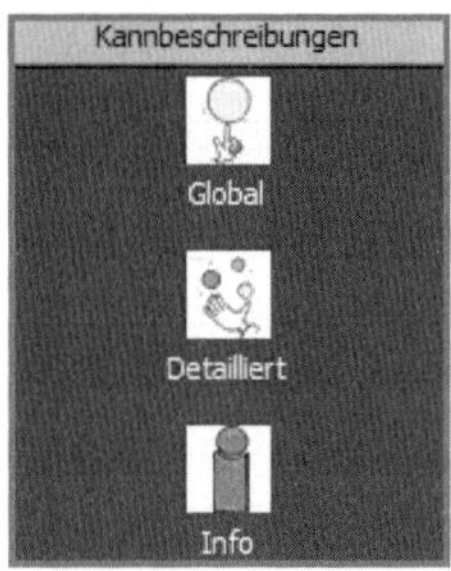

Kannbeschreibungen A1 – C2

Die **globalen Kannbeschreibungen** geben Auskunft darüber, **wie gut** jemand in der Sprache etwas tun kann. Sie können Abfragen nach verschiedenen Kriterien machen: nach Niveaus, Aktivitäten oder speziellen Kriterien wie Flüssigkeit, Korrektheit usw.
Die **detaillierten Kannbeschreibungen** geben Auskunft darüber, **was** jemand sprachlich kann, also in welchen konkreten Situationen er welche Aufgaben sprachlich bewältigen kann.
Sie können Abfragen nach verschiedenen Kriterien machen: nach Niveaus, Aktivitäten oder speziellen Kriterien wie Ankündigungen, Durchsagen und Anweisungen verstehen, Notizen und Mitteilungen schreiben, Gespräche verstehen usw. (→ S. 53).

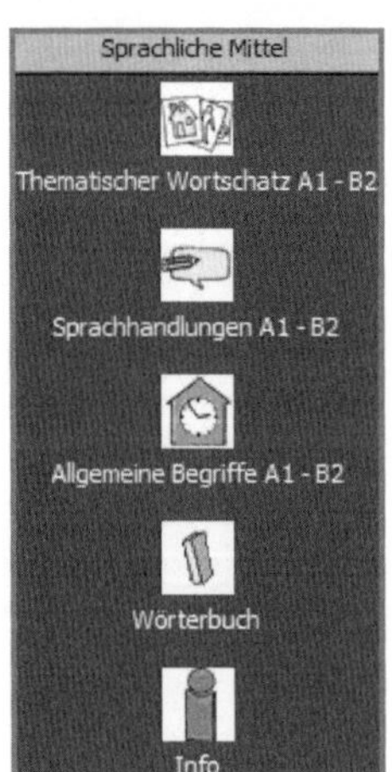

Sprachliche Mittel A1 – B2

Der **thematische Wortschatz**, die **Sprachhandlungen** und die **allgemeinen Begriffe** enthalten wichtige Wörter mit Angaben zu den Niveaus und zur Grammatik. Sie können die Wörter nach verschiedenen Kriterien (Niveau, rezeptiv – produktiv, Wortart) auswählen und sortieren. Die Wörter sind nach Thema, Sprachhandlungen (Sprechabsichten) und allgemeinen Konzepten wie Raum und Zeit geordnet.
Das **Wörterbuch** entspricht dem „e-Großwörterbuch Deutsch als Fremdsprache" (Langenscheidt 2003). Sie können aus den mehr als 33 000 Wörtern Ihre eigenen Listen zusammenstellen, idiomatische Ausdrücke suchen und spezielle Wörter in die Liste des thematischen Wortschatzes oder der allgemeinen Begriffe übernehmen. Auch hier finden Sie Angaben zu den Niveaus A1 – B2 (→ S. 68).

[1] Im Folgenden kurz als „Referenzrahmen" bezeichnet.

Grammatik A1 – B2

Die **systematische Grammatik** enthält wichtige grammatische Strukturen für die einzelnen Niveaus, die den Sprachbenutzern helfen, kommunikative Aufgaben niveauadäquat zu lösen. Von der systematischen Grammatik gibt es Verweise, insbesondere in die funktionale Grammatik, die allgemeinen Begriffe und die Sprachhandlungen. In der **funktionalen Grammatik** werden verschiedene grammatische Mittel unter Aspekten wie Intentionen (darstellen, wünschen, vermuten) oder Relationen (Raum, Zeit usw.) aufgeführt – mit Verweisen u. a. in die systematische Grammatik. Unter **Grammatikübersicht A1 – B2** findet der Benutzer/die Benutzerin eine vereinfachte Zusammenfassung und Zusammenschau der grammatischen Mittel, die auf den einzelnen Niveaustufen hilfreich sein können (→ S. 87).

Texte

Unter der Rubrik „Texte“ finden Sie eine Liste von **Textsorten**, die bei der Lösung von sprachlichen Aufgaben relevant sind. Sie können nach verschiedenen Kriterien wie Kanal, Medium, Zweck, Domäne gefiltert werden. Kannbeschreibungen, die zu den Textsorten passen, werden automatisch mit angezeigt.

Für bestimmte Textsorten gibt es **Textmuster**. In den Textmustern wird beschrieben, was u. a. typisch ist für die Textsorte in Bezug auf Textstruktur, Wortschatz und Grammatik. Verweise führen in die entsprechenden Kapitel (→ S. 93).

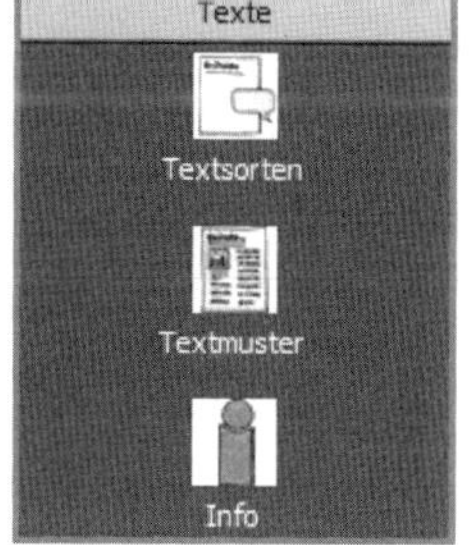

Strategien

Die **kommunikativen Strategien** enthalten Strategien und Techniken, die Sprachbenutzern bei der Lösung von sprachlichen Aufgaben hilfreich sein können. Als Benutzer/Benutzerin können Sie durch die Auswahl nach verschiedenen Kriterien wie kompensieren, um Hilfe bitten usw. gezielte Trainingsprogramme zusammenstellen.

Die **Lern- und Prüfungsstrategien** sind einerseits chronologisch nach „Vor – Während – Nach“ und andererseits nach Ziel, Vorgehensweise und Strategietyp geordnet.

Die Strategien sind keinem Niveau und keinen Kannbeschreibungen oder Textsorten zugeordnet. Sie haben aber die Möglichkeit, eigene Verknüpfungen zu anderen Teilen von „Profile deutsch“ zu erstellen (→ S. 96).

Gruppenprofile

Hier können Sie eigene **Gruppenprofile** und **Szenarien** erstellen. Sie können an der Stelle auch Ihre eigenen Materialien in „Profile deutsch“ einbinden (→ S. 63).

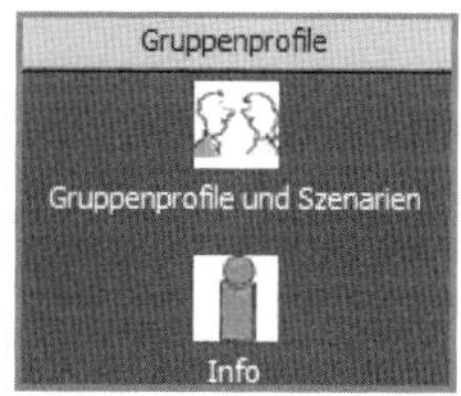

Sammelmappe

Gruppenprofile, Kannbeschreibungen, sprachliche Mittel usw. können Sie in der **Sammelmappe** zusammenstellen. Von hier aus können Sie die gesammelten Informationen in ein anderes Programm, wie z. B. Word oder Excel, exportieren, dort weiterverarbeiten und ausdrucken (→ S. 17).

1.3 Der Bildschirm

Zurück
Zurückblättern auf bereits besuchte Bildschirme.

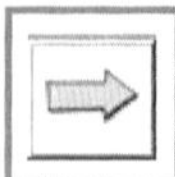

Vorwärts
Vorblättern auf bereits besuchte Bildschirme.

Suche nach ...
Sucht innerhalb des aktuellen Kapitels nach Schlagworten oder Baumeinträgen.

Volltextsuche
Durchsucht alle Einträge innerhalb des aktuellen Kapitels.

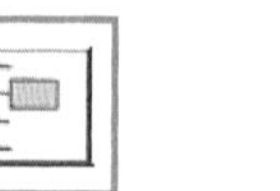

Position im Baum anzeigen
Zeigt den Begriff und die Position für den markierten Eintrag (gelb unterlegt).

Nur erste Ebene anzeigen
Zeigt nur die Hauptbegriffe (die erste Ebene) im Baum.

Baum öffnen
Einfacher Mausklick auf + oder Klick auf das Symbol „Geschlossenes Buch“: Die Unterkapitel werden sichtbar, das ausgewählte (aktivierte) ist jeweils grau unterlegt.
[+] bedeutet, das Kapitel hat weitere Unterkapitel
[•] bedeutet, es gibt keine weiteren Unterkapitel

Baum schließen
Einfacher Mausklick auf − oder Klick auf das Symbol „Offenes Buch“: Die Kapitel des Baumes werden geschlossen.

Gezielt auswählen
Einen Ast im Baum anklicken: Im Infofenster werden nur die Einträge angezeigt, die zu der gewählten Kategorie passen, z. B. thematischer Wortschatz im Zusammenhang mit Wohnen und Wohnformen.

Filtern und sortieren
Wenn ein spezieller Filter aktiviert ist, erscheint dieser in gelber Farbe.

Zusatzinformationen und Verknüpfungen in Registerkarten einsehen
Durch Klicken auf den Knopf der Registerkarte können Sie von einer Karte zur anderen wechseln.

Anzahl der gefundenen Einträge
In der Statuszeile wird die Anzahl der Einträge einer Auswahl oder Suche angezeigt – daneben erscheinen weitere Systeminformationen wie das aktuelle Datum und die Uhrzeit.

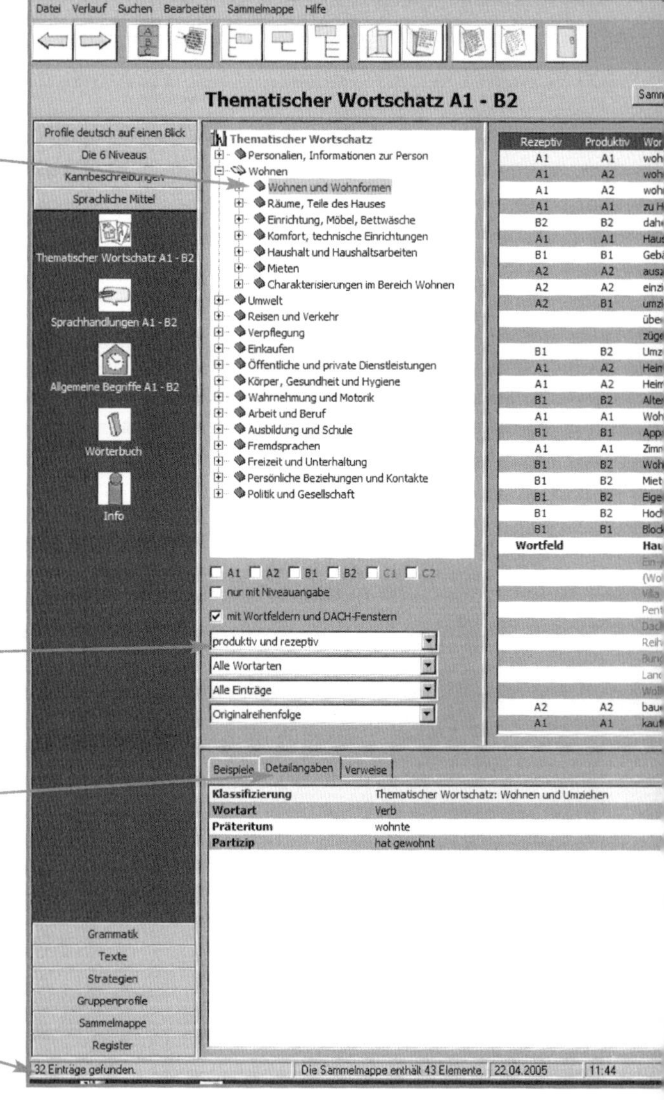

Tipp: Wenn Sie mit dem Cursor auf einen blauen Begriff gehen und der Cursor bekommt diese Form ☝ wird eine Verknüpfung angezeigt. Ein Klick bringt Sie zu dem Eintrag in dem entsprechenden Kapitel.

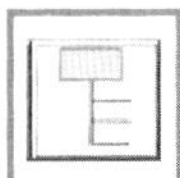

Alle Ebenen anzeigen
Zeigt alle Begriffe im Baum an.

Sammelmappe öffnen
Öffnet die ausgewählte Sammelmappe.

In Sammelmappe kopieren
Kopiert die markierten Einträge in die ausgewählte Sammelmappe.

Eintrag bearbeiten/ löschen
Markierter Eintrag (gelb unterlegt) kann bearbeitet oder gelöscht werden.

Neuen Eintrag eingeben
Öffnet die Maske für die Eingabe Ihrer eigenen Daten (grüne Schrift).

Programm beenden
Schließt das Programm.

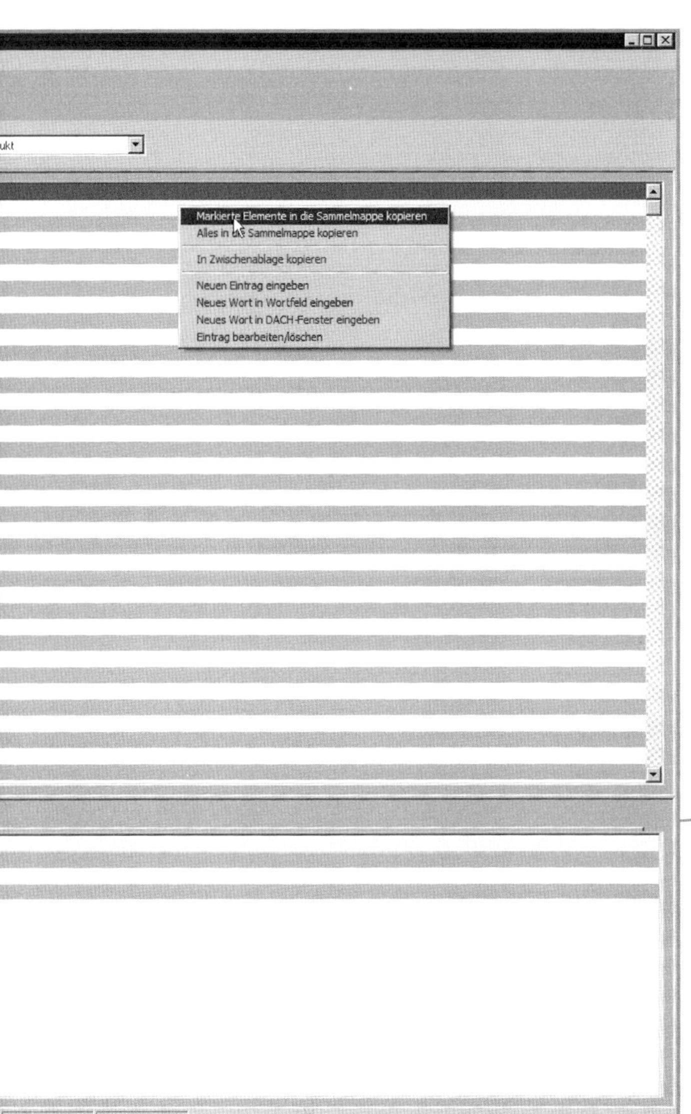

Die Farben

Gelb unterlegt
Markierte Einträge.

Blaue Schrift
Verweise und Verknüpfungen. Mit Mausklick kommen Sie auf den angezeigten Eintrag in einem anderen Kapitel.

Rote Schrift
Wortfelder und D-A-CH-Fenster beim thematischen Wortschatz. Diese Wörter haben keine Niveauangabe. Je nach Zielgruppe oder Region können diese Wörter mit berücksichtigt werden. Die **fett** geschriebenen Einträge sind Überschriften für Wortfelder bzw. für D-A-CH-Fenster.

Grüne Schrift
Einträge, die Sie selbst eingegeben haben.

Fenstergröße verändern
Mit dem Cursor über die Fensterbegrenzung fahren. Wenn er zum Doppelpfeil umspringt ⇅, die Fenstergröße mit gedrückter Maustaste verschieben.

Tipp: Mit einem Klick auf die rechte Maustaste können Sie viele Befehle direkt ausführen.

1.4 Grundfunktionen des Programms

Anzeigen

Daten anzeigen

Wenn Sie Daten anzeigen wollen, dann wählen Sie im Baum das gewünschte Thema. Je allgemeiner das gewählte Thema ist, desto mehr Einträge werden sichtbar. Wenn Sie z. B. im Baum auf „Allgemeine Begriffe" klicken, wird die Gesamtliste angezeigt, wählen Sie das Thema „Raum", bekommen Sie nur die dazu passenden Wörter und Ausdrücke.

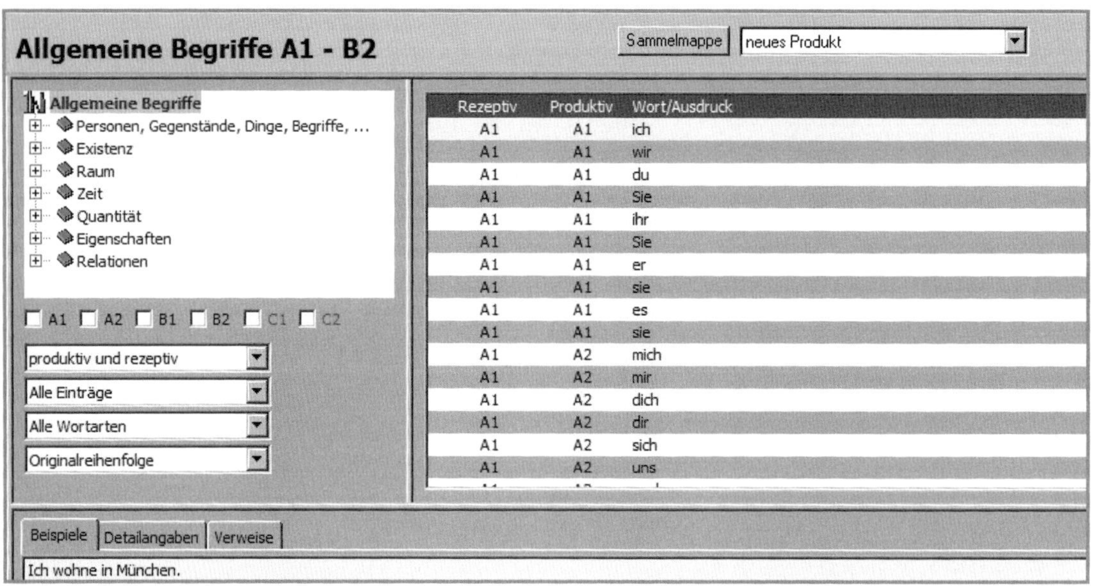

Einzelnen Ast anzeigen

Sie können sich im Baumfenster auch nur den gewählten Ast anzeigen lassen. Markieren Sie den gewünschten Ast und klicken Sie auf die rechte Maustaste. Wählen Sie die Option <Einzelnen Ast anzeigen>.

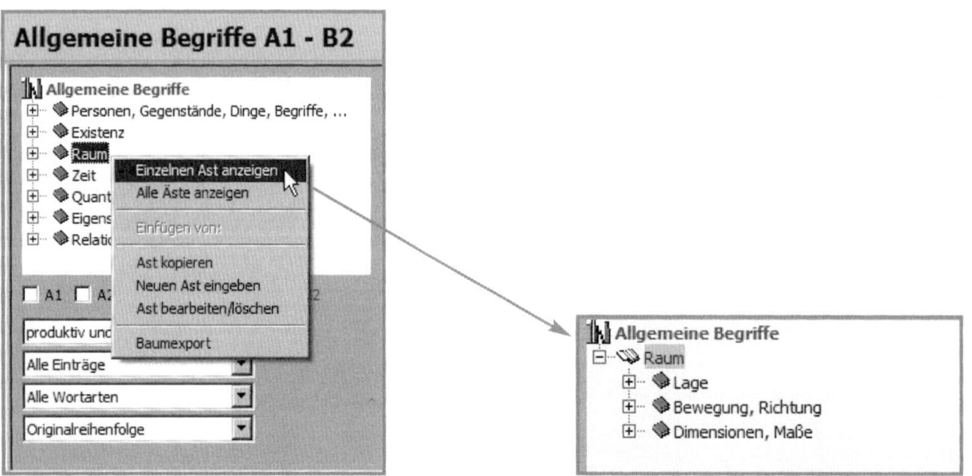

Alle Äste anzeigen

Wenn Sie nach der Auswahl wieder alle Äste sehen wollen, markieren Sie im Baum einen Ast, klicken Sie auf die rechte Maustaste und wählen Sie die Option <Alle Äste anzeigen>.

Suche nach ...

Über die Funktion <Suche nach ...> kommen Sie direkt zu bestimmten Einträgen im aktivierten Kapitel. Oft können Sie wählen, wo und was Sie suchen möchten. Bei den Gruppenprofilen zum Beispiel können Sie im ganzen Baum, in den Szenarien oder nur in den Elementen suchen.

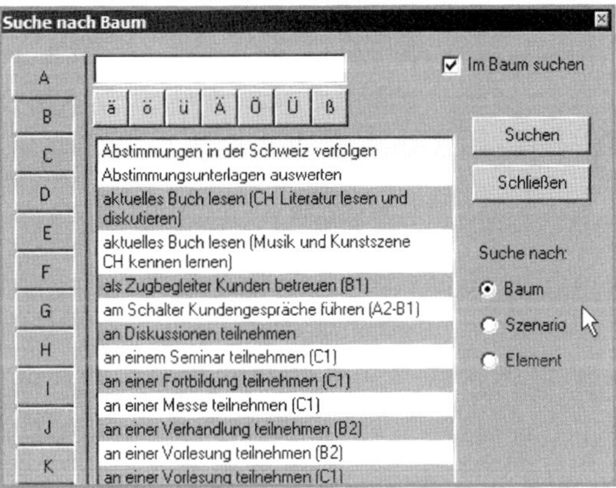

Volltextsuche

Die Volltextsuche zeigt alle Einträge im aktivierten Kapitel an, in denen ein bestimmter Suchbegriff vorkommt, z. B. das Wort „Alltag“ in den detaillierten Kannbeschreibungen.

Suche in den verschiedenen Registern

Wortregister: Suchen nach einem Wort

Das Wortregister umfasst alle Wort-Einträge, auch Ihre eigenen, aus den Kapiteln: *Thematischer Wortschatz, Sprachhandlungen, Allgemeine Begriffe, Systematische Grammatik* und *Funktionale Grammatik*. Das Register gibt einen schnellen Überblick darüber, wo welches Wort vorkommt. Beispiel: Das Wort „groß“ findet sich u. a. bei den allgemeinen Begriffen und beim thematischen Wortschatz.

Begriffsregister: Suchen nach einem Begriff

Sie können den gesuchten Begriff eintippen oder im Register suchen.
Das Begriffsregister enthält die Begriffe aus den „Bäumen“ der folgenden Kapitel: *Gruppenprofile, Kannbeschreibungen, Thematischer Wortschatz, Allgemeine Begriffe, Sprachhandlungen, Systematische Grammatik, Funktionale Grammatik, Textsorten, Textmuster, Lern- und Prüfungsstrategien, Kommunikative Strategien.*

Gesamtsuche: Suchen in der Datenbank

Die Gesamtsuche durchsucht die ganze Datenbank nach einem oder zwei Begriffen. Sie können die Suchbegriffe mit einem logischen „UND“ oder „ODER“ verknüpfen. Es werden alle Fundstellen angezeigt, in denen der Suchbegriff als Teil oder als Ganzes vorkommt. Klicken Sie auf die gewünschte Fundstelle, so wird der Suchbegriff in der entsprechenden Liste angezeigt. Wenn der gesuchte Begriff in der Datenbank nicht vorkommt, bleibt das Informationsfenster leer.

> **Tipp:** Um die Sonderzeichen ä, ö, ü, Ä, Ö, Ü, ß der deutschen Tastatur einzugeben, klicken Sie auf den gewünschten Knopf und im Suchfeld erscheint das entsprechende Zeichen.

Auswählen und Markieren Sie können in einer Liste durch einfachen Klick einen Eintrag auswählen. Wenn Sie mehrere zusammenhängende Einträge auf einmal auswählen möchten, dann markieren Sie die entsprechenden Einträge mit gedrückter Maustaste. Die ausgewählten Einträge sind gelb unterlegt.

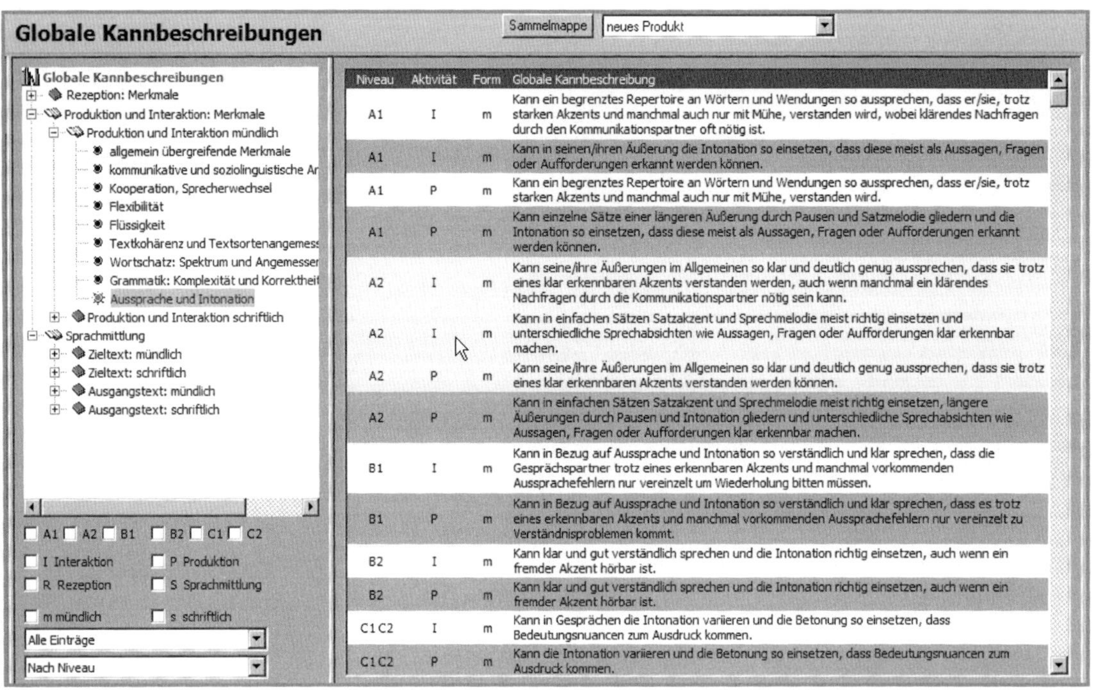

Kopieren

In die Zwischenablage kopieren

Markierte Einträge, die Sie in die Zwischenablage gelegt haben, können Sie z. B. im Textverarbeitungsprogramm Word mit der Funktion <Einfügen> direkt in ein Dokument kopieren.

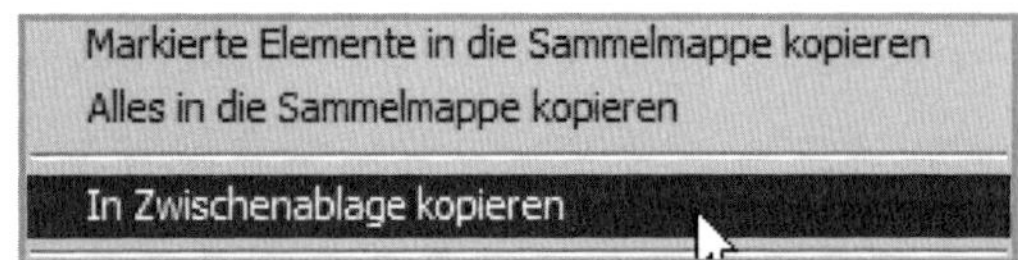

Drucken Wenn Sie Daten von „Profile deutsch" drucken möchten, dann kopieren Sie die Daten zuerst in die Sammelmappe (→ Sammelmappe nutzen, S. 17) und von dort exportieren Sie diese in Ihr Textverarbeitungsprogramm. Dort können Sie vor dem Drucken die Daten noch einmal bearbeiten.

Sammelmappe nutzen

In der Sammelmappe können Sie verschiedene Daten von „Profile deutsch" (Kannbeschreibungen, Wortschatz, Strategien usw.) für einen bestimmten Zweck zusammenstellen und mit einem Namen versehen. Sie können mehrere Sammelmappen anlegen, die Ihnen stets zur Verfügung stehen. Die verschiedenen Sammelmappen erscheinen in einer Baumstruktur alphabetisch geordnet.

Die Inhalte der einzelnen Sammelmappen können Sie in ein anderes Programm, z. B. in ein Textverarbeitungsprogramm, exportieren und von dort aus weiterbearbeiten. Sie können Daten, die Sie in die Sammelmappe abgelegt haben, aus der Sammelmappe wieder entfernen, ohne dass die Originaldaten gelöscht werden.

Sammelmappe auswählen

Bevor Sie Einträge in die Sammelmappe legen, wählen Sie die gewünschte Sammelmappe aus. Öffnen Sie die Liste und wählen Sie die gewünschte Sammelmappe.

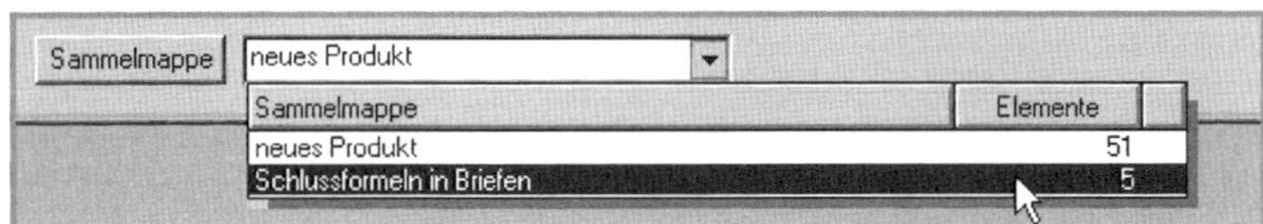

Neue Sammelmappe erstellen

Wenn Sie eine neue Sammelmappe erstellen wollen, wählen Sie den Befehl <Sammelmappe> <Sammelmappe erstellen> und geben Sie den gewünschten Namen der Sammelmappe ein. Wählen Sie dafür einen aussagekräftigen Titel, der über den Inhalt und die Funktion der Sammelmappe Auskunft gibt, z. B. „Modul 1: Hören und Notizen machen B1" oder „Selbsteinschätzung: Interaktion mündlich und Lernstrategien". Die neue Sammelmappe ist aktiviert und der Name erscheint im Fenster „Sammelmappe". Sie können nun Ihre Einträge ablegen. Die Sammelmappe finden Sie auch im Baum an der richtigen Stelle im Alphabet.
Wenn Sie im Kapitel *Sammelmappe* sind, aktivieren Sie den Sammelmappen-Baum, indem Sie auf einen beliebigen Ast klicken. Klicken Sie dann auf die rechte Maustaste und wählen Sie den Befehl <Neue Sammelmappe>.

Einträge in die Sammelmappe kopieren

Markieren Sie die gewünschten Einträge. Wählen Sie den Befehl <Bearbeiten> <In die Sammelmappe kopieren> oder das Symbol „In Sammelmappe kopieren" oder klicken Sie auf die rechte Maustaste und wählen Sie den entsprechenden Befehl:

Markierte Elemente in die Sammelmappe kopieren
Alles in die Sammelmappe kopieren
In Zwischenablage kopieren

Alles in die Sammelmappe kopieren

Wenn Sie alle angezeigten Einträge des ausgewählten Unterkapitels in die Sammelmappe kopieren möchten, wählen Sie den Befehl <Alles in die Sammelmappe kopieren> auf der rechten Maustaste.

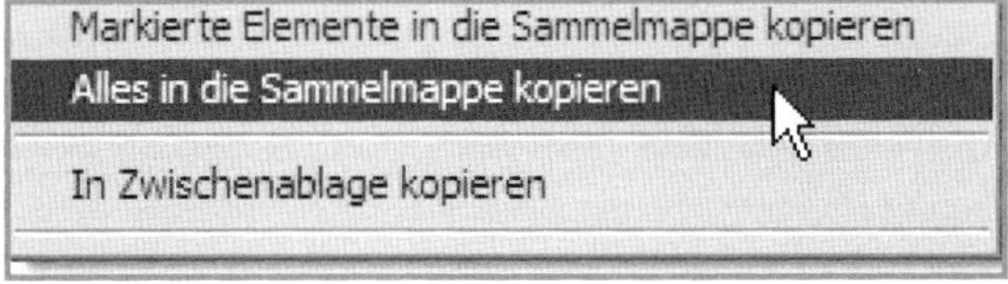

Sammelmappe öffnen

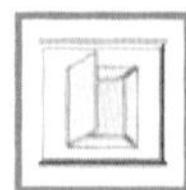

Klicken Sie oben in der Befehlleiste auf das Symbol „Sammelmappe öffnen" oder wählen Sie im linken Fenster das Kapitel *Sammelmappe* und dann das Symbol „Sammelmappe öffnen".

Inhalt der Sammelmappe anzeigen

Klicken Sie auf die Äste des „Sammelmappen-Baums", im rechten Fenster wird der jeweilige Inhalt angezeigt:

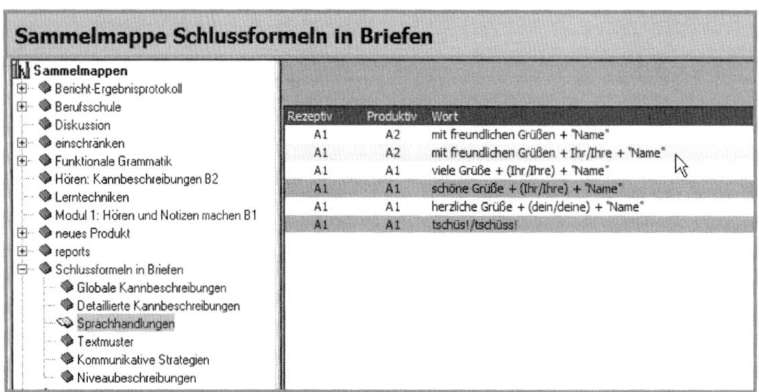

Einträge aus der Sammelmappe entfernen

Sie können einzelne oder mehrere Einträge aus der Sammelmappe entfernen, wenn Sie diese nicht brauchen oder in eine falsche Sammelmappe abgelegt haben. Markieren Sie im rechten Fenster die Einträge, die Sie aus der Sammelmappe entfernen möchten. Wählen Sie den Befehl <Sammelmappe> <Markierten Eintrag entfernen> oder klicken Sie auf die rechte Maustaste und wählen Sie den Befehl <Markierten Eintrag aus der Sammelmappe entfernen>. Bestätigen Sie den Löschvorgang.

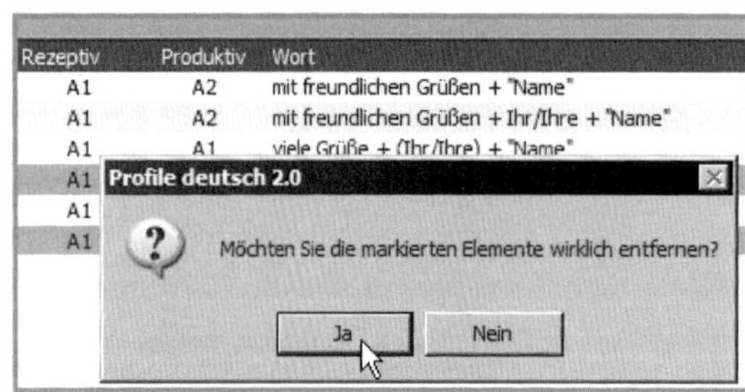

Sammelmappe exportieren

Die Daten in der Sammelmappe können Sie in ein anderes Programm exportieren und dort beliebig weiterbearbeiten. Bevor Sie die Sammelmappe exportieren, können Sie für jedes Kapitel entscheiden, wie viele Informationen Sie exportieren wollen. Wählen Sie dazu bei jedem Kapitel die gewünschten Informationen, z. B. beim thematischen Wortschatz können Sie den Wortschatz mit oder ohne Detailangaben bzw. Beispielsatz exportieren. Sie können wählen, ob Sie die „Gewählte Sammelmappe", die gelb unterlegt erscheint, mit oder ohne Details exportieren wollen, ob sie ein ganzes Kapitel der Sammelmappe oder „Nur markierte Einträge" exportieren wollen.

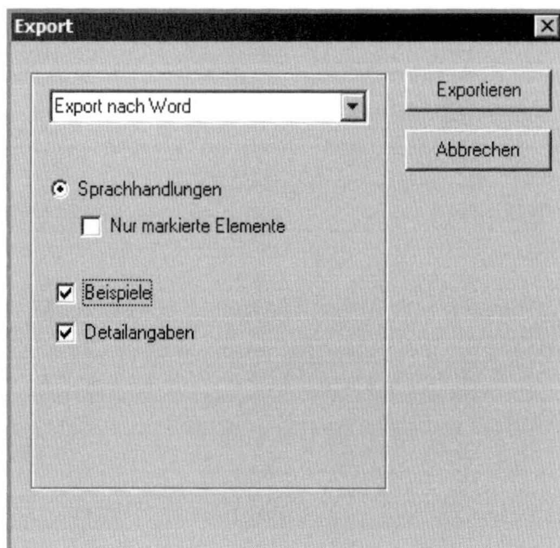

Sammelmappe löschen

Aktivieren Sie im Baum die zu löschende Sammelmappe. Wählen Sie den Befehl <Sammelmappe> <Sammelmappe löschen> oder klicken Sie auf die rechte Maustaste und wählen Sie den Befehl <Sammelmappe löschen>. Bestätigen Sie den Löschvorgang. **Achtung:** Wenn Sie die Sammelmappe nicht extra gespeichert haben (s. unten), können Sie diese nicht mehr wiederherstellen!

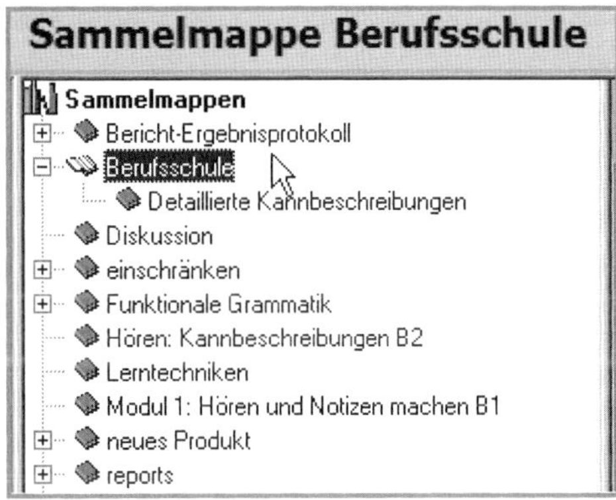

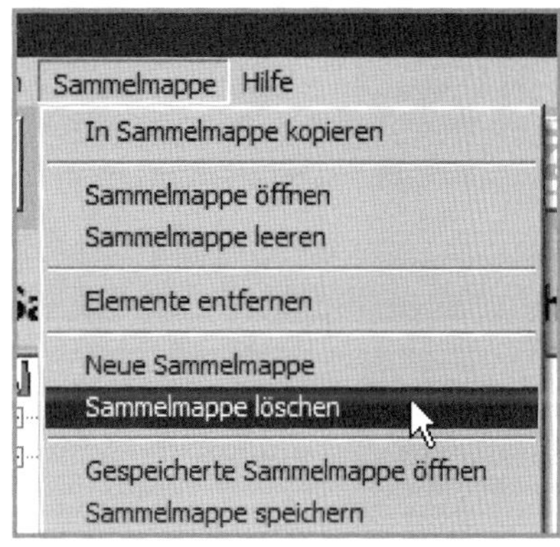

Sammelmappe speichern

Die verschiedenen Sammelmappen werden automatisch im Programm „Profile deutsch" gespeichert, wenn Sie das Programm verlassen. Sie können zusätzlich manuell einzelne Sammelmappen auf Ihrer Festplatte speichern, wenn Sie z. B. eine Sammelmappe längere Zeit nicht brauchen, sie aber nicht ganz löschen wollen. Positionieren Sie den Cursor auf der gewünschten Sammelmappe im Baum. Wählen Sie den Befehl <Sammelmappe> oder klicken Sie auf die rechte Maustaste. Wählen Sie dann <Sammelmappe speichern>. Geben Sie Ihrer Sammelmappe einen Namen oder übernehmen Sie den vorgeschlagenen Namen. Der Dateiname erhält automatisch die Erweiterung PDS = „Profile deutsch Sammelmappe".

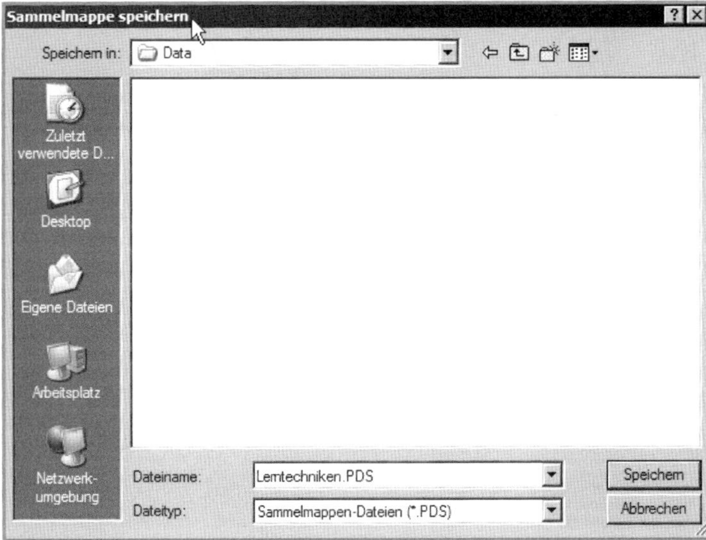

Gespeicherte Sammelmappe öffnen

Wählen Sie den Befehl <Gespeicherte Sammelmappe öffnen>. Wählen Sie die gewünschte Sammelmappe und dann den Knopf <Öffnen>. Die Sammelmappe erscheint im Baum an der richtigen Stelle im Alphabet.

Filtern und Sortieren

Filter benutzen

Durch Wahl bzw. Abwahl einzelner Kriterien können bestimmte Informationen herausgefiltert und somit gezielt angezeigt werden. In der Statuszeile unten links wird die Anzahl der gefilterten Einträge angezeigt.

Nur bestimmte Informationen anzeigen

Die wichtigsten Filter bei den *Kannbeschreibungen* sind:

- Niveau: A1 – A2 – B1 – B2 – C1 – C2
- Aktivität: Interaktion – Rezeption – Produktion – Sprachmittlung
- Form: mündlich – schriftlich

Diese Kriterien lassen sich kombinieren, z. B. die Niveaus A2 und B1 für Interaktion mündlich.

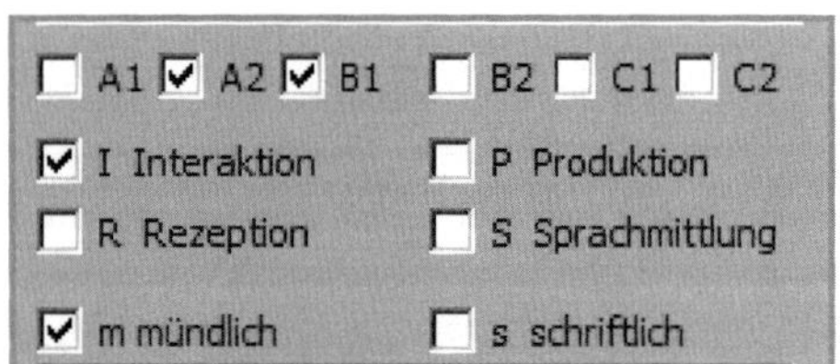

Die wichtigsten Filter bei den *sprachlichen Mitteln* sind:

- Niveau: A1 – A2 – B1 – B2 – C1 – C2
- produktiv – rezeptiv
- Wortarten
- Alle Einträge – eigene Einträge

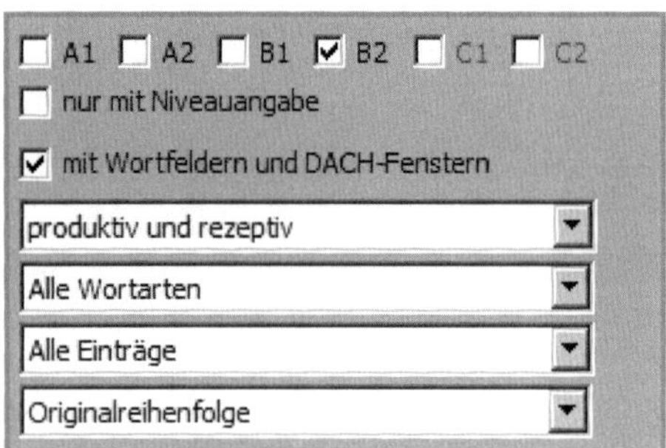

Aktivieren Sie den Filter durch Anklicken oder wählen Sie in der Liste das gewünschte Kriterium. Die aktivierten Auswahlkriterien sind durch ein ✔ oder durch gelben Hintergrund gekennzeichnet.

Sortieren

Die Listen auf dem Bildschirm können Sie nach verschiedenen Kriterien sortieren, z. B. alphabetisch oder nach Niveaus. Wenn Sie die ursprüngliche Darstellung wiederherstellen wollen, wählen Sie die Option „Originalreihenfolge".

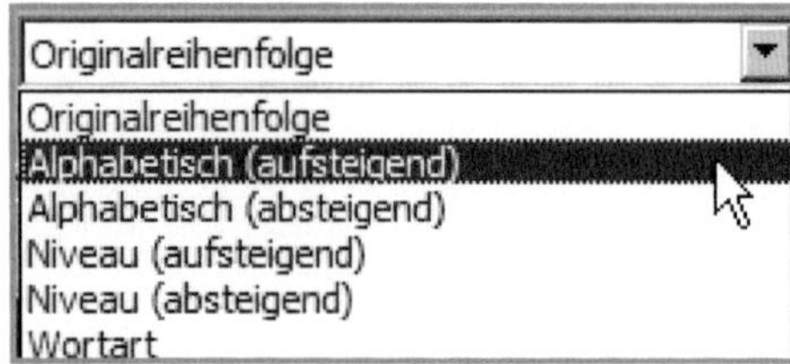

1.5 Arbeiten mit den Gruppenprofilen

Gruppenprofil erstellen

Positionieren Sie den Cursor im Baum auf „Gruppenprofile und Szenarien“. Wählen Sie „Neues Profil“. Geben Sie den Namen des Gruppenprofils ein.

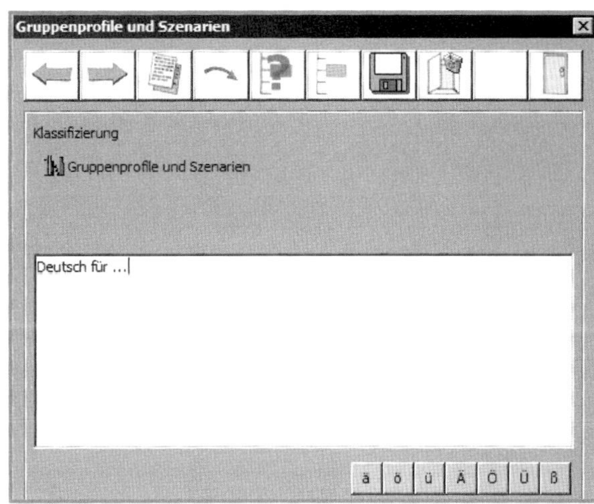

Gruppenprofilnamen bestimmen und speichern

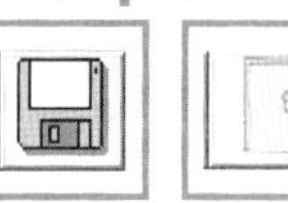

Speichern Sie zuerst den neuen Namen für das Gruppenprofil und schließen Sie dann das Fenster.

Vorgang abbrechen

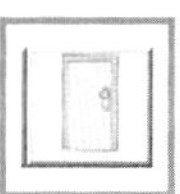

Wenn Sie den Vorgang abbrechen wollen, klicken Sie nur auf die Funktion <Schließen>“.

Namen des Gruppenprofils ändern

Wenn Sie den Namen des Gruppenprofils ändern wollen, wählen Sie „Profil bearbeiten“. Ändern Sie den Namen und speichern Sie Ihre Eingabe.

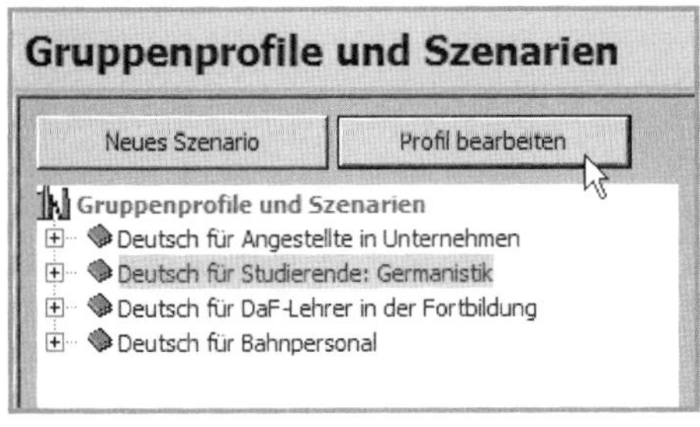

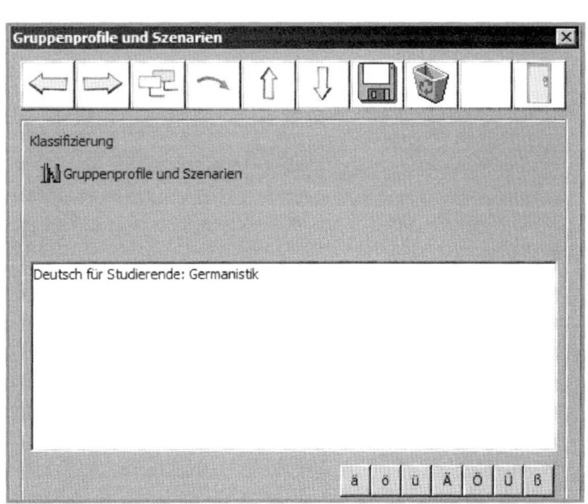

Gruppenprofil bearbeiten

→ „Szenario bearbeiten: Text ändern, verschieben, kopieren, löschen“, S. 22.

Neues Szenario eingeben

Positionieren Sie den Cursor im Baum auf das gewünschte Gruppenprofil. Wählen Sie „Neues Szenario".

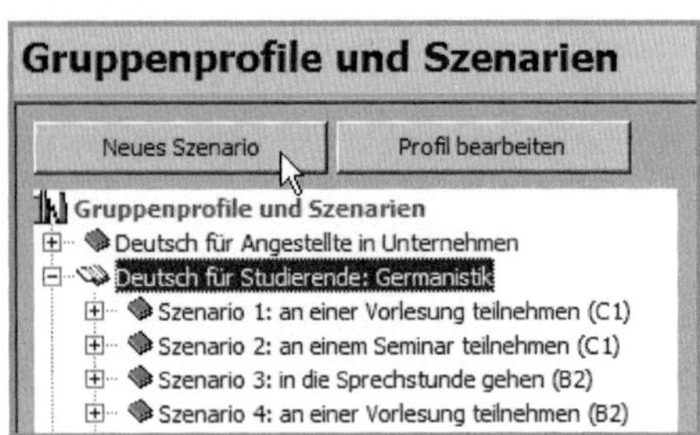

Geben Sie den Namen ein. Speichern Sie Ihre Eingabe und schließen Sie das Fenster. Das neue Szenario wird am Ende des Gruppenprofils hinzugefügt.

Szenario bearbeiten

Markieren Sie das gewünschte Szenario und wählen Sie „Szenario bearbeiten".

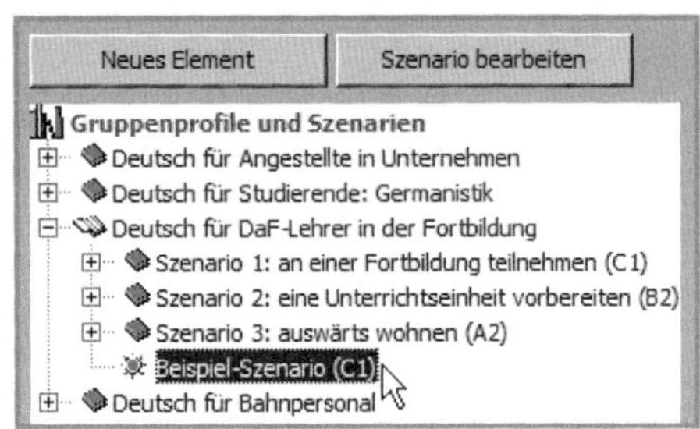

Text ändern, verschieben, kopieren, löschen

Nun können Sie den Namen des Szenarios ändern. Speichern Sie Ihre Änderungen und schließen Sie das Fenster.

Zusätzlich haben Sie folgende Möglichkeiten zur Auswahl:

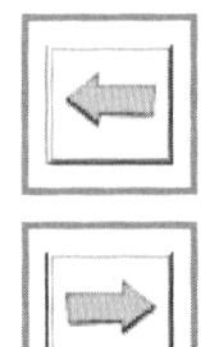

Zurück: Zurückblättern auf das vorherige Szenario.

Vorwärts: Weiterblättern auf das nächste Szenario.

Nach oben: Verschiebt das Szenario nach oben.

Nach unten: Verschiebt das Szenario nach unten.

Speichern

Löschen: Achtung! Die Daten werden endgültig gelöscht.

Fenster schließen

Neues Element eingeben

Positionieren Sie den Cursor im Baum auf das gewünschte Szenario. Wählen Sie „Neues Element", geben Sie den Namen ein und speichern Sie.

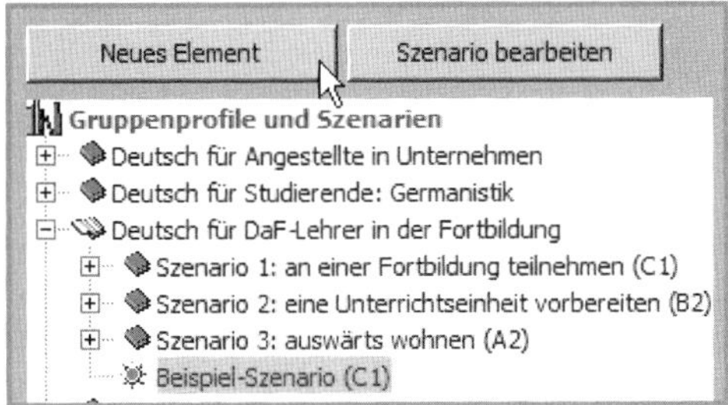

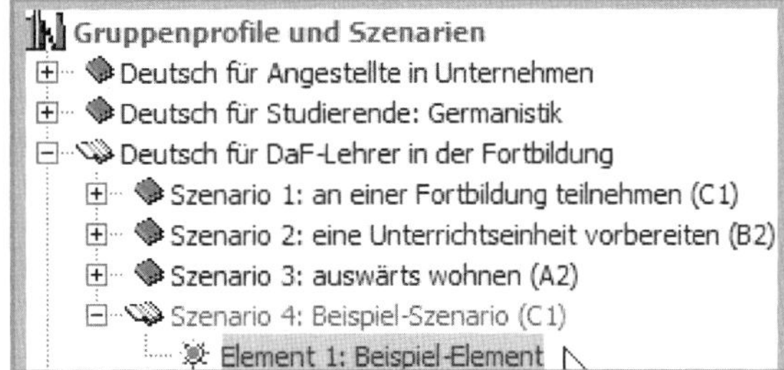

Element mit einer Kannbeschreibung verbinden

Wählen Sie im Baum das gewünschte Element. Positionieren Sie den Cursor im Feld „Kannbeschreibungen" und klicken Sie auf die rechte Maustaste.

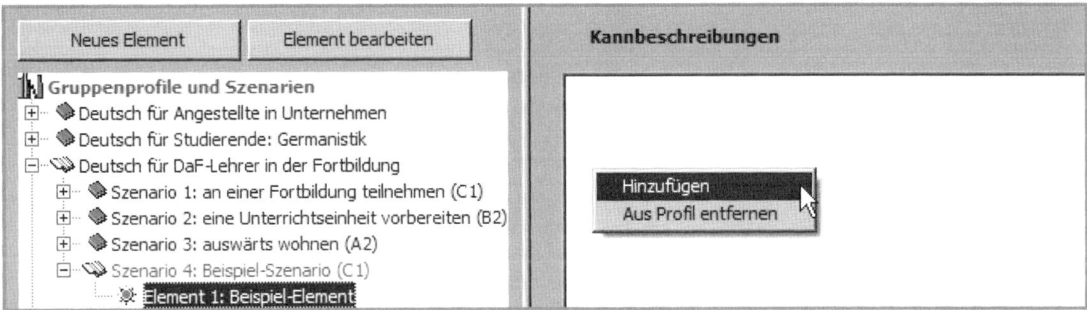

Wählen Sie die Option <Hinzufügen>.

Filtern Sie die detaillierten Kannbeschreibungen nach Niveau, Aktivität usw. Markieren Sie eine passende Kannbeschreibung und klicken Sie auf den Knopf <Wählen>.

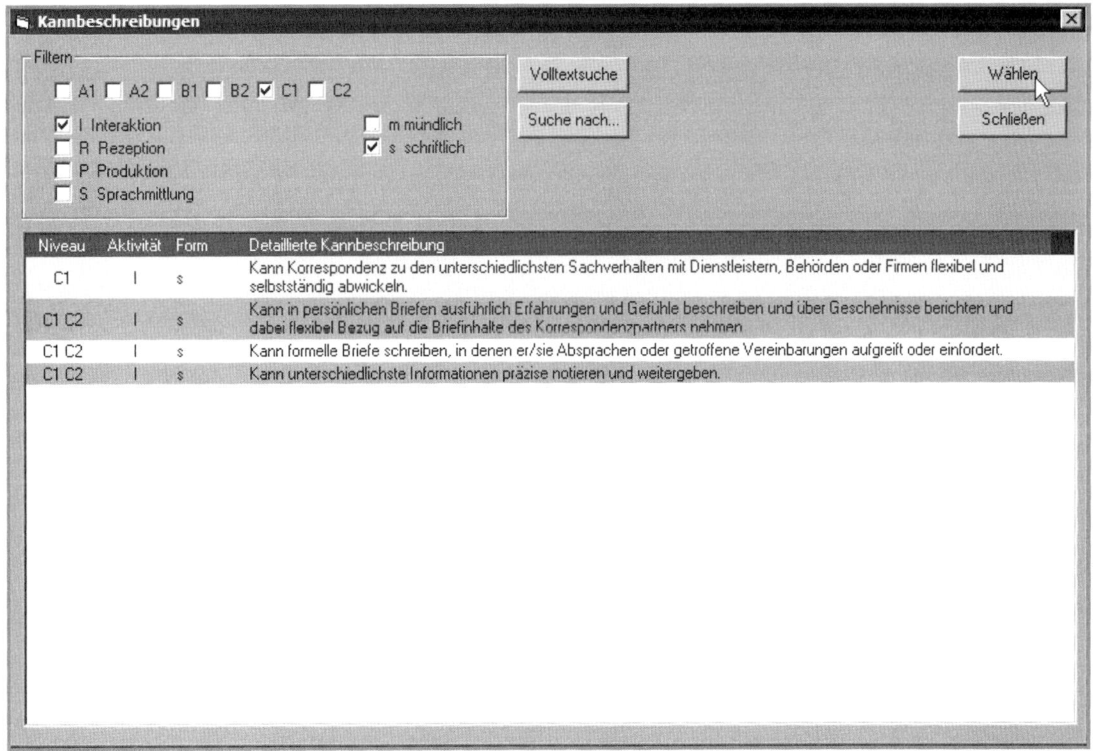

Schließen Sie das Fenster.

Element, Kannbeschreibung und Beispiel anzeigen

Die ausgewählte detaillierte Kannbeschreibung mit den dazugehörigen Beispielen ist nun im Element eingebettet. Automatisch sind auch die zur Aktivität gehörenden globalen Kannbeschreibungen verknüpft.

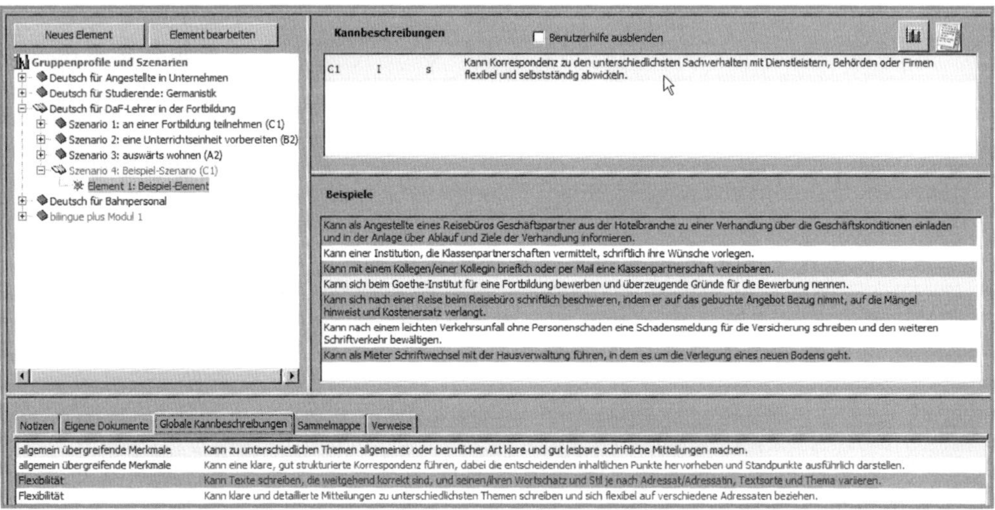

Mit einem Doppelklick auf die Kannbeschreibung kommen Sie direkt in das Kapitel *Detaillierte Kannbeschreibungen.*

Sobald Sie eine detaillierte Kannbeschreibung in einem Gruppenprofil verwenden, erscheint beim entsprechenden Eintrag im Kapitel *Detaillierte Kannbeschreibungen* unter der Registerkarte „Gruppenprofil" ein Verweis auf das Gruppenprofil.

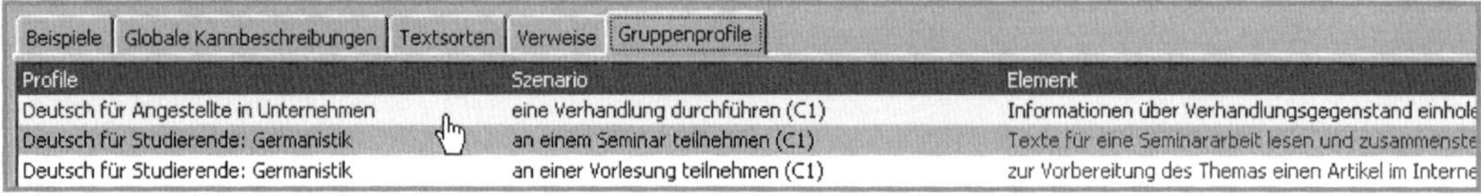

Profile	Szenario	Element
Deutsch für Angestellte in Unternehmen	eine Verhandlung durchführen (C1)	Informationen über Verhandlungsgegenstand einhole
Deutsch für Studierende: Germanistik	an einem Seminar teilnehmen (C1)	Texte für eine Seminararbeit lesen und zusammenste
Deutsch für Studierende: Germanistik	an einer Vorlesung teilnehmen (C1)	zur Vorbereitung des Themas einen Artikel im Interne

Beispiel bearbeiten

Markieren Sie die Kannbeschreibung. Die dazugehörenden Beispiele werden angezeigt. Positionieren Sie den Cursor auf dem Feld „Beispiele" und klicken Sie auf die rechte Maustaste, um das Beispiel zu bearbeiten.

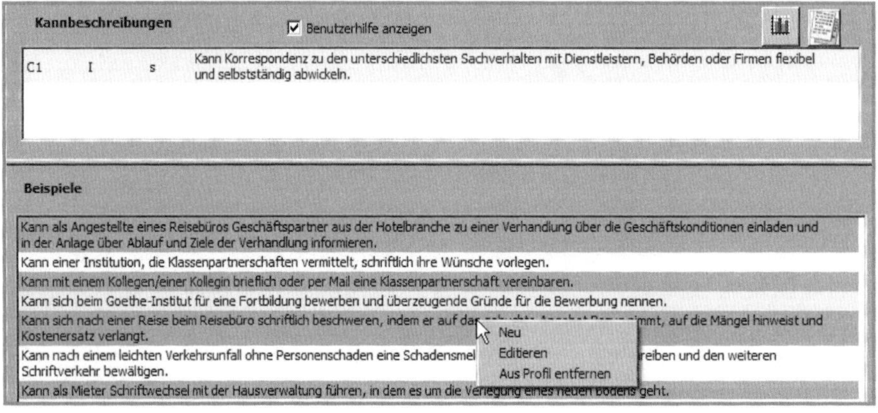

Beispiel eingeben, ändern, entfernen

Neu: Sie können ein neues Beispiel, das zum Gruppenprofil passt, eingeben.
Editieren: Sie können das bestehende Beispiel verändern und an Ihr Gruppenprofil anpassen.
Aus Profil entfernen: Sie können das Beispiel entfernen, wenn es nicht zum Gruppenprofil passt. Das Beispiel wird nur hier gelöscht und nicht bei den detaillierten Kannbeschreibungen.

Notizen hinzufügen

Die Möglichkeit, Notizen hinzuzufügen, gibt es auf der Ebene der Gruppenprofile, der Szenarien und der Elemente.
Aktivieren Sie die Registerkarte „Notizen". Klicken Sie auf die rechte Maustaste und wählen Sie die Funktion <Eintrag bearbeiten/löschen>.
Geben Sie den gewünschten Text ein und speichern Sie Ihre Eingabe.

Texte aus anderen Programmen können Sie mit der Funktion <Kopieren> und <Einfügen> (oder mit <Ctrl> + c und <Ctrl> + v) übernehmen.
Sie können Internetadressen direkt aufrufen, wenn Sie über eine Internetverbindung verfügen. Mit Hochstelltaste (Shift-Taste) und Klick öffnet sich die WWW-Seite in einem eigenen Fenster.

Eigene Dokumente einbinden

Unter der Registerkarte „Eigene Dokumente" können Sie Verweise auf Dateien erstellen, die Sie auf Ihrem Datenträger gespeichert haben. Sie können jede beliebige Datei einbinden, z. B. eine Text-, Ton-, Bilddatei oder eine Link- oder Bookmarkliste, und mit einem Kommentar versehen.

Aktivieren Sie die Registerkarte „Eigene Dokumente". Klicken Sie auf die rechte Maustaste und wählen Sie <Neu>. Suchen Sie auf Ihrem Datenträger das gewünschte Dokument und klicken Sie dann auf <Öffnen>. Geben Sie abschließend einen aussagekräftigen Titel ein und speichern Sie Ihre Eingabe. Der Titel und der Dateiname mit dem genauen Speicherort werden angezeigt.

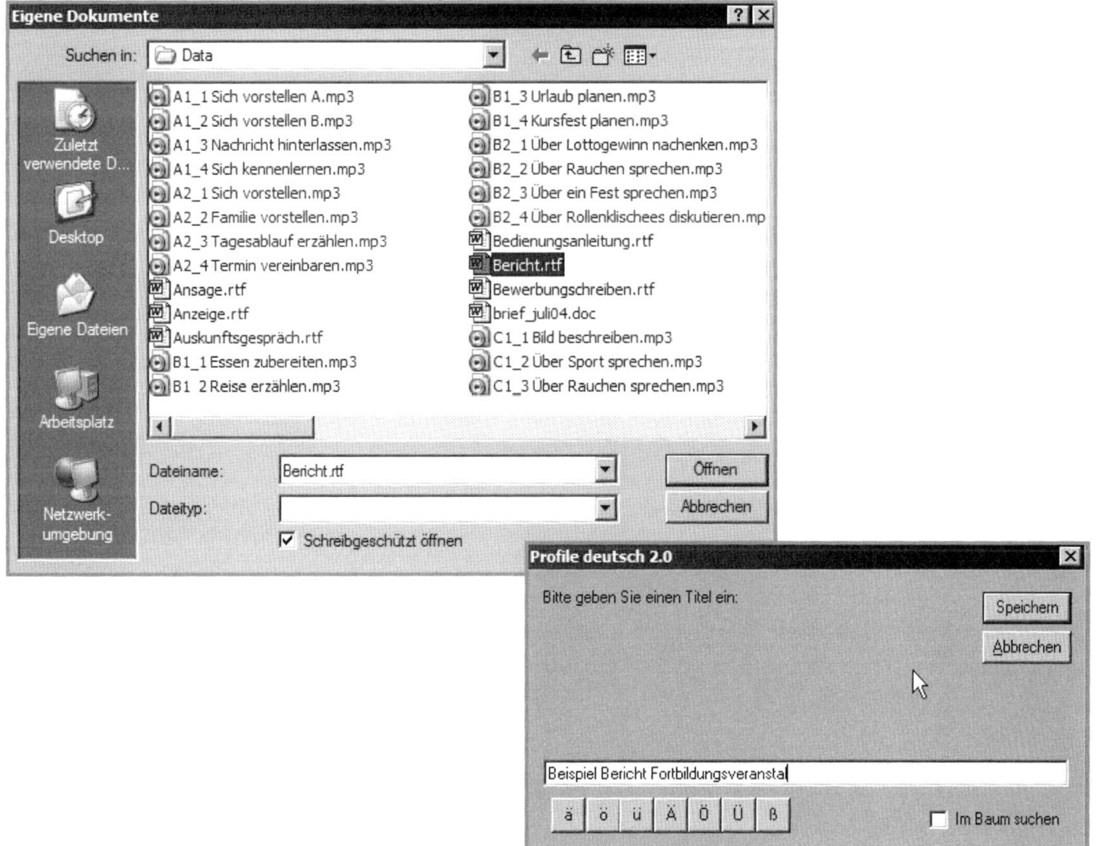

Eigene Dokumente aufrufen

Klicken Sie unter der Registerkarte „Eigene Dokumente" auf den gewünschten Eintrag.

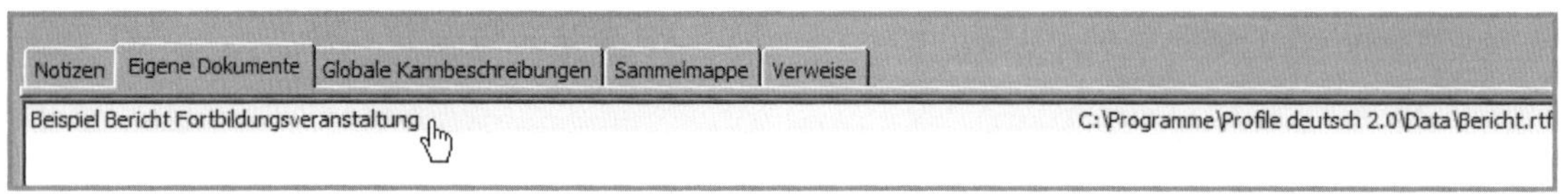

Die Datei wird zusammen mit dem dazugehörigen Programm gestartet, z. B. ein Textdokument mit dem entsprechenden Textverarbeitungsprogramm oder eine Html-Seite mit dem Browser.

Eigene Dokumente ändern oder entfernen

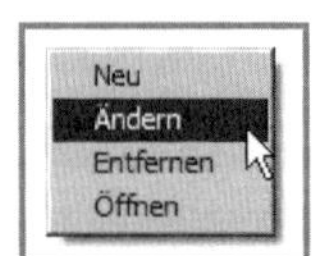

Aktivieren Sie die Registerkarte „Eigene Dokumente". Klicken Sie auf die rechte Maustaste und wählen Sie die Funktion <Ändern> oder <Entfernen>.

Mit dem Befehl <Ändern> können Sie den Titel des Verweises ändern.
Mit <Entfernen> entfernen Sie den Verweis auf Ihre Datei auf dem Datenträger. Die Datei wird nicht gelöscht.

Verweise erstellen

Sie können Elemente von Szenarien mit Verweisen auf andere Kapitel von „Profile deutsch" versehen, um diese direkt einsehen zu können, z. B. Mittel der Redestrukturierung im Kapitel *Sprachhandlungen*.

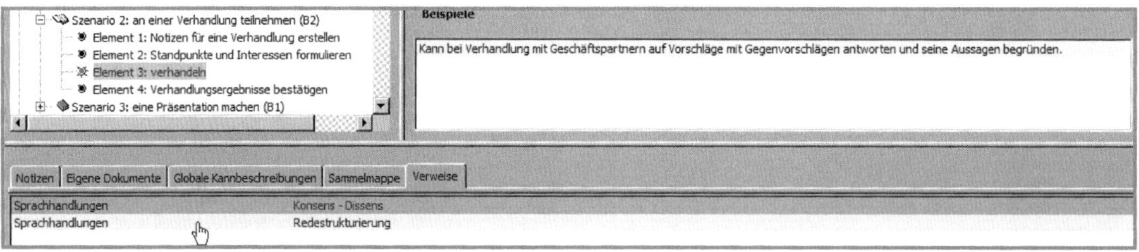

Aktivieren Sie die Registerkarte „Verweise". Klicken Sie auf die rechte Maustaste und wählen Sie die Funktion <Neu>. Öffnen Sie mit einem Klick das gewünschte Kapitel und markieren Sie das Element, mit dem Sie eine Verknüpfung erstellen möchten. Wiederholen Sie den Vorgang für weitere Verweise.
Sie können auch ein oder mehrere Textmuster mit dem Element verbinden. Zum Aus- und Abwählen klicken Sie auf das gewünschte Textmuster. Drücken Sie anschließend <Speichern>.

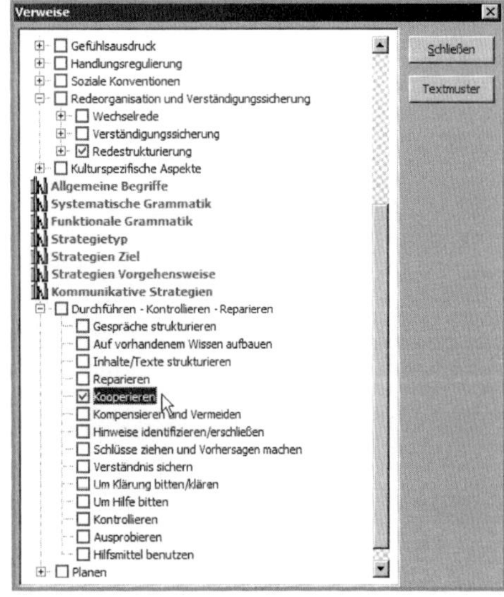

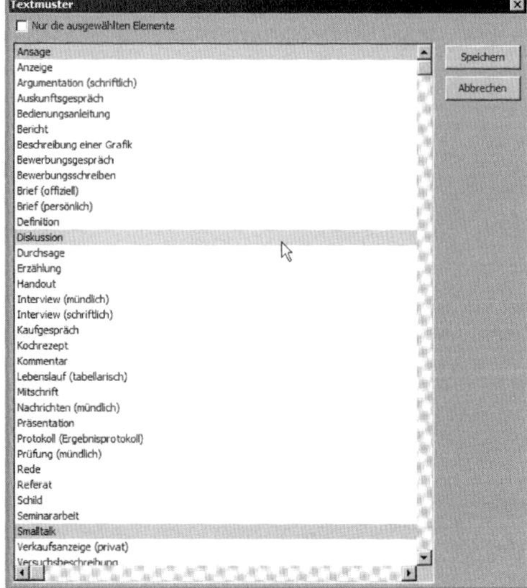

Zur Überprüfung der Konsistenz der Gruppenprofile können Sie die Verteilung der detaillierten Kannbeschreibungen ansehen.
Aktivieren Sie das gewünschte Gruppenprofil. Klicken Sie auf den Knopf <Profil-Statistik anzeigen>.

Profil-Statistik anzeigen

Neues Szenario | Profil bearbeiten | **Kannbeschreibungen** | ☑ Benutzerhilfe anzeigen

Das Tabellenkalkulationsprogramm Excel wird gestartet. Eine erste Übersicht zeigt ein vereinfachtes Profil, d. h., in der Grafik werden die Maximalwerte für jede Aktivität dargestellt:

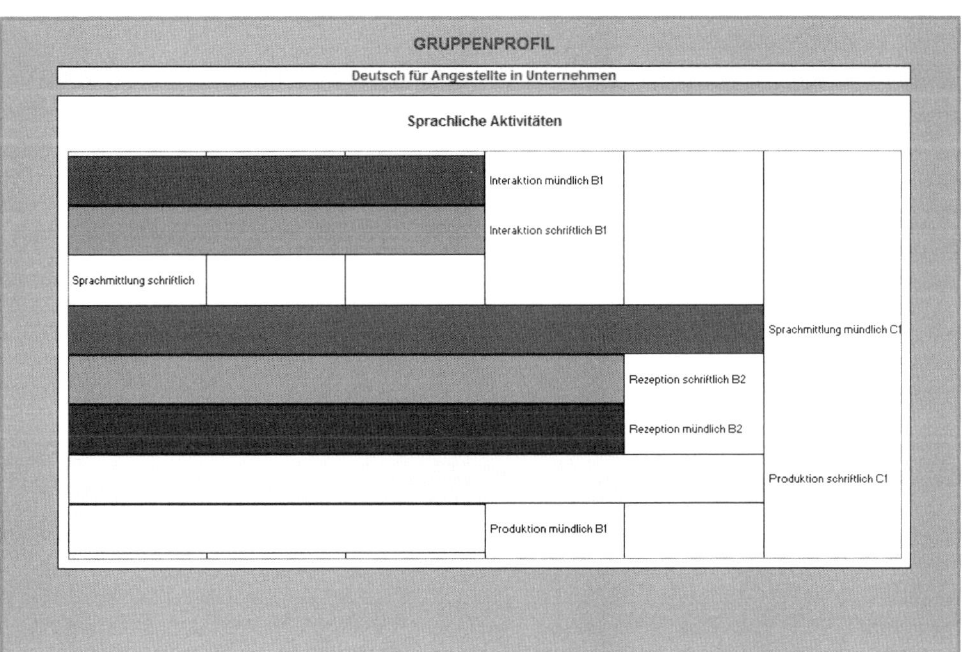

Die zweite Grafik gibt über die genaue Verteilung der Kannbeschreibungen nach Niveaus und Aktivitäten Auskunft:

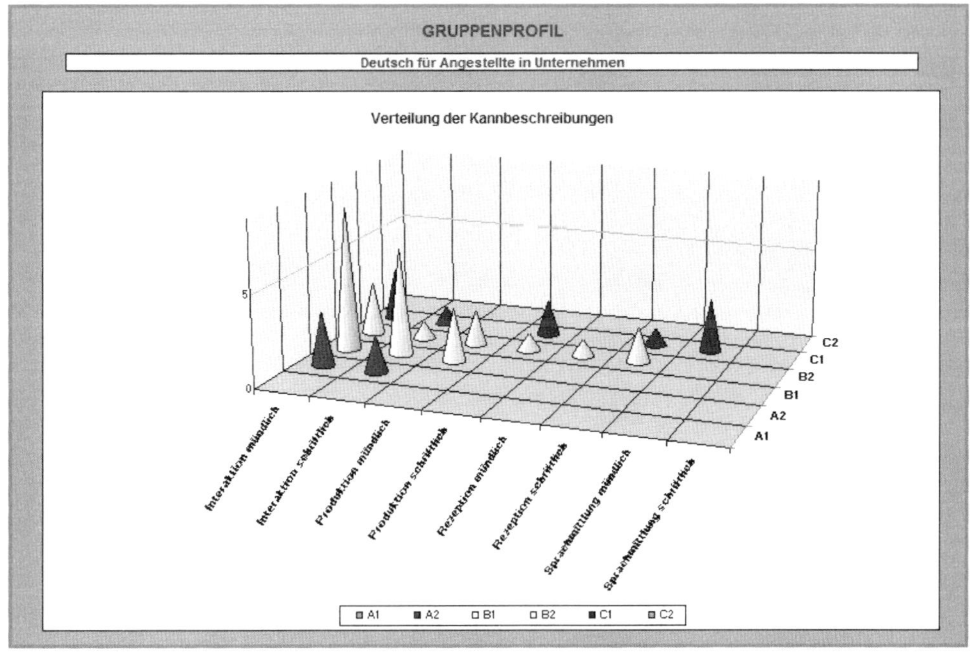

Sie können diese Grafiken in Excel drucken und speichern.

1.6 Arbeiten mit den detaillierten Kannbeschreibungen

Kannbeschreibungen nach bestimmten Kriterien suchen

Sie können detaillierte Kannbeschreibungen nach Skalen, d. h. den Ästen im Baum, oder nach Textsorten suchen.
Klicken Sie auf den Knopf <Suche nach …> oder wählen Sie den Befehl <Suchen> und dann <Suche nach …>. Wählen Sie dann das Suchkriterium Baum (= Äste mit den Skalen) oder Textsorten.

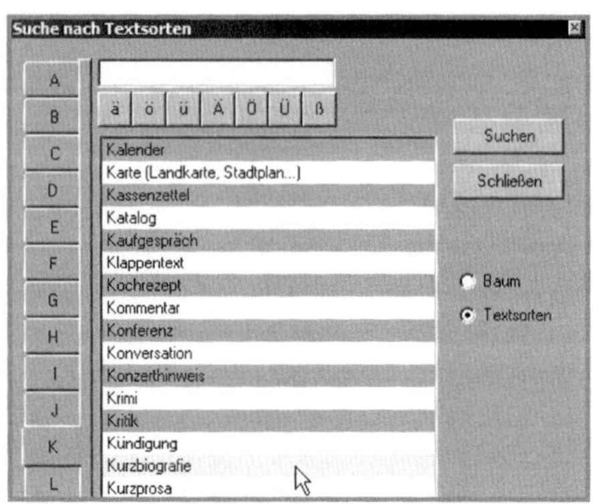

Markieren Sie das passende Suchkriterium, z. B. „Kurzbiografie“, und klicken Sie auf den Knopf <Schließen>. Es werden alle detaillierten Kannbeschreibungen angezeigt, die mit der Textsorte „Kurzbiografie“ verbunden sind.

Beispiele ändern oder hinzufügen

Die Beispiele zu den Kannbeschreibungen können Sie Ihren Bedürfnissen anpassen.

Aktivieren Sie die Registerkarte „Beispiele“. Klicken Sie auf die rechte Maustaste und wählen Sie die Funktion <Eintrag bearbeiten/löschen>.

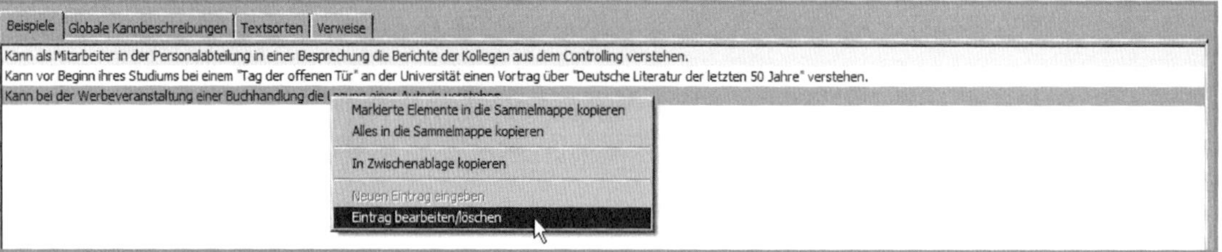

Wählen Sie den Knopf <Neues Beispiel> und geben Sie im Fenster, das sich öffnet, Ihre Daten ein.

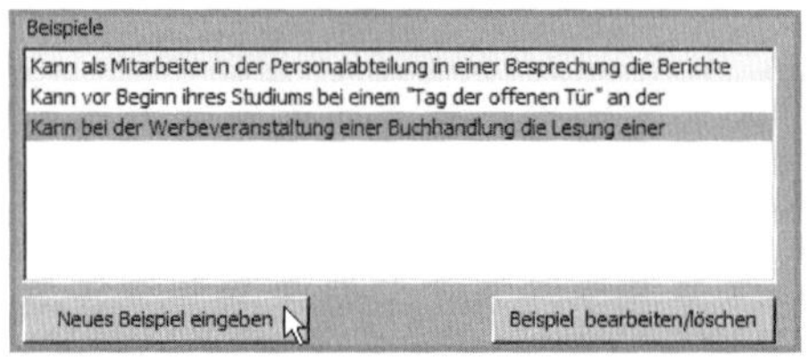

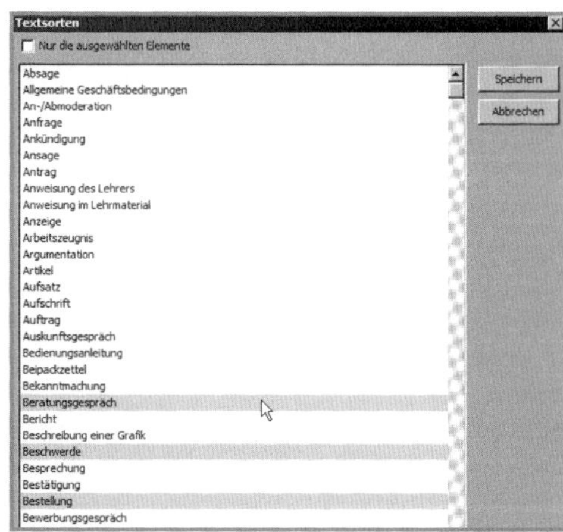

Speichern Sie am Schluss Ihre Eingaben.

Textsorten ergänzen

Sie können die detaillierte Kannbeschreibung mit weiteren Textsorten verknüpfen.
Klicken Sie auf die gewünschte detaillierte Kannbeschreibung, dann auf die rechte Maustaste und wählen Sie die Funktion <Eintrag bearbeiten/löschen>.
Wählen Sie <Textsorten> und markieren Sie die Textsorte(n), die Sie hinzufügen möchten. Diese erscheinen grün, nachdem Sie auf <Speichern> gedrückt haben.

1.7 Arbeiten mit den sprachlichen Mitteln

Thematischer Wortschatz, Sprachhandlungen und allgemeine Begriffe

Bei *Thematischer Wortschatz, Sprachhandlungen* und *Allgemeine Begriffe* können Sie Ihre eigenen Einträge eingeben. Im Folgenden wird an einem Beispiel gezeigt, wie Sie in den erwähnten Listen neue Einträge vornehmen können.

Wählen Sie zuerst im Baum die passende Kategorie, z. B. bei *Thematischer Wohnschatz*:
Wohnen
    Wohnen und Wohnformen
        Wohnen und Umziehen

Neuen Eintrag eingeben

Wählen Sie den Befehl <Bearbeiten> <Neuen Eintrag eingeben> oder das Symbol „Neuen Eintrag eingeben" mit dem grünen Hintergrund in der Menüleiste oder positionieren Sie den Cursor im Fenster mit den Einträgen und klicken Sie auf die rechte Maustaste.

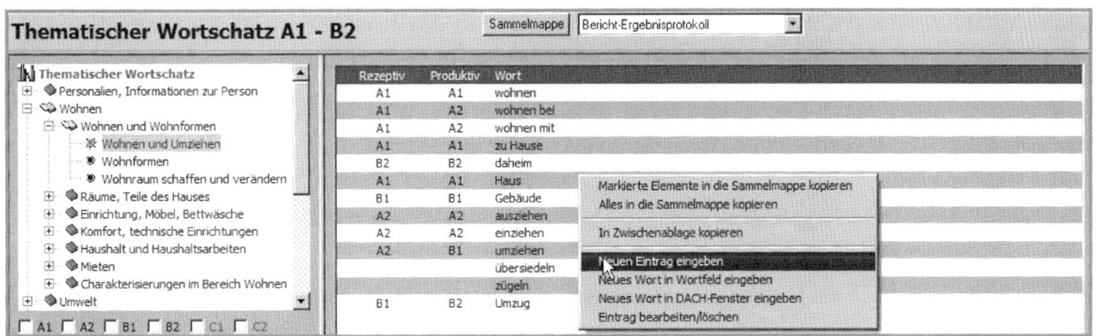

Machen Sie die nötigen Angaben und schließen Sie mit dem Befehl <Speichern> Ihre Eingabe ab. Ihr Eintrag erscheint in grüner Farbe.

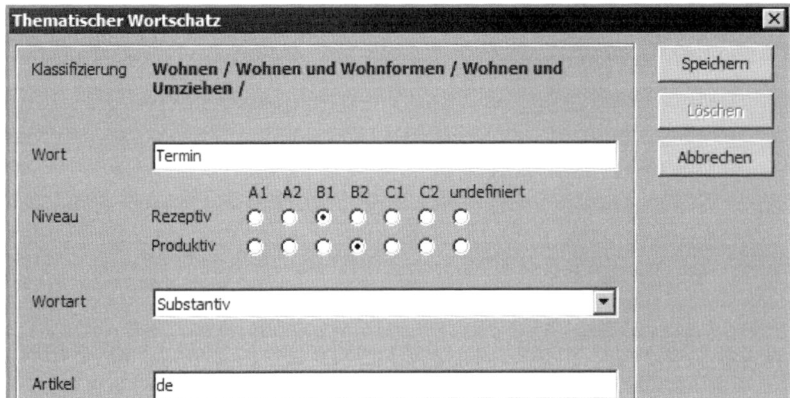

Eintrag bearbeiten/löschen

Markieren Sie den zu bearbeitenden Eintrag. Wählen Sie das Symbol „Eintrag bearbeiten/löschen" mit dem gelben Hintergrund in der Menüleiste oder positionieren Sie den Cursor im Fenster mit den Einträgen und klicken Sie auf die rechte Maustaste.
Machen Sie die nötigen Angaben und schließen Sie mit dem Befehl <Speichern> Ihre Eingabe ab. Ihr Eintrag erscheint in der Liste in grüner Farbe.

Baumstruktur: neue Kategorien eingeben

Markieren Sie im Baum den Ast (also die Kategorie), unter dem Sie einen neuen Ast (also eine neue Unterkategorie) eingeben wollen. Wählen Sie den Befehl <Baum> oder klicken Sie auf die rechte Maustaste und wählen Sie den Befehl <Neuen Ast eingeben>. Geben Sie den Namen des neuen Astes ein und speichern Sie Ihre Eingabe.

Baumstruktur: Ast bearbeiten/ löschen

Markieren Sie den Ast, den Sie bearbeiten oder löschen wollen. Wählen Sie den Befehl <Baum> oder klicken Sie auf die rechte Maustaste und wählen Sie den Befehl <Ast bearbeiten/löschen>.
Bearbeiten: Ändern Sie den Namen des Asts und speichern Sie die Änderungen.
Löschen: Achtung! Die Daten werden endgültig gelöscht. Der Löschvorgang kann nicht rückgängig gemacht werden.

Baumstruktur bearbeiten

Für die Bearbeitung der Baumstruktur stehen folgende Funktionen zur Verfügung:

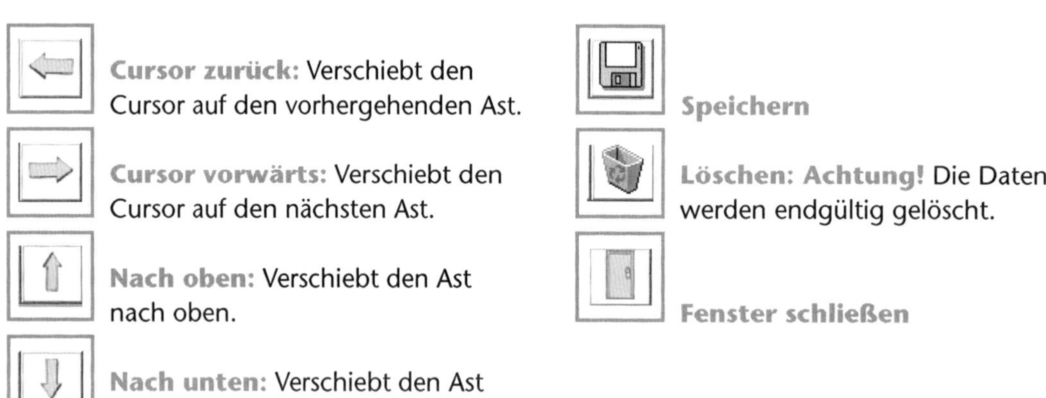

Cursor zurück: Verschiebt den Cursor auf den vorhergehenden Ast.

Cursor vorwärts: Verschiebt den Cursor auf den nächsten Ast.

Nach oben: Verschiebt den Ast nach oben.

Nach unten: Verschiebt den Ast nach unten.

Speichern

Löschen: Achtung! Die Daten werden endgültig gelöscht.

Fenster schließen

Ast kopieren und einfügen

Markieren Sie den Ast, den Sie kopieren möchten. Klicken Sie auf die rechte Maustaste und wählen Sie den Befehl <Ast kopieren>.
Markieren Sie die Stelle, an der Sie eine Kopie einfügen möchten. Klicken Sie auf die rechte Maustaste und wählen Sie den Befehl <Einfügen von ...>.

1.8 Arbeiten mit dem thematischen Wortschatz

Neues Wortfeld erstellen

Wählen Sie ein Wort aus der Liste, das als Überschrift für das Wortfeld dient, z. B. das Wort „Wurst".

Eintrag in Wortfeld eingeben

Klicken Sie auf die rechte Maustaste und wählen Sie den Befehl <Neues Wort in Wortfeld eingeben>. Geben Sie das Wort, z. B. „Weißwurst", und alle weiteren Angaben ein. Speichern Sie zum Schluss Ihre Eingabe.

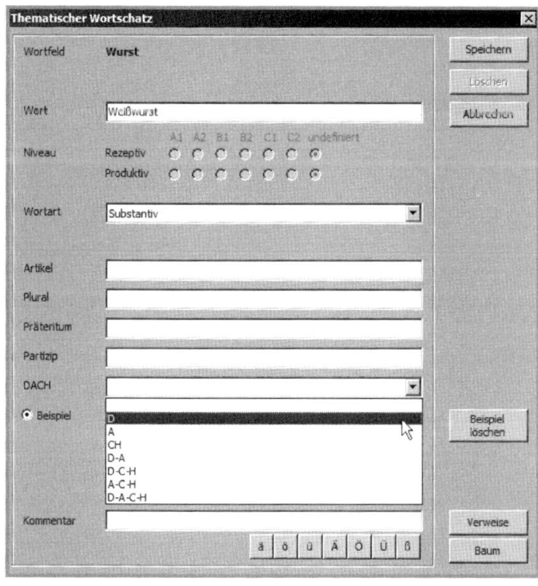

Neues D-A-CH-Fenster erstellen

Wählen Sie ein Wort aus der Liste, das als Überschrift für das D-A-CH-Fenster dient, z. B. das Wort „Gewerkschaft".

Eintrag in D-A-CH-Fenster eingeben

Klicken Sie auf die rechte Maustaste und wählen Sie den Befehl <Neues Wort in D-A-CH-Fenster eingeben>. Geben Sie das Wort, z. B. „IG Metall", und alle weiteren Angaben ein.

Idiomatik und Wortbildung im Wörterbuch nachschlagen

Bei bestimmten Einträgen im thematischen Wortschatz und in den allgemeinen Begriffen erscheint eine Registerkarte „Idiomatik/Wortbildung". Das bedeutet, dass es zu diesem Wort einen Eintrag im Wörterbuch mit Angaben zur Idiomatik oder Wortbildung gibt. Klicken Sie auf das Wort in der Registerkarte und der Artikel im Wörterbuch wird geöffnet.

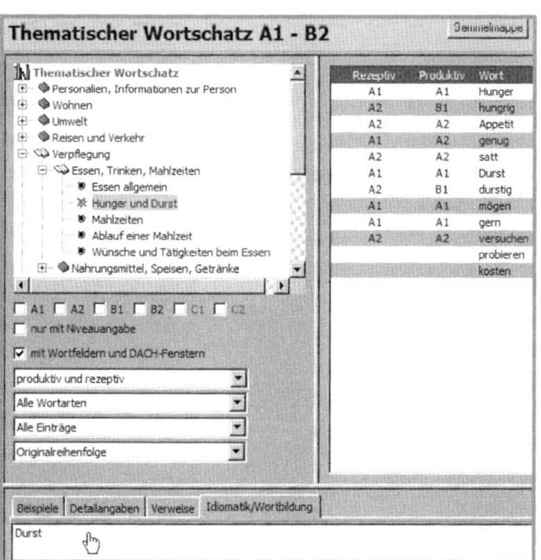

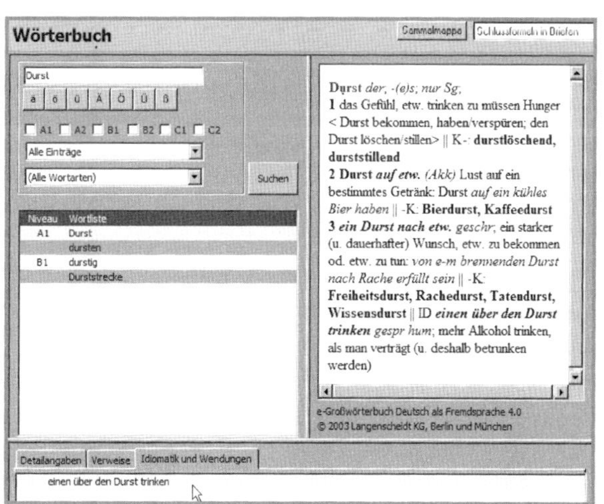

1.9 Arbeiten mit dem Wörterbuch

Einträge nach Niveau filtern

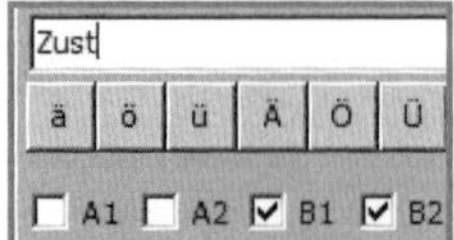

Wörterbucheinträge, die auch im thematischen Wortschatz oder in den allgemeinen Begriffen mit einer Niveauangabe vorkommen, können Sie im Wörterbuch nach Niveaus filtern. Klicken Sie auf ein oder mehrere Niveaus. Schließen Sie Ihre Eingabe mit einem Klick auf den Knopf <Suchen> ab.

Es werden nur die Wörter mit der gewünschten Niveauangabe angezeigt. Sie können nun innerhalb dieser Wörter nach einem bestimmten Eintrag suchen. Geben Sie im Suchfeld den Wortanfang oder das ganze Wort ein. Schließen Sie Ihre Eingabe mit <Return/Enter> ab.

Verweis in den thematischen Wortschatz oder die allgemeinen Begriffe

Unter der Registerkarte „Verweise" finden Sie das entsprechende Kapitel im thematischen Wortschatz und/oder in den allgemeinen Begriffen für den gewählten Eintrag. Klicken Sie auf den Verweis und der Bildschirm mit der jeweiligen Liste öffnet sich.

Niveaufilter aufheben

Deaktivieren Sie die Niveauauswahl. Schließen Sie Ihre Eingabe mit einem Klick auf den Knopf <Suchen> ab.

Idiomatische Wendungen suchen

Wählen Sie die Option <Nur Idiomatik und Wendungen>. Es werden nur Einträge mit idiomatischen Angaben angezeigt. Sie können nun innerhalb dieser Wörter nach einem bestimmten Eintrag suchen. Geben Sie im Suchfeld den Wortanfang oder das ganze Wort ein. Schließen Sie Ihre Eingabe mit <Return/Enter> ab.

Wörterbucheintrag in den thematischen Wortschatz oder die allgemeinen Begriffe übernehmen

Suchen Sie das Wort, das Sie gern in den thematischen Wortschatz oder in die allgemeinen Begriffe übernehmen möchten. Aktivieren Sie das rechte Fenster und klicken Sie auf die rechte Maustaste.

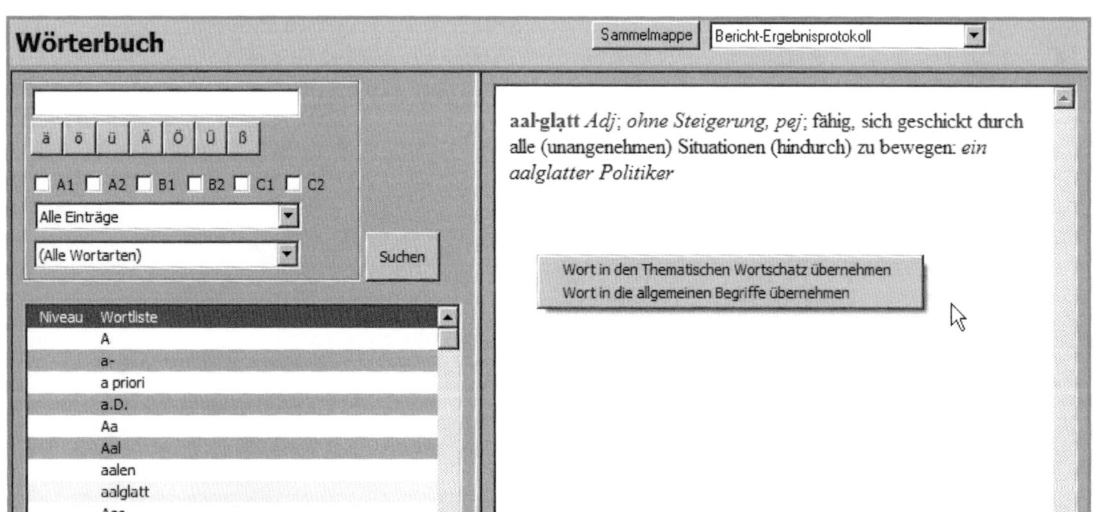

Wählen Sie das Ziel der Übernahme, z. B. „Thematischer Wortschatz", und ergänzen Sie die Angaben. Klicken Sie auf den Knopf <Export>.

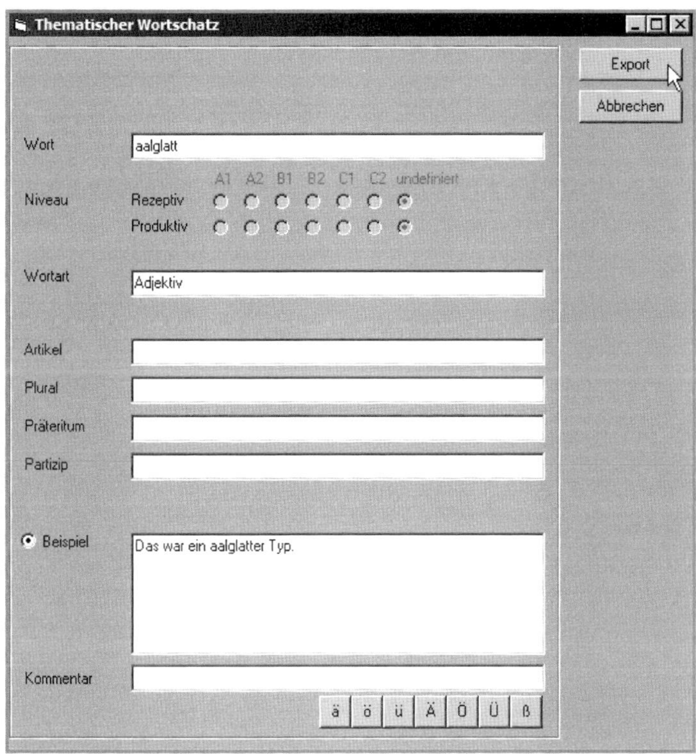

Wählen Sie im Baum die passende Kategorie mit einem einfachen Klick. Schließen Sie das Fenster.

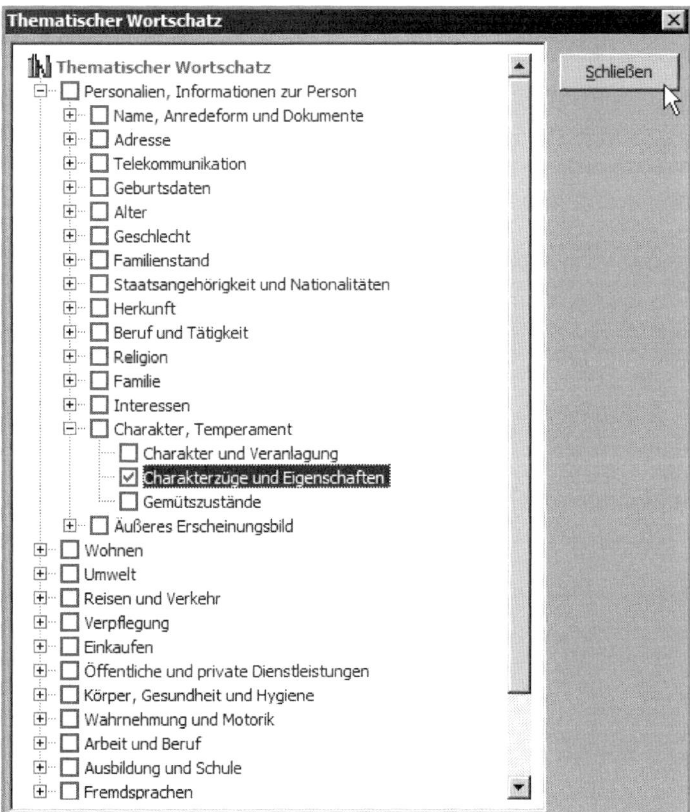

1.10 Arbeiten mit der systematischen Grammatik

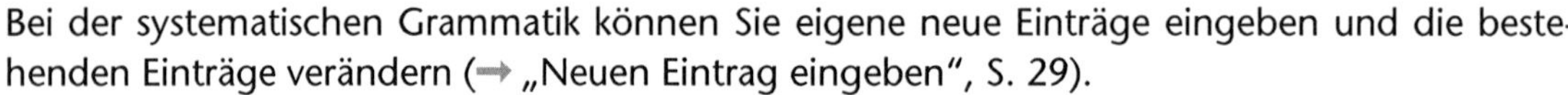

Neuen Eintrag eingeben und bearbeiten

Bei der systematischen Grammatik können Sie eigene neue Einträge eingeben und die bestehenden Einträge verändern (→ „Neuen Eintrag eingeben", S. 29).
Die Bearbeitung bestehender Einträge verläuft wie die Neueingabe: Wählen Sie den zu bearbeitenden Eintrag und klicken Sie auf das Symbol „Eintrag bearbeiten/löschen" oder wählen Sie den Befehl über die Befehlleiste oder die rechte Maustaste.

Sie können auf Sprachhandlungen, allgemeine Begriffe oder auf grammatische Mittel in der funktionalen Grammatik und auf andere Einträge innerhalb der systematischen Grammatik verweisen oder die Einträge mit einer Textsorte verknüpfen.

Sie können neue Äste im Baum eingeben (→ „Baumstruktur: neue Kategorien eingeben", S. 30) und die Äste natürlich auch verschieben und kopieren.

Erklärung eingeben/bearbeiten

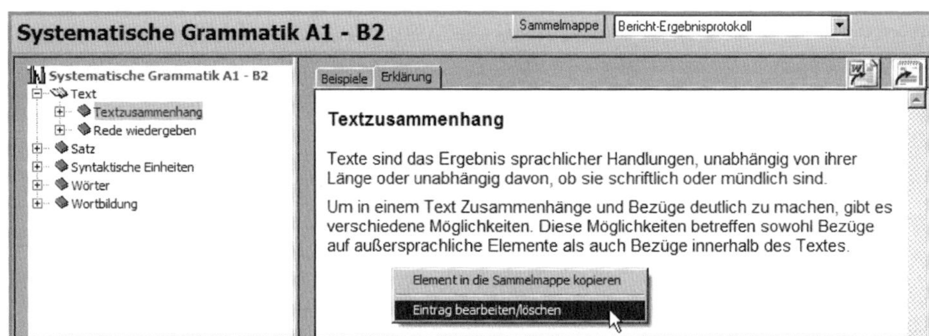

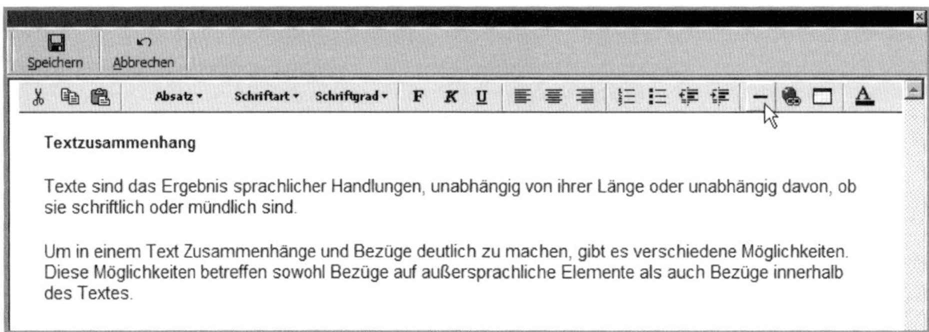

Zur Bearbeitung einer Erklärung klicken Sie mit der rechten Maustaste in das Feld mit der Erklärung. Wählen Sie die Funktion <Eintrag bearbeiten/löschen>.

1.11 Arbeiten mit der funktionalen Grammatik

Neuen Eintrag eingeben

Sie können auch bei der funktionalen Grammatik eigene Einträge zu bestehenden Funktionen eingeben. Das Vorgehen ist das gleiche wie bei der systematischen Grammatik (s. oben).

Einträge bearbeiten

Sie können neue Funktionen (Intentionen, Relationen usw.) im Baum eingeben. Das Vorgehen ist das gleiche wie bei der systematischen Grammatik (→ „Baumstruktur: neue Kategorien eingeben", S. 30) und natürlich auch hier Äste verschieben und kopieren.

1.12 Arbeiten mit den Textsorten

Textsorten filtern

Kannbeschreibungen anzeigen

Sie suchen z. B. Textsorten, die für ein privates Telefongespräch relevant sind. Klicken Sie im Baum auf die gewünschten Kriterien. Im rechten Fenster werden die Textsorten angezeigt, die Ihrer Wahl entsprechen. Unten in der Karteikarte „Kannbeschreibungen" sind die Kannbeschreibungen aufgeführt, die mit den ausgewählten Textsorten verbunden sind. Hier können Sie Niveau und Aktivitäten filtern. Wenn ein Textmuster für die aktivierte Textsorte existiert, finden Sie die Verknüpfung in der Registerkarte „Textmuster". Ähnliche Texte werden in einer separaten Registerkarte angezeigt.

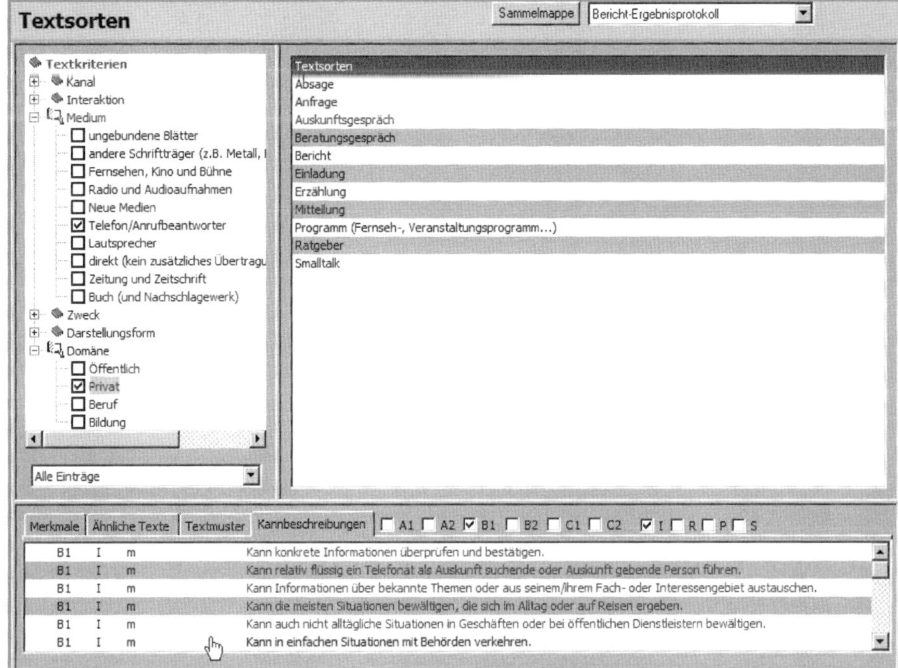

Neue Textsorten eingeben

Positionieren Sie den Cursor im rechten Fenster. Klicken Sie auf die rechte Maustaste oder wählen Sie den Befehl <Bearbeiten> <Neuen Eintrag eingeben> oder <Eintrag bearbeiten>. Sie können auch das entsprechende Symbol wählen.

Textsorten bearbeiten

Geben Sie Angaben zu den Merkmalen der Textsorte ein. Wenn Sie möchten, können Sie ähnliche Texte und passende Kannbeschreibungen mit der Textsorte verknüpfen.

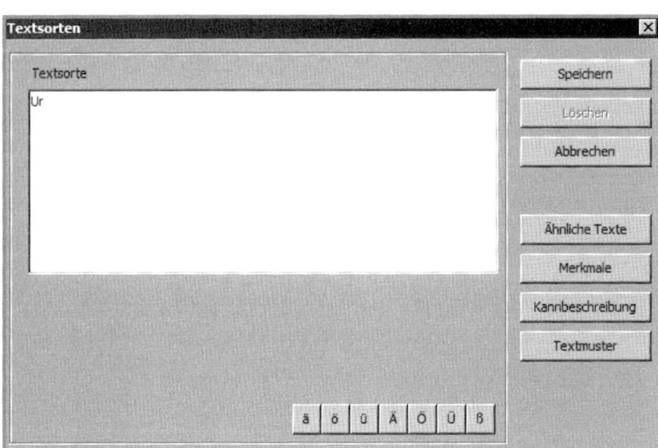

Speichern Sie am Schluss Ihre Eingabe. Die neue Textsorte erscheint in grüner Schrift in der alphabetischen Liste.

1.13 Arbeiten mit den Textmustern

Neues Textmuster eingeben

Positionieren Sie den Cursor an der gewünschten Stelle im Baum. Wählen Sie den Befehl <Bearbeiten> <Neuen Eintrag eingeben> oder <Eintrag bearbeiten>. Sie können auch das entsprechende Symbol wählen.

Textmuster editieren

Geben Sie den Titel, das Textmuster, Angaben zu mündlich/schriftlich und die Verknüpfung zur Textsorte ein. Sie können das Textmuster auch mit ähnlichen Texten und mit passenden Einträgen der systematischen oder funktionalen Grammatik verknüpfen.

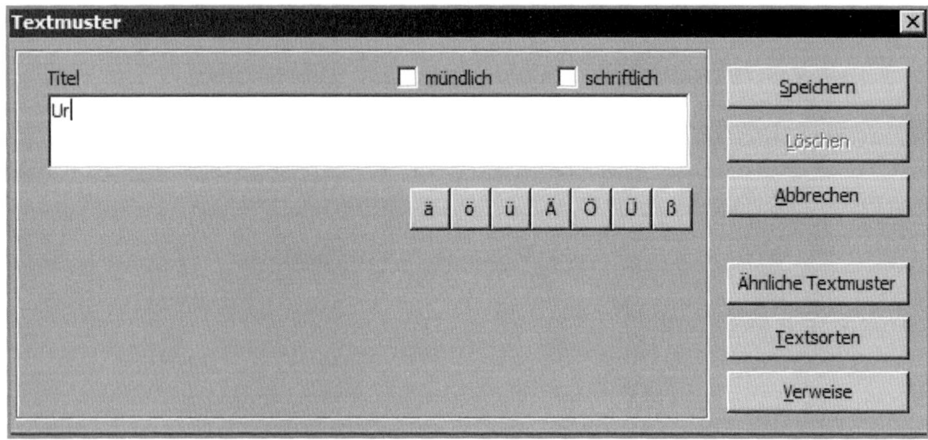

Speichern Sie am Schluss Ihre Eingabe. Das neue Textmuster erscheint in grüner Schrift in der alphabetischen Liste.

Beschreibung für Textmuster eingeben/ editieren

Wählen Sie das Textmuster, für das Sie eine Beschreibung eingeben oder ändern wollen. Positionieren Sie dann den Cursor im Fenster rechts. Klicken Sie auf die rechte Maustaste oder wählen Sie den Befehl <Eintrag bearbeiten/löschen>. Sie können auch das entsprechende Symbol wählen.
Ein Textverarbeitungsprogramm öffnet sich. Geben Sie Ihren Text ein oder fügen Sie einen bestehenden Text ein.

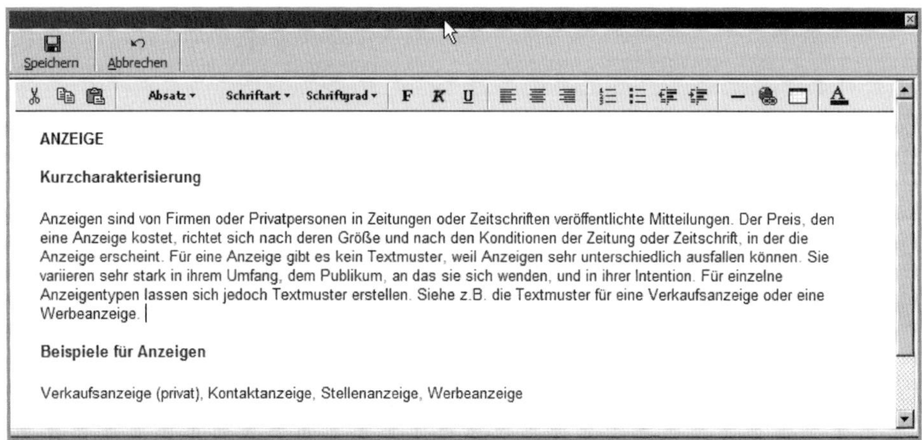

Speichern Sie am Schluss Ihre Eingabe. Ihr Text erscheint im rechten Fenster.

1.14 Arbeiten mit den kommunikativen Strategien

Neue Technik eingeben

Positionieren Sie den Cursor an der gewünschten Stelle im Baum. Klicken Sie dann in das rechte Fenster. Wählen Sie den Befehl <Bearbeiten> <Neuen Eintrag eingeben> oder <Eintrag bearbeiten> oder klicken Sie auf die rechte Maustaste. Sie können auch das entsprechende Symbol wählen.

Techniken editieren

Geben Sie die Technik ein und bestimmen Sie, bei welchen Aktivitäten die Technik sinnvoll eingesetzt werden kann. Sie können die Technik auch mit Textsorten oder mit passenden Einträgen der Datenbank, z. B. anderen Strategien oder kulturspezifischen Aspekten, verknüpfen.

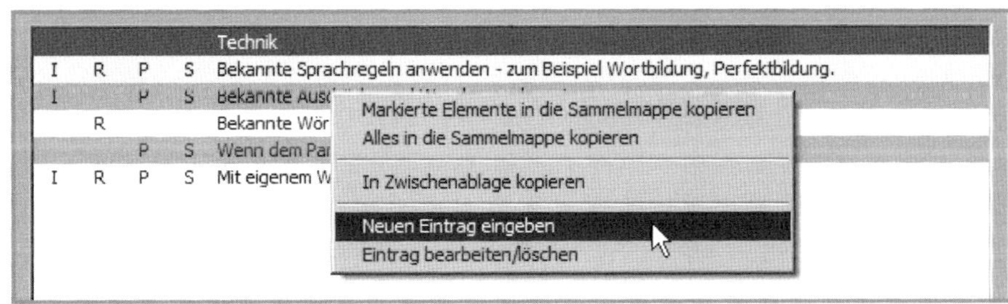

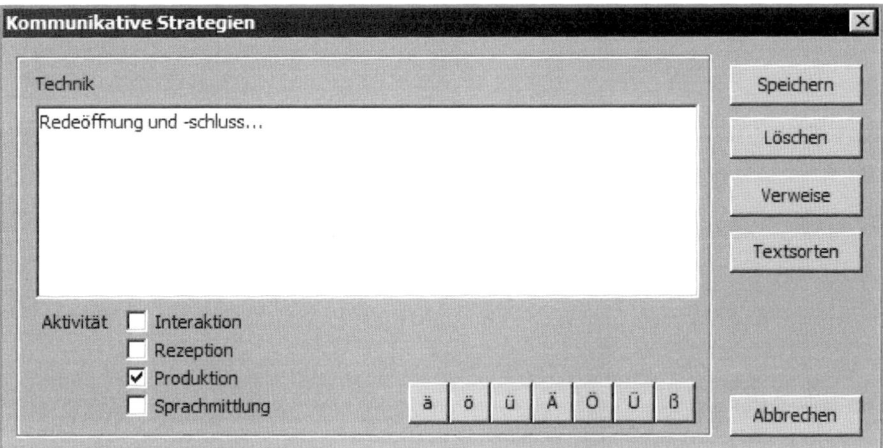

Speichern Sie am Schluss Ihre Eingabe. Ihr Text erscheint im rechten Fenster in grüner Farbe, eventuelle Verknüpfungen erscheinen als Registerkarte.

1.15 Arbeiten mit den Lern- und Prüfungsstrategien

Lern- und Prüfungsstrategien anzeigen

Lern- und Prüfungsstrategien können Sie nach verschiedenen Gesichtspunkten anzeigen lassen. Wählen Sie das gewünschte Kriterium. Der Baum im linken Fenster passt sich Ihrer Wahl an.

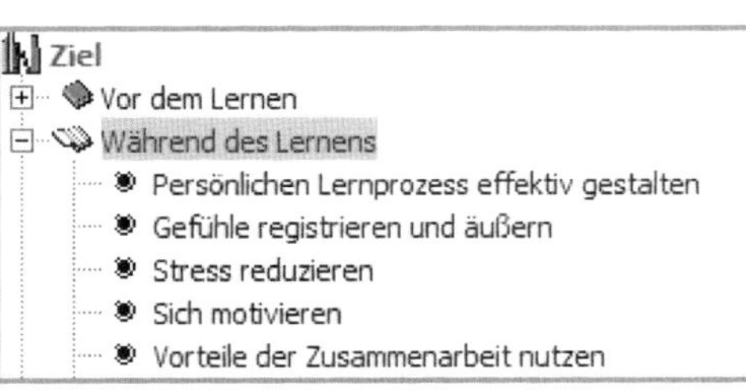

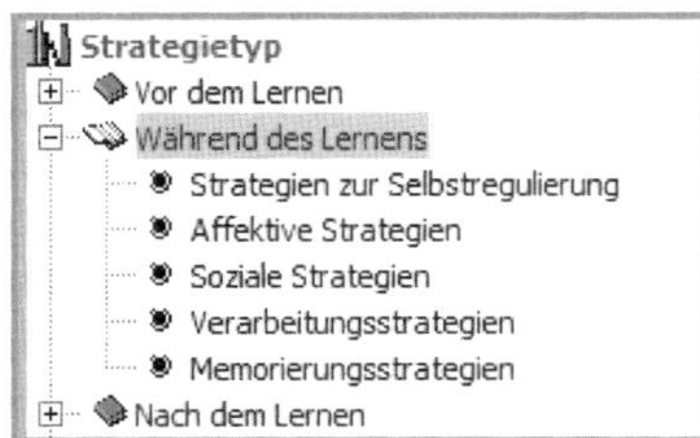

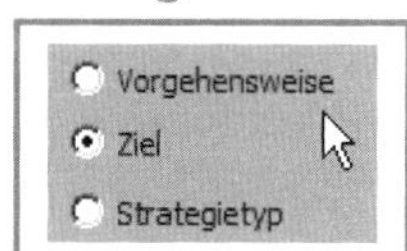

Lern- und Prüfungsstrategien eingeben und editieren

Das Eingeben und Editieren von Lern- und Prüfungsstrategien funktioniert wie bei den kommunikativen Strategien (s. oben).

1.16 Datenimport – Datenzugriff

Daten von „Profile deutsch" 1.0 importieren

Wenn Sie Ihre eigenen Daten von „Profile deutsch" Version 1 übernehmen wollen, gehen Sie folgendermaßen vor:
Wählen Sie <Datei> <Import>. Suchen Sie auf Ihrem Datenträger die Datei mit dem Namen *profile.dat*. Die Datei befindet sich normalerweise auf dem Laufwerk C unter den Programmen im Verzeichnis *Profile deutsch*.

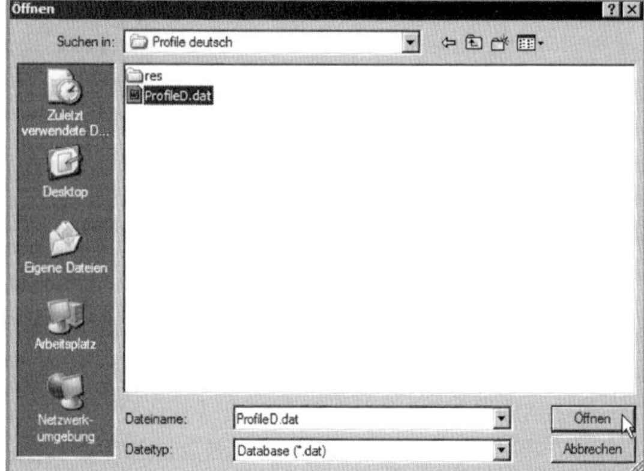

Öffnen Sie die Datei und klicken sie auf den Knopf <Importieren>. Ihre Daten werden übernommen und erscheinen in grüner Schrift als eigene Einträge. Bestehende Sammelmappen werden nicht importiert.

Arbeiten im lokalen Netz

Wenn Sie in einem Netzwerk arbeiten, können Sie auf eine gemeinsame Datenbank zugreifen. Voraussetzung ist, dass die Computer untereinander vernetzt sind und die entsprechenden Zugriffsrechte bestehen. Falls Sie diesbezügliche Fragen haben, setzen Sie sich mit Ihrem Techniker oder Ihrer Technikerin in Verbindung.

Installieren Sie das Programm und die Daten auf den Computern, an denen Sie mit „Profile deutsch" arbeiten möchten. Bestimmen Sie die gemeinsame Datenbank und verknüpfen Sie diese mit den einzelnen Arbeitsplätzen.
Wählen Sie den Befehl <Datei> <Datenbankpfad ändern> und verbinden Sie die gewünschte Datenbank mit Ihrem Programm.

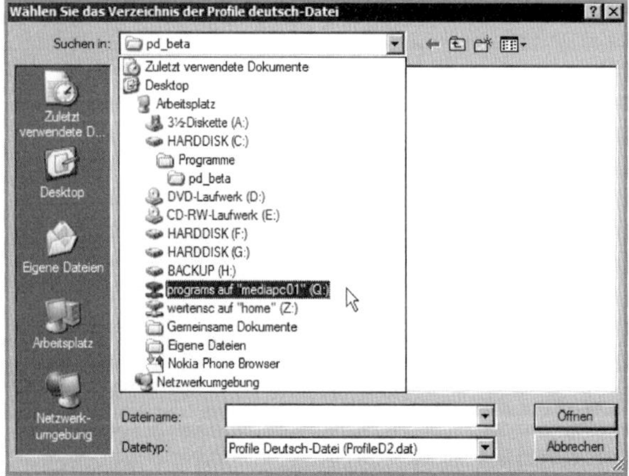

Starten Sie das Programm neu. Wiederholen Sie den Vorgang für alle Computer, mit denen Sie auf die gemeinsame Datenbank zugreifen möchten.

2 Informationen zu „Profile deutsch"

2.1 Situierung auf einen Blick

2.1.1 „Profile deutsch" – Projekt des Europarats für Deutsch als Fremd- und Zweitsprache

Profile deutsch": ein Beitrag zur Sprachenpolitik des Europarats

„Profile deutsch" ist als Projekt im Umfeld des Europarats und dessen Erziehungs- und Sprachenpolitik angesiedelt. Zwei Grundfragen haben diese Sprachenpolitik in entscheidendem Maße beeinflusst:

- Was kann die Erziehung zur Stärkung der Menschenrechte, zu einer grundlegenden Friedenspolitik und zu einem nachhaltigen Demokratieverständnis beitragen?
- Welchen Beitrag kann die Erziehung leisten, um die Völker einander näher zu bringen und ein größeres gegenseitiges Verständnis und Vertrauen zu schaffen?

Prinzipien für eine europäische Sprachenpolitik

In der Folge wurden vor diesem Hintergrund u. a. folgende Prinzipien für eine europäische Sprachenpolitik formuliert, die das Lernen und Lehren von Sprachen in den letzten 30 Jahren weltweit entscheidend mitgeprägt haben:

- **Sprachenlernen ist für alle**
  Fremdsprachenkenntnisse sind nicht das Vorrecht einer sozialen, kulturellen oder politischen Elite, sondern ein Bedürfnis und ein Recht aller Bürger/innen.
- **Sprachenlernen ist fürs Leben**
  Sprachliche Kenntnisse und sprachpraktische Fertigkeiten sind Voraussetzungen, um Kommunikationssituationen des Alltags bewältigen zu können.
- **Sprachenlernen ist für den Lernenden**
  Sprachunterricht basiert auf konkreten praxisorientierten Bedürfnissen, Interessen und Möglichkeiten der Lernenden.

Bildungspolitische Ziele des Europarats

Im Kontext der europäischen Einigung hat sich immer deutlicher gezeigt, welche wichtige Bedeutung Sprachkenntnissen zukommt. Zunehmend wichtiger wurden auch die Ziele des Europarates, Jugendliche und Erwachsene zum Lernen mehrerer Sprachen zu bewegen, ohne dabei Perfektion anzustreben. Zu diesem Zweck wurden in den letzten Jahren neue bildungspolitische Ziele formuliert, z. B.:

- die Menschen „mit dem nötigen Rüstzeug auszustatten für die Herausforderungen verstärkter internationaler Mobilität und engerer Zusammenarbeit",
- „durch effektivere internationale Kommunikation gegenseitiges Verständnis und Toleranz sowie die Achtung von Identitäten und von kultureller Vielfalt zu fördern" (Referenzrahmen 2004, 16).

Um das Anliegen einer besseren Verständigung umzusetzen, hat der Rat für kulturelle Zusammenarbeit verschiedene Maßnahmen und Empfehlungen verabschiedet. Diese sehen u. a. vor, dass für die Einzelsprachen konkretere Grundlagen erarbeitet werden, um „das Lehren und Lernen von Sprachen an den Bedürfnissen, an der Motivation, den Dispositionen und den Lernmöglichkeiten der Lernenden zu orientieren" oder noch konkreter, um „sinnvolle und realistische Lernziele zu formulieren und möglichst genau zu beschreiben" (Referenzrahmen 2004, 16).

Die wichtigsten Beiträge zur Realisierung und Konkretisierung dieser Ziele sind der „Gemeinsame europäische Referenzrahmen für Sprachen" und das „Europäische Sprachenportfolio für Jugendliche und Erwachsene" (2001). Im Folgenden sollen wichtige Aspekte dieser beiden Werke kurz beschrieben werden, vor deren Hintergrund „Profile deutsch" entwickelt wurde.

Der Ausgangspunkt:

Gemeinsamer europäischer Referenzrahmen für Sprachen: lernen, lehren, beurteilen

Der „Gemeinsame europäische Referenzrahmen für Sprachen" ist ein wichtiges Werkzeug für eine transparente Sprachenpolitik. Er will dazu beitragen,

- Barrieren zwischen unterschiedlichen Bildungssystemen zu überwinden und
- die Kooperation zwischen Bildungseinrichtungen zu fördern.

Der „Referenzrahmen" enthält Ideen und Anregungen für **handlungsorientiertes Sprachenlernen und -lehren**.

- Er beschreibt handlungsorientiert und umfassend, was Lernende tun müssen, um eine Sprache für kommunikative Zwecke zu nutzen und in dieser erfolgreich zu handeln.
- Er ist eine anregende Hilfestellung für Lehrende, für Lehrplanentwickler/innen, Curriculumplaner/innen, für Autoren von Lernmaterialien, für Institutionen der Aus- und Weiterbildung sowie für die Verwaltung im Bildungsbereich.

Der „Referenzrahmen" definiert **international vergleichbare Kompetenzniveaus**.

- Er enthält objektive Kriterien für die Beschreibung von Sprachkompetenzen.
- Er ist ein Werkzeug mit einer gemeinsamen Basis für klare Beschreibungen von Zielen und Inhalten.
- Er ermöglicht und fördert die Anerkennung von klar definierten Qualifikationen.

Die sechs Referenzniveaus A1, A2, B1, B2, C1, C2

Als wichtige Eckpfeiler für das Lernen und Lehren aller Sprachen gelten heute die sechs Referenzniveaus des Europarats, die weltweit eine breite Akzeptanz gefunden haben. Sie ermöglichen es, ein einfaches, aber übersichtliches Profil oder eine Art Landkarte des Spektrums sprachlichen Lernens zu entwerfen. Die folgende Abbildung zeigt die Globalskala des „Referenzrahmens" (2004, 35) in umgekehrter Reihenfolge.

Das Kunsthaus von Bregenz – ein Sinnbild für den „Referenzrahmen": zusammenhängende, transparente Niveaus

Elementare Sprachverwendung	**A1**	Kann vertraute, alltägliche Ausdrücke und ganz einfache Sätze verstehen und verwenden, die auf die Befriedigung konkreter Bedürfnisse zielen. Kann sich und andere vorstellen und anderen Leuten Fragen zu ihrer Person stellen – z. B. wo sie wohnen, was für Leute sie kennen oder was für Dinge sie haben – und kann auf Fragen dieser Art Antwort geben. Kann sich auf einfache Art verständigen, wenn die Gesprächspartnerinnen oder Gesprächspartner langsam und deutlich sprechen und bereit sind zu helfen.
	A2	Kann Sätze und häufig gebrauchte Ausdrücke verstehen, die mit Bereichen von ganz unmittelbarer Bedeutung zusammenhängen (z. B. Informationen zur Person und zur Familie, Einkaufen, Arbeit, nähere Umgebung). Kann sich in einfachen, routinemäßigen Situationen verständigen, in denen es um einen einfachen Austausch von Informationen über vertraute und geläufige Dinge geht. Kann mit einfachen Mitteln die eigene Herkunft und Ausbildung, die direkte Umgebung und Dinge im Zusammenhang mit unmittelbaren Bedürfnissen beschreiben.
Selbstständige Sprachverwendung	**B1**	Kann die Hauptpunkte verstehen, wenn klare Standardsprache verwendet wird und wenn es um vertraute Dinge aus Arbeit, Schule, Freizeit usw. geht. Kann die meisten Situationen bewältigen, denen man auf Reisen im Sprachgebiet begegnet. Kann sich einfach und zusammenhängend über vertraute Themen und persönliche Interessengebiete äußern. Kann über Erfahrungen und Ereignisse berichten, Träume, Hoffnungen und Ziele beschreiben und zu Plänen und Ansichten kurze Begründungen oder Erklärungen geben.
	B2	Kann die Hauptinhalte komplexer Texte zu konkreten und abstrakten Themen verstehen; versteht im eigenen Spezialgebiet auch Fachdiskussionen. Kann sich so spontan und fließend verständigen, dass ein normales Gespräch mit Muttersprachlern ohne größere Anstrengung auf beiden Seiten gut möglich ist. Kann sich zu einem breiten Themenspektrum klar und detailliert ausdrücken, einen Standpunkt zu einer aktuellen Frage erläutern und die Vor- und Nachteile verschiedener Möglichkeiten angeben.
Kompetente Sprachverwendung	**C1**	Kann ein breites Spektrum anspruchsvoller, längerer Texte verstehen und auch implizite Bedeutungen erfassen. Kann sich spontan und fließend ausdrücken, ohne öfter deutlich erkennbar nach Worten suchen zu müssen. Kann die Sprache im gesellschaftlichen und beruflichen Leben oder in Ausbildung und Studium wirksam und flexibel gebrauchen. Kann sich klar, strukturiert und ausführlich zu komplexen Sachverhalten äußern und dabei verschiedene Mittel zur Textverknüpfung angemessen verwenden.
	C2	Kann praktisch alles, was er/sie liest oder hört, mühelos verstehen. Kann Informationen aus verschiedenen schriftlichen und mündlichen Quellen zusammenfassen und dabei Begründungen und Erklärungen in einer zusammenhängenden Darstellung wiedergeben. Kann sich spontan, sehr flüssig und genau ausdrücken und auch bei komplexen Sachverhalten feinere Bedeutungsnuancen deutlich machen.

Neben dem „Gemeinsamen europäischen Referenzrahmen für Sprachen“ ist das „Europäische Sprachenportfolio“ zu nennen.

Das „Europäische Sprachenportfolio“

In den letzten Jahren wurde im europäischen Kontext eine Vielzahl von verschiedenen, vom Europarat akkreditierten Sprachenportfolios entwickelt.[1] Außer den grundlegenden Zielen und Funktionen sowie dem Bezug auf die **gemeinsamen Referenzniveaus** haben die verschiedenen Fassungen von europäischen Sprachenportfolios gemeinsam, dass sie **Sprachenpass**, **Sprachbiografie** und **Dossier** enthalten. Diese drei Elemente verleihen den Portfolios die Funktion eines Informationsinstruments und eines Lernbegleiters, auch wenn sie in den verschiedenen Ländern für die verschiedenen Sprachen in unterschiedlicher Weise umgesetzt sind.

Die drei Teile des „Europäischen Sprachenportfolios“:
- **Sprachenpass**
- **Sprachbiografie**
- **Dossier**

- Der **Sprachenpass** gibt einen Überblick über den aktuellen Stand der Sprachenkenntnisse und informiert zusammenfassend über die Sprachenlernerfahrungen und die interkulturellen Erfahrungen seines Inhabers oder seiner Inhaberin.
- Die **Sprachbiografie** dokumentiert die persönliche Geschichte des Sprachenlernens und die interkulturellen Erfahrungen. Sie enthält auch Instrumente zur Selbstbeurteilung von Sprachkenntnissen und Hilfen zur Reflexion und Planung des Lernens.
- Das **Dossier** umfasst eigene Arbeiten unterschiedlicher Art, die exemplarisch veranschaulichen, was ein Lernender in den verschiedenen Sprachen gemacht hat und zu leisten im Stande ist. Es kann einerseits als *Arbeitsdossier* das alltägliche Sprachenlernen begleiten und Lernprozesse dokumentieren und andererseits als *Präsentationsdossier* den aktuellen Stand der Sprachenkenntnisse illustrieren.

Kernfunktionen der Sprachenportfolios

Für die verschiedenen Portfolios lassen sich **drei Kernfunktionen** festhalten.
- Sie orientieren sich an den Kompetenzniveaus des „Referenzrahmens“ und machen so Fremdsprachenlernen und Sprachkompetenzen in einem internationalen Kontext vergleichbar.
- Sie sind eine Dokumentation für Lernende, Lehrende und Institutionen, die transparent und international vergleichbar über Sprachenkenntnisse und interkulturelle Erfahrungen informiert.
- Sie sind ein Lernbegleiter für Sprachenlernende, der ihnen beim Planen und Evaluieren des Sprachenlernens hilft und sie motiviert.

Einsatz von Sprachenportfolios

Aus den genannten Funktionen ergibt sich ein mehrfacher Nutzen der Sprachenportfolios. Als Instrument des Planens und Evaluierens von Lernen sind sie ein ideales Bindeglied zwischen schulischem und außerschulischem Sprachenlernen. Haben Lernende die Techniken der Arbeit mit einem Sprachenportfolio einmal erworben, sind sie nicht mehr allein von der Beurteilung ihrer Sprachkompetenz durch Lehrende abhängig. Das macht das Sprachenportfolio zum idealen Instrument der Dokumentation des oft geforderten lebenslangen Lernens und dokumentiert die Mehrsprachigkeit einer Person.

[1] Unter http://culture2.coe.int/portfolio/inc.asp?L=E&M=$t/208-1-0-1/main_pages/welcome.html finden Sie den aktuellen Stand akkreditierter Portfolios (Stand Januar 2005).

In diesem Kontext der Sprachenpolitik des Europarats steht auch „Profile deutsch".

Die Referenzniveaus und Handlungsziele des Europarates auf dem Gebiet der modernen Sprachen waren für „Profile deutsch" ein verbindlicher und klarer Wegweiser. „Profile deutsch" versteht sich auf der Basis bestehender Arbeiten für das Lernen und Lehren der deutschen Sprache als ein konkretes Arbeitsinstrument, das auf der Grundlage der europäischen Sprachenpolitik in einen breiteren, internationalen Kontext eingebettet ist.

„Profile deutsch": ein offenes und flexibles System

„Profile deutsch" ist ein offenes und flexibles System, mit dem man den Unterricht in den Bereichen *Deutsch als Fremdsprache* und *Deutsch als Zweitsprache* planen, durchführen und evaluieren kann. „Profile deutsch" setzt die Niveaus des „Gemeinsamen europäischen Referenzrahmens für Sprachen" konkret für die deutsche Sprache um.

CD-ROM und Handbuch

Das Buch gibt dem Charakter eines Handbuchs entsprechend einen Überblick über die Konzeption und die Komponenten von „Profile deutsch", die CD-ROM bietet eine Datenbank, mit der verschiedene Abfragen durchgeführt, Materialien aus Listen zusammengestellt und für die Weiterverarbeitung in ein anderes Programm übernommen werden können.

Praktischer Nutzen von „Profile deutsch"

„Profile deutsch" wurde von einem Team von Praktikern/Praktikerinnen und Experten/Expertinnen aus den Bereichen Deutsch als Fremdsprache und Deutsch als Zweitsprache und von Spezialisten der Computertechnologie mit dem Ziel entwickelt, unterschiedlichen Berufsgruppen ein Arbeitsinstrument für die Berufspraxis zur Verfügung zu stellen.

Benutzer von „Profile deutsch"

„Profile deutsch" ist ein wichtiges und nützliches Hilfsmittel für alle, die
- Curricula entwickeln,
- Lehrmaterialien erarbeiten,
- Tests entwickeln,
- sich mit Prüfungen beschäftigen,
- in der Unterrichtspraxis stehen.

Das Medium CD-ROM macht „Profile deutsch" zu einem flexiblen Arbeitsinstrument und bietet ein noch breiteres Spektrum von Möglichkeiten als das Buch. Die CD-ROM ermöglicht eine Vielzahl von Verknüpfungen und erlaubt es, Informationen schnell und effizient abzurufen und zu vergleichen und z. B. Listen durch individuelle Einträge zu erweitern und damit bedürfnisorientiert zu verändern und zu ergänzen.

Grundlegende Zielsetzungen von „Profile deutsch"

„Profile deutsch" möchte die Benutzer/innen dabei unterstützen, folgende Zielsetzungen leichter zu erreichen:

Effizienz: Lehrende können für spezifische Bedürfnisse einzelner Lernender oder ganzer Klassen z. B. Lernziele und für diese relevante sprachliche Mittel schnell und sicher zusammenstellen. Die gewünschten Elemente können in einer Sammelmappe abgelegt, in andere Programme exportiert oder weiterbearbeitet werden.

Transparenz: Lehrende können einer neuen Klasse ohne großen Aufwand erklären, welcher Lernstoff für ein bestimmtes Niveau wichtig ist und was bei der Prüfung verlangt wird. Die Unterrichtsziele werden für alle Beteiligten transparent.

Kohärenz: Die Anforderungsprofile von vielen internationalen Tests und Prüfungen sind eingebettet in ein kohärentes, allgemein anerkanntes System. Dieses hilft z. B. Curriculumplanern/-planerinnen oder Schulleitern/-leiterinnen, vergleichbare Niveaus für Prüfungen oder Tests zu definieren. Wenn schulische und außerschulische Bildungseinrichtungen von denselben Niveaubeschreibungen ausgehen, werden damit viele Überschneidungen in den Lernwegen vermeidbar.

Flexibilität: Die konkreten Situationen in den Beispielen zu den Kannbeschreibungen sind eine Fundgrube für Unterrichtende und Testentwickler, die auf einer bestimmten Stufe Material für handlungsorientierte Aufgaben zusammenstellen wollen.
Für ganz spezifische Lernergruppen lassen sich *Gruppenprofile* anlegen und mit eigenen Materialien verknüpfen: Für einen Kurs „Deutsch für Angestellte in Unternehmen" werden z. B. acht Szenarien mit jeweils drei bis sechs Elementen beschrieben, die sich dem spezifischen Bedarf anpassen und erweitern lassen (→ Kap. 2.3 „Gruppenprofile", S. 63 und Kap. 3.3 „Gruppenprofile und Szenarien", S. 214).

2.1.2 Die erste Etappe: Zur Entstehung von „Profile deutsch A1 – B2"

Die erste Etappe: „Profile deutsch" Niveau A1 – B2

Im Oktober 1998 wurde auf einem vom Goethe-Institut und dem Europarat initiierten Workshop in Frankfurt am Main eine intensivere Zusammenarbeit zwischen dem Goethe-Institut und dem Europarat beschlossen. Als einer der ersten Schritte dieser Zusammenarbeit sollten auf der Basis der „Kontaktschwelle Deutsch als Fremdsprache" (Baldegger u. a. 1980) und orientiert am „Gemeinsamen europäischen Referenzrahmen für Sprachen" neue, aktuelle Niveaubeschreibungen entwickelt werden. Für dieses Vorhaben wurden vom Goethe-Institut in Zusammenarbeit mit einer Expertengruppe aus den deutschsprachigen Ländern konkrete Empfehlungen verabschiedet. Diese Empfehlungen haben die Arbeit am Projekt „Profile deutsch" entscheidend beeinflusst.

Entwicklung aufgrund von Empfehlungen

Aus diesen Empfehlungen abgeleitet wurde „Profile deutsch" zu einem transparenten und kohärenten System von Niveaubeschreibungen für die Niveaus A1 – B2.

„Profile deutsch" ist wie der „Referenzrahmen"
- **multifunktional:** nutzbar für die ganze Bandbreite von Zwecken und Zielsetzungen bei der Planung und Bereitstellung von Sprachlernmöglichkeiten;
- **flexibel:** adaptierbar für die Benutzung unter unterschiedlichen Bedingungen und Umständen;
- **offen:** geeignet für Erweiterungen und Verfeinerungen des Systems;
- **dynamisch:** durch die kontinuierliche Weiterentwicklung als Reaktion auf Erfahrungen aus seiner Verwendung;
- **benutzerfreundlich:** abgefasst in einer für die Adressaten leicht verständlichen und brauchbaren Form;
- **nicht dogmatisch:** nicht unwiderruflich und ausschließlich einer der vielen verschiedenen konkurrierenden linguistischen oder lerntheoretischen Theorien bzw. einem einzigen didaktischen Ansatz verpflichtet. (Referenzrahmen 2004, 20)

Berücksichtigung aktueller Vorarbeiten aus den D-A-CH-Ländern

„Profile deutsch" baut auf wichtigen Entwicklungen und aktuellen Ergebnissen der Fremdsprachenunterrichtsforschung der letzten Jahre auf und stützt sich auf Vorarbeiten, die in diesem Zeitraum die Fachdiskussion und die Unterrichtspraxis beeinflusst haben.

Im Bereich der Lernzielbeschreibungen konnte „Profile deutsch" von den validierten Kannbeschreibungen des „Schweizer Portfolios" und des „Gemeinsamen europäischen Referenzrahmens für Sprachen" profitieren, die das Herzstück von „Profile deutsch" bilden. Um eine Übereinstimmung mit anderen europäischen Projekten zu gewährleisten, wurden auch die in den Projekten ALTE und DIALANG erarbeiteten Beschreibungen hinzugezogen und die Kannbeschreibungen von „Profile deutsch" mit diesen abgestimmt.

Im linguistischen Bereich befasst sich die Diskussion mit dem Deutschen als plurizentrischer Sprache. Es ist daher selbstverständlich, dass „Profile deutsch" auch Informationen zum unterschiedlichen Gebrauch der Standardsprache in Deutschland, Österreich und in der Schweiz enthält.[1]

→ Zum konkreten Umgang mit der Plurizentrik in der Praxis s. Kap. 2.4.5 „Exkurs: Deutsch als plurizentrische Sprache", S. 79.

Ausgehend von der „Kontaktschwelle Deutsch" wurde für die Aktualisierung der verschiedenen Listen (z. B. *Sprachhandlungen* oder *thematischer Wortschatz*) von der Arbeitsgruppe das „Zertifikat Deutsch" (Zertifikat Deutsch 1999), der „Lernzielkatalog des ÖSD" (Österreichisches Sprachdiplom Deutsch 2000) sowie die englischen Arbeiten „Breakthrough" (van Ek; Trim 2000), „Waystage" (van Ek; Trim 1991), „Threshold Level" (van Ek; Trim 1991) und „Vantage" (van Ek; Trim 1997) herangezogen. Die Entscheidungen für bestimmte Einträge verstehen sich dabei nicht als endgültige Lösung, sondern als Vorschläge, die angepasst und erweitert werden können. Die technischen Möglichkeiten dafür bietet die CD-ROM.

„Profile deutsch" bezieht nicht nur bereits vorhandene Arbeiten ein, es geht auch neue Wege. Zum Beispiel wird im „Referenzrahmen" die Sprachmittlung zwar als vierte sprachliche Aktivität beschrieben, es finden sich dort aber keine Kannbeschreibungen dazu. Die Kannbeschreibungen für die Aktivität *Sprachmittlung* wurden deshalb im Rahmen des Projektes „Profile deutsch" völlig neu entwickelt.

Im Vordergrund der Arbeit an „Profile deutsch" stand die Empfehlung, Materialien und theoretische Ausführungen des „Referenzrahmens" praxisnah und leserfreundlich umzusetzen und zu erweitern.

Überblick über die wichtigsten Teile von „Profile deutsch"

Niveaubeschreibungen A1 – A2 – B1 – B2	
Kannbeschreibungen	globale Kannbeschreibungen – detaillierte Kannbeschreibungen konkrete Beispiele zu den detaillierten Kannbeschreibungen Interaktion – Rezeption – Produktion – Sprachmittlung
Sprachliche Mittel	Sprachhandlungen – kulturspezifische Aspekte thematischer Wortschatz – allgemeine Begriffe
Grammatik	systematische Darstellung – funktionale Darstellung
Texte	Textsorten – Textmuster
Strategien	kommunikative Strategien – Lern- und Prüfungsstrategien

[1] Vgl. dazu „Variantenwörterbuch" (Ammon u. a. 2004); weitere Literatur vgl. Auswahlbibliographie, S. 235.

Unsere Aufgabe war es, ausgehend vom „Referenzrahmen", für die deutsche Sprache möglichst konkret Sprachkompetenzen zu beschreiben. **Was** können Lernende und Sprachanwender mit der deutschen Sprache tun? **Wie** gut, mit welchen Qualitätsmerkmalen, können sie das tun?

„Können Sie als Reisender/Reisende in Deutschland nach dem Weg fragen und verstehen Sie die Auskunft, wenn geantwortet wird?" „Können Sie Ihren Bekannten in Deutschland die wichtigsten Stationen einer Reise in chronologischem Ablauf berichten?" – Solche Fragen sind der Ausgangspunkt für die Kannbeschreibungen in „Profile deutsch".

Niveaubeschreibungen mit handlungsorientierten Kann beschreibungen

Das Kernstück der **Niveaubeschreibungen** sind also die **Kannbeschreibungen**. Damit lassen sich Kenntnisse oder Fortschritte beim Lernen einer fremden Sprache viel genauer definieren als zum Beispiel mit schulischen Noten. Im Zentrum von „Profile deutsch" stehen daher Handlungsbeschreibungen in Form von Kannbeschreibungen. Sie präzisieren, welche sprachlichen Handlungen jemand auf einem bestimmten Niveau ausführen kann.

Kannbeschreibungen mit Beispielen

Die Niveaubeschreibungen für Deutsch als Fremdsprache werden daher in „Profile deutsch" über den „Referenzrahmen" hinaus mit einem weiteren Beschreibungselement für die Praxis konkretisiert: mit **Beispielen**. In diesen wird beschrieben, in welcher Rolle und in welchen Domänen Lernende und Sprachanwender/innen handeln können. Die jeweiligen Beispiele einer Kannbeschreibung zeigen also, wie diese auf einem Niveau interpretiert oder für eigene Bedürfnisse neu formuliert werden kann.

Sprachliche Mittel

Von den Beschreibungen der Aktivitäten abgeleitet sind **sprachliche Mittel**, mit denen Lernende und Sprachanwender/innen auf verschiedenen Niveaus sprachlich aktiv sein können.
Zu jedem Eintrag in den Listen zum Wortschatz und zu den Sprachhandlungen finden sich Beispielsätze, die den Kontext der Verwendung aufzeigen. Weitere Informationen, z. B. grammatische Angaben wie Wortart oder Artikel, können abgerufen werden.

Grammatik

Von den sprachlichen Mitteln, insbesondere den Sprachhandlungen und den allgemeinen Begriffen, wurden die auf den A- und B-Niveaus frequenten **grammatischen Strukturen** abgeleitet. Bei allen grammatischen Phänomenen wird durch kurze Erläuterungen und Beispiele der Verwendungszusammenhang praxisnah verdeutlicht.

Textsorten und Textmuster

Neben mehr als 160 **Textsorten**, die nach bestimmten Kriterien abgerufen werden können, finden sich so genannte **Textmuster**. Diese beschreiben in einer „Kurzcharakterisierung" die wesentlichen Merkmale bestimmter Textsorten. Diese Textmuster helfen, den Unterricht konkreter und präziser zu planen.

Strategien und Techniken

Zu verschiedenen **Strategien** wurden die unterschiedlichsten **Techniken** gesammelt und in eine praktische Systematik gebracht. Die Techniken zeigen beispielhaft, wie eine Strategie beim Lernen oder im Unterricht konkret angewendet oder umgesetzt werden kann.

Die Niveaus A – B wurden erstmals auf der Internationalen Deutschlehrertagung 2001 in Luzern einem breiten Publikum vorgestellt. Das Buch, vor allem aber die CD-ROM, fanden aufgrund ihrer Praxisnähe und der konkreten Beispiele im Bereich der Kannbeschreibungen großen Anklang.

2.1.3 Die zweite Etappe: Die Entwicklung der C-Niveaus

Fragen zur Entwicklung der C-Niveaus

Im Bereich der C-Niveaus betrat die Arbeitsgruppe von „Profile deutsch" Neuland, da keine vergleichbaren Grundlagen oder Vorarbeiten existierten, um die Niveaubeschreibungen für eine Einzelsprache umzusetzen. Wegweisend für die Arbeit an der zweiten Etappe waren vor allem folgende Fragen:

- Welche grundsätzlichen Überlegungen zur Entwicklung der C-Niveaus sind für die Arbeit an den C-Niveaus hilfreich?
- Wie können die C-Niveaus in die bestehende Struktur von „Profile deutsch A – B" sinnvoll integriert werden?
- Wie lässt sich die Benutzerfreundlichkeit des Gesamtproduktes aufgrund der bisherigen Erfahrungen optimieren?

Eine wichtige Grundlage zur Beschreibung der C-Niveaus waren die Kannbeschreibungen des „Referenzrahmens". Für die weitere Umsetzung in eine Einzelsprache konnte jedoch nicht auf Modelle oder richtungsweisende Ergebnisse zurückgegriffen werden. Die Arbeitsgruppe und das Expertenteam mussten neue Überlegungen anstellen und eigene neue Wege und Lösungen suchen.

Hypothesen zur Beschreibung der Referenzniveaus

Zur Beschreibung der Referenzniveaus, insbesondere der C-Niveaus, wurden folgende Hypothesen aufgestellt:

- Je höher das Niveau, desto komplexer sind die sprachlichen Handlungsabläufe.
- Je höher das Niveau, desto spezifischer, konkreter und bedarfsorientierter werden die Erwartungen der Lernenden.
- Je höher das Niveau, desto weniger lassen sich niveauspezifische sprachliche Mittel definieren.

Hypothesen aus der Perspektive der Lehr- und Lernpraxis

Damit eröffnen sich aus der Perspektive der Lehr- und Lernpraxis von Institutionen, Unterrichtenden und Sprachenlernenden folgende neue Gesichtspunkte:

- Lernende haben mit steigendem Niveau stärker differenzierte und sehr unterschiedliche individuelle Bedürfnisse, was zu vielen kleineren Zielgruppen führt.
- Institutionen müssen in ihren Angeboten auf die Bedürfnisse und Erwartungen der unterschiedlichen Zielgruppen eingehen.
- Differenzierte, komplexe Lehr- und Lernziele erfordern eine Modularisierung des Angebots.
- Curricula müssen den spezifischen Bedürfnissen angepasst und entsprechend neu formuliert werden.

Konsequenzen für Unterricht und Lehrmaterialien

Für den Unterricht und die Lehrmaterialien leiten sich daraus folgende Konsequenzen ab:

- Das Material für den Unterricht sollte bedürfnisorientiert angepasst oder neu erstellt werden.
- Die Lehrenden sollten Gelegenheit haben, im Unterricht effizient Formen interner Differenzierung anbieten zu können.

Konsequenzen im Hinblick auf Tests und Zertifizierung

Schließlich ergeben sich auch Konsequenzen im Hinblick auf Tests und Zertifizierung.
Wenn Curricula und Unterricht auf spezifische Bedürfnisse abgestimmt sind, dann wird erwartet,

- dass Tests und Prüfungen den international vergleichbaren Niveaustufen des Europarates entsprechen und niveauadäquat angepasst sind;
- dass Tests und Zertifikate zielgruppenorientiert angeboten werden, indem differenziert und transparent Bedürfnisse beschrieben werden;
- dass Zertifikate oder Tests auf unterschiedliche Kundenprofile klar und transparent eingehen;
- dass in Tests oder Zertifikaten flexibel und modular Fertigkeiten auf unterschiedlichen Niveaus beschrieben, getestet und bewertet werden: z. B. Lesen C1 – Sprechen B2 – Schreiben B1.

Die C-Niveaus und die bestehende Struktur

Zum Zeitpunkt der Entwicklung der C-Niveaus lag das fertige Produkt „Profile deutsch" für die A- und B-Niveaus bereits einige Zeit vor und wurde in den verschiedensten Institutionen in der praktischen Arbeit benutzt, z. B. für die Entwicklung von Curricula und Lehrplänen oder bei der Entwicklung von Kursen und Tests. Im praktischen Einsatz hatte sich die CD-ROM als flexibles Arbeitsinstrument sehr bewährt und war in vieler Hinsicht hilfreich.

Die Stärke des Mediums CD-ROM sowie des Programms von „Profile deutsch" liegt vor allem darin,

- dass Kannbeschreibungen für einzelne Niveaus oder für einzelne Aktivitäten gefiltert werden können;
- dass bei den sprachlichen Mitteln durch die Aufteilung in *thematischen Wortschatz, allgemeine Begriffe* und *Sprachhandlungen* Daten gezielt abgefragt und über die Sammelmappe in Textprogramme exportiert werden können;
- dass eine Reihe von Verknüpfungen es ermöglicht, von einer Kategorie in die nächste zu wechseln;
- dass im Bereich der sprachlichen Mittel eigene Einträge ins System ergänzt werden können.

Diese Möglichkeiten sollten also unbedingt erhalten und in manchen Punkten durch neue unterstützt werden.

Niveau-beschreibungen oder Profil-beschreibungen

Bei der Entwicklung der Niveaus A – B ging die Arbeitsgruppe von den Niveaustufen und den entsprechenden Kannbeschreibungen des „Referenzrahmens" aus. Im Zentrum standen die Kannbeschreibungen der Niveaus und die in „Profile deutsch" entwickelten konkreten Beispiele dazu. Dieser Ansatz sollte bei der Entwicklung von „Profile deutsch C" weiterverfolgt und die C-Niveaus in die bestehende Struktur integriert werden. Damit verbunden ist aber das Problem, dass die sehr unterschiedlichen und speziellen Bedürfnisse, die sich vor allem auf höheren Niveaus abzeichnen, mit allgemeinen Niveaubeschreibungen nicht mehr erfassbar sind und nach entsprechenden speziellen Profilbeschreibungen verlangen.

Wie lassen sich z. B. spezifische Bedürfnisse von Gruppen „Deutsch für Juristen" oder „Wirtschaftsdeutsch für Unternehmensberater" usw. mit den bestehenden Niveaubeschreibungen vereinbaren? Für die Entwicklung der C-Niveaus war also das zentrale Anliegen:

- Die bestehende Struktur sollte zu einem großen Teil übernommen werden, um den Benutzern die bewährten Zugangsweisen von „Profile deutsch A – B" weiterhin zu bieten.
- Für die spezifischen Bedürfnisse (vor allem der C-Niveaus) mussten neue Lösungen gefunden werden, die natürlich auch Auswirkungen auf die bereits beschriebenen Niveaus hatten.
- Neben dem Zugang über die Niveaustufen musste ein neuer Zugang geschaffen werden, der bestimmte Anforderungsprofile oder die spezifischen Bedürfnisse einer Gruppe berücksichtigt.

Niveaubeschreibungen decken allgemeine Bedürfnisse ab

Die Kannbeschreibungen einer Niveaustufe decken allgemeine Fähigkeiten ab, ohne auf spezielle Bedürfnisse einzugehen. Mit den Kannbeschreibungen von „Profile deutsch" auf dem Niveau C1 oder C2 werden ebenfalls allgemeine, aber keine spezifischen Bedürfnisse abgedeckt. Im System von „Profile deutsch A1 – B2" geben jedoch die Beispiele zu den Kannbeschreibungen genauer an, in welchen Domänen und in welcher Rolle die sprachlichen Handlungen ausgeführt werden.

Profilbeschreibungen berücksichtigen spezifische Bedürfnisse

Um die Bedürfnisse einer Zielgruppe wie z. B. „leitende Angestellte eines chemischen Unternehmens" genau berücksichtigen zu können, muss eine Möglichkeit geschaffen werden, die bisherigen Beispiele zu den Kannbeschreibungen für den neuen Kontext des C-Niveaus zu adaptieren oder es müssen völlig neue Beispiele gefunden werden.

Nehmen wir an, Sie stehen vor der Aufgabe, für einen Fortgeschrittenenkurs für leitende Angestellte eines chemischen Unternehmens einen Sprachkurs auf dem Niveau C1 zielgruppengerecht zu planen. Da stellen sich sofort folgende Fragen: In welchen Situationen wenden die Angestellten ihre Sprachkenntnisse an? Welche Aktivitäten sind in diesen Situationen erforderlich? Auf welchem Niveau sind die verschiedenen Aktivitäten tatsächlich notwendig? Was ist spezifisch für Angestellte eines chemischen Unternehmens?

Beispiel 1: Ein Fortgeschrittenenkurs für leitende Angestellte eines chemischen Unternehmens

Die Lernenden eines Kurses für leitende Angestellte erwarten, dass sie am Ende des Kurses die wichtigsten sprachlichen Aufgaben im Rahmen ihres Berufes lösen können. Konkret heißt das, sie müssen entsprechende Handlungen schnell lernen und auch den entsprechenden Fachwortschatz handlungsorientiert einüben können. Dafür müssen entsprechende sprachliche Mittel (Wortschatz, Muster für wichtige Sprachhandlungen) zusammengestellt werden.

Hier wird deutlich, dass für spezifische Zielgruppen neben dem allgemeinen Zugang über die Niveaustufen ein zweiter Zugang erforderlich ist, der hilft, die spezifischen Bedürfnisse in das allgemeine Kursprofil eines Kurses auf den C-Niveaus zu integrieren.

Beispiel 2: Ein Anfängerkurs für medizinisches Pflegepersonal

Ein zweites Beispiel soll diese Überlegungen konkretisieren. Nehmen wir an, Sie planen einen Anfängersprachkurs für medizinisches Pflegepersonal. Die Kannbeschreibungen der Niveaustufe A1 decken die wichtigsten allgemeinen Fähigkeiten ab, ohne auf spezielle Bedürfnisse einzugehen. Die Lernenden eines Anfängersprachkurses für das Pflegepersonal eines Krankenhauses können aber besser motiviert werden, wenn konkrete wichtige Sprachhandlungen aus ihrem beruflichen Umfeld (Bedürfnisse erfragen, Mitgefühl ausdrücken) und entsprechender Wortschatz (z. B. Körperteile) und Redemittel („Haben Sie Ihre Tablette genommen?") von Anfang an bei der praktischen Arbeit im Kurs berücksichtig werden. Die Beispiele zu den Kannbeschreibungen müssen also adaptiert und das sprachliche Material entsprechend angepasst oder ergänzt werden.

Niveaubeschreibungen und Profilbeschreibungen in „Profile deutsch"

Hier wird deutlich, dass sich das Problem spezifischer Bedürfnisse nicht erst auf den C-Niveaus abzeichnet. Es scheint vielmehr sinnvoll, für alle Niveaustufen neben einem allgemeinen Zugang einen zweiten Zugang zu schaffen, der hilft, spezifische und allgemeine Bedürfnisse nebeneinander in ein Kursprofil zu integrieren.

2.1.4 Möglichkeiten von „Profile deutsch A1 – C2"

Bei der Entwicklung der C-Niveaus bot sich die Flexibilität und die Veränderbarkeit der CD-ROM für die Integration der C-Niveaus als Lösung an. Im Unterschied zum Buch ist die CD-ROM ein flexibles, veränder- und erweiterbares Instrument, in dem alle wesentlichen Elemente miteinander verknüpft werden können.

Die beiden Aspekte Flexibilität und Veränderbarkeit bildeten den Schlüssel für die neue Entwicklung.

Flexibilität mit dem Medium CD-ROM

- **Flexibilität** bedeutet, dass die Verknüpfung von neuen, spezifischen Einträgen mit bestehenden Einträgen, die in eine kohärente Struktur eingebettet sind, möglich wird.
- **Offenheit** und **Veränderbarkeit** bedeutet, dass der Benutzer/die Benutzerin neue, individuelle Einträge, abgestimmt auf seine/ihre eigenen spezifischen Bedürfnisse, eingeben und mit dem bestehenden System der Niveaubeschreibungen verknüpfen kann.

Gruppenprofile

Die wesentliche Neuerung besteht also darin, dass der Benutzer/die Benutzerin im Rahmen von kohärenten Niveaubeschreibungen eigene Gruppenprofile erstellen kann, d. h., er/sie kann nunmehr für die spezifischen Bedürfnisse einer bestimmten Gruppe ein eigenes Profil erstellen, ein **Gruppenprofil**. Dieses Gruppenprofil ist mit den bestehenden Kannbeschreibungen, also der Basis der Niveaubeschreibungen, verbunden. Die für ein Gruppenprofil ausgewählten Kannbeschreibungen werden durch spezifische Beispiele ergänzt. Die für die Gruppenprofile neu formulierten Beispiele stehen neben den Beispielen, die zu jeder Kannbeschreibung bereits vorliegen. Dadurch lässt sich die Zuordnung zu einem bestimmten Niveau noch mal vergleichend kontrollieren.

- Ein Gruppenprofil beschreibt für eine bestimmte Lernergruppe mehrere Handlungsziele in der Fremdsprache.
- Ein Gruppenprofil besteht aus mehreren **Szenarien** und dazugehörigen **Elementen**. Szenarien beschreiben Handlungen oder Handlungsketten, mit denen die entsprechende Zielgruppe in verschiedenen konkreten Situationen konfrontiert sein wird. Die Aufgaben werden schrittweise als mögliche Elemente eines Szenarios konkretisiert und durch eine oder mehrere Kannbeschreibungen genauer beschrieben. Die Kannbeschreibungen halten fest, was eine bestimmte Person in ihrem konkreten Kontext tun kann.

Szenario und Elemente

- Gruppenprofile sind durch die Szenarien, die zugehörigen Elemente und die niveauspezifischen Kannbeschreibungen genau definiert. Damit sind vergleichbare und transparente Vorgaben für die Überprüfung des Lernerfolgs gegeben: Sprachliche Aktivitäten können auf einem bestimmten Niveau in einzelnen Handlungszusammenhängen beschrieben und überprüft werden.
- Das wiederum ist eine Voraussetzung dafür, dass in Zertifikaten oder anderen Evaluationsinstrumenten aussagekräftigere und präzisere Auskünfte über die erreichten Ziele bzw. momentanen Sprachkenntnisse erteilt werden können.

Gruppenprofile sind also hilfreich für alle am Lernprozess beteiligten Personen. Sie erlauben

- eine transparente Planung und Gestaltung des Angebotes,
- eine effiziente und transparente Durchführung des Unterrichts,
- eine Evaluation von Handlungszielen auf international vergleichbaren Niveaus.

Das Erstellen von Gruppenprofilen durch den Benutzer/die Benutzerin wird in „Profile deutsch" anhand verschiedener Gruppenprofile anschaulich erläutert und erklärt.

→ Kap. 2.3 „Gruppenprofile", S. 63.

Sprachliche Mittel

Auf den C-Niveaus wird auf die Angabe sprachlicher Mittel verzichtet, dafür ist ein ganzes Wörterbuch in die bestehende CD-ROM als Suchinstrument integriert. Eine allgemeine, begrenzte Auswahl an thematischem Wortschatz, allgemeinen Begriffen und Sprachhandlungen lässt sich für die C-Niveaus nicht mehr zuordnen, da die Kriterien der Sprachverwendung in den meisten Fällen von den spezifischen Interessen und Fachbereichen der Sprachanwender abhängig sind. Jeder in der Entwicklungsphase unternommene Versuch einer möglichen repräsentativen Auswahl erwies sich bald als subjektiv und relativ willkürlich.
Deshalb entschied sich die Arbeitsgruppe dafür, ein Wörterbuch in das System von „Profile deutsch" zu integrieren. Für diesen Zweck erschien das „e-Großwörterbuch Deutsch als Fremdsprache" (2003) geeignet.

Integration eines Wörterbuchs: Das „e-Großwörterbuch Deutsch als Fremdsprache"

Die Integration des „e-Großwörterbuchs Deutsch als Fremdsprache" bietet folgende Vorteile:

- Der Benutzer/Die Benutzerin hat neben den Wortschatzempfehlungen zu den Niveaus A1 – B2 Zugriff auf einen großen Teil des Wortschatzes der modernen deutschen Standardsprache.
- Die in „Profile deutsch" schon vorgenommene Öffnung auf dem Niveau B2 mit offenen Wortfeldern wäre ohne Einbeziehung eines Wörterbuches durch eine C-Markierung wieder geschlossen worden.
- Für den Bereich Prüfen und Testen hätten willkürliche und zufällige (wenn auch gut gemeinte) Normierungen auf den C-Niveaus fatale Konsequenzen nach sich gezogen.
- Letztlich wäre die Willkür einer beschränkten Auswahl von C-Einträgen auch aufgrund der bestehenden Quellen nicht nachvollziehbar.

→ Kap. 1.9 „Arbeiten mit dem Wörterbuch", S. 32 und Kap. 2.4.4 „Wörterbuch", S. 78.

Optimierter Zugriff auf die Kannbeschreibungen

Das System der Kannbeschreibungen von „Profile deutsch" wurde analog zu allen anderen Komponenten mit neuen Möglichkeiten der Abfrage versehen. Für die globalen und die detaillierten Kannbeschreibungen wurde eine neue Baumstruktur entwickelt.

- Der Zugriff auf die globalen Kannbeschreibungen wurde erleichtert, so dass sie besser als Kriterien, die bei der Bewertung hilfreich sind, sortiert werden können.
- Der Zugriff auf die detaillierten Kannbeschreibungen wurde durch ein klares System von Kategorien vereinfacht und verbessert.

→ Kap. 3.1.1 „Globale Kannbeschreibungen: Übersicht", S. 106 und Kap. 3.1.2 „Detaillierte Kannbeschreibungen: Übersicht", S. 107.

Baumstrukturen für globale und detaillierte Kannbeschreibungen

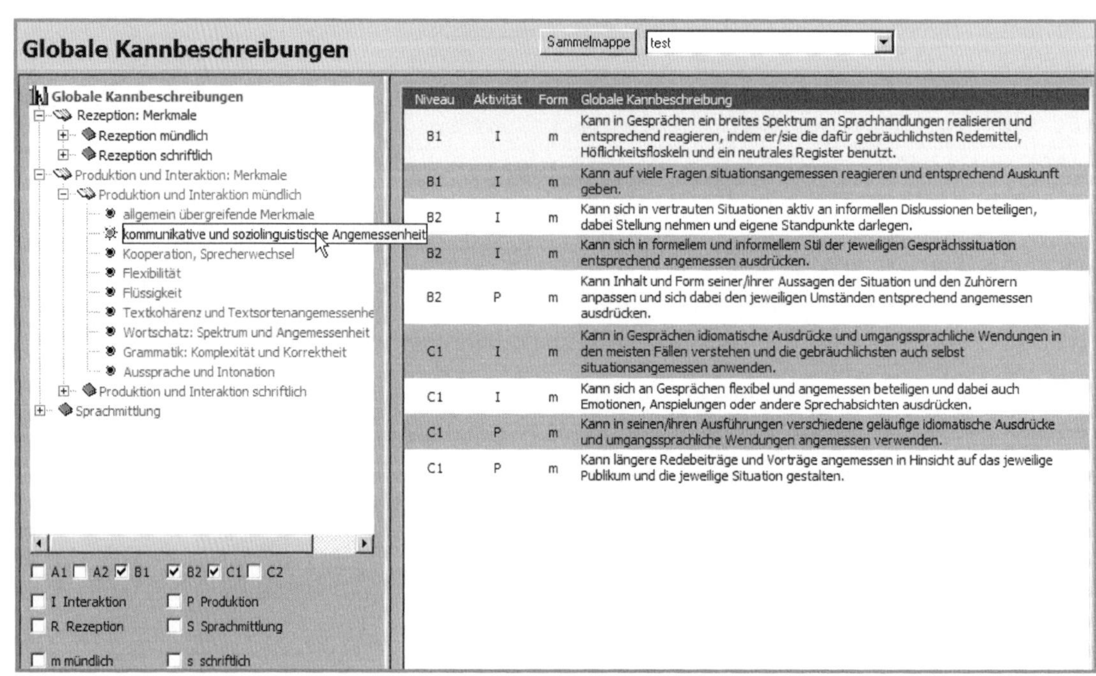

Authentische Lernerbeispiele zum Abrufen

Die vielfältigen, in der Praxis mit „Profile deutsch A1 – B2“ gewonnenen Erfahrungen hatten gezeigt, dass das System der Referenzniveaus gut mit kommentierten **Lernerbeispielen** vermittelt werden kann.

- Die Niveaubeschreibungen wurden deshalb auf den Niveaus A1 – C2 durch mündliche Beispiele von Lernenden verdeutlicht (→ Kap. 2.8 „Die 6 Niveaus“, S. 101).
- Bei den Lernerbeispielen handelt es sich um authentische mündliche Texte von Lernenden. Sie zeigen, wie von den Kannbeschreibungen zu Interaktion und Produktion mündlich abgeleitete Aufgaben von Lernenden mündlich realisiert wurden.
- Die Lernerbeispiele zeigen auch, wie die Kannbeschreibungen auf verschiedenen Niveaus im Bereich der mündlichen Interaktion von Lernenden praktisch umgesetzt worden sind.
- Zu jedem Niveau gibt es insgesamt vier Lernerbeispiele, jeweils eines für das Lösen einer interaktiven Aufgabe und drei für das Lösen einer produktiven Aufgabe.
- Der Benutzer kann im Kommentar zu den Lernerbeispielen nachvollziehen, welche Kriterien für die Beurteilung zugrunde gelegt wurden. Die jeweiligen globalen Kannbeschreibungen und ein kurzer Kommentar machen die Niveaueinstufung nachvollziehbar.
- Die Lernerbeispiele sollen dazu beitragen, ein Gespür für die sechs Niveaus zu entwickeln.

Mit den Lernerbeispielen können Sie

- Ihren Lernenden die Unterrichtsziele verdeutlichen,
- die Bewertung von Lernerleistungen entsprechend den Niveaus nachvollziehen lassen,
- nach diesem Muster transparente Beurteilungen mit Hilfe der globalen Kannbeschreibungen trainieren.

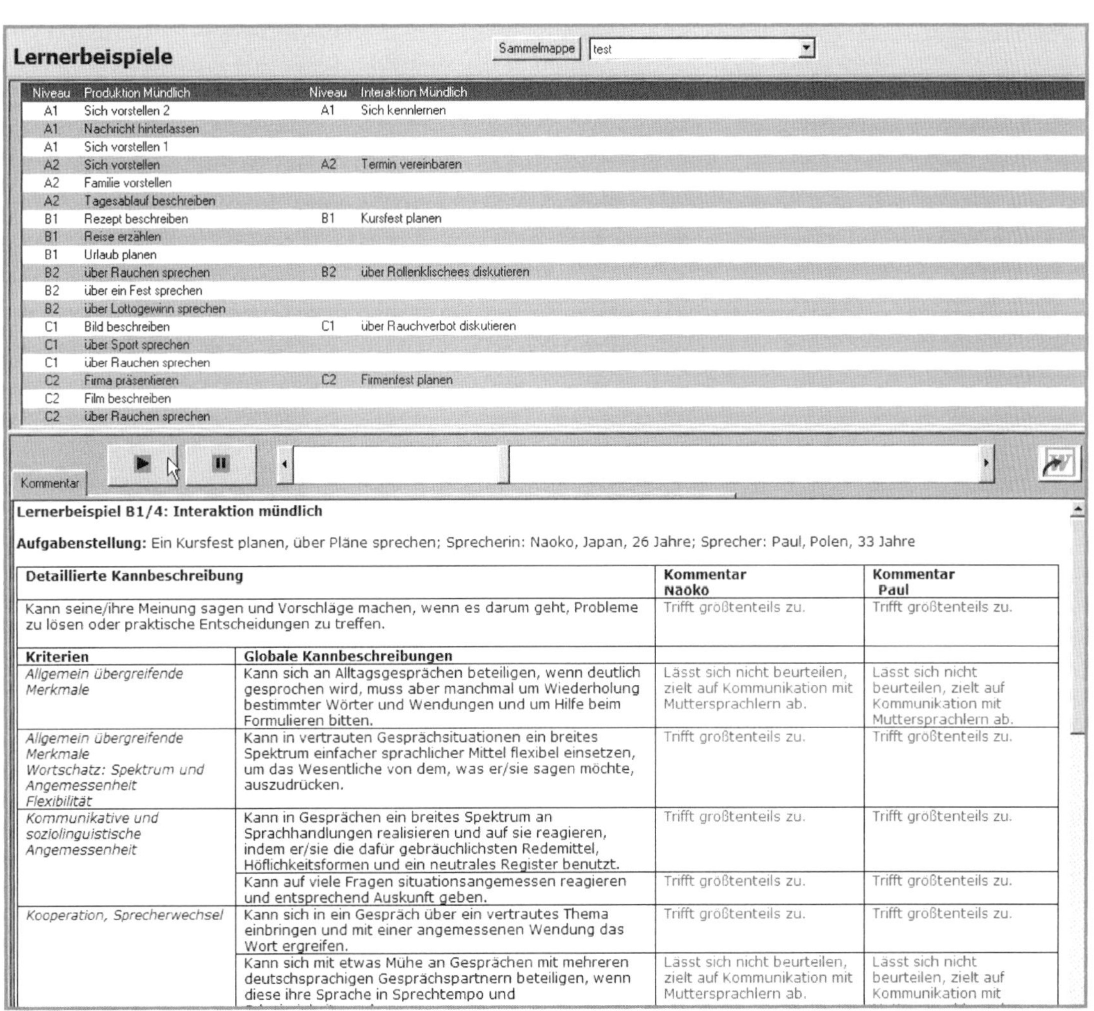

Lernerbeispiele

Sammelmappe | test

Niveau	Produktion Mündlich	Niveau	Interaktion Mündlich
A1	Sich vorstellen 2	A1	Sich kennlernen
A1	Nachricht hinterlassen		
A1	Sich vorstellen 1		
A2	Sich vorstellen	A2	Termin vereinbaren
A2	Familie vorstellen		
A2	Tagesablauf beschreiben		
B1	Rezept beschreiben	B1	Kursfest planen
B1	Reise erzählen		
B1	Urlaub planen		
B2	über Rauchen sprechen	B2	über Rollenklischees diskutieren
B2	über ein Fest sprechen		
B2	über Lottogewinn sprechen		
C1	Bild beschreiben	C1	über Rauchverbot diskutieren
C1	über Sport sprechen		
C1	über Rauchen sprechen		
C2	Firma präsentieren	C2	Firmenfest planen
C2	Film beschreiben		
C2	über Rauchen sprechen		

Kommentar

Lernerbeispiel B1/4: Interaktion mündlich

Aufgabenstellung: Ein Kursfest planen, über Pläne sprechen; Sprecherin: Naoko, Japan, 26 Jahre; Sprecher: Paul, Polen, 33 Jahre

Detaillierte Kannbeschreibung		**Kommentar Naoko**	**Kommentar Paul**
Kann seine/ihre Meinung sagen und Vorschläge machen, wenn es darum geht, Probleme zu lösen oder praktische Entscheidungen zu treffen.		Trifft größtenteils zu.	Trifft größtenteils zu.
Kriterien	**Globale Kannbeschreibungen**		
Allgemein übergreifende Merkmale	Kann sich an Alltagsgesprächen beteiligen, wenn deutlich gesprochen wird, muss aber manchmal um Wiederholung bestimmter Wörter und Wendungen und um Hilfe beim Formulieren bitten.	Lässt sich nicht beurteilen, zielt auf Kommunikation mit Muttersprachlern ab.	Lässt sich nicht beurteilen, zielt auf Kommunikation mit Muttersprachlern ab.
Allgemein übergreifende Merkmale Wortschatz: Spektrum und Angemessenheit Flexibilität	Kann in vertrauten Gesprächsituationen ein breites Spektrum einfacher sprachlicher Mittel flexibel einsetzen, um das Wesentliche von dem, was er/sie sagen möchte, auszudrücken.	Trifft größtenteils zu.	Trifft größtenteils zu.
Kommunikative und soziolinguistische Angemessenheit	Kann in Gesprächen ein breites Spektrum an Sprachhandlungen realisieren und auf sie reagieren, indem er/sie die dafür gebräuchlichsten Redemittel, Höflichkeitsformen und ein neutrales Register benutzt.	Trifft größtenteils zu.	Trifft größtenteils zu.
	Kann auf viele Fragen situationsangemessen reagieren und entsprechend Auskunft geben.	Trifft größtenteils zu.	Trifft größtenteils zu.
Kooperation, Sprecherwechsel	Kann sich in ein Gespräch über ein vertrautes Thema einbringen und mit einer angemessenen Wendung das Wort ergreifen.	Trifft größtenteils zu.	Trifft größtenteils zu.
	Kann sich mit etwas Mühe an Gesprächen mit mehreren deutschsprachigen Gesprächspartnern beteiligen, wenn diese ihre Sprache in Sprechtempo und	Lässt sich nicht beurteilen, zielt auf Kommunikation mit Muttersprachlern ab.	Lässt sich nicht beurteilen, zielt auf Kommunikation mit

2.1.5 Das Zusammenspiel der einzelnen Komponenten in „Profile deutsch A1 – C2": Überblick

Sprachliche Handlungen können mittels Szenarien und entsprechenden Elementen, zugeordneten Kannbeschreibungen und Beispielen für verschiedene sprachliche Niveaus genauer beschrieben werden. Bei jeder sprachlichen Handlung, die allein oder mit einem Partner ausgeführt wird, werden Texte rezipiert oder produziert. Jeder konkrete Text enthält natürlich Elemente der Grammatik und der sprachlichen Mittel.

Um effizient lernen und möglichst erfolgreich sprachlich handeln zu können, werden auch Strategien eingesetzt und unterschiedlichste Techniken verwendet. Alle diese Elemente werden in „Profile deutsch A1 – C2" ergänzend zu den Kannbeschreibungen praxisnah beschrieben.

Niveauspezifische Komponenten

„Profile deutsch A1 – C2" enthält folgende Komponenten, die den 6 Niveaus zugeordnet werden können:

- Gruppenprofile und Szenarien
- die 6 Niveaus mit Lernerbeispielen
- globale Kannbeschreibungen
- detaillierte Kannbeschreibungen mit Beispielen
- sprachliche Mittel: Sprachhandlungen und kulturspezifische Aspekte A1 – B2
- sprachliche Mittel: allgemeine Begriffe A1 – B
- sprachliche Mittel: thematischer Wortschatz A1 – B2
- sprachliche Mittel: „e-Großwörterbuch DaF"
- Grammatik: systematische und funktionale Darstellung A1 – B2

Komponenten ohne Niveauangaben

Daneben enthält „Profile deutsch" die folgenden niveauunabhängigen Komponenten:

- Texte: Textsorten und Textmuster
- Strategien: kommunikative Strategien und Lern- und Prüfungsstrategien

„Profile deutsch" als Instrumentarium

Aus all dem geht hervor, dass „Profile deutsch" ein Instrumentarium für die verschiedensten Einsatzbereiche ist.

- Es ist nicht auf eine bestimmte Prüfung hin orientiert, sondern hält sich an die international vergleichbaren und etablierten Standards.
- Es ist nicht auf ein einzelnes sprachliches Niveau beschränkt, sondern erlaubt einen Überblick über die fortschreitende Ausdifferenzierung der Sprachkompetenzen.
- Es ist nicht an ein bestimmtes Bildungssystem oder an eine bestimmte Institution gebunden.
- Es ist kein fertiges Curriculum, sondern ein Hilfsmittel für eine effiziente curriculare Arbeit.

2.2 Kannbeschreibungen

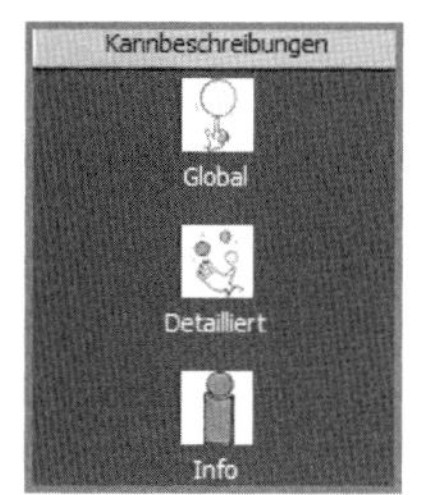

Das System der Kannbeschreibungen in „Profile deutsch" ist zweiteilig. Die Niveaus werden definiert mit

- globalen Kannbeschreibungen und
- detaillierten Kannbeschreibungen, die ihrerseits mit Beispielen illustriert werden.

Kannbeschreibungen gibt es für die vier Aktivitäten *Interaktion, Rezeption, Produktion* und *Sprachmittlung.*

NEU

Kannbeschreibungen nach übersichtlicher Baumstruktur angeordnet
Kannbeschreibungen können Gruppenprofilen zugeordnet werden
Eigene Beispiele können ergänzt werden

2.2.1 Der Ansatz der Niveaubeschreibungen

Niveaubeschreibungen als Kompetenzbeschreibungen

„Profile deutsch" beschreibt die Sprachniveaus A1, A2, B1, B2, C1, C2 für das Erlernen der deutschen Sprache. Eine wesentliche Grundlage dieser Niveaubeschreibungen ist das System der Deskriptoren (*Can-Do-Statements, Kannbeschreibungen*), wie es im „Gemeinsamen europäischen Referenzrahmen für Sprachen" (2001, 2004) dargestellt ist und das mit dem „Europäischen Sprachenportfolio für Jugendliche und Erwachsene" (2001) weiterentwickelt wurde. Ein wesentlicher Vorteil dieses Systems liegt in den flexiblen Verzweigungsmöglichkeiten, die es ermöglichen, dass „ein gemeinsames System von Referenzniveaus und/oder Deskriptoren in lokal benötigte Niveaus unterteilt werden kann" (Referenzrahmen 2004, 41). Das heißt, die Niveaubeschreibungen sowohl des „Referenzrahmens" als auch von „Profile deutsch" verstehen sich als **offenes System**, das in der Anwendung an verschiedensten Orten und Stellen für verschiedenste Zwecke und Zielgruppen seine jeweilige Ausprägung erhalten kann, ja sogar muss. Wohl auch deswegen hat das flexible und gleichzeitig kohärente System der Niveaubeschreibungen des „Referenzrahmens" in der Zwischenzeit weltweit breite Anerkennung gefunden.

Überblick über die Referenzniveaus

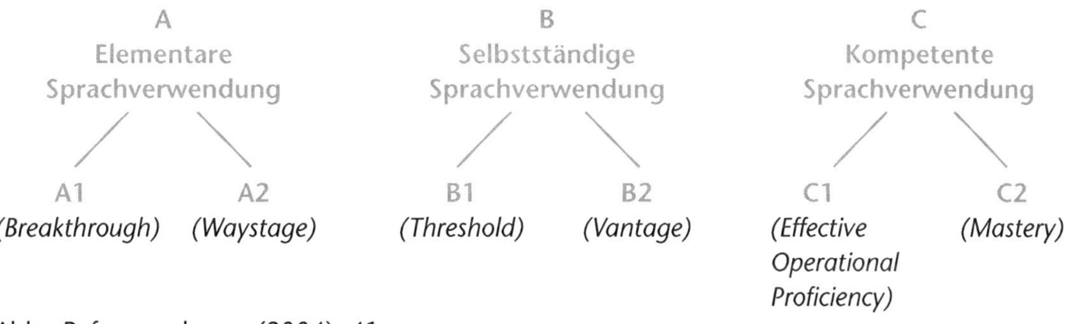

Abb.: Referenzrahmen (2004), 41

Die Niveaus A1 und A2 in „Profile deutsch" beschreiben die *elementare Sprachverwendung*, die Niveaus B1 und B2 die *selbstständige Sprachverwendung*, die Niveaus C1 und C2 die *kompetente Sprachverwendung.*
Die Beschreibung der Niveaus entspricht nur teilweise der traditionellen Aufteilung der Lernbereiche in Grund-, Mittel- und Oberstufe. Die Grundstufe wird für die deutsche Sprache im Allgemeinen als die Lernphase definiert, die mit dem Erreichen der Erfordernisse des „Zertifikates Deutsch" (1999) abgeschlossen wird.
Im System des „Referenzrahmens" entspricht dem in etwa das Niveau B1.

Niveaubeschreibung = Summe von Kannbeschreibungen

Kernstück von „Profile deutsch" sind die Niveaubeschreibungen, die über Kannbeschreibungen erfolgen. Das System der Kannbeschreibungen in „Profile deutsch" besteht aus den *globalen* und den *detaillierten Kannbeschreibungen* mit den dazugehörigen Beispielen. Die Summe der Kannbeschreibungen auf einem bestimmten Niveau kann als Beschreibung dieses Niveaus gelesen werden. Entsprechend dem System der Deskriptoren im „Referenzrahmen" wird in „Profile deutsch" in den Kannbeschreibungen mit positiven Formulierungen festgehalten, was Lernende auf einem bestimmten Niveau tun können.

Kannbeschreibungen mit positiven Formulierungen

Die Formulierung einer globalen Kannbeschreibung für mündliche Interaktion auf dem Niveau A1 lautet beispielsweise: „Kann mit wenigen, einfachen und auswendig gelernten Ausdrücken und Sätzen vertraute Situationen bewältigen, die ganz alltägliche und konkrete Bedürfnisse betreffen, wobei es zu Missverständnissen kommen kann." Die negative Formulierung würde demgegenüber etwa lauten: Verfügt nur über einen kleinen, begrenzten Wortschatz, in nicht vertrauten, routinemäßigen Situationen verursacht das häufig Missverständnisse.
„Es ist schwieriger, auf den niedrigeren Niveaus der Sprachkompetenz zu sagen, was der Lernende tun kann, als zu sagen, was er nicht tun kann. Positive Formulierungen sind aber vor allem dann wünschenswert, wenn Kompetenzniveaus auch als Lernziel dienen sollen und nicht nur als Instrument zur Überprüfung und Auslese von Kandidaten." (Referenzrahmen 2004, 200)

Fortschreitende Ausdifferenzierung auf den unterschiedlichen Niveaus

Die Niveaus von „Profile deutsch" werden über ein zweiteiliges System von Kannbeschreibungen beschrieben: globale und detaillierte Kannbeschreibungen. Kannbeschreibungen gibt es für die sprachlichen Aktivitäten *Interaktion, Rezeption, Produktion* und *Sprachmittlung,* sortiert nach der gewählten Form *mündlich* oder *schriftlich.* Die Sprachmittlung wird noch nach weiteren Kriterien unterteilt.

Die Niveauschreibung erfolgt in „Profile deutsch" durch die Beschreibung der Kompetenzen in der Sprachverwendung. Das Spezifische der einzelnen Niveaus wird in „Profile deutsch" auch daran sichtbar, dass einige Teilkompetenzen durch alle Niveaus hindurch verfolgt und entsprechend den Niveaus in den *globalen Kannbeschreibungen* qualitativ definiert werden. Ein Beispiel soll dies verdeutlichen:

Kannbeschreibung: global **Aktivität: Interaktion** **Typ: mündlich**	**Kannbeschreibung: detailliert** **Aktivität: Interaktion** **Typ: mündlich**
Niveau A1	
Kann mit wenigen, einfachen und auswendig gelernten Ausdrücken und Sätzen vertraute Situationen bewältigen, die ganz alltägliche und konkrete Bedürfnisse betreffen, wobei es zu Missverständnissen kommen kann.	Kann auf einfache, direkt an ihn/sie gerichtete Fragen mit einfachen Antworten reagieren.
⇩	⇩
Niveau A2	
Kann mit kurzen, einfachen Ausdrücken, die alltägliche Bedürfnisse betreffen, kommunizieren, wobei die Kommunikation in nicht vertrauten Situationen oft schwierig sein und es zu Missverständnissen kommen kann.	Kann in einem Gespräch einfache Fragen beantworten und auf einfache Aussagen reagieren.
⇩	⇩

Niveau B1

Kann sich in Gesprächen mit guter Beherrschung eines Grundwortschatzes zu allgemeinen Themen äußern, wobei er/sie bei komplexeren Sachverhalten oder in weniger vertrauten Gesprächssituationen noch elementare Fehler macht.	Kann in Gesprächen Fragen zu vertrauten Themen beantworten.

⇩ ⇩

Niveau B2

Kann sich in Gesprächen ausreichend genau zu verschiedenen Themen äußern, wobei es zu falscher Wortwahl oder zu Verwechslungen kommen kann, die jedoch die Kommunikation nicht behindern.	Kann auf Fragen im eigenen Fach- oder Interessengebiet detaillierte Antworten geben.

⇩ ⇩

Niveau C1

Kann sich in Gesprächen dank seines/ihres großen Wortschatzes weitgehend korrekt und angemessen ausdrücken, wobei Fehler im Wortgebrauch selten vorkommen.	Kann in einem Interview und in ähnlichen Gesprächen Fragen flüssig und ohne fremde Hilfe beantworten, eigene Gedanken ausführen und entwickeln sowie auf Einwürfe reagieren.

⇩ ⇩

Niveau C2

Kann in Gesprächen dank seines/ihres großen Wortschatzes meist korrekt und angemessen das ausdrücken, was er/sie tatsächlich sagen möchte.	Kann bei einem Interview auf Fragen überzeugend und vollkommen flüssig eingehen und ist gegenüber deutschen Muttersprachlern nicht im Nachteil.

Inhalte: Globale und detaillierte Kannbeschreibungen

Die globale Kannbeschreibung in der linken Spalte beschreibt einerseits das Repertoire der sprachlichen Mittel, das zur Bewältigung der Aufgabe zur Verfügung steht, andererseits den Grad an Eindeutigkeit, der in der Kommunikation erwartetet werden kann.
Die detaillierte Kannbeschreibung in der rechten Spalte greift ein Detail, in diesem Fall „auf Fragen reagieren", heraus und beschreibt, in welchen Situationen die Aufgabe bewältigt werden kann. Um die Verwendung in Situationen und die Rollen, in denen die Lernenden ihre Kompetenz zeigen können, deutlich zu machen, enthält jede detaillierte Kannbeschreibung drei Beispiele.

Die aufsteigende Reihenfolge der beiden ausgewählten Kannbeschreibungen „skizziert eine Abfolge von allgemeinen Niveaustufen zur Beschreibung der Kompetenz von Lernenden" (Referenzrahmen 2004, 27). Der Vorteil dieses Beschreibungssystems liegt darin, dass Profile für das sprachliche Lernen entworfen werden, die klar machen, was auf den einzelnen Niveaus erwartet werden kann.
Die vertikale Dimension ermöglicht so ein „übersichtliches Profil oder eine Art Landkarte des Spektrums sprachlichen Lernens" (Referenzrahmen 2004, 27).

2.2.2 Globale Kannbeschreibungen

Globale Kannbeschreibungen: Wie gut kann jemand etwas tun?

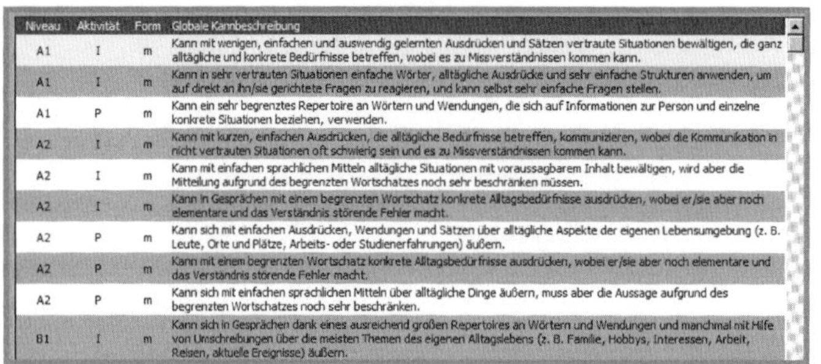

Niveau	Aktivität	Form	Globale Kannbeschreibung
A1	I	m	Kann mit wenigen, einfachen und auswendig gelernten Ausdrücken und Sätzen vertraute Situationen bewältigen, die ganz alltägliche und konkrete Bedürfnisse betreffen, wobei es zu Missverständnissen kommen kann.
A1	I	m	Kann in sehr vertrauten Situationen einfache Wörter, alltägliche Ausdrücke und sehr einfache Strukturen anwenden, um auf direkt an ihn/sie gerichtete Fragen zu reagieren, und kann selbst sehr einfache Fragen stellen.
A1	P	m	Kann ein sehr begrenztes Repertoire an Wörtern und Wendungen, die sich auf Informationen zur Person und einzelne konkrete Situationen beziehen, verwenden.
A2	I	m	Kann mit kurzen, einfachen Ausdrücken, die alltägliche Bedürfnisse betreffen, kommunizieren, wobei die Kommunikation in nicht vertrauten Situationen oft schwierig sein und es zu Missverständnissen kommen kann.
A2	I	m	Kann mit einfachen sprachlichen Mitteln alltägliche Situationen mit voraussagbarem Inhalt bewältigen, wird aber die Mitteilung aufgrund des begrenzten Wortschatzes noch sehr beschränken müssen.
A2	I	m	Kann in Gesprächen mit einem begrenzten Wortschatz konkrete Alltagsbedürfnisse ausdrücken, wobei er/sie aber noch elementare und das Verständnis störende Fehler macht.
A2	P	m	Kann sich mit einfachen Ausdrücken, Wendungen und Sätzen über alltägliche Aspekte der eigenen Lebensumgebung (z. B. Leute, Orte und Plätze, Arbeits- oder Studienerfahrungen) äußern.
A2	P	m	Kann mit einem begrenzten Wortschatz konkrete Alltagsbedürfnisse ausdrücken, wobei er/sie aber noch elementare und das Verständnis störende Fehler macht.
A2	P	m	Kann sich mit einfachen sprachlichen Mitteln über alltägliche Dinge äußern, muss aber die Aussage aufgrund des begrenzten Wortschatzes noch sehr beschränken.
B1	I	m	Kann sich in Gesprächen dank eines ausreichend großen Repertoires an Wörtern und Wendungen und manchmal mit Hilfe von Umschreibungen über die meisten Themen des eigenen Alltagslebens (z. B. Familie, Hobbys, Interessen, Arbeit, Reisen, aktuelle Ereignisse) äußern.

Die globalen Kannbeschreibungen von „Profile deutsch" sind im Unterschied zu den detaillierten nicht an eine bestimmte Situation gebunden. Sie beschreiben in allgemeiner Form, wie gut jemand etwas in Bezug auf die vier sprachlichen Aktivitäten auf einem bestimmten Niveau tun kann. Dies wird durch Formulierungen ausgedrückt wie z. B. „ausreichend korrekt", „relativ mühelos". Sie bieten also einen Überblick über die Qualität der Sprachverwendung.

Abfrage nach Stichwörtern

Die globalen Kannbeschreibungen können Sie nach den **Niveaus** (A1 – C2), nach **sprachlichen Aktivitäten** (Interaktion – Rezeption – Produktion – Sprachmittlung) oder nach dem **Typ** (mündlich – schriftlich) sortieren. Darüber hinaus können Sie die globalen Kannbeschreibungen je nach Aktivität nach verschiedenen Stichwörtern abfragen. Die Stichwörter sind den Überschriften von Skalen und Rastern des „Referenzrahmens" sehr ähnlich.

Globale Kannbeschreibungen
Rezeption: Merkmale
Produktion und Interaktion: Merkmale
Produktion und Interaktion mündlich
allgemein übergreifende Merkmale
kommunikative und soziolinguistische
Kooperation, Sprecherwechsel
Flexibilität
Flüssigkeit

Der Baum *Interaktion mündlich* ist z. B. folgendermaßen aufgebaut:

- allgemein übergreifende Merkmale
- kommunikative und soziolinguistische Angemessenheit
- Kooperation, Sprecherwechsel
- Flexibilität
- Flüssigkeit
- Textkohärenz und Textsortenangemessenheit
- Wortschatz: Spektrum und Angemessenheit
- Grammatik: Komplexität und Korrektheit
- Aussprache und Intonation

Mit Hilfe der Baumabfrage können Sie einen Überblick darüber gewinnen, wie die einzelnen Niveaus voneinander abgegrenzt sind.

→ Kap. 3.1.1 „Globale Kannbeschreibungen: Übersicht", S. 106.

2.2.3 Detaillierte Kannbeschreibungen

Detaillierte Kannbeschreibungen: Was kann jemand tun?

Die detaillierten Kannbeschreibungen von „Profile deutsch" sind an bestimmte Situationen oder Themenbereiche gebunden. Sie beschreiben ziemlich genau verschiedene sprachliche Handlungen, wobei diese noch konkreter an jeweils drei **Beispielen** erläutert werden.

So wird z. B. die Kannbeschreibung des Niveaus B1 „Kann in Gesprächen Fragen zu vertrauten Themen beantworten" in den drei folgenden Beispielen an konkrete Situationen mit konkreten Rollen für die Lernenden angebunden:

3 Beispiele zu jeder Kannbeschreibung

1. *Kann in einem Straßeninterview Fragen zu ihren Einkaufsgewohnheiten beantworten.*
2. *Kann in einem Vorstellungsgespräch Fragen zur eigenen Ausbildung beantworten.*
3. *Kann beim Arzt mit einfachen Worten erklären, was ihm fehlt.*

Wenn eine Kannbeschreibung auch einem oder mehreren Gruppenprofilen zugewiesen ist, dann sind auch die entsprechenden Beispiele der Gruppenprofile sichtbar:

Weitere Beispiele zu Gruppenprofilen

4. *Kann in einem Kundengespräch Fragen über Sicherheits- und Impfbestimmungen für eine bestimmte Reise beantworten.* (Gruppenprofil *Deutsch für Angestellte in Unternehmen*)
5. *Kann einer Touristin die Fragen nach möglichen Anschlussverbindungen und Abfahrtszeiten beantworten.* (Gruppenprofil *Deutsch für Bahnpersonal*)

Die globalen und detaillierten Kannbeschreibungen sind geschlechtsneutral in der Doppelform „er/sie" formuliert, die Beispiele abwechselnd in der Form „er" oder „sie". Sie sind immer an eine detaillierte Kannbeschreibung gebunden und im Buch *kursiv* hervorgehoben.

Alle detaillierten Kannbeschreibungen sind auf der CD-ROM mit der Liste der Textsorten verknüpft. Unter *Textsorten* können häufige und relevante Textsorten abgerufen werden, von denen einige als *Textmuster* beschrieben sind. Auch diese Liste ist als Vorschlag zu verstehen.

→ Kap. 3.1.2 „Detaillierte Kannbeschreibungen: Übersicht“, S. 107.

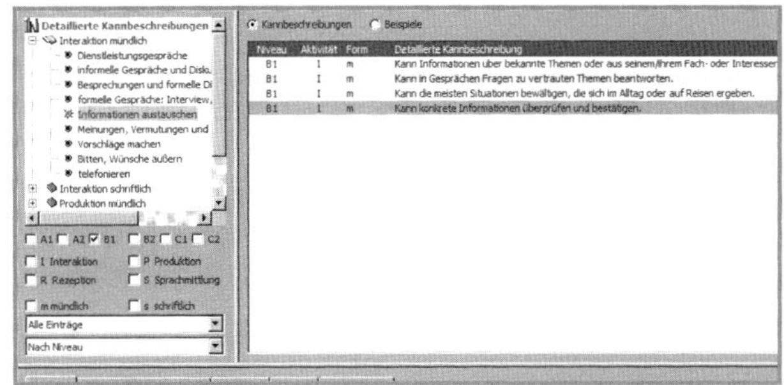

Die vier Bereiche der Sprachverwendung

Wie oben gezeigt werden in „Profile deutsch“ alle Kannbeschreibungen durch mindestens je drei Beispiele verdeutlicht. Die Beispiele beziehen konkrete Kommunikationsfaktoren mit ein und zeigen, wie eine Kannbeschreibung auf einem Niveau interpretiert werden kann. Sie wurden, soweit möglich, einem der folgenden vier Bereiche zugeordnet:

- **Persönlicher Bereich**, in dem die betroffene Person als Individuum lebt, im Rahmen des häuslichen Lebens, mit Familie und Freunden;
- **Öffentlicher Bereich**, in dem die betroffene Person als Mitglied einer allgemeinen Öffentlichkeit oder bestimmter Organisationen handelt und in unterschiedliche Interaktionen mit verschiedenen Zielen eingebunden ist;
- **Beruflicher Bereich**, in dem sich die Person während ihrer Arbeit und in ihren beruflichen Interessen bewegt;
- **Bereich der Bildung**, in dem die Person einen organisierten Lernprozess verfolgt, speziell (aber nicht notwendigerweise) innerhalb einer Bildungsinstitution.

Die Beispiele und die Angaben zu den Texten verstehen sich als Vorschläge, die den Benutzern helfen sollen, die Kannbeschreibungen im Rahmen eines kohärenten Systems flexibel an die Bedürfnisse der eigenen Lerngruppe anzupassen oder eigene Materialien zu erstellen. Dafür bietet die CD-ROM flexible Möglichkeiten.

Kannbeschreibungen: für wen?

Zusammenfassend lassen sich die Kannbeschreibungen vor allem zwei Orientierungen zuweisen:

LEHRER-ORIENTIERT	**benutzer-orientiert**	**WAS Lernende tun können**	**aufgaben-orientiert**	**LERNER-ORIENTIERT**
	beurteilungs-orientiert	**WIE GUT Lernende etwas können**	**diagnose-orientiert**	

Für Lernende

Die detaillierten Kannbeschreibungen *(Was können Lernende tun?)* haben eher die Aufgabe, das typische oder wahrscheinliche Verhalten von Lernenden auf den verschiedenen Niveaus zu beschreiben. Diese benutzerorientierten Beschreibungen sagen etwas darüber aus, was der Lernende tun kann. Durch die Beispiele wird für den Benutzer verdeutlicht, in welcher Situation und welcher Rolle eine bestimmte sprachliche Handlung zur Lösung einer Aufgabe erwartet werden kann. Für Lernende und Lehrende wird transparent gemacht, welche sprachlichen Handlungen auf einem bestimmten Niveau gebraucht werden.

Für Lehrende

Die globalen Kannbeschreibungen *(Wie gut können Lernende etwas?)* haben eher die Aufgabe, den Beurteilungsprozess zu lenken; die Beschreibungen formulieren stärker die Aspekte der Qualität der erwarteten sprachlichen Leistung. Diese Beschreibungen helfen den Lehrenden, Diagnosen zu stellen, wie gut Lernende etwas können. Sie können verschiedene Ziele haben. Lehrenden zum Beispiel können sie helfen, Schülerleistungen transparenter zu beurteilen. Für Testentwickler können sie bei der Erstellung von Testmaterialien hilfreich sein.

I Interaktion
P Produktion
R Rezeption
S Sprachmittlung
m mündlich
s schriftlich

2.2.4 Kannbeschreibungen und sprachliche Aktivitäten

Fortschritte im Sprachenlernen lassen sich auch daran ablesen, inwiefern Lernende fähig sind, kommunikative Situationen und Aufgaben zu bewältigen. Die kommunikative Sprachkompetenz eines Lernenden wird also „in verschiedenen *kommunikativen Sprachaktivitäten* aktiviert, die *Rezeption, Produktion, Interaktion* und *Sprachmittlung* [...] umfassen, wobei jeder dieser Typen von Aktivitäten in mündlicher oder schriftlicher Form oder in beiden vorkommen kann" (Referenzrahmen 2004, 25).
Die Kannbeschreibungen in „Profile deutsch" sind daher auf dem jeweiligen Niveau nach diesen Kriterien geordnet:

Aktivitäten	Form	Fertigkeiten
Interaktion	mündlich schriftlich	Hören und Sprechen Lesen und Schreiben
Produktion	mündlich schriftlich	monologisches Sprechen Schreiben
Rezeption	mündlich schriftlich	Hören Lesen
Sprachmittlung	mündlich schriftlich	Dolmetschen Übersetzen

Sprachliche Aktivitäten in „Profile deutsch"

Die Definition der sprachlichen Aktivitäten in „Profile deutsch" folgt dem Muster des „Referenzrahmens", für die Sprachmittlung liegt dagegen in „Profile deutsch" erstmals ein differenziertes Modell beschrieben vor.

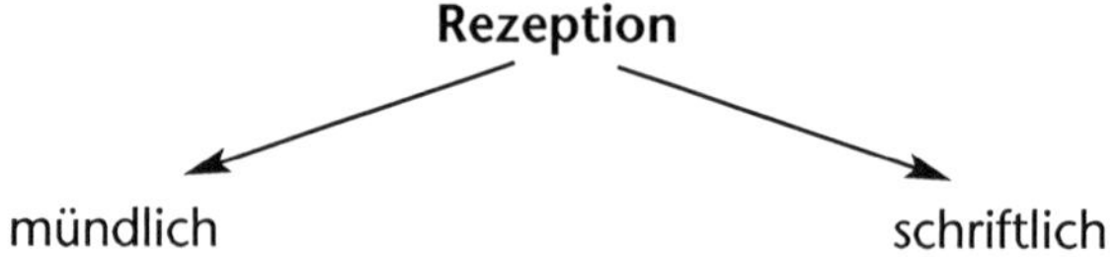

Rezeption

Rezeption ist ein primärer Prozess. Die Kannbeschreibungen umschreiben also Sprachaktivitäten, die für sich allein vorkommen.
Beispiele: detaillierte Kannbeschreibungen
Rezeption mündlich, A2:
Kann die Hauptaussage kurzer, einfacher und eindeutiger Ansagen oder Durchsagen verstehen.
Rezeption schriftlich, A2:
Kann an öffentlichen Orten häufig vorkommende Schilder und Aufschriften verstehen.

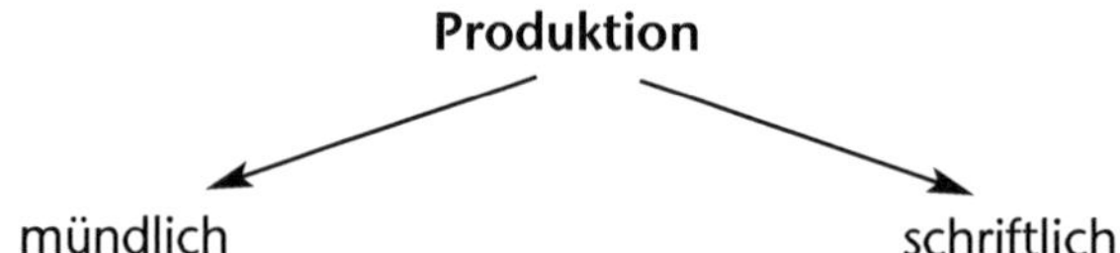

Produktion

Produktion ist in mündlicher oder schriftlicher Form ebenso ein primärer Prozess. Die Kannbeschreibungen umschreiben also Sprachaktivitäten, die für sich allein vorkommen.
Beispiele: detaillierte Kannbeschreibungen
Produktion mündlich, A2:
Kann einfach und kurz von persönlichen Erfahrungen, Ereignissen und eigenen Aktivitäten berichten.
Produktion schriftlich, A2:
Kann sehr kurze, einfache Beschreibungen über persönliche Erfahrungen, Ereignisse und eigene Aktivitäten machen.

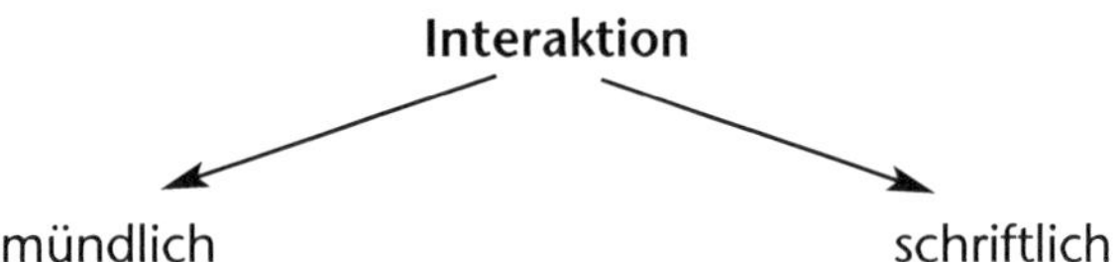

Interaktion

In der **Interaktion**, die mündlich oder schriftlich erfolgen kann, „tauschen sich mindestens zwei Personen aus, wobei sie abwechselnd Produzierende oder Rezipierende sind, bei mündlicher Interaktion manchmal beides überlappend" (Referenzrahmen 2004, 26). Im Gegensatz zu Rezeption und Produktion umschreiben die Kannbeschreibungen eine Kombination von Sprachaktivitäten, z. B. abwechselndes Verstehen und Sichäußern.
Beispiele: detaillierte Kannbeschreibungen
Interaktion mündlich, A2:
Kann in einer vertrauten Situation einfache Vorschläge machen und auf Vorschläge reagieren, z. B. zustimmen, ablehnen oder Alternativen vorschlagen.
Interaktion schriftlich, A2:
Kann sehr einfache persönliche Briefe, Postkarten und E-Mails schreiben und darin Persönliches austauschen.

Das folgende Diagramm skizziert die Situationen der Sprachmittlung, die in „Profile deutsch" beschrieben sind.

Situationen der Sprachmittlung

aus dem Deutschen
aus einer anderen Sprache
Deutsch-Deutsch
zwischen Deutsch und einer anderen Sprache

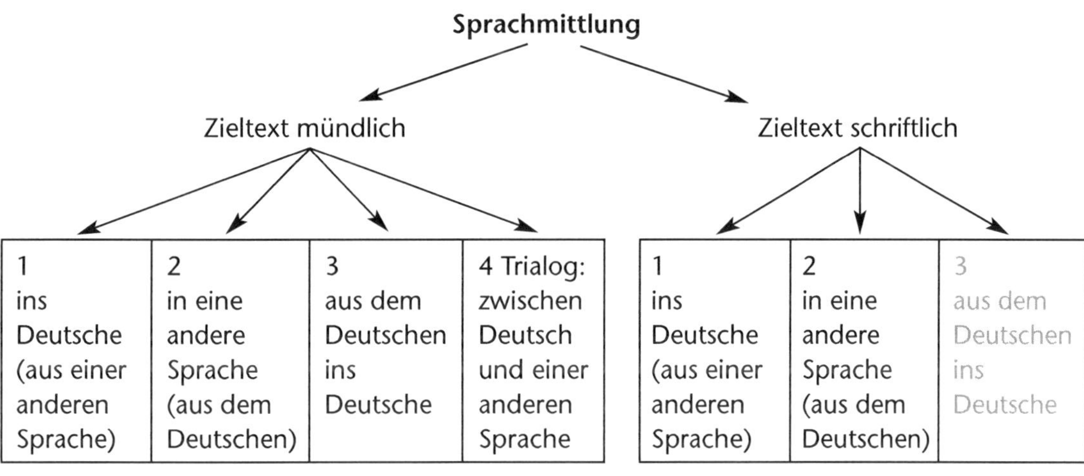

Zieltext: ins Deutsche

Kannbeschreibungen des **Typs 1** beschreiben Situationen, in denen anderssprachige mündliche oder schriftliche Texte von der sprachmittelnden Person für deutschsprachige Rezipienten ins Deutsche vermittelt werden.

Zieltext: in eine andere Sprache

Kannbeschreibungen des **Typs 2** beschreiben Situationen, in denen deutschsprachige mündliche oder schriftliche Texte in einer Sprache weitergegeben werden, die dem Sprachmittelnden und dem Rezipienten gemeinsam ist.

Zieltext: Deutsch-Deutsch

Kannbeschreibungen des **Typs 3** können z. B. in multikulturellen Klassen im DaF-Unterricht vorkommen, bieten sich aber auch in anderen Fällen an, in denen eine von zwei nicht deutschsprachigen Personen besser Deutsch kann als der Partner/die Partnerin. Es sind Situationen, in denen deutschsprachige mündliche oder schriftliche Texte oder schwierige Teile davon auf Deutsch weitervermittelt werden. Für den sehr seltenen Fall von schriftlicher Weitergabe hat „Profile deutsch" keine Kannbeschreibungen entwickelt.

Zieltext: Trialog

Kannbeschreibungen des **Typs 4** beschreiben die Sprachmittlung ausschließlich in der mündlichen Interaktion. Es sind so genannte Trialog-Situationen, in denen die sprachmittelnde Person im Gespräch oder in einer Diskussion zwischen verschiedenen Personen in beiden Sprachen wechselseitig vermittelt.

Da im „Referenzrahmen" entsprechende Skalen fehlen, hat „Profile deutsch" erstmals ein kohärentes System von Sprachmittlung konkret mit globalen Kannbeschreibungen, detaillierten Kannbeschreibungen und Beispielen definiert.

Um die Abfrage auf der CD-ROM zu erleichtern, ist es auch möglich, die Kannbeschreibungen der Sprachmittlung vom Ausgangstext her abzufragen:

Ausgangstext mündlich
1. aus dem Deutschen
2. aus einer anderen Sprache
3. Deutsch-Deutsch
4. Trialog: zwischen Deutsch und einer anderen Sprache

Ausgangstext schriftlich
1. aus dem Deutschen
2. aus einer anderen Sprache
3. Deutsch-Deutsch

Selbstverständlich lassen sich die Kannbeschreibungen der Sprachmittlung auch Gruppenprofilen zuweisen und mit neuen, noch konkreteren Beispielen versehen.

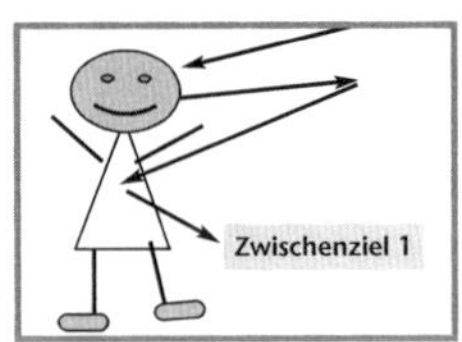

2.2.5 Szenarien und Kannbeschreibungen als Basis eines handlungsorientierten Unterrichts

„Profile deutsch" geht in Anlehnung an den „Referenzrahmen" von einer sehr umfassenden Sicht von Sprachverwendung und somit des Sprachlernens aus. Mit anderen Worten: Es basiert auf einem handlungsorientierten Ansatz.

Der handlungsorientierte Ansatz

Der gewählte Ansatz wird als *handlungsorientiert* bezeichnet, „weil er Sprachverwendende und Sprachenlernende vor allem als *sozial Handelnde* betrachtet, d. h. als Mitglieder einer Gesellschaft, die unter bestimmten Umständen und in spezifischen Umgebungen und Handlungsfeldern kommunikative Aufgaben bewältigen müssen, und zwar nicht nur sprachliche. Einzelne Sprachhandlungen treten zwar im Rahmen sprachlicher Aktivitäten auf; diese sind aber wiederum Bestandteil des breiteren sozialen Kontexts" (Referenzrahmen 2004, 21). Erst der soziale Kontext verleiht sprachlichen Aktivitäten ihre volle Bedeutung.

„Wir sprechen von kommunikativen *Aufgaben*, weil Menschen bei ihrer Ausführung ihre spezifischen Kompetenzen strategisch planvoll einsetzen, um ein bestimmtes Ergebnis zu erzielen. Der handlungsorientierte Ansatz berücksichtigt deshalb auch die kognitiven und emotionalen Möglichkeiten und die Absichten von Menschen sowie das ganze Spektrum der Fähigkeiten, über das Menschen verfügen und das sie als sozial Handelnde (soziale Akteure) einsetzen." (Referenzrahmen 2004, 21)

Kommunikative Aufgaben und Szenarien gehen von einem realen Kontext aus

Kommunikative Aufgaben und Handlungen sind in den konkreten Kontext eines Szenarios eingebettet. Die einzelnen Elemente eines **Szenarios** können durch sehr unterschiedliche Faktoren bestimmt werden:
- durch eine bestimmte Umgebung (z. B. ein bestimmtes Land, einen bestimmten Kulturraum),
- durch gegebene, momentane Umstände (z. B. Hitze, Finanzkrise),
- durch einen bestimmten Lebensbereich (persönlich, öffentlich, beruflich, Bildung),
- durch ein ganz konkretes Handlungsfeld (z. B. Akten lesend und diskutierend in einer Sitzung oder im Gespräch am Telefon),
- durch die an der Handlung beteiligten Personen (z. B. in ihren Funktionsrollen als Chefin oder Sekretär).

Diese Faktoren und ihr Zusammenspiel sollen durch die folgende Skizze verdeutlicht werden.

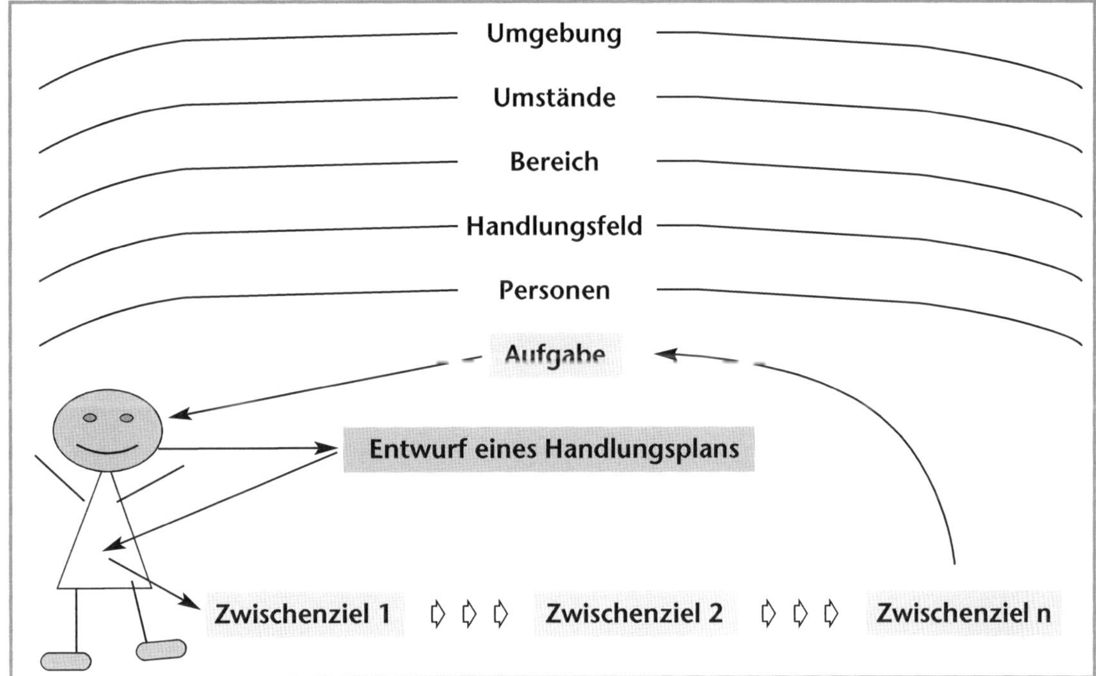

Die Skizze verdeutlicht, dass Lernende zur Lösung von Aufgaben zuerst einen **Handlungsplan** entwerfen, der sowohl von der Einschätzung der eigenen Ressourcen abhängt – z. B. von den sprachlichen Fähigkeiten oder dem soziokulturellen Wissen – als auch von verschiedenen äußeren Faktoren des gesamten Kontextes. Entscheidend dürfte letztlich auch sein, wie „Erfolg versprechend" eine Aufgabe aus der Sicht des Lernenden ist und wie ökonomisch sie gelöst werden kann. Nach dem Entwurf des Handlungsplanes werden dann mit konkreten Handlungen schrittweise Zwischenziele verfolgt, die zur Lösung der Aufgabe führen. Eine grundlegende Erkenntnis für Lehrende dürfte sein, dass letztlich die Lernenden entscheiden, wie sie eine Aufgabe lösen wollen.

Der reale Kontext beeinflusst das Gruppenprofil

Was kann der Lernende in/mit der Sprache tun? Detaillierte Kannbeschreibungen für die einzelnen Aktivitäten sind also die logische Konsequenz aus einem handlungsorientierten Ansatz. Die sprachliche Kompetenz auf einem Niveau wird als Summe von Kannbeschreibungen eben auf diesem Niveau verstanden.
Einzelne Handlungen sind gleichsam Zwischenetappen, um die verschiedenen Aufgaben zu lösen.

Kannbeschreibungen und handlungsorientierter Unterricht

Die Beispiele zu den detaillierten Kannbeschreibungen beschreiben die genauere Umgebung, die Umstände, die Lebensbereiche oder die Handlungsfelder, in denen eine bestimmte sprachliche Handlung stattfinden kann. Ebenso wird beschrieben, welche Personen in welchen Rollen beteiligt sein können.

Durch die situative Einbettung der Beispiele in einen konkreten Kontext verdeutlicht „Profile deutsch" für Unterrichtende, wie eine konkrete Aufgabe im Unterricht aussehen kann.
Im Zentrum des handlungsorientierten Unterrichts steht immer die Frage: Welche sprachlichen Handlungen sollen Lernende auf einem bestimmten Niveau ausführen können, um eine konkrete Aufgabe zu lösen? Ziel eines handlungsorientierten Unterrichts wäre also, durch die Formulierung von Aufgaben ein möglichst breites Lern- und Evaluationsangebot zu schaffen, aus dem Lernende auswählen und in dem sie sich bewähren können.

Der reale Kontext beeinflusst die Unterrichtspraxis

Realer Kontext und spezifische Bedürfnisse – Konsequenzen für die Planung des Fremdsprachenunterrichts

In der folgenden Skizze wird noch einmal kurz zusammengefasst, wie die spezifischen Bedürfnisse einer Gruppe das **Gruppenprofil** bestimmen. Neben dem Gruppenprofil ist natürlich auch das Eingangsprofil der Gruppe ein wesentlicher Faktor für das Erreichen des Endziels, das mit dem Gruppenprofil beschrieben wird. Die für das Gruppenprofil ausgewählten *Szenarien* und *Kannbeschreibungen* sind die Basis für die Auswahl der Unterrichtsmaterialien und bestimmen weitgehend auch den Unterrichts- und Lernprozess.

Am Schluss steht das *Testprofil*, das auf dem als Ziel formulierten Gruppenprofil basiert und die Erfahrungen des Unterrichts mit einbezieht. Die Bewertungskriterien können dank der globalen Kannbeschreibungen klar und transparent formuliert werden.

Handlungsbedürfnisse des realen Kontextes beeinflussen den Fremdsprachenunterricht

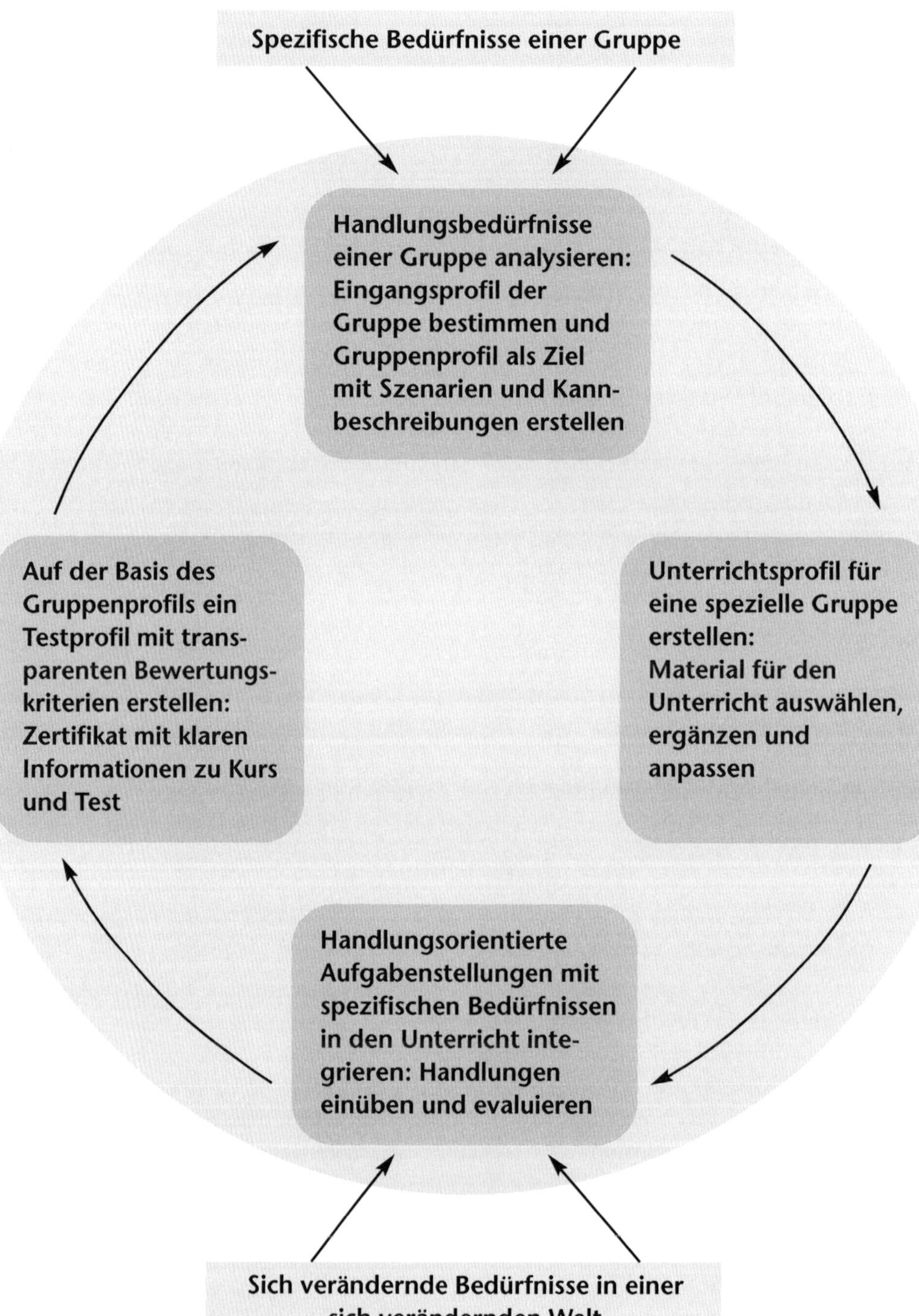

2.3 Gruppenprofile

Der Benutzer/Die Benutzerin von „Profile deutsch" kann im Rahmen der kohärenten Niveaubeschreibungen eigene Profile für die spezifischen Bedürfnisse einer bestimmten Gruppe erstellen: ein Gruppenprofil. Dieses Gruppenprofil ist mit den bestehenden Kannbeschreibungen, also der Basis der Niveaubeschreibungen, verbunden. Die für ein Gruppenprofil ausgewählten Kannbeschreibungen werden durch profilspezifische Beispiele ergänzt.

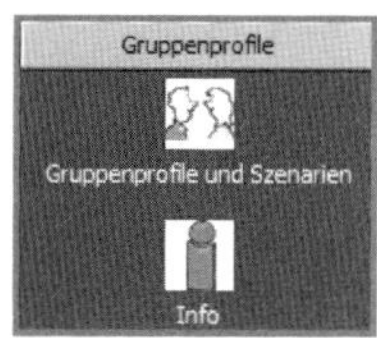

NEU

Vier vorgegebene Gruppenprofile für die Bereiche
Möglichkeit, eigene spezifische Gruppenprofile zu erstellen
Möglichkeit, eigene Materialien in „Profile deutsch" einzubinden

2.3.1 Definition und Aufbau von Gruppenprofilen

Kurzdefinition: Gruppenprofil

Gruppenprofile beschreiben die Handlungsfähigkeit einer bestimmten Lernergruppe in der Fremdsprache. Bei dieser Beschreibung werden zwei wichtige Aspekte berücksichtigt:

- Welche Handlungen, für die Kompetenzen in der Fremdsprache erforderlich sind, stehen für eine Zielgruppe im Zentrum?
- Auf welchen sprachlichen Niveaus soll eine Lernergruppe bestimmte sprachliche Handlungen in der Fremdsprache ausführen können?

Aufbau eines Gruppenprofils: Szenarios und Elemente

Ein Gruppenprofil beschreibt also für eine bestimmte Lernergruppe mehrere Handlungsziele in der Fremdsprache auf einem bestimmten sprachlichen Niveau. In einem Gruppenprofil liegen wichtige Szenarien gesammelt vor. Szenarien beschreiben für die Zielgruppe relevante Handlungsfelder, in denen die Sprachbenutzer/innen erfolgreich kommunizieren sollten. Ein Szenario umfasst immer mehrere Elemente. Mit Hilfe der Elemente werden in einem Szenario mögliche Handlungsabläufe als Handlungskette schrittweise erfasst. Diesen Elementen wiederum werden Kannbeschreibungen auf bestimmten sprachlichen Niveaus zugeordnet. Ein Gruppenprofil kann allerdings nie umfassend sein und die Szenarien sind immer hypothetisch. Ein Gruppenprofil hilft aber trotzdem, Schwerpunkte zur Erreichung bestimmter sprachlicher Fertigkeiten für spezifische Bedürfnisse klarer zu beschreiben.

Elemente und Kannbeschreibungen

Ein Gruppenprofil besteht also aus mehreren Szenarien und dazugehörigen Elementen, die mit Kannbeschreibungen genauer festhalten, was eine bestimmte Person in einem konkreten Kontext können sollte.

2.3.2 Wozu dienen Gruppenprofile?

Gruppenprofile: für wen?

Ein Gruppenprofil ist ein Grundriss oder Plan, der Verantwortliche in Institutionen oder Lehrende in ihrer Arbeit praktisch und effizient unterstützt. Drei Beispiele sollen das illustrieren.

Sprachlernangebote formulieren

Beispiel 1: Sie wollen klare und leicht verständliche Sprachlernangebote formulieren.

Mit Hilfe klar beschriebener Gruppenprofile kann das Sprachlernangebot einer Institution an spezifische Bedürfnisse unterschiedlichster Zielgruppen angepasst werden. Kursangebote können so präzise und niveauadäquat auf Handlungsbedürfnisse verschiedener Zielgruppen abgestimmt werden.
Curricula und Lehrpläne bekommen dank eindeutiger Handlungsziele Konturen, die auch für die Öffentlichkeitsarbeit oder Werbung genutzt werden können. So lassen sich z. B. Sprachkursangebote von Institutionen auch an regionale Gegebenheiten und Bedürfnisse anpassen.

Unterricht planen und durchführen

Beispiel 2: Sie wollen Ihren Unterricht effizient und handlungsorientiert planen und durchführen.

Im Zentrum des Unterrichts steht das Gruppenprofil. Konkret heißt das: Lernzielvorgaben werden im Lehrplan für Lehrende und Lernende transparent gemacht. Lehrende wissen genau, dass Lernende eine klar definierte Menge von Handlungen einüben müssen, damit sie das beschriebene Handlungsprofil in der Fremdsprache erreichen. Konkret heißt das: Lernende und Lehrende sind sich im Unterricht immer bewusst, für welche Handlungszusammenhänge die fremde Sprache auf einem bestimmten sprachlichen Niveau gelernt und geübt wird.

Lernerfolge und Sprachkenntnisse evaluieren

Beispiel 3: Sie wollen Lernerfolge und Sprachkenntnisse handlungsorientiert auf international vergleichbaren Niveaus evaluieren.

Gruppenprofile sind durch die Szenarien, die zugehörigen Elemente und die niveauspezifischen Kannbeschreibungen genau definiert. Damit sind vergleichbare und transparente Vorgaben für die Überprüfung des Lernerfolgs gegeben: Sprachliche Fertigkeiten können auf einem bestimmten Niveau in einzelnen Handlungszusammenhängen beschrieben und überprüft werden. Damit lassen sich in Zertifikaten oder anderen Evaluationsinstrumenten aussagekräftigere und präzisere Auskünfte über das Erreichen der Ziele bzw. der momentanen Sprachkenntnisse machen.

Gruppenprofile: ein praxisrelevantes Instrument

Gruppenprofile sind also hilfreich für alle am Lernprozess beteiligten Personen. Sie erlauben
- eine transparente Planung und Gestaltung des Angebots,
- eine effiziente und transparente Durchführung des Unterrichts,
- eine Evaluation von Handlungszielen auf international vergleichbaren Niveaus.

2.3.3 Gruppenprofile erstellen

Zur Erstellung eines Gruppenprofils müssen Sie bei der Arbeit mit der CD-ROM folgende Schritte berücksichtigen (→ auch Kap. 1.5 „Arbeiten mit den Gruppenprofilen", S. 21):

	Schritte	Kommentare und Tipps	Beispiel
1. Schritt: den Namen festlegen	1. Das Gruppenprofil mit Namen festlegen	Fokussieren Sie eine möglichst einheitliche Zielgruppe. Für welche Zielgruppe/welchen Kurs möchten Sie ein Profil erstellen? Suchen Sie einen Namen, der verständlich und selbsterklärend ist.	Deutsch für Studierende: Germanistik
2. Schritt: die Szenarien definieren	2. Die Szenarien für eine Zielgruppe definieren	In welchen Szenarien sollte die Zielgruppe die Fremdsprache verwenden können? Berücksichtigen Sie gegebenenfalls auch Situationen aus anderen Domänen (z. B. privat oder öffentlich), die für das Profil wichtig sind.	In den folgenden Szenarien sollte die Zielgruppe Deutsch verwenden können: ■ an einer Vorlesung teilnehmen, ■ an einem Seminar teilnehmen, ■ in die Sprechstunde gehen, ■ ein Unterrichtspraktikum absolvieren, ■ auswärts wohnen, ■ …

Schritte	Kommentare und Tipps	Beispiel
3. Die Elemente eines Szenarios beschreiben	Präzisieren Sie ein Szenario durch 3 bis 6 Elemente. Ein einfaches Hilfsmittel bei der Suche nach möglichen Elementen eines Szenarios ist das Schema: „vor – während – nach", z. B.: Was könnte der/die Student/in vor, während oder nach einer Vorlesung tun?	Szenario: an einer Vorlesung teilnehmen ■ zur Vorbereitung des Themas einen Artikel lesen, ■ zuhören und Notizen machen, ■ nach der Vorlesung offene Fragen klären, ■ Vorlesung mündlich zusammenfassen.
4. Kannbeschreibungen auf einem bestimmten sprachlichen Niveau den Elementen zuordnen	Suchen Sie auf dem gewünschten oder passenden Niveau die Kannbeschreibungen, die am besten zum jeweiligen beschriebenen Element und den entsprechenden Tätigkeiten passen.	Element: zur Vorbereitung des Themas einen Artikel lesen Ausgewählte Kannbeschreibung *Rezeption schriftlich C1*: „Kann ausführliche Berichte, Analysen und Kommentare verstehen, in denen Zusammenhänge, Meinungen und Standpunkte erörtert werden."
5. Eigene Beispiele formulieren	Formulieren Sie ein neues Beispiel, das die gewünschte Tätigkeit, den Kontext und die Rolle der Zielgruppe möglichst genau entsprechend dem Element beschreibt. Sie können hier auch die ursprünglichen Beispiele zu dieser Kannbeschreibung, die nicht zu Ihrem Profil passen, löschen.	Eigenes neues Beispiel zur ausgewählten Kannbeschreibung *Rezeption schriftlich C1*: „Kann als literarisch interessierter Leser eine kontrovers geführte Debatte im deutschen Feuilleton zu einem neuen Roman eines berühmten Autors verstehen." Bestehende Beispiele eventuell löschen *Rezeption schriftlich C1*: ~~„Kann als angehende Studentin in einem Bericht der Kommission für ausländische Studierende die Pro- und Kontra-Argumente zur Einführung zentraler Deutschprüfungen erkennen und verstehen."~~

3. Schritt: die Elemente eines Szenarios beschreiben

4. Schritt: den Elementen Kannbeschreibungen zuordnen

5. Schritt: eigene Beispiele formulieren

Weitere Möglichkeiten: Registerkarten

Wenn Sie diese Schritte gemacht haben, bietet Ihnen „Profile deutsch" noch weitere Möglichkeiten, wie Sie Ihre Gruppenprofile weiter präzisieren und ausbauen können. Diese Möglichkeiten können Sie nutzen, indem Sie die entsprechenden Registerkarten in beliebiger Reihenfolge je nach Bedarf anklicken.

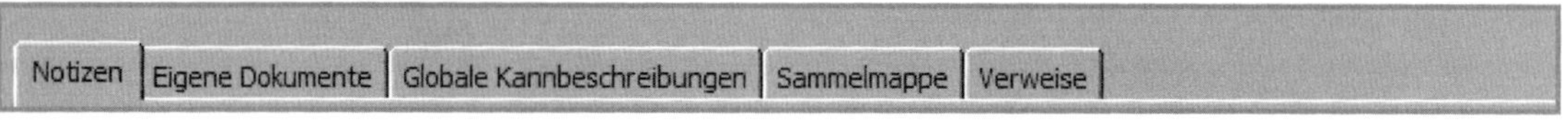

> **Tipp:** Schauen Sie sich in einem bestehenden Gruppenprofil die dort aufgeführten Ergänzungen an. Damit können Sie sich einen Überblick über die Möglichkeiten verschaffen.

	Möglichkeiten	Kommentare und Tipps	Beispiel
Registerkarte „Notizen"	Registerkarte „Notizen"	Sie können über die Registerkarte „Notizen" auf allen Ebenen (Gruppenprofil, Szenario, Einzelelement) Notizen anfertigen, die eigene Ideen, Hinweise und Anmerkungen jeder Art enthalten.	*Vgl. Links zu Lesetechniken im Netz unter* www.vhs21.ac.at/2.bw/lerncoaching/lernen_lernen/4_Grundseite.html
Registerkarte „Eigene Dokumente"	Registerkarte „Eigene Dokumente"	Sie können über diese Registerkarte eigene Dokumente einfügen, z. B. Ihre eigenen Arbeitsblätter, Arbeitsblätter Ihrer Kollegen, Dokumente aus anderen Quellen …	Arbeitsblatt. „Sach- und Fachtexte – Schnelles Lesen" **Sach- und Fachtexte 1: Schnelles Lesen** 1. Artikel lesen – überfliegen Was ist das Thema? Was sind wichtige Angaben zu Zeit – Raum – Peson(en)
Registerkarte „Globale Kannbeschreibungen"	Registerkarte „Globale Kannbeschreibungen"	Hier erscheinen automatisch zu den ausgewählten detaillierten Kannbeschreibungen auch die globalen Kannbeschreibungen, damit Sie gleichzeitig einen Überblick über die qualitativen Aspekte der gewählten Kannbeschreibung und das Niveau bekommen.	*Rezeption schriftlich C1:* „Kann rasch den Inhalt und die Wichtigkeit von Nachrichten, Artikeln und Berichten zu einem breiten Spektrum berufsbezogener Themen erfassen und entscheiden, ob sich ein genaueres Lesen lohnt." *Rezeption schriftlich C1:* „Kann lange, komplexe Texte, denen man im gesellschaftlichen oder beruflichen Leben oder in der Ausbildung begegnet, verstehen und dabei auch implizit angesprochene Einstellungen und Meinungen erfassen."

Möglichkeiten	Kommentare und Tipps	Beispiel
Registerkarte „Sammelmappe“	Mit der rechten Maustaste lassen sich Sammelmappen einbinden.	Sprachliche Mittel Thematischer Wortschatz A1 - B2 Sprachhandlungen A1 - B2 Allgemeine Begriffe A1 - B2 Wörterbuch Info
Registerkarte „Verweise“	Sie können für die einzelnen Elemente eines Gruppenprofils Links zu den verschiedenen Komponenten von „Profile deutsch“ setzen, wie z. B. sprachliche Mittel (thematischer Wortschatz, Sprachhandlungen), Grammatik oder Strategien.	*Strategien – Ziel* *Vor* dem Lernen: Das Lernen planen und einrichten: Mittelfristige und kurzfristige Ziele überlegen (Was will ich bis zum Ende des Semesters, bis zum nächsten Test beherrschen können?) und in einem Lerntagebuch notieren.

Registerkarte „Sammelmappe“

Registerkarte „Verweise“

Gruppenprofile als offenes System

Gruppenprofile sind bewusst als offenes System angelegt, denn nur Sie als Benutzer/in kennen die Bedürfnisse und Anforderungen Ihrer Zielgruppe. Bauen Sie Arbeitsblätter, Aufgaben, Tests usw., die sich in Ihrer Praxis und der Ihrer Kolleginnen und Kollegen bewährt haben, in Ihr System ein.

2.4 Sprachliche Mittel

Die sprachlichen Mittel in „Profile deutsch" sind nach vier Kapiteln geordnet:

- Sprachhandlungen A1 – B2
- Allgemeine Begriffe A1 – B2
- Thematischer Wortschatz A1 – B2
- Wörterbuch

NEU

Wörterbuch mit über 30 000 Einträgen
Idiomatik und Wendungen auf einen Blick
Wortbildung auf einen Blick
Niveauangaben im Wörterbuch
Übernahme der Einträge des Wörterbuchs in den thematischen Wortschatz und die allgemeinen Begriffe möglich
Kulturspezifische Aspekte in die Sprachhandlungen integriert
Erweiterungen der Bäume durch den Benutzer/die Benutzerin beim thematischen Wortschatz, bei den Sprachhandlungen und den allgemeinen Begriffen möglich

Die Niveaus A1 – B2 und C1 – C2: große Unterschiede

Für die Niveaus A1 – B2 lässt sich ein Kern der sprachlichen Mittel für jedes Niveau mehr oder weniger festlegen (→ Auswahl der Einträge, S. 69). Für die Niveaus C1 und C2 ist dies nicht mehr möglich. In die CD-ROM integriert ist deshalb das „e-Großwörterbuch Deutsch als Fremdsprache" (2003). Der Benutzer/Die Benutzerin kann mit Hilfe des elektronischen Wörterbuchs und eigener Listen je nach Zielgruppen die sprachlichen Mittel selbst zusammenstellen.

Faktoren der Sprachverwendung

„Sprachverwendung – und dies schließt auch das Lernen einer Sprache mit ein – umfasst die Handlungen von Menschen, die als Individuen und als gesellschaftlich Handelnde eine Vielzahl von *Kompetenzen* entwickeln, und zwar *allgemeine* Kompetenzen, vor allem aber *kommunikative Sprachkompetenzen.* Sie [die (Sprach-)Handelnden] greifen in verschiedenen *Kontexten* und unter verschiedenen *Bedingungen und Beschränkungen* auf diese Kompetenzen zurück, wenn sie *sprachliche Aktivitäten* ausführen, an denen (wiederum) *Sprachprozesse* beteiligt sind, um *Texte* über bestimmte *Themen* aus verschiedenen *Lebensbereichen* (Domänen) zu produzieren und/oder zu rezipieren. Dabei setzen sie *Strategien* ein, die für die Ausführung dieser *Aufgaben* am geeignetsten erscheinen. Die Erfahrungen, die Teilnehmer in solchen kommunikativen Aktivitäten machen, können zur Verstärkung oder zur Veränderung der Kompetenzen führen." (Referenzrahmen 2004, 21)

Was befähigt „Menschen zum Handeln mit Hilfe spezifisch sprachlicher Mittel" (Referenzrahmen 2004, 21) auf bestimmten Sprachniveaus? Wenn wir „einen Vorschlag machen" oder „Enttäuschung ausdrücken", realisieren wir gewisse *Sprachhandlungen*, beziehen uns aber auch gleichzeitig – mehr oder weniger explizit – auf etwas Konkretes. Wir schlagen beispielsweise vor, bei schönem Wetter ins Schwimmbad zu gehen, oder drücken unsere Enttäuschung darüber aus, dass jemand die Verabredung ins Kino vergessen hat. Worauf wir uns beziehen, was wir aussagen, das ist weitgehend abhängig von der jeweiligen Situation und dem jeweiligen *Themenbereich.* Die Muster der sprachlichen Handlungen „einen Vorschlag machen" bzw. „Enttäuschung ausdrücken" werden kombiniert mit anderen sprachlichen Mitteln, in unseren Beispielen mit dem thematischen Wortschatz rund um die Bereiche „Wetter" und „Schwimmbad" bzw. „Kino" und „Verabredung".

Darüber hinaus greifen wir aber auch auf allgemeine Begriffe zurück, die nicht einem speziellen Themenkreis zuzuordnen sind, sondern bei allen Themen eine Rolle spielen können. Dies sind z. B. Begriffe zu „Zeit" und „Raum" (in unserem Beispiel: wann und wo man sich trifft) u. Ä. Um sich in der Kommunikation mit Vertretern/Vertreterinnen einer anderen Kultur auch sprachlich adäquat auszudrücken, sind zusätzlich bestimmte kulturspezifische Aspekte bei besonders „sensiblen" Sprachhandlungen zu beachten.

Unterteilung in mehrere Listen

Die Unterteilung der sprachlichen Mittel in verschiedene Kapitel ist eine künstliche Trennung. In der Realität lassen sich diese Konzepte nicht trennen. So ergeben sich Überschneidungen zwischen den Listen der *Sprachhandlungen*, der *allgemeinen Begriffe* und des *thematischen Wortschatzes* und des *Wörterbuchs*. Diese Überschneidungen sind sinnvoll und hilfreich, da sie dem Benutzer/der Benutzerin viele verschiedene Zugangs- und Kombinationsmöglichkeiten beim Auffinden und Zusammenstellen von sprachlichen Mitteln bieten. Außerdem folgen wir mit dieser Einteilung anderen Katalogen und Referenzwerken[1], wodurch nicht nur eine einheitliche und benutzerfreundliche Fortführung bekannter Konzepte, sondern auch die Vergleichbarkeit mit anderen Listen gewährleistet ist.

Auswahl der Einträge

Trotz der vielen Referenzwerke und Vergleichslisten, die als Anhaltspunkte und Orientierungsrahmen für die Auswahl und Zuordnung der Begriffe dienten, beruhen die Listen immer auch auf intersubjektiven Entscheidungen des Autorenteams. Diese Entscheidungen wurden u. a. aufgrund persönlicher Lern- und Lehrerfahrungen getroffen und im Team abgestimmt. Im Umfang und Ausmaß stellen die Listen ein notwendiges und tragfähiges Minimum an Inhalten und Wortschatzmenge dar, um bestimmte Aufgaben und Situationen dem Niveau entsprechend sprachlich bewältigen zu können.

Das Ganze ist mehr als die Summe seiner Teile

Lange Wort- oder Strukturenlisten bergen – insbesondere in gedruckter Form – oft die Gefahr in sich, dass sie isoliert verwendet werden. Deshalb weisen wir nachdrücklich darauf hin, dass z. B. das Heranziehen einer Wortschatzliste allein für eine Lernzielbestimmung oder Niveaubeschreibung nicht genügt. Erst durch die Kombination mit den anderen Komponenten (z. B. mit den globalen und detaillierten Kannbeschreibungen, den jeweils anderen Listen der sprachlichen Mittel sowie der Grammatik und den Texten) ergibt sich ein umfassendes Bild der kommunikativen Anforderungen auf einem bestimmten Niveau. „Profile deutsch" erinnert daher durch ein umfangreiches Verweissystem die Benutzer immer wieder an das facettenreiche „Ganze".

Einträge nach eigenen Bedürfnissen ergänzen

Ein wichtiges Ziel von „Profile deutsch" ist, dass die Benutzer/innen diese Listen nach individuellen oder zielgruppenspezifischen Bedürfnissen zusammenstellen und ergänzen können. Die CD-ROM ermöglicht diese Ergänzung und Erweiterung nach eigenen Bedürfnissen, z. B. nach persönlichen Interessen, aufgrund der eigenen Situation, des spezifischen Umfeldes oder der beruflichen Anforderungen. Entsprechend lassen sich auch kultur- und regionalspezifische Besonderheiten der deutschen Sprache bzw. der deutschsprachigen Länder je nach Notwendigkeit hinzufügen. Der Benutzer/Die Benutzerin kann somit nicht nur durch Sammeln und Zusammenstellen von bereits Vorhandenem individuelle Listen erstellen, sondern diese auch durch neu Hinzugefügtes ergänzen.

[1] z. B. Breakthrough, Waystage, Threshold Level, Vantage-Level, Un niveau-seuil, Kontaktschwelle, Lehrpläne des Goethe-Instituts, ÖSD-Lernzielkataloge

2.4.1 Thematischer Wortschatz

Der thematische Wortschatz hilft bei der Versprachlichung themenspezifischer Konzepte. Bei der Aufstellung der Liste des *thematischen Wortschatzes* geht „Profile deutsch" von den 15 Themen der spezifischen Begriffe der „Kontaktschwelle Deutsch als Fremdsprache" (Baldegger u. a. 1980, 233ff.) aus, die ihrerseits wiederum den Themen in anderen Referenzwerken und Katalogen ähnlich sind.

Thematische Gruppen und konkrete Sachbereiche

- Personalien: Informationen zur Person
- Wohnen
- Umwelt
- Reisen und Verkehr
- Verpflegung
- Einkaufen
- Öffentliche und private Dienstleistungen
- Gesundheit und Hygiene
- Wahrnehmung und Motorik
- Arbeit und Beruf
- Ausbildung und Schule
- Fremdsprache
- Freizeit und Unterhaltung
- Persönliche Beziehungen und Kontakte
- Politik und Gesellschaft

→ Kap. 3.4.1 Übersicht „Thematischer Wortschatz A1 – B2", S. 216.

Übersicht thematischer Wortschatz

Diese übergeordneten Themenbereiche sind zur besseren Orientierung und gezielten Auswahl nochmals mehrfach weiter untergliedert: Zuerst werden die einzelnen, konkreten Sachbereiche innerhalb des jeweiligen Themas angeführt, diese werden dann in einzelne, inhaltlich zusammengefasste Untergruppen unterteilt. Insgesamt bietet dieses Gliederungssystem einen sehr differenzierten und detaillierten Überblick über die verschiedenen Themenbereiche des thematischen Wortschatzes. Die Reihenfolge innerhalb der Gruppen und Unterkapitel beinhaltet keine Hierarchie wichtiger oder weniger wichtiger Themen. In vielen Fällen wären auch andere Zuordnungen und Gruppierungen denkbar.

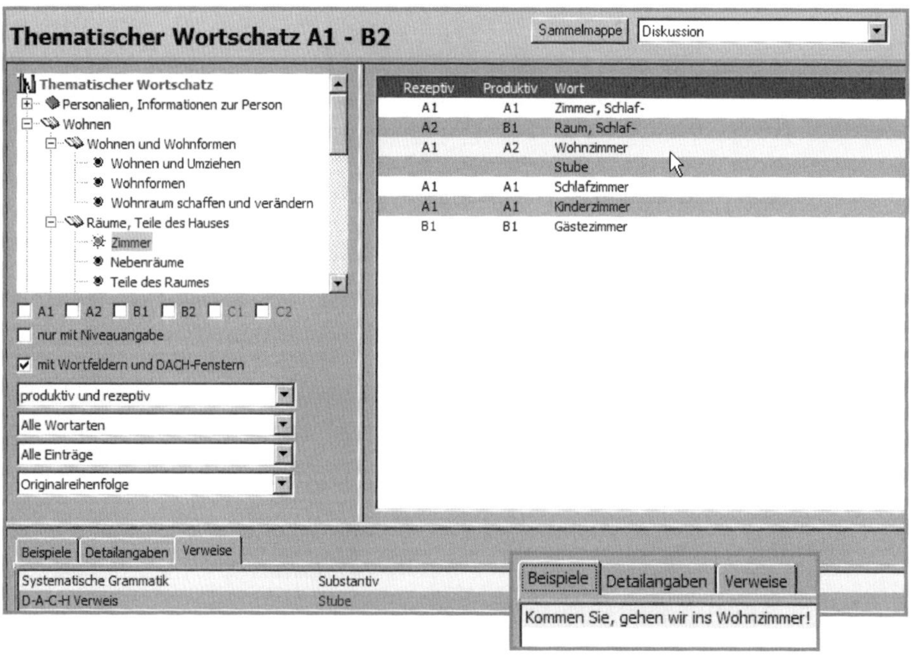

Sprachliche Mittel mit Beispielsätzen, Detailangaben und Verweisen

Zu den einzelnen Einträgen bekommen Sie verschiedene Informationen:

- zusätzliche Detailangaben (z. B. Informationen zur Wortart, zu Artikel und Pluralformen bei Substantiven oder zum Präteritum und Partizip bei unregelmäßigen Verben);
- einen oder mehrere Beispielsätze, die verschiedene Verwendungsmöglichkeiten des Eintrags illustrieren;
- Verweise auf andere Kapitel, die mit dem Eintrag in Zusammenhang stehen (sowohl innerhalb des thematischen Wortschatzes als auch von dort zu den Listen der allgemeinen Begriffe und zu den Sprachhandlungen).

D-A-CH-Varianten

Bei bestimmten Einträgen finden sich auch Hinweise auf regionale Varianten, z. B. beim Wort „Türklinke“:

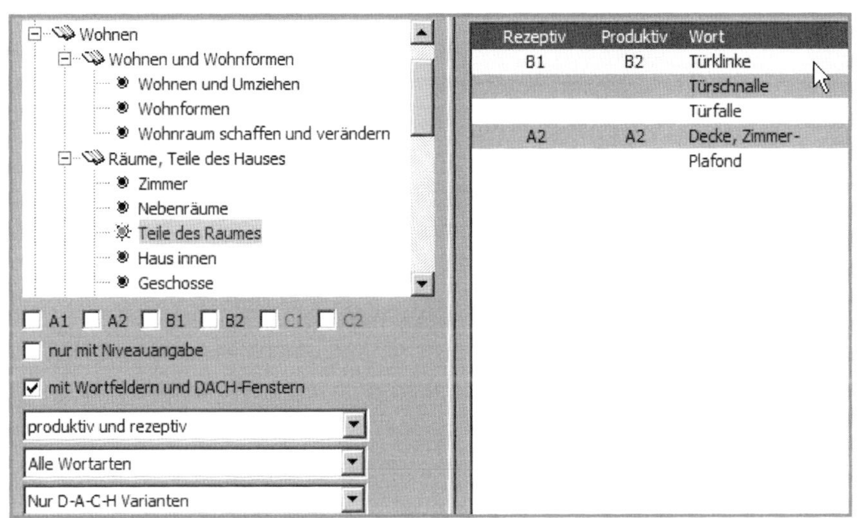

Der Eintrag „Türklinke“ hat eine Niveauangabe, d. h., das ist das Wort, das „Profile deutsch“ zum Lernen empfiehlt, weil es im ganzen deutschsprachigen Raum bekannt ist. Unter den Detailangaben werden die Varianten „Türschnalle“ und „Türfalle“ angegeben.

Die Varianten „Türschnalle“ und „Türfalle“ haben hingegen keine Niveauangaben. Sie finden dazu aber mitunter weitere Angaben zur regionalen Verwendung, z. B. beim Wort „Türschnalle“:

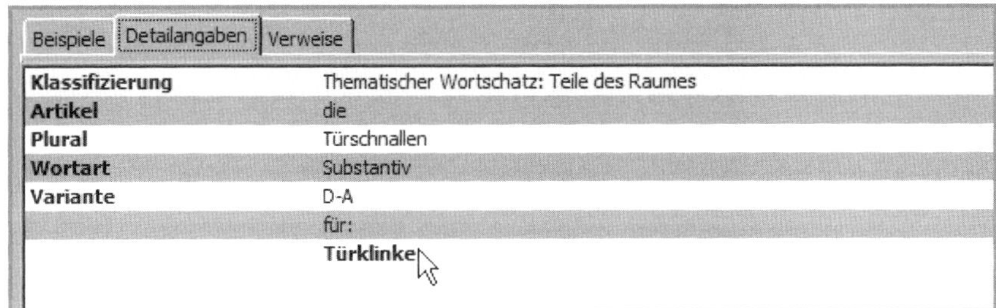

Die Abkürzungen geben Auskunft, wo diese Varianten hauptsächlich verwendet werden:

A	Österreich
CH	Schweiz
D	Deutschland
A-CH	Österreich – Schweiz
D-A	Deutschland – Österreich
D-CH	Deutschland – Schweiz
D-A-CH	Deutschland – Österreich – Schweiz

D-A-CH-Fenster

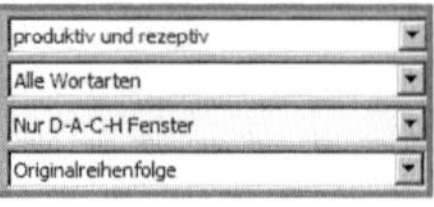

In den so genannten D-A-CH-Fenstern können Sie Informationen zu landesspezifischen Sachbegriffen bekommen. Die D-A-CH-Fenster lassen sich als spezielle Einträge herausfiltern:

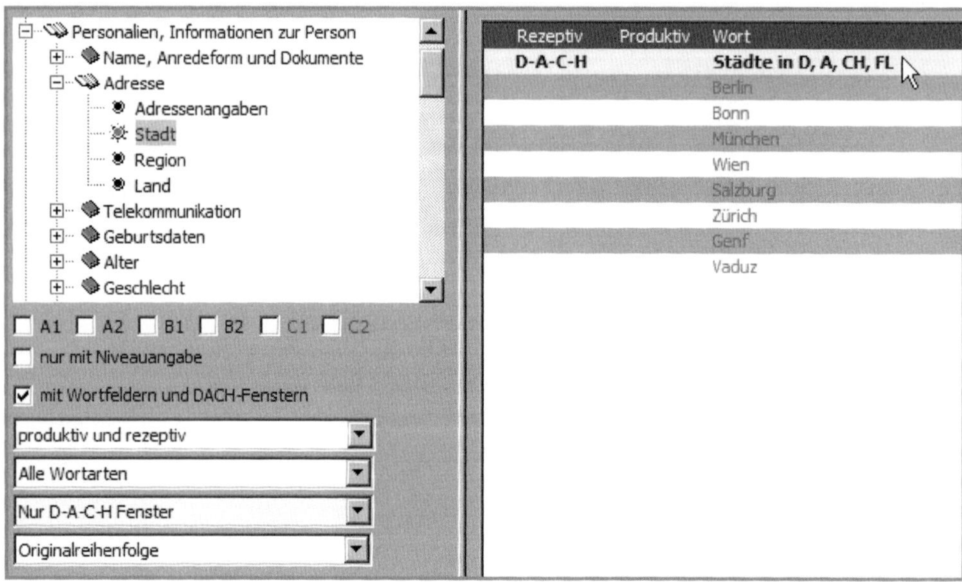

Es gibt D-A-CH-Fenster zu:
Städte,
Bundesländer und Kantone,
Schulen und Schultypen,
Noten und Bewertung,
politisches System und Parteien in Deutschland, Österreich und der Schweiz.

Sie können sowohl die bestehenden D-A-CH-Fenster ergänzen als auch neue D-A-CH-Fenster zu anderen Themenfeldern selber anlegen.
→ Kap. 2.4.5 „Exkurs: Deutsch als plurizentrische Sprache", S. 79.

Wortfelder

In vielen Kapiteln und Unterkapiteln finden sich ergänzend zu den Einträgen *Wortfelder*, die als zusätzliche Informationsquellen dienen und Anregungen geben sollen, in welcher Richtung der Benutzer/die Benutzerin den Wortschatz selbst ergänzen kann. Die Einträge der Wortfelder werden bewusst keinem Niveau zugeordnet, da sie für Zielgruppen mit speziellen Bedürfnissen auf unteren Niveaustufen genauso sinnvoll sein können wie zur Erweiterung und Vertiefung des Wortschatzes für Lernende auf höheren Niveaus. Sie selber können auch eigene Wortfelder anlegen.
→ Kap. 1.8 „Arbeiten mit dem thematischen Wortschatz", S. 31.

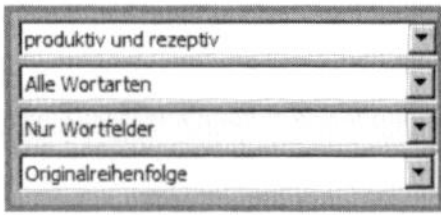

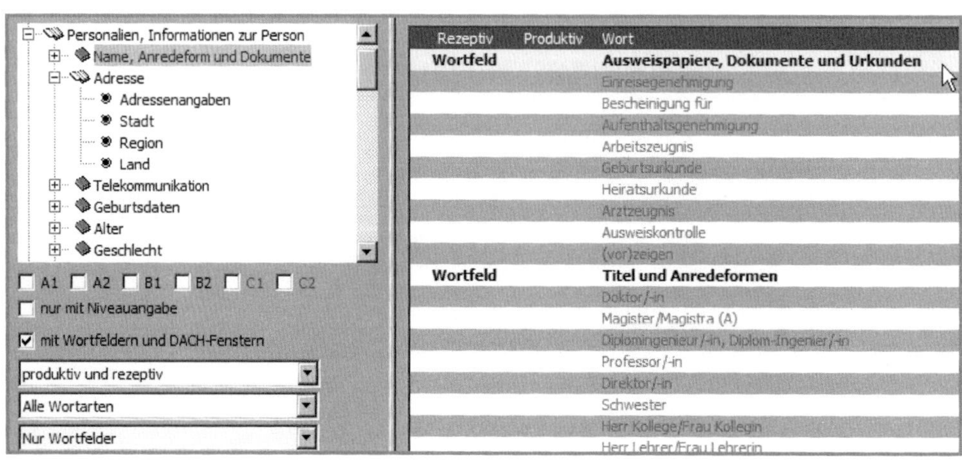

Sprachliche Mittel nach Bedarf auswählen

Sie haben auf der Suche nach einem bestimmten Wortschatz verschiedene Möglichkeiten. Zum Beispiel können Sie sich alle Wörter und Ausdrücke in einem bestimmten Bereich, z. B. „Wohnen", anzeigen lassen oder direkt die Ausdrucksmittel für eine bestimmte Unterkategorie anklicken wie z. B. „Zimmer". Unabhängig davon, welchen Einstieg Sie wählen, können Sie je nach Bedarf

- sprachliche Mittel nach Niveaus auswählen,
- produktive oder rezeptive Einträge auswählen,
- sprachliche Mittel nach Wortarten auswählen,
- Einträge sortieren (z. B. alphabetisch).

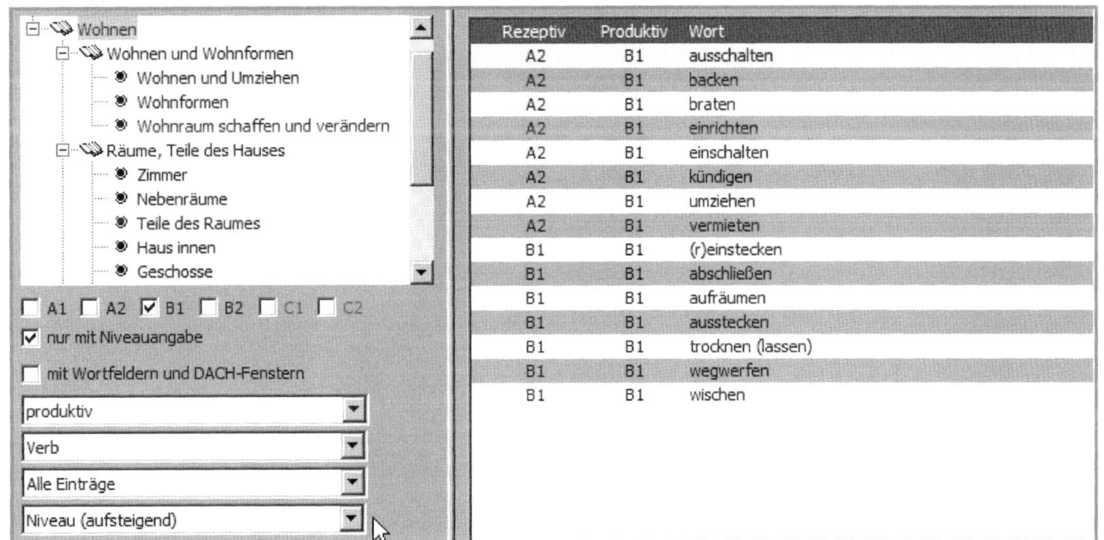

Listen ergänzen und ändern

Gerade im Bereich der themenspezifischen Begriffe spielt die Ergänzungs- und Erweiterungsfunktion der Listen eine wichtige Rolle. „Profile deutsch" ermöglicht die Ergänzung und Erweiterung nach eigenen Bedürfnissen, z. B. in Bezug auf

- Gruppenprofile: z. B. Erstellen eines strukturierten Fachwortschatzes für ein bestimmtes Gruppenprofil,
- persönliche Interessen: z. B. Miteinbezug und Ausbau von Wortschatz zu eigenen Interessengebieten, Vorlieben und Abneigungen sowie zu anderen Angaben zur eigenen Person (Beruf, Aussehen, Religion, Krankheiten usw.),
- die eigene Situation, das eigene Land und Umfeld: z. B. Berücksichtigung von Wortschatz zur Beschreibung des eigenen Landes und Umfelds (Städte- und Ländernamen, Landschaft, Klima, Umwelt, Lebensverhältnisse usw.),
- berufliche Anforderungen: z. B. individuelle oder gruppenspezifische Ausgestaltung von wichtigem Wortschatz nach beruflichen Kriterien, Berufssparten, Arbeitswelt,
- kultur- und regionalspezifische Besonderheiten der deutschen Sprache bzw. der deutschsprachigen Länder: z. B. Miteinbezug wichtiger Ausdrücke für Nahrungsmittel, regionale bzw. nationale Spezifika aus Politik und Bildung, unterschiedliche Gruß- und Anredeformeln usw.

Falls der gleiche Eintrag im Wörterbuch idiomatische Wendungen oder spezielle Angaben zur Wortbildung enthält, erscheint eine Karteikarte mit einem Verweis ins *Wörterbuch*. So können Sie per Mausklick den entsprechenden Artikel im Wörterbuch konsultieren.

→ Kap. 1.9 „Arbeiten mit dem Wörterbuch", S. 32.

2.4.2 Sprachhandlungen

Sprachhandlungen als Rahmen der Kommunikation

Als Sprachhandlungen werden in „Profile deutsch" die sprachlichen Mittel bezeichnet, mit denen Sprachbenutzer/innen mündliche und schriftliche Kommunikation vollziehen, sei es, dass sie Kommunikation beginnen oder auf sprachliche Handlungen anderer reagieren. Sprachhandlungen bilden gleichsam den Rahmen, in den allgemeine und thematische Begriffe eingefügt werden. In einem kommunikativen Ritual wie z. B. „grüßen – einen Gruß erwidern" sind die sprachlichen Möglichkeiten sehr eingegrenzt, der/die Begrüßte hat nur eine sehr begrenzte Wahlmöglichkeit, wie er/sie den Gruß erwidern kann. Aktion und Reaktion sind eng aufeinander bezogen und folgen dementsprechend in der Liste der *Sprachhandlungen* direkt aufeinander („jemanden begrüßen – zurückgrüßen").

Sieben Hauptgruppen

Die sprachlichen Mittel werden in sieben Hauptgruppen geordnet:

- *Informationsaustausch:* Sprachhandlungen, „die zum Erwerb und zum Austausch von Sachinformationen dienen (z. B. identifizieren, ankündigen, Informationen erfragen)";
- *Bewertung, Kommentar:* Sprachhandlungen „zum Ausdruck von Bewertungen und Stellungnahmen (z. B. Meinungen ausdrücken, loben, kritisieren, widersprechen)";
- *Gefühlsausdruck:* Sprachhandlungen „zum Ausdruck von spontanen Gefühlen und andauernden Emotionen (z. B. Freude, Unzufriedenheit, Sympathie ausdrücken)";
- *Handlungsregulierung:* Sprachhandlungen „zur Regulierung des Handelns in Bezug auf die Verwirklichung eigener, fremder oder gemeinsamer Interessen (z. B. bitten, erlauben, um Rat fragen, Hilfe anbieten)";
- *Soziale Konventionen:* Sprachhandlungen, „mit denen in Erfüllung gesellschaftlicher Umgangsformen soziale Kontakte eingeleitet, stabilisiert oder beendigt werden (z. B. begrüßen, sich entschuldigen, Komplimente machen, sich verabschieden)";
- *Redeorganisation und Verständnissicherung:* Sprachhandlungen, „die sich auf die Ausführung oder Interpretation sprachlicher Handlungen beziehen und zur Sicherung der Verständigung dienen (z. B. sich korrigieren, um Wiederholung bitten, um Ausdruckshilfe bitten)";
- *Kulturspezifische Aspekte:* Sprachhandlungen, die besonders kulturell geprägt sind und die leicht zu Missverständnissen führen können bzw. bei denen Sprachbenutzer, die mit der anderen Kultur nicht sehr vertraut sind, in ein „Fettnäpfchen" treten können.

Sprachhandlungen
- Informationsaustausch
- Bewertung, Kommentar
- Gefühlsausdruck
- Handlungsregulierung
- Soziale Konventionen
- Redeorganisation und Verständigungssic
- Kulturspezifische Aspekte

Übersicht Sprachhandlungen

„Profile deutsch" übernimmt zwar die Gruppierung der „Kontaktschwelle" (Baldegger u. a. 1980, 51ff.), nicht aber die dort verwendeten Begriffe „Sprechhandlungen" und „Sprechakte". Die Sprachhandlungen werden für die Niveaus A1 – B2 aufgeführt.

→ Kap. 3.4.2 Übersicht „Sprachhandlungen A1 – B2", S. 221.

Sprachhandlungen und Handlungsalternativen

In vielen Kommunikationssituationen sind auf eine Äußerung mehrere Reaktionen möglich: So kann z. B. auf einen Vorschlag zustimmend, ablehnend oder ausweichend reagiert werden. Die Liste der Sprachhandlungen muss deshalb so umfassend sein, dass Handlungsalternativen möglich sind. Viele der sprachlichen Mittel, mit denen eine Zustimmung auf einen Vorschlag erfolgen kann, dienen auch der Zustimmung generell: Zustimmung auf eine Bitte um Erlaubnis, Zustimmung auf ein Angebot, Zustimmung auf eine Einladung usw. Eine enge Koppelung von Aktion und Reaktion – wie im Fall des sozialen Rituals „grüßen" – ist in der Darstellung nicht möglich, sie würde den Rahmen sprengen. Die Benutzer/innen von „Profile deutsch" können aber die sprachlichen Mittel für mögliche Handlungssequenzen selbst nach Bedarf zusammenstellen.

Die Sprachhandlungen lassen sich den Niveaus zugeordnet gruppieren. Im Verlauf des Spracherwerbs werden die sprachlichen Ausdrucksmittel immer reichhaltiger, z. B. auch dahingehend, „Zwischentöne" auszudrücken. Dies kann durch den Einsatz von Modalpartikeln oder komplexeren grammatischen Strukturen geschehen.

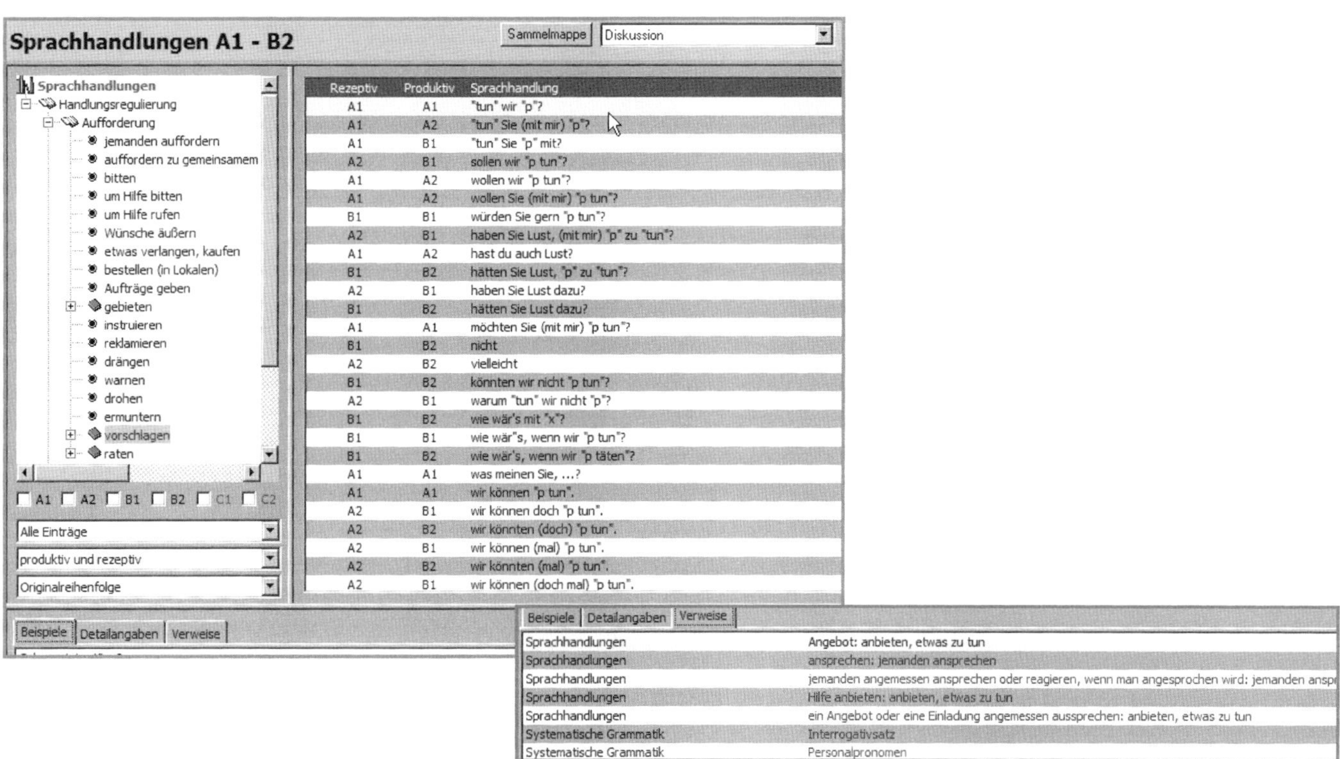

Sprachhandlungen mit Beispielsätzen und Verweisen

Die Sprachhandlungen sind den Niveaus zugeordnet, auf denen sie verstanden oder produktiv eingesetzt werden können. Mindestens ein Beispielsatz, der als dialogischer Teil einer Äußerungssequenz gelesen werden kann, zeigt die Verwendung der Struktur. Dazu kommen Verweise auf andere Stellen, die mit dem Eintrag in Zusammenhang stehen (sowohl innerhalb der *Sprachhandlungen* als auch zu den Listen der *allgemeinen Begriffe* und des *thematischen Wortschatzes* oder zur *Grammatik*). In unserem Beispiel „vorschlagen" findet sich ein Verweis auf die Sprachhandlung „Hilfe anbieten, anbieten etwas zu tun", weil diese Sprachhandlung ebenso die Funktion eines Vorschlages übernehmen kann bzw. zur Ergänzung und Modifizierung dient. Ein Vorschlag kann auch ausgedrückt werden, indem Alternativen genannt werden.

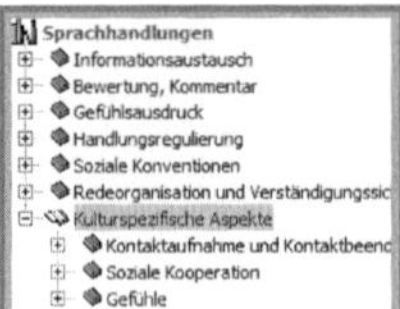

Die kulturspezifischen Aspekte – so wie sie in „Profile deutsch" verstanden werden – stehen in engem Zusammenhang mit den entsprechenden Kannbeschreibungen und Sprachhandlungen, da es, je nachdem wie man etwas sagt, zu Missverständnissen kommen kann. Um diese vorwegzunehmen oder zu klären, helfen die kommunikativen Strategien wie z. B. *mögliche Verständnisschwierigkeiten erkennen, Verständnis sichern, um Klärung bitten/klären.* Unter soziolinguistischen Aspekten sind auch die Varietäten des Deutschen wichtig, wie sie vor allem im thematischen Wortschatz länderspezifisch markiert sind.

Kulturspezifische Aspekte

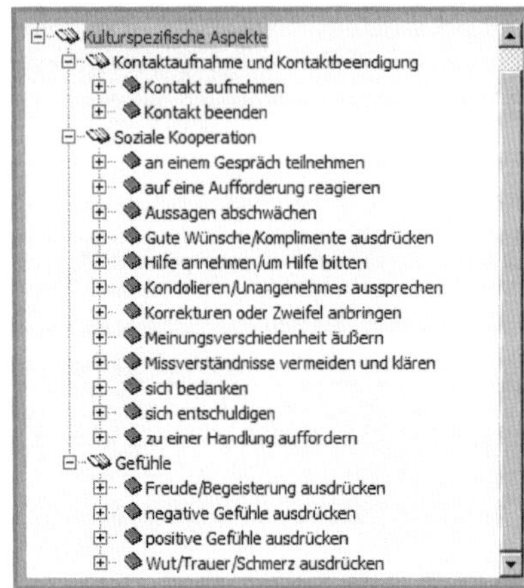

Sprachliche Mittel zu kulturspezifischem kommunikativem Verhalten

Die kulturspezifischen Aspekte findet man unter den *Sprachhandlungen.* Im Baum links werden Bereiche der Kommunikation, die im Hinblick auf kulturelle Unterschiede von besonderem Interesse sind, aufgeführt: *Kontaktaufnahme und Kontaktbeendigung, Soziale Kooperation* und *Gefühle,* die sich in verschiedene Unterbereiche aufgliedern, z. B. *Kontakt aufnehmen* und *Kontakt beenden.* Darunter werden unterschiedliche kommunikative Verhaltensweisen (z. B. *angemessen reagieren, wenn man jemandem vorgestellt wird*) angezeigt, die in diesem Zusammenhang wichtig sein können. Auf der rechten Seite des Bildschirms erscheinen jeweils die konkreten sprachlichen Mittel mit den Niveauangaben.

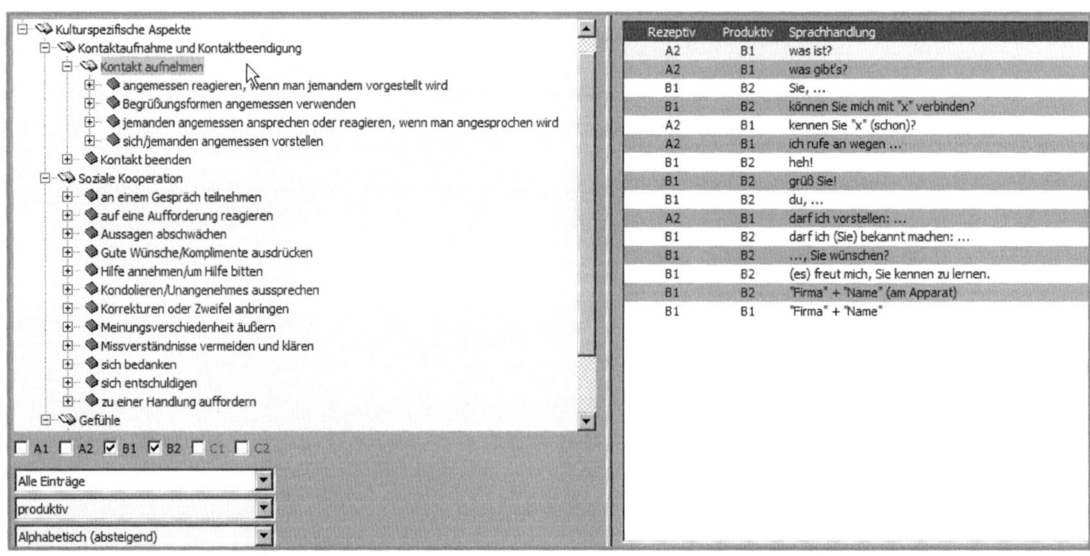

Übersicht kulturspezifische Aspekte

→ Kap. 3.4.2 Übersicht „Sprachhandlungen A1 – B2", S. 221 und Kap. 2.4.5 „Exkurs: Deutsch als plurizentrische Sprache", S. 79.

2.4.3 Allgemeine Begriffe

Ein wichtiger Teil sprachlicher Handlungen betrifft keine konkreten Themen oder Situationen, sondern umfasst allgemeine Konzepte. Diese allgemeinen Konzepte betreffen z. B. Informationen über Zeitbezüge und Zeitverhältnisse, über Raumverhältnisse oder über Eigenschaften von Personen oder Dingen. Es sind also Konzepte, die nicht zwingend an ein spezielles Thema oder an eine bestimmte Kommunikationsabsicht gebunden sind. Für die Darstellung der allgemeinen Begriffe wurde die Gliederung der „Kontaktschwelle" (Baldegger u. a. 1980, 169ff.) in sieben Gruppen übernommen:

Allgemeine Begriffe in sieben Gruppen

- Gegenstände
- Existenz
- Raum
- Zeit
- Quantität
- Eigenschaften
- Relationen

Allgemeine Begriffe
- Personen, Gegenstände, Dinge, Begriffe, ...
- Existenz
- Raum
- Zeit
- Quantität
- Eigenschaften
- Relationen

Übersicht allgemeine Begriffe

Diese sieben Gruppen gliedern sich wiederum in differenzierte Untergruppen.
→ Kap. 3.4.3 Übersicht „Allgemeine Begriffe A1 – B2", S. 225.

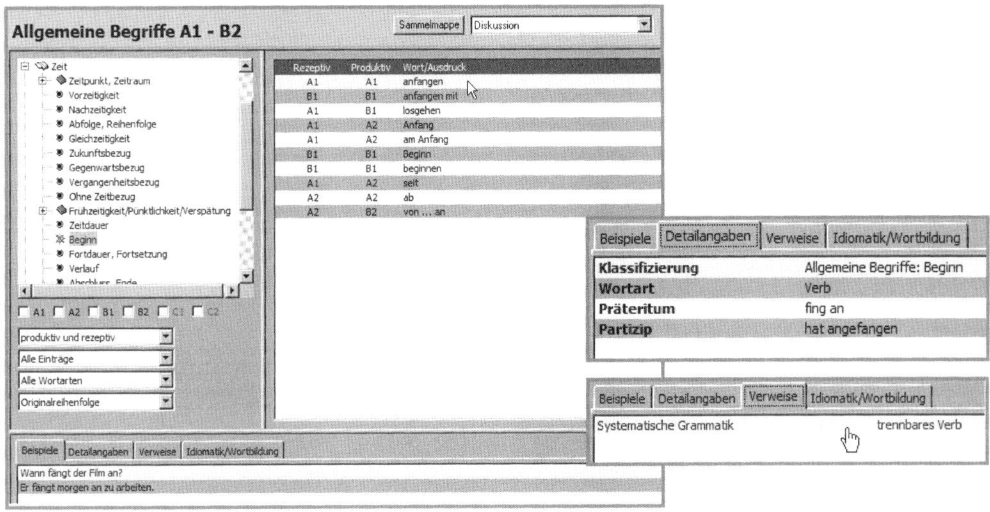

Sprachliche Mittel mit Beispielsätzen, Detailangaben und Verweisen

Zu den einzelnen Einträgen bekommen Sie verschiedene Informationen:

- Ein oder mehrere Beispielsätze illustrieren verschiedene Verwendungsmöglichkeiten des Eintrags.
- Zusätzliche Detailangaben helfen bei der grammatischen Einordnung (z. B. Informationen zu Wortart, Artikel und Pluralformen bei Substantiven oder zu Präteritum und Partizip bei unregelmäßigen Verben).
- Verweise auf andere Kapitel helfen, den Eintrag in einem größeren Zusammenhang zu sehen (es gibt deshalb Verweise sowohl innerhalb der *allgemeinen Begriffe* als auch von dort zum *thematischen Wortschatz*, zu den *Sprachhandlungen* sowie zur systematischen Darstellung der *Grammatik*).
- Falls der gleiche Eintrag im Wörterbuch idiomatische Wendungen oder spezielle Angaben zur Wortbildung enthält, erscheint eine Karteikarte mit einem Verweis ins *Wörterbuch*. So können Sie per Mausklick den entsprechenden Artikel im Wörterbuch konsultieren.

Die Einträge lassen sich je nach Bedarf per Mausklick bündeln oder sortieren. Sie können z. B.:

- Niveaus auswählen,
- produktive oder rezeptive Einträge auswählen,
- Wortarten auswählen,
- nach verschiedenen Kriterien sortieren (z. B. alphabetisch, nach Wortart usw.).

Wörterbuch

2.4.4 Wörterbuch

Warum ein Wörterbuch in „Profile deutsch"?

Die Festlegung eines niveauspezifischen Wortschatzes auf den Niveaus C1 und C2 ist aus unserer Sicht unmöglich. Je nach Interessen- und Fachgebiet, Partner, Situation und Thema oder je nach Szenario und kommunikativer Aufgabe sollte man Unterschiedliches verstehen und aktivieren können. Eine Beschreibung der sprachlichen Mittel in Form z. B. von thematischen Wortlisten, die für ein bestimmtes Niveau mehr oder weniger verbindlich ist, ist unserer Meinung nach vor allem für die elementare Sprachverwendung (A-Niveaus) und schon in geringerem Maße für die selbstständige Sprachverwendung (B-Niveaus) möglich. Die Kompetenzen in den C-Niveaus nähern sich muttersprachlichen Kompetenzen an. Je nach Schätzung verfügt ein gebildeter Erwachsener in seiner Muttersprache über einen Wortschatz von 15 000 bis 25 000 Wörtern. Eine Zusammenstellung für Sprachbenutzer/innen auf den C-Niveaus zu erstellen, ergibt auch aus quantitativen Überlegungen keinen Sinn.

Wahl des Wörterbuches

Das „e-Großwörterbuch Deutsch als Fremdsprache 4.0" (2003) enthält etwa 33 000 Einträge. Es umfasst damit wichtigen Wortschatz für Lernende der deutschen Sprache und entspricht deren Bedürfnissen eher als ein Wörterbuch, das versucht, den ganzen Wortschatz der deutschen Sprache zu erfassen. Je nach Interessen- oder Fachgebiet mit spezifischer Terminologie können Sie als Benutzer/in von „Profile deutsch" eigene Einträge bei den *sprachlichen Mitteln* eingeben oder als Listen mit bestimmten *Gruppenprofilen* verknüpfen.
→ Kap. 1.9 „Arbeiten mit dem Wörterbuch", S. 32.

Die einzelnen Wörterbucheinträge

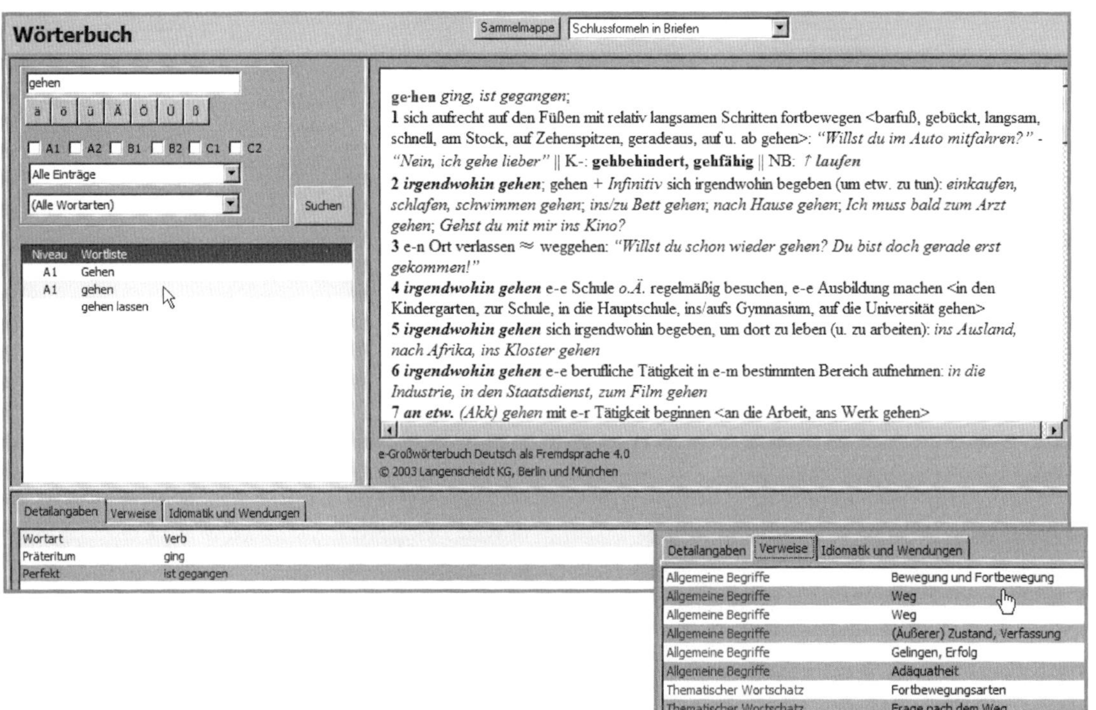

Zu den einzelnen Wörterbucheinträgen bekommen Sie verschiedene Informationen:

- Im rechten Fenster sehen Sie den gesamten Wörterbuchartikel.
- Bestimmte grammatische Angaben wie z. B. die Wortart, bei Substantiven die Pluralform und bei Verben die Stammformen sind unten in der Registerkarte „Detailangaben" gesondert aufgeführt.
- Unter der Registerkarte „Verweise" finden Sie bei Wörtern, die auch im *thematischen Wortschatz* oder in den *allgemeinen Begriffen* vorkommen, einen Verweis in den entsprechenden Listen.
- Wenn im Wörterbuchartikel spezifische Angaben zur Wortbildung gemacht werden, erscheinen diese auch als eigene Registerkarte.

Wörterbucheintrag in den thematischen Wortschatz oder in die allgemeinen Begriffe exportieren

Wenn Sie Einträge aus dem *Wörterbuch* in den *thematischen Wortschatz* oder in die *allgemeinen Begriffe* übernehmen möchten, klicken Sie im rechten Fenster auf die rechte Maustaste. Dann erscheint die Auswahl:

Wort in den Thematischen Wortschatz übernehmen
Wort in die allgemeinen Begriffe übernehmen

Wählen Sie eine der Listen und ergänzen Sie, wenn nötig, die Angaben. Klicken Sie auf <Export> und wählen Sie den passenden Ast im Baum der Liste.

2.4.5 Exkurs: Deutsch als plurizentrische Sprache

Der Begriff „plurizentrische Sprache"

Das Deutsche ist eine „plurizentrische Sprache"[1]. Der Begriff „plurizentrisch" bedeutet, dass eine Sprache über mehrere „Zentren" und damit über mehrere „Standardvarietäten" verfügt.

Für die deutsche Sprache heißt das vor allem: Deutsch besteht aus einer in der Öffentlichkeit allgemein gültigen, offiziell anerkannten und weitgehend genormten Standardsprache (Hochsprache, Schriftsprache), die im ganzen deutschen Sprachraum verstanden und angewandt wird. Die Standardsprache wird vor allem im schriftlichen Bereich und als mündliche Form in den Medien sowie in formelleren Situationen verwendet. Daneben gibt es regionale und nationale Standardvarietäten, die zwar der Standardsprache angehören, aber in ihrer Verbreitung begrenzt sind, entweder nach Staatsgrenzen (nationale Varietäten: Deutschland, Österreich, Schweiz) oder nach größeren Sprachregionen (regionale Varietäten, z. B. Mittel- und Norddeutschland, Süddeutschland und Österreich, Schweiz und Westösterreich). Die konkreten sprachlichen Unterschiede zwischen den sprachlichen Varietäten werden im Folgenden als „Varianten" bezeichnet.

Neben der Standardsprache und den Standardvarietäten verfügt das Deutsche – wie alle anderen Sprachen – auch noch über andere Sprachformen, die durch verschiedene Faktoren (Altersschichten, Berufssparten, Nähe vs. Distanz, mündliche vs. schriftliche Kommunikation, regionale Gegebenheiten usw.) geprägt sind und typische Merkmale aufweisen (z. B. Umgangssprache, Dialekte, Fachsprachen, Jugendsprache usw.).

Unterschiede in den Standardvarietäten des Deutschen

Die Unterschiede in den Standardvarietäten des Deutschen sind in der Schriftnorm eher gering, in der gesprochenen Sprache jedoch zum Teil beträchtlich. Sie finden sich vor allem in folgenden Bereichen:

Wortschatz und Lexik

Am auffälligsten sind die Unterschiede im Bereich der Lexik, wo man viele regionale und nationale Varianten findet, wie z. B.: Januar/Jänner, Samstag/Sonnabend, dieses Jahr/heuer, Abendessen/Nachtessen, Fahrrad/Velo, Kartoffel/Erdapfel usw.

[1] Vgl. zu diesem Kapitel die Grundlagenarbeiten eines trinationalen Forschungsteams im „Variantenwörterbuch des Deutschen" (Ammon u. a. 2004).

Grammatik

In der Grammatik finden sich ebenfalls großräumige Unterschiede, vor allem in den folgenden Bereichen: Im süddeutschen Raum wird im Gegensatz zu Norddeutschland in der mündlichen Kommunikation das Präteritum vermieden und das Perfekt als Erzähl- und Berichtsform verwendet. Außerdem wird im Süden des deutschen Sprachraums das Perfekt der Verben „stehen", „sitzen", „liegen", „knien" und „hängen" mit „sein" gebildet (z. B.: „Ich habe/bin drei Stunden im Regen gestanden."). Unterschiede finden sich sehr oft auch im Genus, wie z. B. „das/die Cola", „der/das Joghurt", beim Gebrauch der Artikel vor Eigennamen und Personenbezeichnungen (z. B. „Wo ist Martin/der Martin? – Er ist bei Oma/bei der Oma!"), mitunter bei Präpositionen (z. B. „am/auf dem Land", „in/auf Urlaub fahren") sowie in der Pluralbildung, wo im süddeutschen Raum eine Tendenz zur Umlautbildung herrscht (z. B. „Kasten/Kästen", „Polster/Pölster"). Viele Varianten finden sich, besonders in Österreich, auch in der Wortbildung, speziell bei den Fugenzeichen, z. B. keine Verwendung des Fugen-*n* (z. B. Toilettenpapier/Toilettepapier) oder häufigerer Gebrauch des Fugen-*s* (z. B. Aufnahmeprüfung/Aufnahmsprüfung, Zugverkehr/Zugsverkehr), aber auch bei Endungen (z. B. Kasse/Kassa) oder Diminutivsuffixen (z. B. Päckchen/Packerl, Säckchen/Sackerl).

Aussprache/Betonung

Im Bereich der Aussprache gibt es regional bedingt so viele Unterschiede, dass hier nur einige „überregionale" Kennzeichen und generelle Merkmale angeführt werden können. Typisch ist z. B. im Süddeutschen die nicht stimmhafte Aussprache des anlautenden <s> sowie der weichen Konsonanten <d, b, g> oder das Fehlen des harten Stimmeinsatzes bei Wörtern mit Anfangsvokalen (wodurch das Süddeutsche insgesamt generell einen weicheren Klang aufweist).
Zusätzlich kennzeichnend für Schweizer Sprecher ist beispielsweise eine langsamere Sprechgeschwindigkeit und folglich eine verminderte Anwendung von Schnellsprechregeln (Vokalausfall, Assimilation usw.).

Natürlich gibt es auch auf der Wortebene viele Unterschiede, wie z. B. das anlautende <ch>, z. B. in „China", „Chirurg", das im Süddeutschen wie <k>, im Norddeutschen gebietsweise wie <sch> ausgesprochen wird. Großräumige Varianten zwischen dem Norddeutschen und dem Süddeutschen gibt es aber auch in der Betonung, z. B. liegt im Österreichischen und Süddeutschen die Betonung bei Wörtern mit den Präfixen „anti-", „makro-", „un-" meist auf der ersten, bei Wörtern wie z. B. „Kaffee", „Telefon" und „Sakko" meist auf der letzten Silbe.

Orthographie

In der Orthographie findet man aufgrund der Neuregelung der Rechtschreibung kaum noch Unterschiede. Eine Besonderheit der Schweiz liegt nach wie vor darin, dass sie das „ß" nicht verwendet und dass bei einigen Fremdwörtern eher die ursprüngliche (nicht eingedeutschte) Schreibung verwendet wird, z. B. „Club/Klub".

Pragmatik

Unterschiede gibt es auch auf pragmatischer Ebene, hier speziell im Bereich der Höflichkeitskonventionen, bei der Verwendung von Grußformeln und im Umgang mit Titeln. So werden beispielsweise (akademische) Titel in Österreich viel häufiger verwendet, sowohl als Anrede (z. B. Guten Tag, Herr Doktor.) als auch als fester Bestandteil des Namens (z. B. Darf ich vorstellen, Frau Magistra Mayer.).

Es scheint sinnvoll und notwendig, dass sich Lernende des Deutschen ihrem Lernniveau entsprechend auf die Sprachverwendung respektive die Sprachsituation im deutschen Sprachraum vorbereiten. Entsprechend sollte dies auch im Unterricht mit berücksichtigt werden. Dabei sind folgende Punkte zu beachten:

Lernen und Lehren des Deutschen als plurizentrische Sprache

Effizienter Erwerb
Der Erwerb der deutschen Sprache soll möglichst effizient erfolgen und den Bedürfnissen der Lernenden angepasst werden. Die Hinweise in „Profile deutsch" auf Varietäten dienen als Informationsquelle und stellen sprachliche Kommunikationsmittel für eine spezifische Situation bereit. Sie sollten keinesfalls das Unterrichten oder das Lernen der deutschen Sprache unnötig erschweren.

Weiter Kommunikationsradius
Der Erwerb der deutschen Sprache dient den Lernenden dazu, einen möglichst großen Kommunikationsradius in den deutschsprachigen Gebieten zu erreichen. Die Hinweise auf die Varietäten sollen helfen, Sprecher/innen und Texte aus den verschiedenen Regionen und Ländern des deutschen Sprachraums zu *verstehen*. Für den produktiven Sprachgebrauch werden möglichst unmarkierte, neutrale Einträge empfohlen, die es dem Lernenden ermöglichen, sich im gesamten deutschen Sprachraum „überregional" verständlich und sanktionsfrei auszudrücken, d. h. ohne missverstanden, korrigiert oder „belächelt" zu werden.

Kulturelle Einbettung
Wichtiger Bestandteil beim Erwerb einer fremden Sprache sind die Entwicklung interkultureller Fertigkeiten und soziolinguistischer Kompetenzen. Beim Erwerb des Deutschen gehört das Wissen über Variation innerhalb des Deutschen dazu. Es kann z. B. dabei helfen, in einer konkreten beruflichen Situation die adäquaten sprachlichen Mittel angepasst an das eigene Niveau erfolgreich anzuwenden.

Offener Umgang mit Normen
„Profile deutsch" möchte einen offenen Umgang mit der deutschen Sprache fördern. Die Hinweise auf verschiedene Varietäten – auch im *Wörterbuch* – helfen Lehrenden beim Erstellen und Korrigieren von Tests. Sie geben Hinweise darauf und Informationen darüber, was in den verschiedenen Sprachregionen bzw. Ländern als „Standarddeutsch" und somit als „korrekt" gilt und folglich beim Korrigieren „akzeptiert" werden kann und muss.
Keinesfalls darf die Verwendung von standardsprachlichen Varietäten (z. B. bei Lernenden, die in Österreich oder der Schweiz bzw. mit österreichischen oder schweizerischen Lehrenden Deutsch gelernt haben) bei Tests oder Prüfungen sanktioniert werden.

Varietäten im „Referenzrahmen"

„Keine europäische Sprachgemeinschaft ist vollkommen homogen. So existieren z. B. für die ‚plurizentrische' deutsche Sprache in Deutschland, Österreich und der Schweiz sprachliche Standardvarietäten. Diese Unterschiede findet man nicht nur im Wortschatz, in der Grammatik und der Aussprache, sondern auch im soziolinguistischen Bereich, z. B. in der Verwendung von angemessenen Begrüßungs- und Anredeformeln." (Referenzrahmen 2004, 121)

Die Frage der Varietäten wird im „Referenzrahmen" im Zusammenhang mit der soziolinguistischen Kompetenz behandelt, zu der u. a. die Fähigkeit gehört, sprachliche Varianten beim Erwerb oder Gebrauch einer Sprache adäquat einzuordnen. Dazu zählt neben sozialen, ethnischen oder beruflichen Aspekten auch der Umgang mit regionalen und nationalen Varietäten. Der „Referenzrahmen" weist ausdrücklich darauf hin, dass das Skalieren von soziolinguistischen Kompetenzen nicht einfach ist. Erfahrungsgemäß beginnen Sprachbenutzer/innen etwa ab der Stufe B2, sich produktiv „die Fähigkeit anzueignen, Variationen im Reden zu bewältigen und Varietäten wie auch Register besser zu beherrschen" (Referenzrahmen 2004, 121).
→ Skalen dazu in Kap. 2.4.6 „Exkurs: Kulturspezifische Aspekte", S. 83.

Varietäten in „Profile deutsch"

„Profile deutsch" betont wie der „Referenzrahmen", dass im Fremdsprachenunterricht die Akzeptanz von unterschiedlichem Sprachgebrauch zusammen mit dem Verstehen von Varietäten einen zentralen Stellenwert einnimmt. Dabei hat „Profile deutsch" weder sprachpolitische Ambitionen, noch strebt es eine vollständige linguistische Beschreibung an. „Profile deutsch" möchte aber auf den vielfältigen und unterschiedlichen Sprachgebrauch im deutschsprachigen Raum hinweisen und beispielhaft die Verwendung von Varietäten aufzeigen. „Profile deutsch" möchte Lehrende zu einem den Bedürfnissen und Kenntnissen der Lernenden angepassten Umgang mit Varietäten der deutschen Sprache ermutigen. „Profile deutsch" gibt keine Hinweise auf unterschiedliche Arten der Aussprache in den deutschsprachigen Ländern, obwohl natürlich das Verstehenlernen von phonetischen Realisierungen der Standardvarietäten ein zentraler Aspekt beim Lernen von Sprachen ist. Für den produktiven Erwerb ist der Hinweis wichtig, dass eine möglichst neutrale Aussprache vermittelt werden sollte, da eine zu starke regionale Färbung bei Lernenden zu Verständigungsproblemen und zu sozialen Sanktionen (nicht ernst genommen oder belächelt werden) führen kann.

„Überregionales" Bezugswort als Lernempfehlung

Die einzelnen Varianten werden, wo sinnvoll, an ein möglichst „überregionales" Bezugswort gebunden, das überall im deutschsprachigen Sprachgebiet *verstanden* wird und somit für das Lernen der deutschen Sprache auch als überregionale Lernempfehlung gelten kann.

Varietäten ohne Niveauangabe

In „Profile deutsch" finden Sie bei den einzelnen Einträgen bewusst keine Hinweise darauf, auf welcher Niveaustufe eine bestimmte Variante vermittelt bzw. erlernt werden soll, da dies in erster Linie von den Perspektiven und Zielen der Lernenden und vom Lernort (in deutschsprachigen oder anderssprachigen Ländern) abhängig ist. Das bedeutet, dass z. B. Lernende, die sich in einer bestimmten Region des deutschen Sprachraums aufhalten oder aufhalten wollen, sich (rezeptiv) durchaus schon auf einer sehr frühen Niveaustufe mit den dort auftretenden Varietäten und Besonderheiten auseinander setzen sollten, was für Lernende in nicht deutschsprachigen Ländern nicht unbedingt der Fall sein muss. Unterrichtende haben daher die Möglichkeit, „Profile deutsch" durch wichtige Einträge (soziale oder regionale) zu ergänzen oder zu aktualisieren.

D-A-CH-Einträge in den verschiedenen Listen

Spezielle Einträge für Varianten finden sich beim *thematischen Wortschatz*, bei den *allgemeinen Begriffen*, den *Sprachhandlungen* und im *Wörterbuch* als Kommentar. In der *Grammatik* werden Angaben zu regionalen und nationalen Unterschieden mit einem Kommentar versehen. Da Einträge in Wortlisten möglichst kurz und prägnant sein müssen, können sie nicht das ganze Umfeld eines Wortes erfassen. „Profile deutsch" beschränkt sich daher auf die Darstellung der auffälligsten und wesentlichsten Merkmale, was teilweise zu einem vereinfachten oder mitunter vielleicht auch widersprüchlichen Bild führt. Sie finden in den Listen bei wichtigen oder häufigen Wörtern, Wendungen oder Strukturen lediglich eine einfache Kennzeichnung (A, CH, D).

Diese Kennzeichnungen basieren alle auf den Untersuchungen eines trinationalen Forschungsprojektes, das die Besonderheiten der deutschen Standardsprache beschreibt. In diesem „Variantenwörterbuch des Deutschen" (Ammon u. a. 2004), das eine Fülle von Daten bietet, finden sich im Unterschied zu „Profile deutsch" sehr viele linguistische Detailangaben, z. B. wo genau und in welcher Form eine Variante verwendet wird.
Die Beschreibung und genaue Zuordnung der Varianten ist oft schwierig und teilweise problematisch, da neben den regionalen Faktoren – wie bereits erwähnt – auch schichten- und gruppenspezifische Faktoren eine Rolle spielen.

2.4.6 Exkurs: Kulturspezifische Aspekte

Sprachliche Mittel zum Ausdruck kulturspezifischer Aspekte

In nahezu jeder Kommunikation gibt es Aspekte, die stark kulturell geprägt sind. Bei ungenügendem Wissen über diese kulturellen Besonderheiten besteht für Sprachlernende und Sprachbenutzer/innen die Gefahr, dass sie in ein so genanntes Fettnäpfchen treten. Das heißt, es werden zwar sprachlich-grammatikalisch korrekte Äußerungen gemacht, die aber kulturell nicht adäquat sind, weil ein Verstoß gegen eine bestimmte Norm oder „Gewohnheit" vorliegt, die in dieser Kultur zu beachten ist. Besonders sensibel sind in diesem Zusammenhang so genannte Alltagsroutinen wie „begrüßen" und „verabschieden", „bedanken", „Hilfe anbieten" usw. Wenn sie diese Situationen – mit den sprachlichen Mitteln, die sie auf einem bestimmten Niveau beherrschen – meistern, entwickeln Sprachlernende und Sprachbenutzer/innen eine so genannte Benehmenssicherheit im Umgang mit Menschen anderer Kulturen.

Kulturspezifische Aspekte im „Referenzrahmen"

Kulturspezifische Aspekte werden im „Referenzrahmen" an verschiedenen Stellen aufgegriffen. Folgende Begriffe werden diskutiert:

Deklaratives Wissen *(savoir)*	Fertigkeiten und prozedurales Wissen *(savoir-faire)*
Weltwissen (= durch die Erstsprache geprägtes Weltbild)	**Pragmatische Kompetenzen**
Wissen über Orte, Institutionen, Personen, Objekte, Ereignisse, Prozesse und Handlungen in verschiedenen Lebensbereichen Wissen über Klassen von Dingen und ihre Eigenschaften und Beziehungen	Diskurskompetenz (= Fähigkeit, Teile eines mündlichen oder schriftlichen Textes aufzubauen) Funktionale Kompetenz (= Fähigkeit, in einer bestimmten Situation die eigene Absicht auszudrücken und textsorten- und situationsadäquat zu kommunizieren)
Soziokulturelles Wissen (= ein Aspekt des Weltwissens)	**Soziolinguistische Kompetenzen**
Wissen über die Gesellschaft und die Kultur einer Gemeinschaft, z. B. über: ■ das tägliche Leben ■ Lebensbedingungen ■ Werte, Überzeugungen, Einstellungen ■ Körpersprache ■ soziale Konventionen ■ rituelles Verhalten	Sprachliche Kennzeichnung sozialer Beziehungen, z. B.: ■ Auswahl und Verwendung von Begrüßungsformeln ■ Verwendung von Anredeformeln ■ Höflichkeitskonventionen Redewendungen, Aussprüche, Zitate, z. B.: ■ Sprichwörter ■ Feste Redewendungen Registerunterschiede: ■ formelhaft bis sehr vertraut Varietäten: ■ sozial, regional …[1]

[1] Vgl. Kap. 2.4.5 „Exkurs: Deutsch als plurizentrische Sprache", S. 79.

Deklaratives Wissen *(savoir)*	Fertigkeiten und prozedurales Wissen *(savoir-faire)*
Interkulturelles Bewusstsein	**Interkulturelle Fertigkeiten**
Kenntnis, Bewusstsein und Verständnis von Ähnlichkeiten und Unterschieden verschiedener Welten und Kulturen. Bewusstsein über die eigenkulturell geprägte Wahrnehmung (Vorurteile und Stereotypen).	Die Fähigkeit, die Ausgangskultur und die fremde Kultur miteinander in Beziehung zu setzen. Die Fähigkeit, Strategien für den Kontakt mit Angehörigen anderer Kulturen zu identifizieren und anzuwenden. Die Fähigkeit, als kultureller Mittler zu agieren und wirksam mit interkulturellen Missverständnissen und Konfliktsituationen umzugehen. Die Fähigkeit, stereotype Beziehungen zu überwinden.

Alle diese Elemente spielen – neben vielen anderen Aspekten – für das Gelingen der Kommunikation eine wichtige Rolle und greifen beim sprachlichen Handeln ineinander. So vermischen sich z. B. bei der Sprachhandlung „nach dem Befinden fragen" verschiedene kulturspezifische Aspekte der Kommunikation: Um adäquat nach dem Befinden zu fragen, benötigt der Sprecher/die Sprecherin das soziokulturelle Wissen, wann man dies tut, und die soziolinguistische Kompetenz[1], um die angemessenen Worte zu finden. Kommt der Sprecher/die Sprecherin aus einem anderen kulturellen Umfeld, greift er/sie zusätzlich mehr oder weniger bewusst auf ein soziokulturelles Wissen zurück. Er/Sie weiß demnach z. B., dass man bei der Frage nach dem Befinden im deutschsprachigen Raum nicht fragt „Wie gehen Sie?" („Comment allez-vous?"), sondern vielmehr „Wie geht es Ihnen?".

Deklaratives Wissen und Niveaubeschreibungen

Kommunikative und handlungsorientierte Niveaubeschreibungen lassen sich nicht direkt mit dem deklarativen Wissen (*Weltwissen, soziokulturelles Wissen, interkulturelles Bewusstsein*) in Verbindung bringen, da dieses Wissen nichts über die effektive sprachliche Kommunikationsfähigkeit aussagt. So kann sich jemand z. B. sehr viel Wissen über eine andere Kultur angeeignet haben, ohne je mit Vertretern/Vertreterinnen dieser Kultur direkt in Kontakt gekommen zu sein. Eine inhaltliche Bestimmung dieses deklarativen Wissens auf verschiedenen Niveaus in Form von Wissensbeschreibungen wie „weiß/kennt x" ist nicht das Ziel von „Profile deutsch". „Profile deutsch" konzentriert sich vielmehr – wie der „Referenzrahmen" – auf die Beschreibung von sprachlichen Aktivitäten und Aufgaben.

Fertigkeiten, prozedurales Wissen und Niveaubeschreibungen

Die *pragmatischen Kompetenzen* lassen sich auf verschiedenen Niveaus beschreiben. Der „Referenzrahmen" umschreibt die *Diskurskompetenz*, d. h., wie *flexibel* jemand auf einem bestimmten Niveau mit seinem sprachlichen Wissen und Können umgehen kann, wie weit er in einem Gespräch den *Sprecherwechsel* mitgestalten kann, wie er ein *Thema entwickeln* kann und wie *kohärent* er sich ausdrücken kann. Bei der *funktionalen Kompetenz* wird etwas darüber ausgesagt, wie *flüssig* jemand sprechen und wie *präzise* sich jemand ausdrücken kann. Diese Skalen von Kann-Aussagen finden sich in „Profile deutsch" in den *globalen Kannbeschreibungen* (→ Kap. 2.2.2, S. 56.). Im „Referenzrahmen" findet sich für die *soziolinguistische Kompetenz* lediglich eine Skalierung der soziolinguistischen Angemessenheit (Referenzrahmen 2004, 121f.):

[1] Der Begriff „soziolinguistische Kompetenz" bezieht sich auf die soziale Dimension der Sprache. Im „Referenzrahmen" fehlt der Begriff der „soziokulturellen Kompetenz" als übergeordnete Kompetenz, die die Fähigkeit umschreibt, soziokulturelles Wissen und sprachliches Wissen adäquat anzuwenden.

Skala der soziolinguistischen Angemessenheit

Soziolinguistische Angemessenheit	
A1	Kann einen elementaren sozialen Kontakt herstellen, indem er/sie die einfachsten alltäglichen Höflichkeitsformeln zur Begrüßung und Verabschiedung benutzt, „bitte" und „danke " sagt, sich vorstellt oder entschuldigt usw.
A2	Kann elementare Sprachfunktionen ausführen und auf sie reagieren, z. B. auf einfache Art Informationen austauschen, Bitten vorbringen, Meinungen und Einstellungen ausdrücken. Kann auf einfache, aber effektive Weise an Kontaktgesprächen teilnehmen, indem er/sie die einfachsten und gebräuchlichsten Redewendungen benutzt und elementaren Routinen folgt. Kann sehr kurze Kontaktgespräche bewältigen, indem er/sie gebräuchliche Höflichkeitsformeln der Begrüßung und der Anrede benutzt. Kann Einladungen oder Entschuldigungen aussprechen und auf sie reagieren.
B1	Kann ein breites Spektrum von Sprachfunktionen realisieren und auf sie reagieren, indem er/sie die dafür gebräuchlichsten Redemittel und ein neutrales Register benutzt. Ist sich der wichtigsten Höflichkeitskonventionen bewusst und handelt entsprechend. Ist sich der wichtigsten Unterschiede zwischen den Sitten und Gebräuchen, den Einstellungen, Werten und Überzeugungen in der betreffenden Gesellschaft und in seiner eigenen bewusst und achtet auf entsprechende Signale.
B2	Kann sich in formellem und informellem Stil überzeugend, klar und höflich ausdrücken, wie es für die jeweilige Situation und die betreffenden Personen angemessen ist. Kann mit einiger Anstrengung in Gruppendiskussionen mithalten und eigene Beiträge liefern, auch wenn schnell und umgangssprachlich gesprochen wird. Kann Beziehungen zu Muttersprachlern aufrechterhalten, ohne sie unfreiwillig zu belustigen, zu irritieren oder sie zu veranlassen, sich anders zu verhalten als bei Muttersprachlern. Kann sich situationsangemessen ausdrücken und krasse Formulierungsfehler vermeiden.
C1	Kann ein großes Spektrum an idiomatischen und alltagssprachlichen Redewendungen wiedererkennen und dabei Wechsel im Register richtig einschätzen; er/sie muss sich aber gelegentlich Details bestätigen lassen, besonders wenn der Akzent des Sprechers ihm/ihr nicht vertraut ist. Kann Filmen folgen, in denen viel saloppe Umgangssprache oder Gruppensprache und viel idiomatischer Sprachgebrauch vorkommt. Kann die Sprache zu geselligen Zwecken flexibel und effektiv einsetzen und dabei Emotionen ausdrücken, Anspielungen und Scherze machen.
C2	Verfügt über gute Kenntnisse idiomatischer und umgangssprachlicher Wendungen und ist sich der jeweiligen Konnotationen bewusst. Kann die soziolinguistischen und soziokulturellen Implikationen der sprachlichen Äußerungen von Muttersprachlern richtig einschätzen und entsprechend darauf reagieren. Kann als kompetenter Mittler zwischen Sprechern der Zielsprache und Sprechern aus seiner eigenen Sprachgemeinschaft wirken und dabei soziokulturelle und soziolinguistische Unterschiede berücksichtigen.

Die *interkulturellen Fertigkeiten* umfassen (meta-)kognitive, emotionale, soziale und persönliche Aspekte, die sich ebenfalls nicht direkt mit sprachlichem Können verbinden lassen. „Profile deutsch" verzichtet auf eine genauere Beschreibung all dieser Fertigkeiten, wobei speziell die Kannbeschreibungen zur Interaktion und zur Sprachmittlung (→ Kap. 2.2, S. 53) sprachlich-kommunikative Handlungen umschreiben, die sehr stark mit interkulturellen Fertigkeiten verbunden sind.

Sprachliche Mittel zur Bewältigung von kulturell sensiblen Situationen

Es werden drei Gruppen von Situationen und Sprachhandlungen beschrieben, bei denen kulturspezifische Aspekte und Verhaltensweisen eine besondere Rolle spielen: *Kontaktaufnahme und Kontaktbeendigung, Gefühle ausdrücken und auf Gefühle reagieren* und *soziale Kooperation.* Diese sensiblen Bereiche sind wiederum einzeln aufgegliedert, so findet man z. B. unter den Gefühlen *Freude/Begeisterung ausdrücken, negative Gefühle anderen gegenüber ausdrücken, positive Gefühle anderen gegenüber ausdrücken, Wut/Trauer/Schmerz ausdrücken.* Jede dieser kommunikativen Situationen ist mit bestimmten sprachlichen Handlungen verbunden. Beispiel: *Freude/Begeisterung ausdrücken* verlangt u. a., dass man *Ausrufe angemessen verwenden* kann. Je nach Sprachkompetenz bzw. Niveau lässt sich das verschieden ausdrücken. Für die Sprachhandlung *Begeisterung ausdrücken* werden z. B. folgende Ausrufe zur produktiven Verwendung empfohlen:

A1 – produktiv	A2 – produktiv	B1/B2 – produktiv
Schön!	Schön! Prima! Toll!	Schön! Prima! Toll!
Super!	Super!	Super! Fantastisch! Herrlich!
	Wunderbar!	Wunderbar! Großartig! Klasse!
Hurra! Oh! Ah!	Hurra! Oh! Ah!	Hurra! Oh! Ah!

Soziokulturelles Wissen und nichtsprachliche Mittel

Körpersprache, Gestik und Mimik sind selbstverständlich auch kulturspezifisch geprägt. Kopfnicken signalisiert je nach Kultur Zustimmung oder Widerspruch, die Gesten, wie man jemanden zu sich winkt, unterscheiden sich stark. Diese Aspekte sind schwer generalisierbar und kaum für verschiedene Niveaus beschreibbar. In „Profile deutsch" werden sie nicht berücksichtigt, obwohl sie als ein wichtiger Teil der soziokulturellen Kompetenz erworben werden sollten. „Profile deutsch" macht auch keine Angaben über das soziokulturelle Wissen, da dies von der spezifischen Lern- und Kommunikationssituation bzw. der Aufgabe abhängig ist. Für den Unterricht, bei der Material- und Testentwicklung können Benutzer/innen selbst entscheiden, welche Inhalte von soziokulturellem Wissen nötig sind, damit Lernende die gestellte Aufgabe optimal lösen können. Ebenso muss bestimmt werden, wie sie zu diesem Wissen kommen. Die Entwicklung eines interkulturellen Bewusstseins ist abhängig von den eigen- und fremdkulturellen Erfahrungen der Lernenden und den methodisch-didaktischen Ansätzen. „Profile deutsch" will und kann hier keine Vorgaben machen.

2.5 Grammatik

Was ist „Grammatik"?

„Formal kann man die Grammatik einer Sprache als eine Menge von Prinzipien sehen, die das Zusammensetzen von Elementen und Sätzen regeln. Grammatische Kompetenz ist die Fähigkeit, in Übereinstimmung mit diesen Prinzipien wohlgeformte Ausdrücke und Sätze zu produzieren und zu erkennen (im Unterschied zum Auswendiglernen fester Formeln). Die Grammatik einer jeden Sprache ist in diesem Sinn hochkomplex und widersetzt sich einer definitiven oder erschöpfenden Beschreibung." (Referenzrahmen 2004, 113)

Grammatik in „Profile deutsch": Auswertung von Sprachhandlungen

Diese „Prinzipien, die das Zusammensetzen von Elementen und Sätzen regeln", werden für die Niveaus A1 – B2 anhand von Beispielen dargestellt. Die Grammatik von „Profile deutsch" beschreibt also Strukturen, die für bestimmte Sprachhandlungen auf einem bestimmten Niveau vorausgesetzt werden. Dafür wurden Sätze aus den Listen *Sprachhandlungen* und *allgemeine Begriffe* ausgewertet. Es handelt sich in „Profile deutsch" also nicht um eine Erwerbsgrammatik, die darstellen möchte, welche grammatischen Strukturen auf welchem sprachlichen Niveau von Lernenden erworben werden. Ebenso wenig werden die vorgeschlagenen Strukturen als Vorschriften verstanden.

Zwei Darstellungsformen: systematisch und funktional

Die Elemente der Grammatik werden unter einem *systematischen* und einem *funktionalen* Aspekt dargestellt. Die systematische Darstellung ist der „klassische" Weg, in dem die Einträge nach den Kategorien Text – Satz – syntaktische Einheiten – Wörter – Wortbildung gruppiert sind. So kann der Benutzer z. B. in der systematischen Darstellung der Grammatik auf einen Blick sehen, welche Indefinitpronomen in den Wortschatzlisten auf welchem Sprachniveau relevant sind.

Zum anderen gibt es eine funktionale Zugriffsmöglichkeit, in der die Einträge entsprechend den unterschiedlichen Intentionen und Funktionen, die sie erfüllen können, erscheinen. In der funktionalen Darstellung der Grammatik kann der Benutzer/die Benutzerin z. B. die verschiedenen Möglichkeiten, wie man eine Absicht ausdrücken kann, für die Niveaus A1 – B2 einsehen. So können die Benutzer/innen sich schnell informieren, welche grammatischen Mittel oder Strukturen auf welchem Niveau thematisiert und/oder geübt werden können.

Diese beiden Darstellungsformen erscheinen auf der CD-ROM kurz als *systematische Grammatik* und *funktionale Grammatik*. Beide Zugänge sind miteinander verbunden, so dass es z. B. möglich ist, sich die verschiedenen sprachlichen Intentionen, die mit einer Wortart ausgedrückt werden können, anzeigen zu lassen.

Grammatik und Niveaustufen

Wie schon gesagt, ist die Grammatik in „Profile deutsch" eine Zusammenfassung der sprachlichen Mittel aus den Listen *Sprachhandlungen* und *allgemeine Begriffe* unter grammatischen Gesichtspunkten. Die Niveauangaben in der Grammatik von „Profile deutsch" zeigen also nur auf, welche grammatischen Phänomene auf welchem sprachlichen Niveau relevant sein und im Unterricht thematisiert werden können.
Entsprechend ihrem Fundort sind auch die Einträge in der Grammatik mit den Niveaus A1 – B2 gekennzeichnet. Anders als in den Listen zu den sprachlichen Mitteln gibt es in der Grammatik von „Profile deutsch" keine Kennzeichnung nach produktiv oder rezeptiv beherrschten Elementen. Wenn Sie zu einem Element die Angabe „rez." für „rezeptiv" finden, bedeutet das, dass dieses Phänomen bis zum Niveau B2 rezeptiv von Interesse ist.
Mit „rezeptiv" gekennzeichnete Strukturen können wahrscheinlich von Sprachhandelnden z. B. auf dem Niveau B2 verstanden werden, sie werden aber kaum schon aktiv verwendet werden. Ein aktiver Gebrauch dieser Strukturen ist erst auf den C-Niveaus zu erwarten.

Eigens mit dem Niveau C1 oder C2 gekennzeichnete Einträge gibt es in der Grammatik von „Profile deutsch" nicht. Dies liegt daran, dass im Bereich der Grammatik für die C-Niveaus keine neuen Strukturen kennzeichnend sind, d. h., ein Sprachhandelnder hat bis zum Niveau B2 bereits alle wesentlichen grammatischen Strukturen kennen gelernt. Der Unterschied zwischen einem Sprachhandelnden auf dem Niveau B2 zum Niveau C2 liegt darin, dass der kompetente Sprachbenutzer/die kompetente Sprachbenutzerin der C-Niveaus komplexer und flexibler mit den erlernten grammatischen Strukturen umgeht.

Die Grammatik in „Profile deutsch" ist keine Erwerbsgrammatik, die angibt, auf welchem Niveau ein grammatisches Phänomen beherrscht wird. Sie ist vielmehr eine Hilfestellung für den Unterricht, die Curriculumplanung oder die Lehrwerkerstellung, die aufzeigt, welche Grammatik auf welcher Niveaustufe von Interesse sein kann.

„Feste Wendungen"

Natürlich gibt es auf den Niveaus A1 und auch A2 Strukturen, die von den Lernenden an sich korrekt angewendet werden, die aber nicht in ihrer grammatischen Struktur verstanden und durchschaut werden können. Solche Einträge sind mit dem Vermerk „als Wendung" gekennzeichnet. Eine solche Wendung ist z. B. der Dativ des Personalpronomens „du" in der schon auf Niveau A1 relevanten Begrüßungsformel „Wie geht es dir?".

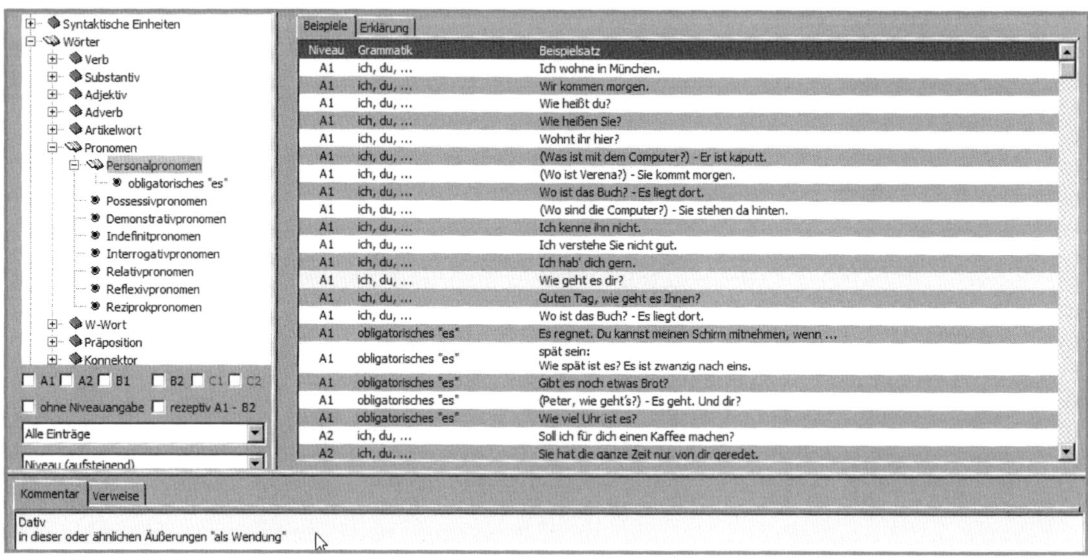

Grammatik und globale Kannbeschreibungen

Die Niveauangaben innerhalb der Grammatik sind immer in Zusammenhang mit den globalen Kannbeschreibungen und den Skalen zur grammatischen Korrektheit aus dem „Referenzrahmen" (2004, 114) zu verstehen.

Die folgenden Kannbeschreibungen geben einen Überblick darüber, was auf den jeweiligen Niveaustufen bei der Beurteilung grammatischer Korrektheit beachtet werden soll.

A1	Kann in vertrauten alltäglichen Situationen kurze, unverbundene und meist vorgefertigte Äußerungen machen, mit vielen Pausen, um Begriffe zu suchen, schwierigere Wörter zu artikulieren oder einen neuen, verbesserten Anlauf zu machen. Beherrscht begrenzt einige wenige auswendig gelernte einfache grammatische Strukturen und Satzmuster.
A2	Kann in seinen/ihren Aussagen meist klar machen, was er/sie sagen möchte, und dabei einfache Strukturen einigermaßen korrekt verwenden. Macht aber noch systematisch elementare Fehler, hat z. B. die Tendenz, Zeitformen zu vermischen oder zu vergessen, die Subjekt-Verb-Kongruenz zu markieren; trotzdem wird in der Regel klar, was er/sie ausdrücken möchte.
B1	Kann in vorhersehbaren vertrauten Situationen sein/ihr fremdsprachliches Wissen so anwenden, dass er/sie trotz deutlicher Einflüsse der Muttersprache im Bereich der Grammatik und der Lexik gut zu verstehen ist. Macht zwar Fehler, es bleibt aber klar, was ausgedrückt werden soll.

B2	Kann in Ausführungen sein/ihr fremdsprachliches Wissen bei recht guter Beherrschung der Grammatik so anwenden, dass kaum Fehler entstehen, bzw. kann viele Fehler und die meisten Versprecher selbst korrigieren. Beherrscht die Grammatik gut und macht keine Fehler, die zu Missverständnissen führen.
C1	Kann beständig ein hohes Maß an grammatischer Korrektheit beibehalten; Fehler sind selten und fallen kaum auf.
C2	Zeigt auch bei der Verwendung komplexer Sprachmittel eine durchgehende Beherrschung der Grammatik, selbst wenn die Aufmerksamkeit anderweitig beansprucht wird (z. B. durch vorausblickendes Planen oder Konzentration auf die Reaktionen anderer).

Wie grammatisch korrekt können Lernerprodukte sein?

Die globalen Kannbeschreibungen sind bei der Umsetzung von grammatischen Themen z. B. im Unterricht oder bei der Lehrplangestaltung zentral. Sie sind ebenso wichtig wie die einzelnen Einträge in der Grammatik. Nur in Verbindung mit diesen Kannbeschreibungen ist ein lernergerechter Umgang mit den Inhalten der Grammatik möglich. Es ist z. B. wichtig, auf dem Niveau A1 zu beachten, dass ein Lernender/eine Lernende nur „in vertrauten alltäglichen Situationen" die für dieses Niveau gekennzeichneten Strukturen anwenden kann. Durch die Kannbeschreibungen wird klar, dass es auf diesem Niveau darum geht, „kurze, unverbundene und meist vorgefertigte Äußerungen zu machen, mit vielen Pausen, um Begriffe zu suchen, schwierigere Wörter zu artikulieren oder einen neuen, verbesserten Anlauf zu machen."
Diese Beschreibungen der grammatischen Kompetenzen machen deutlich, dass sich ein Lernender/eine Lernende in nicht vertrauten Situationen (wie z. B. in einer Prüfung) sprachlich anders verhält als in vertrauten Situationen. Konkret bedeutet das, dass von Sprechern auf dem Niveau A1 nicht erwartet wird, dass die betreffenden Strukturen „wie aus der Pistole geschossen und fehlerfrei" verwendet werden.

Tipp: Wenn Sie sich einen Überblick über die Beschreibungen der grammatischen Kompetenzen auf den verschiedenen Niveaus verschaffen wollen, wählen Sie im Baum „Globale Kannbeschreibungen" den Ast „Produktion und Interaktion", darunter den Ast „Grammatik: Komplexität und Korrektheit".

Globale Kannbeschreibungen
- Rezeption: Merkmale
- Produktion und Interaktion: Merkmale
  - Produktion und Interaktion mündlich
    - allgemein übergreifende Merkmale
    - kommunikative und soziolinguistische Ang
    - Kooperation, Sprecherwechsel
    - Flexibilität
    - Flüssigkeit
    - Textkohärenz und Textsortenangemesse
    - Wortschatz: Spektrum und Angemessenh
    - Grammatik: Komplexität und Korrektheit
    - Aussprache und Intonation
  - Produktion und Interaktion schriftlich
- Sprachmittlung

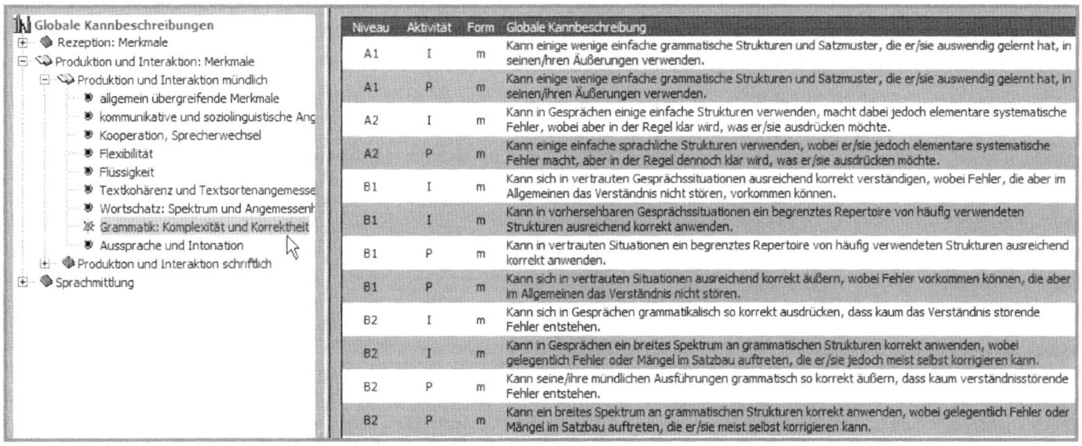

Niveau	Aktivität	Form	Globale Kannbeschreibung
A1	I	m	Kann einige wenige einfache grammatische Strukturen und Satzmuster, die er/sie auswendig gelernt hat, in seinen/hren Äußerungen verwenden.
A1	P	m	Kann einige wenige einfache grammatische Strukturen und Satzmuster, die er/sie auswendig gelernt hat, in seinen/ihren Äußerungen verwenden.
A2	I	m	Kann in Gesprächen einige einfache Strukturen verwenden, macht dabei jedoch elementare systematische Fehler, wobei aber in der Regel klar wird, was er/sie ausdrücken möchte.
A2	P	m	Kann einige einfache sprachliche Strukturen verwenden, wobei er/sie jedoch elementare systematische Fehler macht, aber in der Regel dennoch klar wird, was er/sie ausdrücken möchte.
B1	I	m	Kann sich in vertrauten Gesprächssituationen ausreichend korrekt verständigen, wobei Fehler, die aber im Allgemeinen das Verständnis nicht stören, vorkommen können.
B1	I	m	Kann in vorhersehbaren Gesprächssituationen ein begrenztes Repertoire von häufig verwendeten Strukturen ausreichend korrekt anwenden.
B1	P	m	Kann in vertrauten Situationen ein begrenztes Repertoire von häufig verwendeten Strukturen ausreichend korrekt anwenden.
B1	P	m	Kann sich in vertrauten Situationen ausreichend korrekt äußern, wobei Fehler vorkommen können, die aber im Allgemeinen das Verständnis nicht stören.
B2	I	m	Kann sich in Gesprächen grammatikalisch so korrekt ausdrücken, dass kaum das Verständnis störende Fehler entstehen.
B2	I	m	Kann in Gesprächen ein breites Spektrum an grammatischen Strukturen korrekt anwenden, wobei gelegentlich Fehler oder Mängel im Satzbau auftreten, die er/sie jedoch meist selbst korrigieren kann.
B2	P	m	Kann seine/ihre mündlichen Ausführungen grammatisch so korrekt äußern, dass kaum verständnisstörende Fehler entstehen.
B2	P	m	Kann ein breites Spektrum an grammatischen Strukturen korrekt anwenden, wobei gelegentlich Fehler oder Mängel im Satzbau auftreten, die er/sie meist selbst korrigieren kann.

Terminologie

Im Sinne des „Referenzrahmens" wird auch in „Profile deutsch" eine Terminologie benutzt, „die nur dort von der traditionellen abweicht, wo man es mit sprachlichen Erscheinungen zu tun hat, die das traditionelle Beschreibungsmodell nicht erfassen kann" (Referenzrahmen 2004, 110). Außerdem gibt es auf der CD-ROM eine Liste, in der viele synonyme oder entsprechende Begriffe aus verschiedenen Grammatikmodellen enthalten sind. Der Benutzer/Die Benutzerin kann so die ihm/ihr vertraute Terminologie verwenden und wird dann zu den entsprechenden Einträgen geleitet. Sucht er/sie z. B. nach Informationen zur „Präpositionalphrase", springt das System automatisch zur „Präpositionalgruppe".

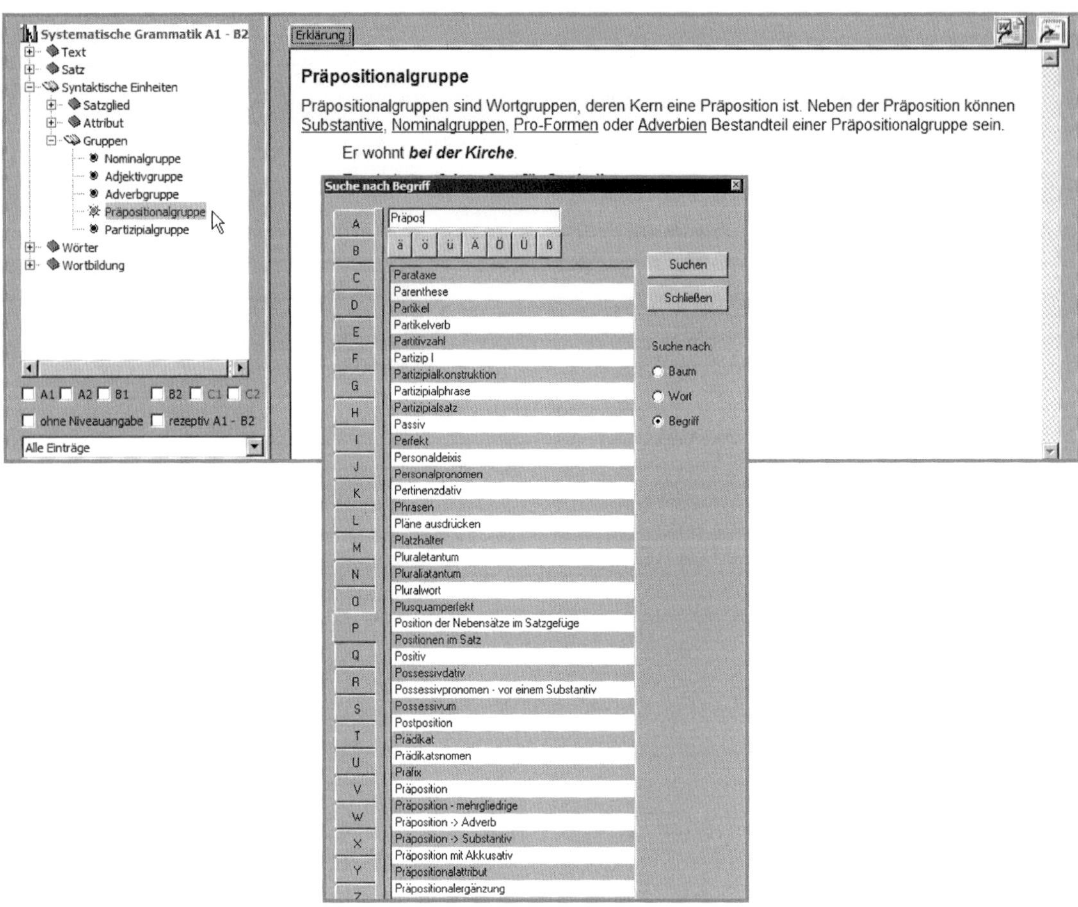

2.5.1 Systematische Darstellung der Grammatik

Systematische Grammatik

Die systematische Darstellung der Grammatik gliedert sich in fünf Hauptgruppen:

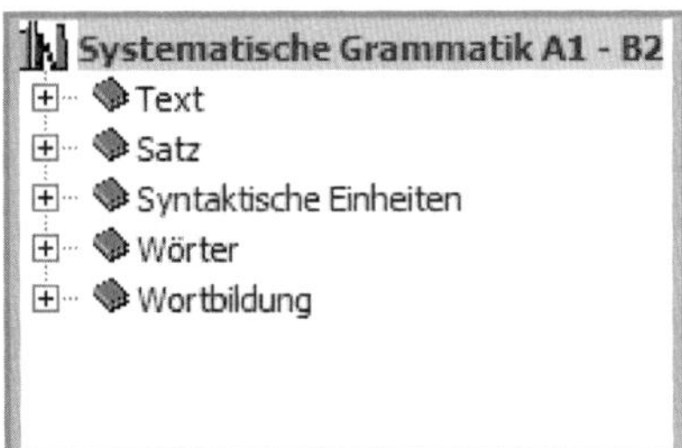

Text Texte sind das Ergebnis sprachlicher Handlungen, unabhängig von ihrer Länge oder unabhängig davon, ob sie schriftlich oder mündlich sind. Innerhalb der Grammatik werden unter dem Kapitel „Text" solche Phänomene beschrieben, die sich speziell auf Äußerungen beziehen, die mehr als einen Satz umfassen, wie z. B. die sprachlichen Mittel, um in einem längeren Text zusammenhängend und mit Bezügen der einzelnen Textteile zueinander zu formulieren. Kürzere Äußerungen werden in den Kapiteln „Satz" oder „Wort" behandelt. Da die Beispiele in den Redemittellisten zum größten Teil aus einem Satz oder einer Wechselrede bestehen, finden sich in den Kapiteln zur Textgrammatik nicht überall Beispiele aus den Listen mit entsprechenden Niveauangaben. Oft werden die textgrammatischen Phänomene ohne Niveauangabe nur mit einem erklärenden Text mit Beispielen illustriert.

Weitere Informationen zum Thema „Text" finden Sie auf der CD-ROM in den *Textmustern* und der Liste der *Textsorten.*
→ Kap. 2.6 „Texte", S. 93.

Satz, syntaktische Einheiten und Wörter

Die Kapitel zu den Themenbereichen „Satz", „syntaktische Einheiten" und „Wörter" beschreiben die einzelnen grammatischen Phänomene anhand der Beispielsätze in den Wortschatzlisten.

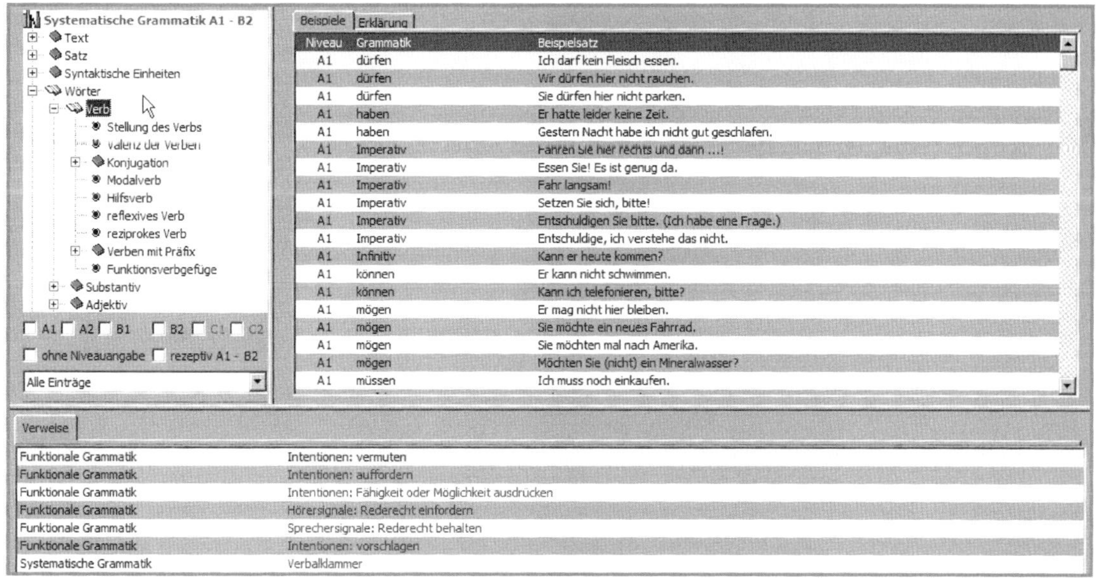

Wortbildung

Das Kapitel „Wortbildung" ist ein rein darstellendes Kapitel ohne Angaben zu den sprachlichen Niveaus. Das soll nicht heißen, dass die Lernenden auf den Niveaus A1 – B2 nicht für die Möglichkeiten der Wortbildung sensibilisiert werden sollen, oder gar, dass dieses Thema unwichtig wäre. Es ist aber z. B. nicht möglich, einzelne Formen der Präfigierung ohne thematischen Kontext einem sprachlichen Niveau zuzuweisen. Das Präfix „ab-" begegnet den Lernenden z. B. in dem Wort „abfahren" auf dem Niveau A2. Das heißt aber natürlich nicht, dass alle Bedeutungen und Möglichkeiten der Wortbildung mit dem Präfix „ab-" – wie z. B. die unterschiedlichen Bedeutungen von „abnehmen" in den Sätzen „Nimm endlich den Hörer ab!" bzw. „Ich muss unbedingt abnehmen" – auf dem Niveau A2 vorausgesetzt werden können.

2.5.2 Funktionale Darstellung der Grammatik

Funktionale Grammatik

Die funktionale Zugangsweise bietet eine Gruppierung grammatischer Phänomene.

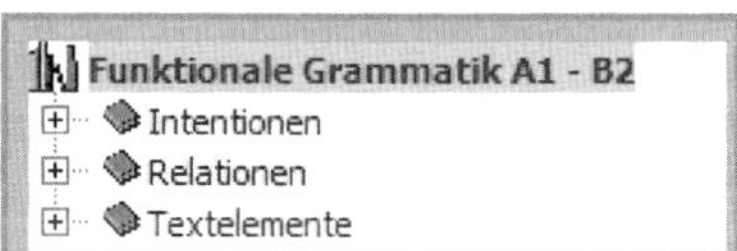

Die funktionale Darstellung zeigt, welche sprachlichen Mittel z. B. für eine Sprechintention auf einem bestimmten Sprachniveau zur Verfügung stehen. Eine Absicht lässt sich z. B. auf verschiedene Weise ausdrücken: mit Modalverben, mit dem Futur I, mit bestimmten Konnektoren oder Präpositionen und anderen Mitteln. Diese unterschiedlichen Möglichkeiten, eine Absicht zu realisieren, werden mit konkreten Beispielen verdeutlicht.

Intentionen

Der Baum der funktionalen Darstellung auf der CD-ROM beginnt mit den Intentionen, in denen die grammatischen Mittel für jedes Niveau aufgeführt sind, die für die Realisierung gängiger Kommunikationsabsichten eingesetzt werden können. Hier finden sich z. B. sprachliche Mittel für die Intentionen „Absichten ausdrücken“, „auffordern“, „Handlungen begründen“ usw.
→ Kap. 3.5.2 Übersicht „Funktionale Darstellung A1 – B2“, S. 230.

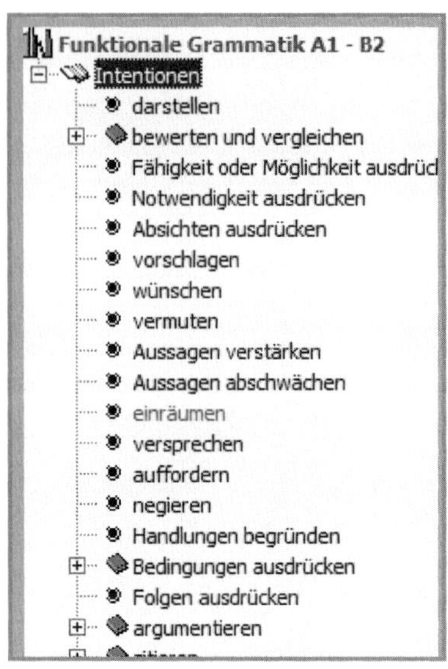

Relationen

Im Kapitel „Relationen“ werden in Übereinstimmung mit der Liste *allgemeine Begriffe* die grammatischen Mittel dargestellt, die zum Ausdruck von Zeit-, Raum- oder Zugehörigkeitsbeziehungen auf einem bestimmten Niveau zur Verfügung stehen.

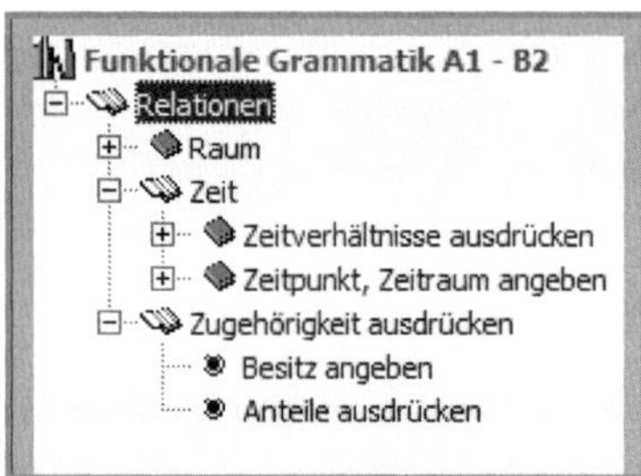

Textelemente

Die Textelemente untergliedern sich in Angaben zu monologischen und zu dialogischen Texten. Bei den monologischen Texten werden sprachliche Möglichkeiten für das Eröffnen eines Textes, für Überleitungen innerhalb eines Textes von einem Thema zum nächsten, für Verweise innerhalb eines Textes oder auf andere Texte und zum Abschließen von Texten angegeben.

Im Bereich der dialogischen Texte werden sprachliche Möglichkeiten für Hörersignale, Sprechersignale und Routinen im Dialog („fragen und antworten“, „Aussagen verkürzen“) aufgezeigt.

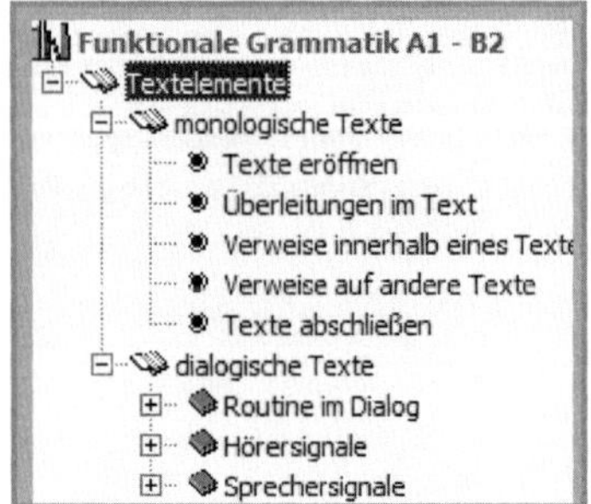

2.6 Texte

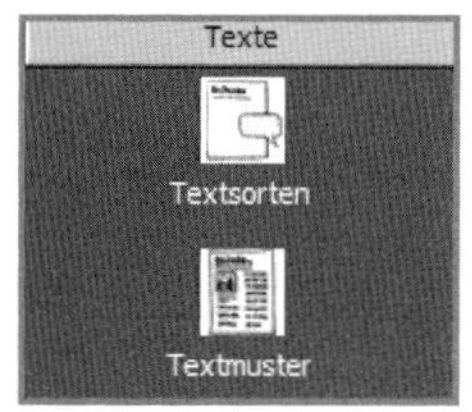

Was sind „Texte"?

Der Begriff „Text" wird „zur Bezeichnung aller sprachlichen Produkte benutzt, die Sprachverwendende empfangen, produzieren oder austauschen – sei es eine gesprochene Äußerung oder etwas Geschriebenes" (Referenzrahmen 2004, 95). Texte sind also das Ergebnis sprachlicher Handlungen und die Grundlage sprachlicher Kommunikation, unabhängig von ihrer Länge oder davon, ob sie schriftlich oder mündlich sind. Sie umfassen Einwortäußerungen wie „Hallo!" ebenso wie umfangreiche literarische Romane. Wie ein Text realisiert wird, hängt einerseits von der Situation ab, in der er entsteht, z. B. ob er schriftlich oder mündlich vermittelt wird, wie lang er ist, welches sprachliche Register gewählt wird und vieles mehr. Andererseits hängt ein Text von dem Zweck und den Zielen ab, die der Sprecher/die Sprecherin oder der Verfasser/die Verfasserin mit dem Text verfolgt.

Textsorten

Texte entstehen unter verschiedenen Voraussetzungen und mit unterschiedlichen Zielen. Texte, die unter ganz ähnlichen Voraussetzungen entstehen, sind oft vergleichbar, so dass man verschiedene *Textsorten* benennen kann. Unter dem Begriff „Textsorten" sind Texte zusammengefasst, die eine ähnliche Funktion haben oder ein vergleichbares Ziel anstreben. Die Textsorte „Bewerbungsgespräch" z. B. umfasst Gespräche, die sicherlich niemals genau gleich verlaufen, aber alle verfolgen das gleiche Ziel:
Aus der Sicht des Bewerbers geht es darum, Informationen über die ausgeschriebene Stelle zu erhalten und einen guten Eindruck von der eigenen Person zu vermitteln; aus der Sicht des Arbeitgebers, etwas über den Lebenslauf und Werdegang des Bewerbers zu erfahren und sich so ein Bild von ihm zu machen. „Profile deutsch" enthält daher eine Liste, in der rund 160 verschiedene Textsorten erfasst sind.
→ Kap. 3.6.1 Übersicht „Textsorten", S. 231.

Textmuster

Textsorten werden nach mehr oder weniger eng festgelegten Konventionen verfasst und folgen inhaltlich oder sprachlich einem ähnlichen Muster. Eine Bedienungsanleitung z. B. folgt dem gleichen Muster wie eine Betriebsanleitung, Gebrauchsanleitung, Gebrauchsanweisung, Montage-/Aufbauanleitung, ein Rezept oder eine Spielregel. Ein Bewerbungsgespräch dagegen folgt dem gleichen Muster wie eine mündliche Prüfung usw. Für bestimmte Textsorten beschreibt „Profile deutsch" deshalb so genannte *Textmuster* (→ Kap. 2.6.2, S. 95).

2.6.1 Textsorten

Textsorten: Möglichkeiten der Abfrage

In der Liste der Texte sind nicht nur verschiedene Textsorten erfasst, sondern die einzelnen Textsorten sind verschiedenen Kriterien zugeordnet, die Sie einzeln oder kombiniert abfragen können. Die Klassifikation der Texte und die hierfür gewählten Kriterien wurden mit Blick auf die Interessen des Fremdsprachenlehrens und -lernens gewählt, erheben aber keinen Anspruch auf Vollständigkeit. In „Profile deutsch" gibt es sechs verschiedene Gruppen von Merkmalen:

1. Texte können prinzipiell über zwei *Kanäle* produziert oder rezipiert werden: Es gibt mündliche und schriftliche Texte.
2. Bei der *Interaktion* lassen sich zwei Typen unterscheiden. Die zeitgleiche Interaktion, in der alle Beteiligten zur gleichen Zeit miteinander kommunizieren (z. B. in einer Face-to-Face-Situation oder einem Online-Chat), und die zeitversetzte, in der die Kommunikation verzögert stattfindet, weil die Beteiligten nicht zur gleichen Zeit am gleichen Ort sind (wie z. B. bei Briefkorrespondenzen oder in E-Mails).
3. Je nachdem, an wen sich ein Text richtet und welche Ziele er verfolgt, werden unterschiedliche *Medien* gewählt, über die der Text weitergegeben wird. In „Profile deutsch" werden zehn verschiedene Medientypen unterschieden:
   - ungebundene Blätter,
   - andere Schriftträger (z. B. Metall, Holz, OHP-Folien, Glas),
   - Fernsehen, Kino, Bühne,
   - Radio- und Audioaufnahmen,
   - Neue Medien,

- Telefon/Anrufbeantworter,
- Lautsprecher,
- direkt (kein zusätzliches Übertragungsmedium),
- Zeitung und Zeitschrift,
- Buch (und Nachschlagewerk).

4. Die meisten sprachlichen Handlungen verfolgen ein bestimmtes Ziel oder dienen einem bestimmten Zweck. In „Profile deutsch" sind die folgenden Zwecke dargestellt:
   - amtliche oder juristische Verbindlichkeit,
   - allgemeine Information,
   - fachliche Information,
   - Werbung,
   - Anweisung oder Instruktion,
   - Unterricht,
   - Unterhaltung,
   - Kunst,
   - Religion.
5. Manche Texte enthalten besondere *Darstellungsformen* wie z. B. Grafiken oder Tabellen, Bilder, Musik/Noten oder Verse.
6. Schließlich kann man Texte danach kategorisieren, in welchem Lebensbereich sie häufig vorkommen. Die Lebensbereiche, oder Domänen, beschreiben die Kontexte einer Kommunikation und lassen sich in vier Gruppen einteilen:
   - öffentlicher Bereich,
   - privater Bereich,
   - beruflicher Bereich,
   - Bildungsbereich.

   Nahezu jeder Text kann in jedem Lebensbereich erscheinen, dennoch lassen sich bei den meisten Texten Bereiche erkennen, in denen sie besonders häufig verwendet werden. Die Textsorte „Protokoll" beispielsweise vermutet man vor allem im beruflichen Bereich und im Bildungsbereich, auch wenn diese Textsorte natürlich auch im öffentlichen oder privaten Bereich – z. B. im Rahmen von Hobbys, die mit Vereinsaktivitäten verbunden sind, – vorkommen kann.

Texte: keine direkten Niveauangaben

Zu den Texten gibt es in „Profile deutsch" keine direkten Niveauangaben. Es ist also nicht möglich, z. B. auf die Textsorte „Protokoll" zu klicken und sich dazu das entsprechende Niveau anzeigen zu lassen.

Eine Textsorte an sich kann niemals einem Niveau zugeordnet werden. Vielmehr kommt es darauf an, was mit der Textsorte getan wird: Soll ein Protokoll geschrieben werden? Soll es verstanden werden? Wenn es verstanden werden soll, was soll dann verstanden werden? Das ganze Protokoll Wort für Wort oder nur die wichtigsten Informationen?
Was getan werden soll, welche Aufgabe die Sprachhandelnden lösen sollen, das steht in den detaillierten Kannbeschreibungen. Deshalb sind die Textsorten mit den detaillierten Kannbeschreibungen verknüpft. Man kann sich zu jeder Textsorte eine Übersicht über alle Kannbeschreibungen anzeigen lassen, die zu der gewählten Textsorte passen. Es ist also z. B. möglich, sich anzeigen zu lassen, welche Kannbeschreibungen zu welchen sprachlichen Aktivitäten und auf welchen Niveaus es zur Textsorte „Vertrag" gibt.

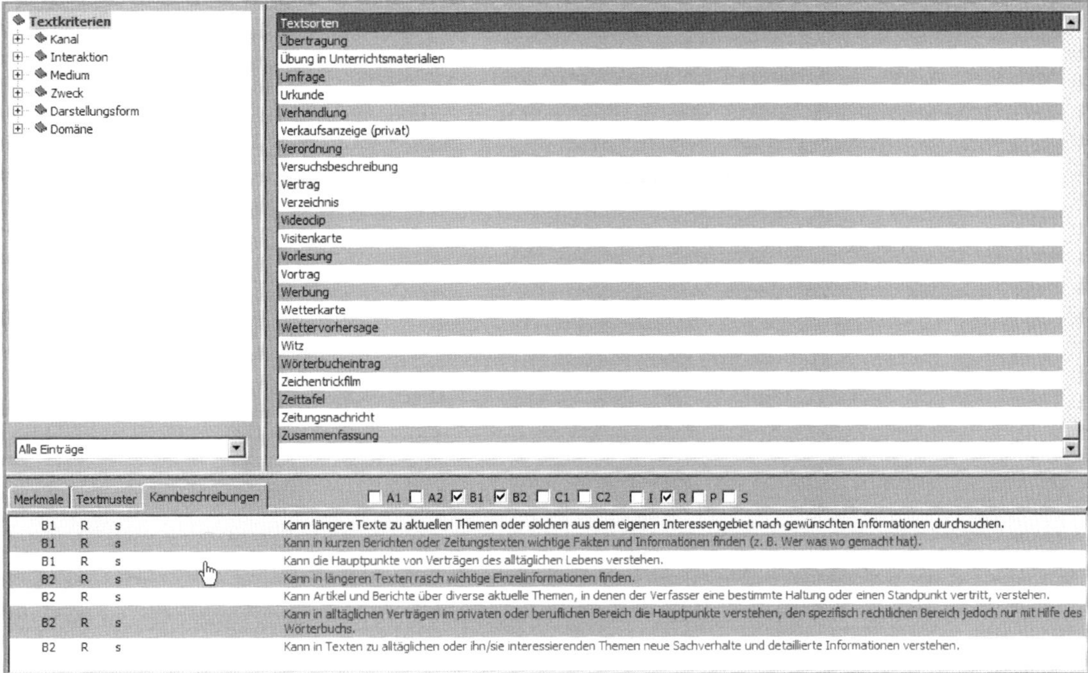

2.6.2 Textmuster

Zu ausgewählten Textsorten, die ähnliche Ziele und Zwecke verfolgen und die über das gleiche Medium übertragen werden, beschreibt „Profile deutsch" so genannte *Textmuster*. In den Textmustern sind Ähnlichkeiten dieser Texte in Aufbau, Sprache, Gestaltung und Inhalt beschrieben. Jedes Textmuster umfasst:

- eine *Kurzcharakterisierung* der betreffenden Textsorte, in der die wesentlichen Inhalte und die grundlegenden Ziele zusammengefasst sind;
- eine Übersicht über den *Aufbau* und die Gliederung der Textsorte;
- Hinweise auf Besonderheiten in der *Sprache*, die in die Gruppen „Grammatik", „Wortschatz" und zusätzlich bei mündlichen Texten in „phonetische Mittel" und „Körpersprache" unterteilt sind;
- Verweise auf *ähnliche Texte*, die nach einem vergleichbaren Muster realisiert werden. Im Textmuster „Vertrag" findet man z. B. einen Verweis auf die ähnlichen Texte „allgemeine Geschäftsbedingungen", „Garantiebedingung" und „Gesetz";
- Hinweise auf *Beispiele* zu bestimmten Textmustern: Im Textmuster „offizieller Brief" wird auf häufige Typen von offiziellen Briefen, wie z. B. „Anfragen", „Anträge", „Beschwerden", „Bestätigungen", „Bestellungen", „Bewerbungsschreiben", „Einladungen" oder „Mahnungen" hingewiesen.

Textmuster: eine Verständnishilfe

In den unterschiedlichen Kulturen haben sich Textmuster verschieden ausgeprägt, auch weil mit den jeweiligen Texten oft kulturell unterschiedliche Anforderungen bzw. Erwartungen verbunden sind. Textmuster haben sich entwickelt, weil sie das Produzieren und Rezipieren von Texten mit vergleichbaren Funktionen erleichtern. Wenn man weiß, wie ein Geschäftsbrief aufgebaut ist, kann man ihn leichter verfassen. Auch das schnelle Verstehen von Texten wird durch Textmuster erleichtert. Der Rezipient/Die Rezipientin weiß, welcher Aufbau und welche Informationen ihn/sie in einem Text erwarten, und er/sie kann schnell die üblichen Wendungen von wichtigen Informationen unterscheiden. Das Wissen von und über Textmuster erleichtert also das Produzieren und das Rezipieren von Texten.

→ Kap. 3.6.2 Übersicht „Textmuster", S. 232.

2.7 Strategien

Die Strategien in „Profile deutsch" sind in zwei Typen gegliedert:

- Kommunikative Strategien
- Lern- und Prüfungsstrategien

NEU

Die Software ermöglicht die Verknüpfung der Strategien mit anderen Elementen von „Profile deutsch", z. B. bei den Gruppenprofilen mit Elementen von Szenarien, den Textsorten oder Kannbeschreibungen.

Strategien und sprachliche Niveaus

Der Einsatz von Strategien ist nicht direkt von sprachlichen Niveaus abhängig. Deshalb sind die kommunikativen Strategien und die Lern- und Prüfungsstrategien nicht einem bestimmten Niveau zugeordnet. Es ist anzunehmen, dass gewisse Strategien auf bestimmten sprachlichen Niveaus häufiger eingesetzt werden und dass der Einsatz und die Realisierung derselben Strategie auf unterschiedlichen Niveaus anders aussieht. Bei der Strategie „Kompensieren und Vermeiden" werden auf Niveau A1 andere Techniken eingesetzt als auf Niveau C1. „Profile deutsch" will und kann dies nicht festlegen. Nur die Benutzer/innen von „Profile deutsch" können im Zusammenhang mit spezifischen Lernergruppen die Strategien und Techniken konkret bestimmen.

Die Rolle von Strategien

„Profile deutsch" hält – wie der „Referenzrahmen" – die strategischen Kompetenzen beim Erlernen und Erwerben einer Fremdsprache für sehr wichtig, auch im Zusammenhang mit der Förderung der Lernerautonomie und der Orientierung des Lern- und Lehrprozesses an den Bedürfnissen der Lernenden und der Erwartungen an sie.

In der Fachdiskussion und -literatur werden verschiedene Typologisierungen der Strategien vorgeschlagen. „Profile deutsch" unterscheidet in Anlehnung an den „Referenzrahmen" zwischen *kommunikativen Strategien* auf der einen und *Lern- und Prüfungsstrategien* auf der anderen Seite. Während kommunikative Strategien im gesamten Bereich der Sprachverwendung genutzt werden, beziehen sich Lern- und Prüfungsstrategien vor allem auf den Bereich des Sprachlernens.

Gruppierung von Strategien in „Profile deutsch"

Kommunikative Strategien für die Sprachverwendung

- Strategien für die Rezeption
- Strategien für die Produktion
- Strategien für die Interaktion
- Strategien für die Sprachmittlung

Lern- und Prüfungsstrategien für das Sprachlernen

- affektive Strategien
- Entscheidungsstrategien
- Memorierungsstrategien
- Problemlösungsstrategien
- soziale Strategien
- Strategien zur Selbstregulierung
- Verarbeitungsstrategien
- Interaktionsstrategien während der Prüfung

2.7.1 Kommunikative Strategien

Kommunikative Strategien als Mittel, Aufgaben effizient zu lösen

Kommunikative Strategien werden im Zusammenhang mit den sprachlichen Aktivitäten Rezeption, Produktion, Interaktion und Sprachmittlung verwendet. Dadurch ergibt sich auch eine Abgrenzung von den Lern- und Prüfungsstrategien, die in eben diesen Kontexten sinnvollerweise aktiviert werden. Kommunikative Strategien werden „(...) von Sprachverwendenden dazu eingesetzt, die eigenen Ressourcen zu mobilisieren und ausgewogen zu nutzen, Fertigkeiten und Prozesse zu aktivieren, um die Anforderungen der Kommunikation in einem Kontext zu erfüllen und die jeweilige Aufgabe erfolgreich und möglichst ökonomisch der eigenen Absicht entsprechend zu erledigen. Kommunikations- und Kompensationsstrategien sollten daher nicht einfach im Sinne eines Defizitmodells aufgefasst werden, d. h. als eine Möglichkeit, sprachliche Defizite oder fehlgeschlagene Kommunikation auszugleichen. Vielmehr setzen auch Muttersprachler regelmäßig kommunikative Strategien aller Art ein, die der jeweiligen Situation angemessen sind" (Referenzrahmen 2004, 62). Kommunikative Strategien haben also effizientes und erfolgreiches kommunikatives Handeln zum Ziel. Sie sind eng verbunden mit der kommunikativen Aufgabe, die als Element eines Szenarios gelöst werden muss.

Kommunikative Strategien ohne Zuordnung zu sprachlichen Niveaus

Im „Referenzrahmen" werden sprachliche Aktivitäten und kommunikative Strategien nach Niveau als spezielle Kannbeschreibungen aufgeführt, doch sind diese unvollständig und teilweise empirisch nicht überprüft (Referenzrahmen 2004, 62–91). In „Profile deutsch" sind einige davon in den detaillierten Kannbeschreibungen aufgeführt. „Profile deutsch" verzichtet demgegenüber auf eine Zuordnung der kommunikativen Strategien zu bestimmten sprachlichen Niveaus, da der Einsatz nicht allein vom sprachlichen Wissen und Können abhängig ist, sondern auch von Faktoren wie z. B.:

- der konkreten kommunikativen Aufgabe und dem zu bewältigenden Problem,
- der Ursache des Problems,
- der Persönlichkeit,
- den sprachlichen Erfahrungen,
- dem soziokulturellen Wissen,
- der interkulturellen Kompetenz.

So müssen Lernende z. B. je nach den gemachten Lern- und Kommunikationserfahrungen bestimmte kommunikative Strategien erst erwerben, andere dagegen nur aktivieren und transferieren.
Sicher sind bestimmte Strategien auf bestimmten Niveaus besonders hilfreich. So ist z. B. „Kompensieren und Vermeiden" auf den unteren Niveaus wichtiger, um sprachliche Unsicherheiten und kommunikative „Notsituationen" zu überbrücken. Das heißt aber nicht, dass die Strategien zur Kompensation oder Vermeidung auf einem höheren sprachlichen Niveau nicht angewendet werden.

Verhältnis von kommunikativen Strategien und Techniken

Kommunikative Strategien sind mentale Pläne, die nicht sichtbar sind. Erst die Anwendung einer bestimmten Technik macht eine Strategie nachvollziehbar. Für die Umsetzung einer Strategie stehen in der Regel mehrere Techniken zur Verfügung, für die sich das Individuum je nach Persönlichkeit, sprachlicher und strategischer Kompetenz, Handlungskontext usw. entscheiden kann. Dabei stehen die Strategie und die möglichen Techniken in einem „um ... zu"-Verhältnis, d. h., um eine Strategie erfolgreich umzusetzen, können verschiedene Techniken angewendet werden. „Profile deutsch" listet verschiedene Strategien und dazu jeweils mehrere Techniken auf. Die Strategien und Techniken sind den sprachlichen Aktivitäten zugeordnet.

Strategie	Techniken
Kooperieren *Um zu* kooperieren, kann ich	auf die Äußerung des Partners Bezug nehmen. das Thema fokussieren. Augenkontakt beachten. Verstehen signalisieren. ...

Der Einsatz von kommunikativen Strategien und Techniken

Der Einsatz von kommunikativen Strategien erfolgt nach einem bestimmten metakognitiven Schema. Etwas vereinfacht kann dies folgendermaßen dargestellt werden:

S	**Planung**	⇨	sich einstellen/vorbereiten auf die kommunikative Aufgabe
T	⇩		
R	**Durchführung**	⇨	durch den Einsatz von Techniken die kommunikative Aufgabe
A			effizient und erfolgreich erfüllen
T	⇩		
E	**Kontrolle**	⇨	Vorannahmen und Wirkung der eingesetzten
G			kommunikativen Mittel und Techniken überprüfen
I	⇩		
E	**Reparatur**	⇨	falls nötig: Vorannahmen revidieren, Missverständnisse klären

Kommunikative Strategien und Techniken auf der CD-ROM

Die CD-ROM enthält eine Vielzahl von kommunikativen Strategien und Techniken. Vollständigkeit kann es darin keine geben. Der Aufbau folgt der Struktur Planung – Ausführung – Kontrolle – Reparatur. In der Darstellung wird jedoch nur zwischen Planen einerseits und Durchführen – Kontrollieren – Reparieren andererseits unterschieden, da die letzten drei Phasen in der Realität ineinander greifen und in ständiger Wechselwirkung zueinander stehen.
→ Kap. 3.7 Übersicht „Strategien", S. 233.

Die Benutzer/innen können links im Baum Phasen und die dazu passenden Strategien wählen, rechts werden die entsprechenden Techniken angezeigt. Die Strategien können nach den sprachlichen Aktivitäten *Interaktion, Produktion, Rezeption* und *Sprachmittlung* gefiltert werden. Die Techniken können nach verschiedenen Kriterien sortiert werden.
Wenn eine bestimmte kommunikative Strategie mit einem Gruppenprofil verbunden ist, erscheint der Name des Gruppenprofils unten in einer Karteikarte.

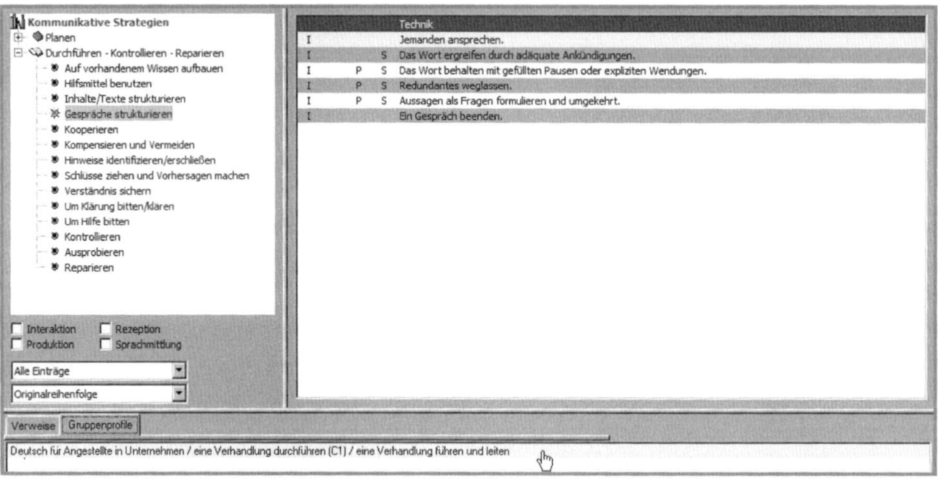

Einträge nach eigenen Bedürfnissen ergänzen

Sie können weitere Techniken, die Sie für wichtig halten, in „Profile deutsch" aufnehmen bzw. die schon vorhandenen Techniken umschreiben.
Da der Einsatz von kommunikativen Strategien an konkrete Aufgaben, Textsorten oder Elemente von Szenarien gebunden ist, können Sie die einzelnen Techniken mit anderen Komponenten von „Profile deutsch" verknüpfen, je nach Lerngruppen und Zielsetzungen. So können bei der Entwicklung von Unterrichtsmaterialien oder Curricula im Bereich der schriftlichen Rezeption (Lesen) z. B. Strategien und Techniken zum Leseverstehen mit detaillierten Kannbeschreibungen oder bestimmten Textsorten kombiniert werden. „Profile deutsch" ermöglicht es dem Benutzer/der Benutzerin, die Auswahl und Abfolge von wichtigen kommunikativen Strategien bei der Entwicklung eines Lehr- und Lernprogramms zu bestimmen. Das Programm lässt dem Benutzer/der Benutzerin also die Möglichkeit, selbst zu entscheiden, wann er/sie welche Strategie für seine/ihre Zielgruppe für wichtig hält.

2.7.2 Lern- und Prüfungsstrategien

Lern- und Prüfungsstrategien zur Optimierung des Lern- und Prüfungsverhaltens

„Profile deutsch" verwendet den Begriff „Lernstrategien" für jene Strategien[1], die sich im Gegensatz zu den kommunikativen Strategien nicht auf die Sprachverwendung, sondern auf das Sprachlernen beziehen. In der Fremdsprachendidaktik treten diese Strategien häufig als Techniken des „Lernen Lernens" auf. Lern- und Prüfungsstrategien sind Teil der Lernfähigkeit (savoir-apprendre) (vgl. Referenzrahmen 2004, 108f.) und dienen dazu, das Lernen und das Prüfungsverhalten zu optimieren. Dabei ist die Bewusstmachung von Lernprozessen, die Reflexion über unterschiedliche Lernwege ebenso wichtig wie die Analyse der Faktoren, die den eigenen Lernprozess beeinflussen.

Lern- und Prüfungsstrategien und sprachliche Niveaus

Lern- und Prüfungsstrategien lassen sich keinem bestimmten sprachlichen Niveau zuordnen. Eine Anfängerin in Deutsch kann z. B. über strategische Kompetenzen des Wortschatzlernens verfügen, die sie bereits beim Lernen einer anderen Sprache kennen gelernt hat, umgekehrt kann es aber auch sein, dass für einen bereits fortgeschrittenen Deutschlernenden aufgrund eigener Lernerfahrungen hilfreiche Techniken wie „Lerntagebuch schreiben" oder „im Tandem lernen" völlig neu sind. Wie bei den kommunikativen Strategien gilt auch hier, dass bestimmte Strategien und Techniken erst angeeignet, andere dagegen nur aktiviert oder transferiert werden müssen.

Strategien: vor – während – nach

Die Einteilung der Lern- und Prüfungsstrategien lässt sich mit der Frage umschreiben: „Was kann ich *vor, während* und *nach* dem Lernen tun, um meinen Lernprozess und mein Lernergebnis zu optimieren?" Das Gleiche gilt für Strategien, die man *vor, während* oder *nach* einer Prüfung oder einem Test anwendet. Sie können mit der Frage umschrieben werden: „Welche Verhaltensweisen und Techniken führen für mich zu einem optimalen Prüfungsergebnis?"

Strategietypen, Ziele und Vorgehensweisen

„Profile deutsch" unterscheidet zwischen verschiedenen Strategietypen, wie z. B. zwischen Strategien zur Selbstregulierung, affektiven Strategien, Entscheidungsstrategien, Memorierungsstrategien, Problemlösungsstrategien usw. Jeder dieser Strategietypen verfolgt verschiedene Ziele, z. B. das Ziel, *vor* dem Lernen „das Lernen zu planen und einzurichten" oder „den Lernstoff zu organisieren und zu adaptieren". Strategien und Techniken können aber auch nach bestimmten Vorgehensweisen ausgewählt werden, z. B.: Lernstoff gruppieren oder Lernstoff mit Bekanntem kombinieren/verbinden.

Um ein individuelles Lern- oder Prüfungsziel zu erreichen, können verschiedene Strategien angewandt und mit konkreten Techniken umgesetzt werden. Das Verhältnis von Strategie und Technik ist hier ähnlich wie bei den kommunikativen Strategien: Die übergeordneten Strategien entsprechen „mentalen Plänen", die verschiedenen Techniken bilden eine Auswahl von „konkreten Anwendungen", aus denen Lernende je nach Persönlichkeit, Lern- und Arbeitsstil und konkreter Aufgabe auswählen.

Das „um ... zu"-Verhältnis weist im Gegensatz zu den kommunikativen Strategien eine Ebene mehr auf und lässt sich folgendermaßen zusammenfassen: Um ein (strategisches) Ziel zu erreichen, stehen meist verschiedene Strategien zur Verfügung. Um eine bestimmte Strategie umzusetzen, können verschiedene konkrete Techniken angewandt werden.

---

1 Im Gegensatz zu „Profile deutsch" wird der Begriff „Lernstrategien" in der Fachdidaktik oft als Überbegriff für sämtliche Strategien verwendet (auch auf das Sprachhandeln und auf Fertigkeiten bezogene), vgl. dazu u. a. Bimmel, Peter; Rampillon, Ute (2000): Lernerautonomie und Lernstrategien. Berlin/München: Langenscheidt; Rampillon, Ute; Zimmermann, Günther (1997): Strategien und Techniken beim Erwerb fremder Sprachen. Ismaning: Hueber; Wolff, Dieter: Lernstrategien: Ein Weg zu mehr Lernerautonomie. http://paedpsych.jk.uni-linz.ac.at:4711/LEHRTEXTE/Wolff98.html (besucht Oktober 2004).

Lern- und Prüfungsstrategien sowie Techniken auf der CD-ROM

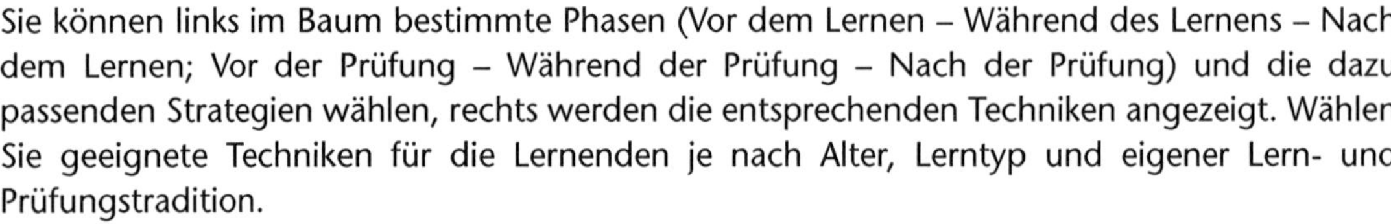

Sie können links im Baum bestimmte Phasen (Vor dem Lernen – Während des Lernens – Nach dem Lernen; Vor der Prüfung – Während der Prüfung – Nach der Prüfung) und die dazu passenden Strategien wählen, rechts werden die entsprechenden Techniken angezeigt. Wählen Sie geeignete Techniken für die Lernenden je nach Alter, Lerntyp und eigener Lern- und Prüfungstradition.

Die Strategien können nach Zielen, Vorgehensweisen und Strategietypen dargestellt werden. Je nach gewählter Option ändert sich der Baum links mit den Auswahlkriterien. Wenn ein bestimmter Lern- oder Prüfungsstrategietyp, eine Vorgehensweise oder ein Ziel mit einem Gruppenprofil verbunden ist, erscheint der Name des Gruppenprofils unten in einer Karteikarte.

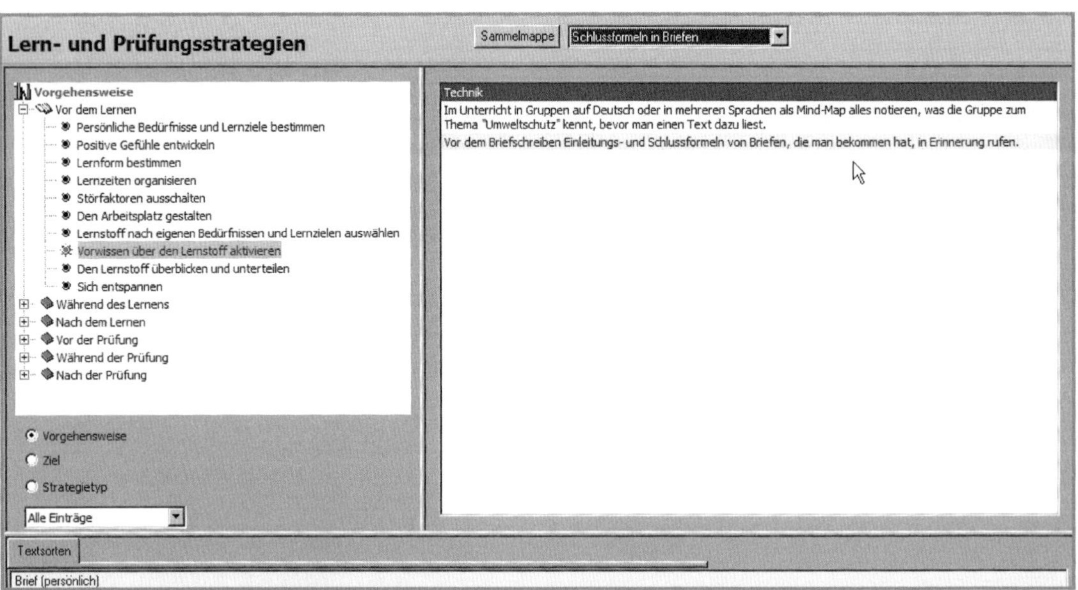

Einträge nach eigenen Bedürfnissen ergänzen

Sie können weitere Techniken, die Sie für wichtig halten, in „Profile deutsch" aufnehmen bzw. die schon vorhandenen Techniken umschreiben.
Sie können auch die Lern- und Prüfungstechniken mit anderen Bereichen von „Profile deutsch" verbinden, so kann man z. B. die Technik „Vor dem Briefschreiben Einleitungs- und Schlussformeln von Briefen, die man bekommen hat, in Erinnerung rufen" mit der Textsorte „Brief (persönlich)" verknüpfen.

2.8 Die 6 Niveaus

2.8.1 Zum Inhalt des Kapitels

Im Kapitel „Die 6 Niveaus" finden Sie einen Überblick über die 6 Referenzniveaus A1 – C2 und Materialien für die Einstufung auf diesen Niveaus.

Unter **Übersicht** sind die Niveaubeschreibungen des „Gemeinsamen europäischen Referenzrahmens für Sprachen", die so genannte Globalskala mit den Globaldeskriptoren, dargestellt.

Die Teile **Selbsteinschätzung** und **Lernerbeispiele** konkretisieren die Beschreibungen der 6 Niveaustufen.

Während die Selbsteinschätzung am System der Kannbeschreibungen orientiert ist, beinhalten die **Lernerbeispiele** authentische Aufnahmen mündlicher Produktionen von Lernenden und dienen der Illustration der sprachlichen Fähigkeiten auf den verschiedenen Niveaustufen.

Sie können die Lernerbeispiele anhören, um ein besseres Gespür für die einzelnen Niveaustufen zu bekommen, und sie zum Vergleich mit eigenen Lernerproduktionen oder für Anregungen zur Beurteilung mündlicher Produktionen nutzen.

→ Kap. 2.1.4 „Möglichkeiten von Profile deutsch A1 – C2", S. 49.

2.8.2 Selbsteinschätzung

Unter **Selbsteinschätzung** finden Sie den Selbsteinschätzungsraster des „Referenzrahmens". Sie können bestimmte Niveaus oder Aktivitäten auswählen oder diese für Ihre Lernenden ausdrucken.

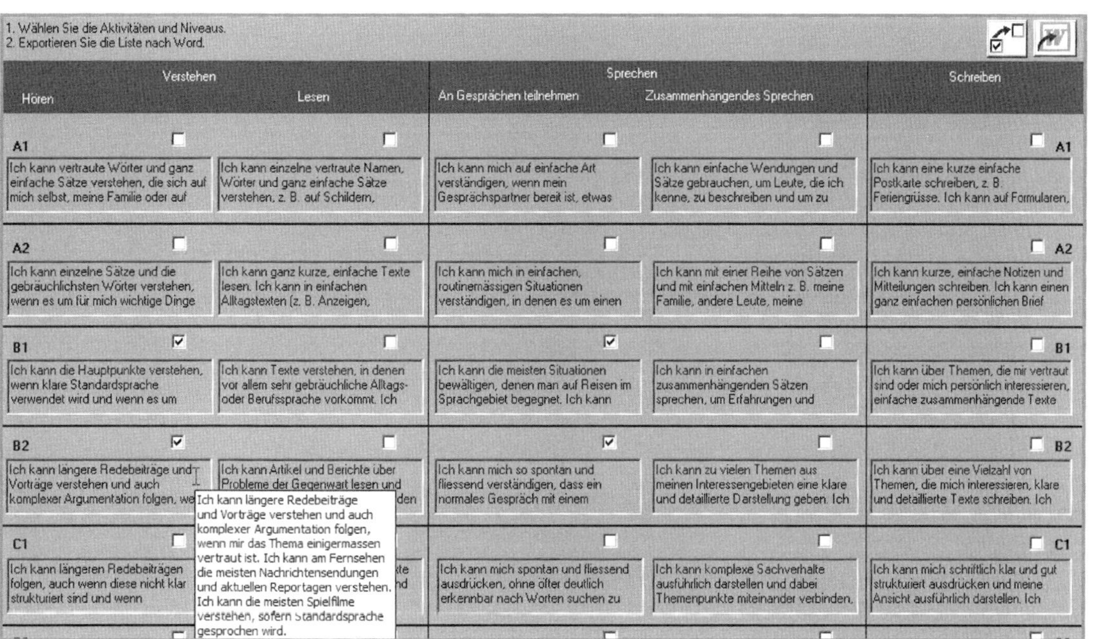

2.8.3 Lernerbeispiele

Lernerbeispiele: Definition

Die Lernerbeispiele sind authentische Produktionen von Lernenden, die für die Verwendung in „Profile deutsch" im Studio aufgezeichnet wurden. Die Lernenden hatten niveauspezifische Aufgaben zu lösen und mussten je nach Aufgabe spontan reagieren. Die Lernerbeispiele sollen zeigen, wie mündliche Produktionen von Lernenden auf einem bestimmten Niveau klingen können. Im mündlichen Bereich wurden daher zu jeder Niveaustufe vier Beispiele aufgenommen: drei Lernerbeispiele zur *Produktion mündlich* (monologische Texte) und ein Lernerbeispiel zur *Interaktion mündlich* (Dialog).

Die Rolle der Kannbeschreibungen

Die Aufgabenstellungen in den Lernerbeispielen basieren auf den Vorgaben der **detaillierten** Kannbeschreibungen von „Profile deutsch". Sie veranschaulichen, was Lernende auf einer bestimmten Stufe (mit den ihnen zur Verfügung stehenden sprachlichen Mitteln) können sollen und wie breit das Spektrum in Bezug auf die unterschiedlichen Anforderungen sein kann.
Die **globalen** Kannbeschreibungen sollen den Grad der Sprachbeherrschung bewusst machen und Hinweise darauf geben, wie gut Lernende auf einem bestimmten Niveau die gestellten Aufgaben lösen können. Diese Kannbeschreibungen, die also der Beschreibung von qualitativen Aspekten der sprachlichen Handlungsfähigkeit dienen, sind somit wichtige Orientierungshilfen bei der Zuordnung von Lernerproduktionen zu einem Niveau und bei deren Beurteilung.

Kommentare als Orientierungshilfe

Die **Kommentare** sollen deutlich machen, inwieweit die Kannbeschreibungen nach Einschätzung der Autoren/Autorinnen von „Profile deutsch" sowie anderer Gutachter/innen auf die exemplarisch vorliegenden sprachlichen Lernerleistungen zutreffen. Sie sind aber **nicht** als vollständige und detaillierte Beurteilungen mündlicher Sprachbeherrschung zu verstehen.

Die Lernerbeispiele sollen möglichst unterschiedliche Lernerproduktionen mit verschiedenen Aufgabenstellungen beispielhaft illustrieren und in weiterer Folge auch zeigen, wie breit und gestreut das Spektrum mündlicher Sprachbeherrschung auf einem Niveau sein kann. Dabei zeigt sich, dass Lernende je nach Anforderung und Aufgabenstellung zwischen den Niveaus wechseln beziehungsweise im Lernprozess von einem Niveau zum anderen gelangen.

Bewertungskriterien

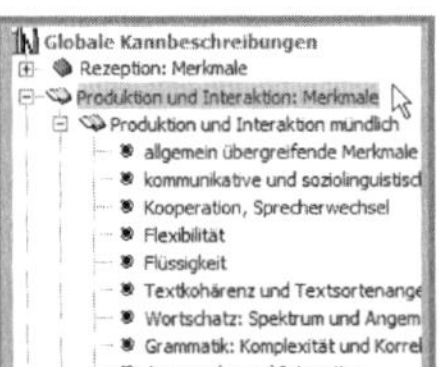

Gleichzeitig wird auch sichtbar, dass die folgenden Bewertungskriterien bei der *Produktion mündlich* und der *Interaktion mündlich* – je nach Sprecher oder Sprecherin – auf dem gleichen Niveau unterschiedlich ausgeprägt sein können:

- allgemein übergreifende Merkmale,
- kommunikative und soziolinguistische Angemessenheit,
- Kooperation und Sprecherwechsel,
- Flexibilität,
- Flüssigkeit,
- Textkohärenz und Textsortenangemessenheit,
- Wortschatz: Spektrum und Angemessenheit,
- Grammatik: Komplexität und Korrektheit,
- Aussprache und Intonation.

> **Tipp:** Zur Einschätzung und Beurteilung können Sie die globalen Kannbeschreibungen von „Profile deutsch" nach diesen Kriterien sortieren und gezielt auswählen.

→ Kap. 3.1.1 „Globale Kannbeschreibungen: Übersicht", S. 106.

Unterrichts- oder Prüfungsziele transparent machen

Das Spektrum der Kommentare soll verdeutlichen, wie Lernenden im Lernprozess mit sachlichen Hinweisen gezeigt werden kann, wo die Anforderungen eines Niveaus liegen und ob diese Anforderungen bereits erfüllt werden oder nicht. Für Unterrichtende können die Lernerbeispiele als Training für die Bewertung von Lernerleistungen (z. B. Prüferschulung, Fehleranalyse usw.) dienen. Bei der Vorbereitung auf Prüfungen können sie Lernenden und Prüfenden helfen, das Niveau der Prüfung zu illustrieren. Sie machen die Beurteilungskriterien transparent. Die Lernerbeispiele können auch zu Beginn einer neuen Lernphase eingesetzt werden, um die Kursziele deutlich zu machen. Dies ist auch schon im Anfängerbereich möglich.

Lernerbeispiele abspielen

Damit Sie die Lernerbeispiele von „Profile deutsch" anhören können, muss auf Ihrem Computer ein Programm installiert sein, das Ton-Dateien abspielen kann.
Wenn Sie wissen möchten, wie eine Lernerproduktion auf dem Niveau A1 klingt, klicken Sie unter *Lernerbeispiele* ein Beispiel zur *Produktion mündlich* auf dem Niveau A1 an.

Durch Anklicken des Symbols ▶ können Sie sich die Aufnahme anhören.

Unter der Registerkarte „Kommentar" finden Sie die passenden detaillierten und globalen Kannbeschreibungen mit Kommentaren oder Beurteilungen zum jeweiligen Lernerbeispiel (s. S. 104/105).

Kannbeschreibungen und Bewertungskriterien

Wenn man aus den Kannbeschreibungen Bewertungskriterien für Tests erstellen will, muss man innerhalb der einzelnen Kannbeschreibungen oder Kriterien nochmals skalieren bzw. graduell abstufen und die einzelnen Kriterien je nach Prüfungsziel gewichten.
Unter *Aufgabenbewältigung* oder *kommunikative Angemessenheit* muss dann z. B. genau definiert werden, welche Anforderungen gestellt sind und welche erfüllt werden müssen.
Am Beispiel der Aufgabenbewältigung sähe die notwendige Differenzierung etwa so aus: Entscheidungen treffen und begründen, Für und Wider gegenüberstellen, die Gesprächspartner überzeugen bzw. einen Kompromiss finden. Das muss/kann dann innerhalb der Anforderungen des betreffenden Niveaus durch eine Punkteskala abgestuft werden, z. B.:

Beispiele für Bewertungsskalen

- Niveau A1: *Aufgabenbewältigung*

Aufgabe inhaltlich voll erfüllt	4 Punkte
Aufgabe inhaltlich größtenteils erfüllt	3 Punkte
Aufgabe inhaltlich teilweise erfüllt	2 Punkte
Aufgabe inhaltlich kaum erfüllt	1 Punkt
Aufgabe inhaltlich nicht erfüllt	0 Punkte

- Niveau A1: *Kommunikative (soziolinguistische) Angemessenheit*

durchweg partner- und situationsadäquat	4 Punkte
meist partner- und situationsadäquat	3 Punkte
nur teilweise partner- und situationsadäquat	2 Punkte
kaum partner- und situationsadäquat	1 Punkt
nicht partner- und situationsadäquat	0 Punkte

Das Gleiche gilt natürlich auch für die anderen Kriterien.

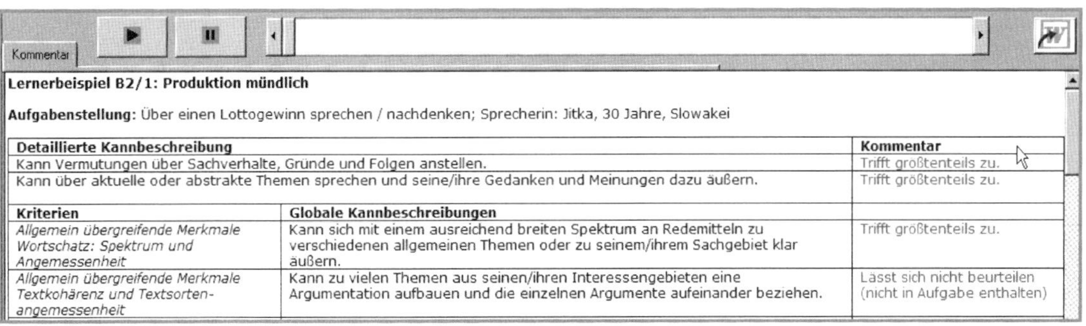
Kommentar

Lernerbeispiel B2/1: Produktion mündlich

Aufgabenstellung: Über einen Lottogewinn sprechen / nachdenken; Sprecherin: Jitka, 30 Jahre, Slowakei

Detaillierte Kannbeschreibung	Kommentar
Kann Vermutungen über Sachverhalte, Gründe und Folgen anstellen.	Trifft größtenteils zu.
Kann über aktuelle oder abstrakte Themen sprechen und seine/ihre Gedanken und Meinungen dazu äußern.	Trifft größtenteils zu.

Kriterien	Globale Kannbeschreibungen	
Allgemein übergreifende Merkmale Wortschatz: Spektrum und Angemessenheit	Kann sich mit einem ausreichend breiten Spektrum an Redemitteln zu verschiedenen allgemeinen Themen oder zu seinem/ihrem Sachgebiet klar äußern.	Trifft größtenteils zu.
Allgemein übergreifende Merkmale Textkohärenz und Textsorten-angemessenheit	Kann zu vielen Themen aus seinen/ihren Interessengebieten eine Argumentation aufbauen und die einzelnen Argumente aufeinander beziehen.	Lässt sich nicht beurteilen (nicht in Aufgabe enthalten)

Aufgabenstellung: Ein Kursabschlussfest planen, über Pläne sprechen
Sprecherin: Naoko, Japan, 26 Jahre; Sprecher: Paul, Polen, 33 Jahre

Detaillierte Kannbeschreibung	Kommentare Sprecherin	Kommentare Sprecher
Kann seine/ihre Meinung sagen und Vorschläge machen, wenn es darum geht, Probleme zu lösen oder praktische Entscheidungen zu treffen.	Trifft größtenteils zu.	Trifft größtenteils zu.

Kriterien	Globale Kannbeschreibungen	Kommentare Sprecherin	Kommentare Sprecher
■ Allgemein übergreifende Merkmale	Kann sich an Alltagsgesprächen beteiligen, wenn deutlich gesprochen wird, muss aber manchmal um Wiederholung bestimmter Wörter und Wendungen und um Hilfe beim Formulieren bitten.	Lässt sich nicht beurteilen, zielt auf Kommunikation mit Muttersprachigen ab.	Lässt sich nicht beurteilen, zielt auf Kommunikation mit Muttersprachigen ab.
■ Allgemein übergreifende Merkmale ■ Wortschatz: Spektrum und Angemessenheit ■ Flexibilität	Kann in vertrauten Gesprächssituationen ein breites Spektrum einfacher sprachlicher Mittel flexibel einsetzen, um das Wesentliche von dem, was er/sie sagen möchte, auszudrücken.	Trifft größtenteils zu.	Trifft größtenteils zu.
■ Kommunikative und soziolinguistische Angemessenheit	Kann in Gesprächen ein breites Spektrum an Sprachhandlungen realisieren und auf sie reagieren, indem er/sie die dafür gebräuchlichsten Redemittel, Höflichkeitsformeln und ein neutrales Register benutzt.	Trifft größtenteils zu.	Trifft größtenteils zu.
	Kann auf viele Fragen situationsangemessen reagieren und entsprechend Auskunft geben.	Trifft größtenteils zu.	Trifft größtenteils zu.
■ Kooperation, Sprecherwechsel	Kann sich in ein Gespräch über ein vertrautes Thema einbringen und mit einer angemessenen Wendung das Wort ergreifen.	Lässt sich nicht beurteilen, zielt auf Gruppengespräche ab.	Lässt sich nicht beurteilen, zielt auf Gruppengespräche ab.
■ Flexibilität	Kann bei Schwierigkeiten, die während des Gesprächs auftreten, einen Neuansatz machen und seine/ihre eigenen Fehler teilweise selbst korrigieren.	Trifft größtenteils zu.	Trifft größtenteils zu.
	Kann seine Ausdrucksweise auch weniger routinemäßigen, sogar schwierigeren Situationen anpassen.	Lässt sich nicht beurteilen.	Lässt sich nicht beurteilen.
■ Flüssigkeit	Kann sich relativ mühelos ausdrücken und kann trotz einiger Formulierungsprobleme, die zu Pausen oder in Sackgassen führen, ohne Hilfe erfolgreich weitersprechen.	Trifft größtenteils zu.	Trifft größtenteils zu.

Kriterien	Globale Kannbeschreibungen	Kommentare Sprecherin	Kommentare Sprecher
■ Textkohärenz und Textsorten-angemessenheit	Kann in Gesprächen über vertraute Themen einzelne Elemente zu einer zusammenhängenden Äußerung verbinden.	Trifft größtenteils zu.	Trifft größtenteils zu.
	Kann in Gesprächen seine/ihre Äußerungen mit den wichtigsten Konnektoren verbinden, wobei längere Ausführungen aber noch sehr sprunghaft bleiben können.	Trifft nur teilweise zu, die Sprecherin macht kaum längere Ausführungen.	Trifft größtenteils zu.
■ Wortschatz: Spektrum und Angemessenheit	Kann sich in Gesprächen dank eines ausreichend großen Repertoires an Wörtern und Wendungen und manchmal mit Hilfe von Umschreibungen über die meisten Themen des eigenen Alltagslebens (z. B. Familie, Hobbys, Interessen, Arbeit, Reisen, aktuelle Ereignisse) äußern.	Trifft größtenteils zu (sofern man ein Kursabschlussfest als aktuelles Ereignis des Alltags zählen kann).	Trifft größtenteils zu (sofern man ein Kursabschlussfest als aktuelles Ereignis des Alltags zählen kann).
	Kann sich in Gesprächen mit guter Beherrschung eines Grundwortschatzes zu allgemeinen Themen äußern, wobei er/sie bei komplexeren Sachverhalten oder in weniger vertrauten Situationen noch elementare Fehler macht.	Trifft größtenteils zu.	Trifft größtenteils zu.
■ Grammatik: Komplexität und Korrektheit	Kann sich in vertrauten Gesprächssituationen ausreichend korrekt verständigen, wobei Fehler, die aber im Allgemeinen das Verständnis nicht stören, vorkommen können.	Trifft größtenteils zu.	Trifft teilweise zu.
	Kann in vorhersehbaren Gesprächssituationen ein Repertoire von häufig verwendeten Strukturen ausreichend korrekt anwenden.	Trifft größtenteils zu.	Trifft größtenteils zu.
■ Aussprache und Intonation	Kann in Bezug auf Aussprache und Intonation so verständlich und klar sprechen, dass die Gesprächspartner trotz eines erkennbaren Akzents und manchmal vorkommender Aussprachefehler nur vereinzelt um Wiederholung bitten müssen.	Trifft größtenteils zu.	Trifft größtenteils zu.

3 Übersichten und Listen zu „Profile deutsch"

3.1 Kannbeschreibungen: Abfragemöglichkeiten

3.1.1 Globale Kannbeschreibungen: Übersicht

Rezeption: Merkmale
- **Rezeption mündlich**
  - allgemein übergreifende Merkmale
  - Gespräche verstehen
  - als Zuschauer verstehen (Hör-Seh-Verstehen)
  - als Zuhörer im Publikum verstehen
  - Gespräche mit Muttersprachlern verstehen
  - Themenfokussierung
  - Komplexität
  - Register
  - Textsorten
  - Sprechtempo, Aussprache, Intonation
  - Standardsprache und Varietäten
- **Rezeption schriftlich**
  - allgemein übergreifende Merkmale
  - Themenfokussierung
  - Komplexität
  - Textsorten
  - visuelle Gestaltung
  - Länge

Produktion und Interaktion: Merkmale
- **Produktion und Interaktion mündlich**
  - allgemein übergreifende Merkmale
  - kommunikative und soziolinguistische Angemessenheit
  - Kooperation, Sprecherwechsel
  - Flexibilität
  - Flüssigkeit
  - Textkohärenz und Textsortenangemessenheit
  - Wortschatz: Spektrum und Angemessenheit
  - Grammatik: Komplexität und Korrektheit
  - Aussprache und Intonation

Produktion und Interaktion schriftlich
- allgemein übergreifende Merkmale
- kommunikative und soziolinguistische Angemessenheit, Register
- Flexibilität
- Textkohärenz und Textsortenangemessenheit
- Wortschatz: Spektrum und Angemessenheit
- Grammatik: Komplexität und Korrektheit
- Orthographie

Sprachmittlung
- **Zieltext: mündlich**
  - ins Deutsche
  - in eine andere Sprache
  - Deutsch-Deutsch
  - Trialog: zwischen Deutsch und einer anderen Sprache
- **Zieltext: schriftlich**
  - ins Deutsche
  - in eine andere Sprache
- **Ausgangstext: mündlich**
  - aus dem Deutschen
  - aus einer anderen Sprache
  - Deutsch-Deutsch
  - Trialog: zwischen Deutsch und einer anderen Sprache
- **Ausgangstext: schriftlich**
  - aus dem Deutschen
  - aus einer anderen Sprache
  - Deutsch-Deutsch

3.1.2 Detaillierte Kannbeschreibungen: Übersicht

Interaktion mündlich
- Dienstleistungsgespräche
- informelle Gespräche und Diskussionen
- Besprechungen und formelle Diskussionen
- formelle Gespräche: Interview, Befragung u. a.
- Informationen austauschen
- Meinungen, Vermutungen und Argumente austauschen
- Vorschläge machen
- Bitten, Wünsche äußern
- telefonieren

Interaktion schriftlich
- informelle Korrespondenz
- formelle Korrespondenz
- Formulare ausfüllen
- Notizen und Mitteilungen schreiben
- Informationen austauschen
- Meinungen und Vermutungen austauschen
- Vorschläge machen
- Bitten, Wünsche äußern

Produktion mündlich
- Zustände, Ereignisse und Erfahrungen beschreiben
- berichten und erzählen
- Meinungen und Vermutungen ausdrücken, argumentieren
- Informationen zusammenfassen
- vor Publikum sprechen

Produktion schriftlich
- Zustände, Ereignisse und Erfahrungen beschreiben
- berichten und erzählen
- Meinungen und Vermutungen ausdrücken, argumentieren
- Informationen zusammenfassen
- Texte für die Öffentlichkeit schreiben
- kreatives Schreiben

Rezeption mündlich
- Gespräche verstehen
- Ankündigungen, Durchsagen und Anweisungen verstehen
- Beschreibungen, Berichte und Erzählungen verstehen
- als Zuhörer im Publikum verstehen
- Radio-/Fernsehsendungen und Filme verstehen
- Meinungen und Argumente verstehen
- Informationen verstehen

Rezeption schriftlich
- Anleitungen und Anweisungen verstehen
- Beschreibungen, Berichte und Erzählungen verstehen
- Vorschriften und Verträge verstehen
- Korrespondenz verstehen
- literarische Texte verstehen
- Meinungen und Argumente verstehen
- Informationen verstehen

Sprachmittlung

Zieltext: mündlich
- ins Deutsche
- in eine andere Sprache
- Deutsch-Deutsch
- Trialog: zwischen Deutsch und einer anderen Sprache

Zieltext: schriftlich
- ins Deutsche
- in eine andere Sprache

Ausgangstext: mündlich
- aus dem Deutschen
- aus einer anderen Sprache
- Deutsch-Deutsch
- Trialog: zwischen Deutsch und einer anderen Sprache

Ausgangstext: schriftlich
- aus dem Deutschen
- aus einer anderen Sprache
- Deutsch-Deutsch

3.2 Kannbeschreibungen mit Beispielen: Listen

3.2.1 Kannbeschreibungen A1

Globale Kannbeschreibungen: Interaktion mündlich

Kann auf einfache Art kommunizieren, wenn der Partner langsam und klar in Standardsprache spricht, zu langsameren Wiederholungen und Umformulierungen bereit ist und jederzeit beim Formulieren hilft.

Kann einfache Kontakte aufbauen und erhalten, indem er/sie die einfachsten Formen von Grüßen, Verabschiedungen und Höflichkeitsformeln verstehen und anwenden kann.

Kann in sehr vertrauten Situationen einfache Wörter, alltägliche Ausdrücke und sehr einfache Strukturen anwenden, um auf direkt an ihn/sie gerichtete Fragen zu reagieren, und kann selbst sehr einfache Fragen stellen.

Kann mit kurzen, unverbundenen und meist vorgefertigten Äußerungen kommunizieren, wobei er/sie viele Pausen macht, um Begriffe zu suchen oder schwierigere Wörter zu artikulieren.

Kann Wörter, Wortgruppen oder kurze Sätze einfach verknüpfen, z. B. mit Konnektoren wie „und", „oder", „und dann".

Kann mit wenigen, einfachen und auswendig gelernten Ausdrücken und Sätzen vertraute Situationen bewältigen, die ganz alltägliche und konkrete Bedürfnisse betreffen, wobei es zu Missverständnissen kommen kann.

Kann einige wenige einfache grammatische Strukturen und Satzmuster, die er/sie auswendig gelernt hat, in seinen/ihren Äußerungen verwenden.

Kann ein begrenztes Repertoire an Wörtern und Wendungen so aussprechen, dass er/sie, trotz starken Akzents und manchmal auch nur mit Mühe, verstanden wird, wobei klärendes Nachfragen durch den Kommunikationspartner oft nötig ist.

Kann in seinen/ihren Äußerungen die Intonation so einsetzen, dass diese meist als Aussagen, Fragen oder Aufforderungen erkannt werden können.

Detaillierte Kannbeschreibungen *mit Beispielen:* Interaktion mündlich

Kann einfache Begrüßungen und Verabschiedungen verstehen und diese erwidern.

> *Kann grüßen, wenn sie zu einer Gruppe von Bekannten oder Freunden dazustößt.*
>
> *Kann bei Arbeitsschluss den Abschiedsgruß einer Kollegin verstehen und mit einer entsprechenden Verabschiedung darauf reagieren.*
>
> *Kann sich nach einem offiziellen Termin auf einem Amt verabschieden.*

Kann sich selbst und andere vorstellen und reagieren, wenn er/sie vorgestellt wird.

> *Kann in einer Kursgruppe bei der Vorstellungsrunde mit Name, Herkunft, Beruf über sich Auskunft geben.*
>
> *Kann verstehen, wenn ihr am Arbeitsplatz eine Kollegin vorgestellt wird, und auf die Vorstellung reagieren.*
>
> *Kann entsprechend reagieren, wenn sie neu zu einer Gruppe hinzukommt und dieser vorgestellt wird.*

Kann auf einfache, direkt an ihn/sie gerichtete Fragen mit einfachen Antworten reagieren.

> *Kann einer Bekannten, die nachfragt, in welcher Firma er arbeitet, antworten.*
>
> *Kann reagieren, wenn sie in einer Cafeteria nach ihrer Herkunft und Muttersprache gefragt wird.*
>
> *Kann einer Kurskollegin sagen, was sie nach dem Kurs macht.*

Kann nach dem Befinden fragen und auf Informationen dazu reagieren bzw. Fragen danach beantworten.

Kann auf die Frage des Chefs „Wie geht's Ihnen?" antworten.

Kann sich bei einer Freundin erkundigen, wie es ihr geht, und reagieren, wenn er selbst gefragt wird.

Kann beim Zusammentreffen mit den Kolleginnen am Kursort fragen, wie es ihnen geht, und darauf antworten.

Kann in alltäglichen Situationen elementare Angaben, die auf Zahlen basieren, verstehen und machen.

Kann einfache Einkäufe machen, wenn es möglich ist, durch Zeigen und Gesten auf die gewünschten Waren hinzuweisen.

Kann im Kursbüro die Telefonnummer angeben, unter der sie am Abend zu erreichen ist.

Kann eine Absprache über einen Termin verstehen und weitergeben (z. B. „Besprechung am Freitag um 10 Uhr").

Kann in alltäglichen Situationen bei Unklarheiten auch mit Hilfe von Gesten um Wiederholung bitten.

Kann eine Kollegin bitten, die Wegbeschreibung zum Schwimmbad zu wiederholen.

Kann den Kursleiter bitten, dass er ihm zeigt, wie die Übung funktioniert, wenn er die Anweisung nicht richtig verstanden hat.

Kann einen Freund bitten, ihm zu erklären, was ein Wort heißt.

Kann mit einfachen Ausdrücken über Vorlieben und Abneigungen kommunizieren.

Kann einer Bekannten sagen, was ihr Hobby ist, und sie auch fragen, was sie gern macht.

Kann bei einem Treffen mit Kolleginnen mitteilen, welche Musik sie am liebsten hört und welche sie nicht mag.

Kann seine Vorlieben beim Essen nennen, aber auch, was er nicht gern mag.

Kann andere um alltägliche Dinge bitten, verstehen, wenn Dinge verlangt werden, und sich bedanken.

Kann eine Kollegin um einen Stift oder ein Blatt Papier bitten und sich dafür bedanken.

Kann an der Rezeption verstehen, wenn sie um den Pass gebeten wird.

Kann beim Essen um das Brot bitten oder das Brot weitergeben.

Globale Kannbeschreibungen: Interaktion schriftlich

Kann mit Hilfe des Wörterbuches kurze, einfache Mitteilungen zu ganz alltäglichen und vertrauten Themen schreiben.

Kann in vertrauten, standardisierten Textsorten einfache und kurze schriftliche Angaben zur Person machen.

Kann kurze, einfache Texte schreiben, die zur Aufrechterhaltung von Sozialkontakten beitragen.

Kann Wörter oder Wortgruppen mit einfachen Konnektoren wie „und", „oder", „und dann" verknüpfen.

Kann mit Hilfe des Wörterbuches einfache, meist stichpunktartige schriftliche Mitteilungen zu vertrauten Themen machen, in denen er/sie die wenigen einfachen grammatischen Strukturen und Satzmuster noch nicht sicher anwendet.

Kann ihm/ihr bekannte einzelne Wörter einigermaßen korrekt schreiben.

Detaillierte Kannbeschreibungen *mit Beispielen:* Interaktion schriftlich

Kann einfache Postkarten oder E-Mails schreiben.

Kann einer Freundin eine Glückwunschkarte (z. B. zum Geburtstag) schreiben.

Kann eine kurze, einfache Postkarte mit Feriengrüßen schreiben.

Kann einem Freund eine kurze E-Mail darüber schreiben, was er gerade macht.

Kann einfache Formulare und Fragebögen mit Angaben zu seiner/ihrer Person verstehen und ausfüllen.

Kann bei der Ankunft im Hotel das Anmeldeformular ausfüllen (z. B. Name, Adresse, Staatsbürgerschaft, Daten).

Kann auf einem Fragebogen Angaben zur Person (z. B. Beruf, Alter, Wohnort, Hobbys) machen.

Kann bei der Kursanmeldung die bisherige Sprachausbildung (z. B. Kursort, Dauer) in einem Fragebogen angeben.

Kann ganz einfache Mitteilungen schreiben.

Kann eine Notiz schreiben, in der sie sich bei einer Kollegin für die Blumen zum Geburtstag bedankt.

Kann einen Arbeitskollegen mit einer kurzen Notiz um einen Termin bitten.

Kann in einer einfachen schriftlichen Notiz der Kursleiterin mitteilen, dass er in der nächsten Woche nicht da ist.

Kann persönliche Angaben in schriftlicher Form machen und erfragen.

Kann für ein Klassenporträt, das die Partnerklasse erhalten soll, mit einfachen Sätzen über sich schreiben und um einen Briefpartner bitten.

Kann sich einem Partner für eine Lernpartnerschaft mit einfachen Mitteln vorstellen und/oder ihn um Angaben über sich selbst bitten.

Kann sich beim Einsteigen in einen Chat mit einfachen Mitteln vorstellen und/oder einen Chat-Partner um Informationen bitten.

Globale Kannbeschreibungen: Rezeption mündlich

Kann ihm/ihr bekannte Wörter und sehr einfache Strukturen verstehen, die ihn/sie selbst, die Familie und Dinge aus der unmittelbaren Umgebung betreffen, wenn langsam und klar gesprochen wird.

Kann in langsam und deutlich gesprochenen kurzen Texten, die einen erheblichen Anteil an Internationalismen enthalten und Pausen zum Erfassen der Bedeutung bieten, ihm/ihr vertraute Themen verstehen.

Kann Äußerungen von Gesprächspartnern aufgrund der Intonation meist als Aussagen, Fragen oder Aufforderungen interpretieren.

Kann buchstabierte Wörter, im Besonderen Namen oder Adressen, verstehen.

Kann Namen, Zahlen, Preise und Zeitangaben verstehen, wenn deutlich gesprochen wird.

Kann vertraute alltägliche Ausdrücke und einfache Sätze verstehen, die konkrete Bedürfnisse des täglichen Lebens betreffen, wenn sie deutlich und langsam in Standardsprache gesprochen und wichtige Sachverhalte wiederholt werden.

Detaillierte Kannbeschreibungen *mit Beispielen:* Rezeption mündlich

Kann in mündlichen Texten häufig gebrauchte Formeln (z. B. für Begrüßungen, Verabschiedungen oder Entschuldigungen) verstehen.

Kann im Fernsehen die Begrüßung der Zuschauer am Anfang der Sendung verstehen.

Kann am Ende eines Radiointerviews die Dank- und Abschiedsformeln verstehen.

Kann verstehen, wenn die Gastgeberin ihre Gäste begrüßt.

Kann in vertrauten Situationen kurze, einfache und klare Anweisungen verstehen.

Kann die Anweisung des Kursleiters „Schlagen Sie das Buch auf S. 14 auf" verstehen, besonders wenn diese gestisch oder visuell unterstützt wird.

Kann bei einer Computerschulung einfache Anweisungen verstehen (z. B. „Drücken Sie jetzt auf ‚Enter'".

Kann eine Kollegin verstehen, die ihm mit einfachen Worten den Weg zu einem vereinbarten Treffpunkt erklärt.

Kann in Nachrichten, vor allem in Fernsehnachrichten, die Namen, Zeit- und Ortsangaben und einen erheblichen Anteil an Internationalismen enthalten, das Thema identifizieren.

Kann als Zuschauer von Fernsehnachrichten die Themen der verschiedenen Beiträge identifizieren.

Kann in einem Bericht zu einem vertrauten Thema in groben Zügen verstehen, welche Information neu ist (z. B. „Putin wurde bei den Wahlen in Russland zum Präsidenten gewählt").

Kann in Sportberichten die Ergebnisse seiner Lieblingssportart verstehen (z. B. „Schalke 04, Borussia Dortmund, 4:1").

Kann im vertrauten Bereich einfache Informationen, die Zeit- und Ortsangaben enthalten, verstehen.

Kann eine einfache Terminmitteilung von Freunden oder Kollegen verstehen (z. B. „Freitag, 10.00 Uhr, Treffen").

Kann eine einfache Mitteilung der Sekretärin über Zeiten, Termine und Räume, in denen ein Kurs abgehalten wird, verstehen.

Kann bei einer Veranstaltung eine Ansage für das Publikum über die genaue Zeit des Beginns verstehen.

Kann in einfachen kurzen Texten, die langsam und deutlich gesprochen werden, internationale Wörter, Namen und Zahlen verstehen.

Kann in einem Sprachlernprogramm verstehen, zu welcher Übung im Begleitheft ein Hörtext gehört und was er damit machen soll.

Kann am Flughafen einen kurzen Aufruf verstehen (z. B. „Herr Bauer zur Information bitte, Herr Bauer!").

Kann die Durchsage „Das Auto mit dem Kennzeichen [eigene Nummer] versperrt eine Einfahrt!" verstehen.

Globale Kannbeschreibungen: Rezeption schriftlich

Kann einzelne Wörter und sehr einfache Sätze in einfachen und übersichtlichen alltäglichen Texten verstehen, die konkrete Bereiche und Bedürfnisse des täglichen Lebens betreffen.

Kann in informierenden Texten, die viele Internationalismen enthalten und/oder illustriert sind, das Thema identifizieren und einzelne Informationen verstehen.

Kann Teile von kurzen, einfachen Texten verstehen, wenn er/sie Gelegenheit zu wiederholtem Lesen hat.

Kann Namen, Zahlen, Preise und Zeitangaben sowie einzelne Wörter und sehr einfache Ausdrücke verstehen, wenn der Kontext vertraut ist.

Detaillierte Kannbeschreibungen *mit Beispielen:* Rezeption schriftlich

Kann kurze, einfache schriftliche Anleitungen verstehen, besonders wenn diese illustriert sind.

Kann kurze, einfache Orientierungshilfen wie „2. Stock rechts, Zimmer 24" verstehen, besonders wenn diese zusätzlich illustriert sind.

Kann auf Medikamenten einfache Anweisungen verstehen (z. B. Menge, Zeit der Einnahme).

Kann die wichtigsten Informationen aus den Sicherheitsvorschriften am Arbeitsplatz verstehen, wenn diese mit Logos illustriert sind.

Kann elementare Befehle eines Computerprogramms verstehen.

Kann als Benutzer eines Computers Wörter wie „speichern", „löschen", „öffnen", „schließen" verstehen.

Kann im Internetcafé ein E-Mail-Programm benutzen und dabei Angaben wie „Nachricht neu", „Senden", „Empfangen" verstehen.

Kann als Benutzerin eines Sprachlernprogramms auf CD-ROM verstehen, wie sie eine Übung ausdrucken kann.

Kann Wörter und Ausdrücke in öffentlichen Aufschriften, denen man im Alltag oft begegnet, verstehen, besonders wenn sie konventionelle Logos oder Farben enthalten.

Kann wichtige Orientierungsschilder auf der Straße (z. B. „Bahnhof", „Parkplatz") verstehen.

Kann in einem Kaufhaus einzelne Angaben auf den Informationstafeln verstehen (z. B. „Sportartikel", „Lebensmittel", „Computerabteilung").

Kann an öffentlichen Orten Schilder wie „Rauchen verboten" verstehen.

Kann in bewusst einfach geschriebenen kurzen Postkarten, E-Mails oder Briefen den Anlass oder die Hauptinformation verstehen.

Kann Feriengrüße auf einer Postkarte verstehen.

Kann den Anlass einer Postkarte verstehen (z. B. Feiertag, Gratulation, Jahreswechsel etc.).

Kann eine E-Mail, die zu einem Treffen einlädt, verstehen.

Kann in knappen, einfachen Texten in geläufigsten Alltagssituationen Namen, Zahlen, Wörter und sehr einfache Strukturen verstehen.

Kann aus dem Informationsblatt für die Hausbewohner entnehmen, wann und wo eine Versammlung stattfindet.

Kann am Arbeitsplatz einen Aushang über den Betriebsausflug (z. B. Termin, Abfahrtszeiten, Zielort) verstehen.

Kann beim Durchblättern von Kursprogrammen Termine, Anzahl und Dauer der Kurseinheiten und den Preis der Kurse verstehen.

Kann den Inhalt von sehr einfachen Informationstexten und listenartigen Darstellungen zu vertrauten Themen erfassen, besonders wenn diese viele internationale Wörter und/oder visuelle Elemente enthalten.

Kann in einem Kinoprogramm einen Film für den Abend aussuchen und Ort und Zeitpunkt des Beginns verstehen.

Kann sich über Produkte, die sie für ihr Hobby braucht, informieren (z. B. über verschiedene Snowboards: Maße, Preis, Qualitätsangaben).

Kann aus einem Fahrplan Abfahrts- und Ankunftszeiten für ein einfaches Reiseziel entnehmen.

Kann aus kurzen informierenden Texten Angaben zu Personen und Orten entnehmen.

Kann in einem Zeitungsartikel Angaben zu Alter, Wohnort und Beschäftigung einer Person verstehen.

Kann als Fußballfan nach einem Spielabend in der Zeitung die Ergebnisse suchen und verstehen.

Kann aus dem Inlay einer CD die wichtigsten biografischen Angaben der betreffenden Musikerin entnehmen.

Globale Kannbeschreibungen: Produktion mündlich

Kann in vertrauten alltäglichen Situationen kurze, unverbundene und meist vorgefertigte Äußerungen machen, mit vielen Pausen, um Begriffe zu suchen, schwierigere Wörter zu artikulieren oder noch einmal neu zu beginnen.

Kann Wörter, Wortgruppen oder kurze Sätze einfach verknüpfen, z. B. mit Konnektoren wie „und", „oder", „und dann".

Kann ein sehr begrenztes Repertoire an Wörtern und Wendungen, die sich auf Informationen zur Person und einzelne konkrete Situationen beziehen, verwenden.

Kann einige wenige einfache grammatische Strukturen und Satzmuster, die er/sie auswendig gelernt hat, in seinen/ihren Äußerungen verwenden.

Kann ein begrenztes Repertoire an Wörtern und Wendungen so aussprechen, dass er/sie, trotz starken Akzents und manchmal auch nur mit Mühe, verstanden wird.

Kann einzelne Sätze einer längeren Äußerung durch Pausen und Satzmelodie gliedern und die Intonation so einsetzen, dass diese meist als Aussagen, Fragen oder Aufforderungen erkannt werden können.

Detaillierte Kannbeschreibungen *mit Beispielen:* Produktion mündlich

Kann mit einfachen, meist unverbundenen Ausdrücken sich selbst beschreiben, was er/sie macht und wo er/sie wohnt.

Kann im Sprachkurs sagen, woher sie kommt und wo sie jetzt wohnt.

Kann Kolleginnen sagen, was sie beruflich macht und was ihr liebstes Hobby ist.

Kann einem Kollegen sagen, was sie derzeit an einem normalen Tag macht.

Kann mit einfachen, meist unverbundenen Ausdrücken über sich, andere Personen und die unmittelbare Umgebung sprechen.

Kann bei einer Party einem anderen Gast sagen, wie groß die eigene Familie ist.

Kann mit einfachen Ausdrücken und Sätzen ihren Partner beschreiben.

Kann beschreiben, wie die Firma heißt, in der sie arbeitet, und was sie dort macht.

Kann Zahlen, wichtige Zeit- und Mengenangaben sowie Daten gut verständlich sprechen.

Kann die eigene Telefonnummer so deutlich sprechen, dass sie mitgeschrieben werden kann.

Kann auf einem Amt wichtige Angaben wie Geburtsdatum oder Adresse verständlich sagen.

Kann in einem Geschäft wichtige Größenangaben mit einfachen sprachlichen Mitteln nennen.

Kann ein kurzes, eingeübtes Statement vom Blatt vortragen.

Kann bei einem informellen Anlass einen Gast als Redner vorstellen.

Kann bei einem Fest einen Toast sprechen.

Kann nach einem offiziellen Essen die vorbereiteten Dankesworte sprechen.

Globale Kannbeschreibungen: Produktion schriftlich

Kann kurze, einfache Angaben zur Person und zu alltäglichen vertrauten Dingen schreiben.

Kann Wörter oder Wortgruppen mit einfachen Konnektoren wie „und“, „oder“, „und dann“ verknüpfen.

Kann mit Hilfe eines Wörterbuches zu alltäglichen, vertrauten Themen kurze Aufzeichnungen machen.

Kann in einfachen kurzen Texten einige wenige einfache grammatische Strukturen und Satzmuster einigermaßen korrekt verwenden.

Kann ihm/ihr bekannte einzelne Wörter und häufig gebrauchte Angaben zur Person einigermaßen korrekt schreiben.

Detaillierte Kannbeschreibungen *mit Beispielen:* Produktion schriftlich

Kann einfache persönliche Angaben in geschriebener Form machen.

Kann mit einfachen Sätzen schreiben, wo und wie er wohnt.

Kann über andere Personen schreiben, was diese machen.

Kann für eine Vorstellungsrunde im Kurs wichtige persönliche Angaben aufschreiben.

Kann Namen, einzelne Wörter und kurze Wortgruppen aufschreiben.

Kann Autor, Titel und Preis eines Buches, das er für den Kurs besorgen soll, aufschreiben.

Kann in einem Kurs Aufzeichnungen des Lehrers von Tafel, Folie oder Flipchart-Bogen selbst notieren.

Kann den Titel einer CD, die ihm von einem Freund empfohlen wird, aufschreiben.

Kann in sehr vertrauten Bereichen einfache Notizen für sich machen, die Zeit- und Ortsangaben enthalten.

Kann für sich einen Lernplan (mit Wochentagen, Daten, Uhrzeit und Aktivitäten) schreiben.

Kann sich geänderte Kursräume und Terminänderungen für die folgende Kurswoche von einem Aushang notieren.

Kann sich den Termin und die Uhrzeiten für den bevorstehenden Betriebsausflug notieren.

Kann in Stichpunkten Fakten und Daten aufschreiben, die sich auf alltägliche Aufgaben beziehen.

Kann in einfacher Form ihren Reiseplan und ihre Reiseroute notieren.

Kann in einer Wohngemeinschaft den Putzplan (z. B. Tage, Namen, Räumlichkeiten) schreiben.

Kann sich im Betrieb auf Anweisung der Chefin notieren, welche Seiten er wie oft kopieren soll.

Globale Kannbeschreibungen: Sprachmittlung mündlich aus dem Deutschen

Kann vereinzelte bekannte Wörter oder Ausdrücke aus häufig gebrauchten, einfachen und kurzen deutschsprachigen Äußerungen zu vertrauten Themen, die langsam und ganz deutlich in Standardsprache gesprochen werden, anderen Personen in der gemeinsamen Sprache weitergeben.

Kann Namen, Zahlen, Preisangaben und sehr einfache Informationen aus einfachen schriftlichen deutschen Texten von unmittelbarem Interesse, die illustriert und einfach strukturiert sind oder viele Internationalismen enthalten, anderen Personen in der gemeinsamen Sprache weitergeben.

Detaillierte Kannbeschreibungen *mit Beispielen:* Sprachmittlung mündlich aus dem Deutschen

Kann aus kurzen deutschsprachigen mündlichen Äußerungen wichtige Informationen, die auf Namen oder Zahlen basieren, anderssprachigen Personen in der gemeinsamen Sprache weitergeben.

Kann einer Bekannten an der Hotelrezeption in Berlin die Auskunft der deutschsprachigen Empfangsdame über die Frühstückszeit in der gemeinsamen Sprache weitergeben.

Kann beim Einkaufen in Zürich die Information der deutschsprachigen Verkäuferin über den Preis eines Kleides einer Freundin in der gemeinsamen Sprache weitergeben.

Kann bei der Einschreibung für einen Deutschkurs im Sekretariat wichtige Informationen zu den Kosten und zum Kursbeginn einem Bekannten in der gemeinsamen Sprache weitergeben.

Kann aus kurzen deutschsprachigen mündlichen Äußerungen ganz einfache, alltägliche und ihm/ihr vertraute Informationen anderssprachigen Personen in der gemeinsamen Sprache weitergeben.

Kann auf einer Party einer Freundin einfache Fragen der deutschsprachigen Kollegen zu Herkunft, Wohnort und zur Dauer des Aufenthalts in der gemeinsamen Sprache weitergeben.

Kann in einem Restaurant eine einfache Bemerkung des deutschsprachigen Kellners (z. B. „Mit oder ohne Eis?") einer Kollegin in der gemeinsamen Sprache weitergeben.

Kann in einem Geschäft die Frage des deutschsprachigen Verkäufers nach der Zahlungsart (z. B. „Bezahlen Sie mit Karte?") für einen Kollegen in der gemeinsamen Sprache übersetzen.

Kann einzelne Informationen aus einem kurzen schriftlichen, oft listenartigen deutschen Text zu vertrauten Themen anderssprachigen Personen in der gemeinsamen Sprache weitergeben, wenn der Text einfachen Basiswortschatz, Internationalismen oder visuelle Elemente enthält.

Kann einer neu eingezogenen Mitbewohnerin im Studentenwohnheim wichtige Angaben einer deutschsprachigen schriftlichen Einladung zu einem Sommerfest (z. B. Ort, Tag und Uhrzeit) in der gemeinsamen Sprache weitergeben.

Kann für einen Touristen einzelne einfache Wörter (z. B. Kinder – Eltern – Zug – Restaurant) aus einem deutschsprachigen Reiseprospekt in die gemeinsame Sprache übersetzen.

Kann einfache Begriffe (z. B. Sonne, Regen) der Wettervorhersage aus einer deutschsprachigen Tageszeitung für Bekannte in die gemeinsame Sprache übersetzen.

Globale Kannbeschreibungen: Sprachmittlung mündlich aus einer anderen Sprache

Kann aus einer anderen Sprache häufig gebrauchte Ausdrücke und Strukturen wie „Guten Tag!", „Guten Appetit", „Bezahlen, bitte!" an Deutschsprachige auf Deutsch weitergeben, wobei der Gesprächspartner beim Formulieren helfen kann.

Kann aus anderssprachigen schriftlichen Texten einige wichtige Wörter aus dem Basiswortschatz oder andere Informationen mit Hilfe eines Wörterbuches an Deutschsprachige auf Deutsch weitergeben, wobei aufgrund der Aussprache auch ein klärendes Nachfragen des Partners nötig sein kann.

Detaillierte Kannbeschreibungen *mit Beispielen:* Sprachmittlung mündlich aus einer anderen Sprache

Kann in sehr vertrauten Situationen geläufige mündliche Informationen oder Fragen aus einer anderen Sprache Deutschsprachigen sehr einfach auf Deutsch weitergeben.

Kann in einem Restaurant helfen, den Getränkewunsch einer Bekannten (z. B. „Un verre d'eau, s'il vous plaît!") für die deutschsprachige Bedienung auf Deutsch zu übersetzen.

Kann einem deutschsprachigen Touristen die Wegerklärung eines Polizisten mit sehr einfachen Worten (z. B. „rechts", „links") auf Deutsch weitergeben.

Kann in einem Geschäft einem deutschen Touristen behilflich sein und für ihn auf Deutsch den Preis von Waren nennen.

Kann einfache anderssprachige Informationen von Schildern und Aufschriften Deutschsprachigen in Einzelwörtern auf Deutsch weitergeben.

Kann die Aufschrift auf dem Schild einer Geschäftstür (z. B. „fermé") für einen deutschsprachigen Touristen übersetzen.

Kann in einem Restaurant die Aufschrift (z. B. „caballeros") auf der Toilettentür für einen deutschsprachigen Touristen übersetzen.

Kann im Hotel einfache Begriffe auf der Informationstafel (z. B. „breakfast") für einen deutschsprachigen Gast übersetzen.

3.2.2 Kannbeschreibungen A2

Globale Kannbeschreibungen: Interaktion mündlich

Kann über vertraute Themen einfach kommunizieren, wenn die Partner langsam und in Standardsprache sprechen und er/sie öfter um Wiederholung oder Umformulierung bitten kann.

Kann sehr kurze Kontaktgespräche führen, indem er/sie gebräuchliche Höflichkeitsfloskeln der Begrüßung und Anrede benutzt, und kann Einladungen sowie Entschuldigungen aussprechen und darauf reagieren.

Kann in Gesprächen über vertraute Themen, in denen langsam und deutlich gesprochen wird, dem Wechsel der Themen folgen und nachfragen bzw. auf Fragen reagieren.

Kann in direktem Kontakt mit einfachen Mitteln ein kurzes Gespräch beginnen, in Gang halten und beenden.

Kann in Gesprächen Elemente von gelernten Ausdrücken und Wendungen neu kombinieren und damit seine/ihre Ausdrucksmöglichkeiten erweitern.

Kann in Gesprächen einfache, gut memorierte Wendungen durch den Austausch einzelner Wörter der jeweiligen Situation anpassen.

Kann mit einfachen sprachlichen Mitteln in vertrauten alltäglichen Situationen kommunizieren, wobei er/sie oft Pausen macht, um nach Wörtern zu suchen oder neu anzusetzen.

Kann mit einfachen Signalwörtern wie „zuerst", „dann", „nachher", „später", „zum Schluss" über ein Ereignis in seiner zeitlichen Abfolge berichten.

Kann Wortgruppen und einfache Sätze verbinden, z. B. mit einfachen Konnektoren wie „und", „aber" oder „weil".

Kann mit kurzen, einfachen Ausdrücken, die alltägliche Bedürfnisse betreffen, kommunizieren, wobei die Kommunikation in nicht vertrauten Situationen oft schwierig sein und es zu Missverständnissen kommen kann.

Kann mit einfachen sprachlichen Mitteln alltägliche Situationen mit voraussagbarem Inhalt bewältigen, wird aber die Mitteilung aufgrund des begrenzten Wortschatzes noch sehr beschränken müssen.

Kann in Gesprächen mit einem begrenzten Wortschatz konkrete Alltagsbedürfnisse ausdrücken, wobei er/sie aber noch elementare und das Verständnis störende Fehler macht.

Kann in Gesprächen einige einfache Strukturen verwenden, macht dabei jedoch elementare systematische Fehler, wobei aber in der Regel klar wird, was er/sie ausdrücken möchte.

Kann seine/ihre Äußerungen im Allgemeinen so klar und deutlich genug aussprechen, dass sie trotz eines klar erkennbaren Akzents verstanden werden, auch wenn manchmal ein klärendes Nachfragen durch die Kommunikationspartner nötig sein kann.

Kann in einfachen Sätzen Satzakzent und Sprechmelodie meist richtig einsetzen und unterschiedliche Sprechabsichten wie Aussagen, Fragen oder Aufforderungen klar erkennbar machen.

Detaillierte Kannbeschreibungen *mit Beispielen*: Interaktion mündlich

Kann Alltagssituationen in Geschäften oder bei öffentlichen Dienstleistern bewältigen.

> *Kann auf der Post Briefmarken kaufen.*
>
> *Kann beim Bäcker fürs Frühstück mit Freunden verschiedene Brotsorten kaufen.*
>
> *Kann auf der Bank eine Überweisung von ihrem Konto machen.*

Kann einfache Informationen über Reisen und öffentlichen Verkehr einholen.

> *Kann einen Kunden fragen, welche Sehenswürdigkeiten er ihm in seiner Stadt empfehlen kann.*
>
> *Kann Auskünfte für Bus- oder Zugverbindungen einholen und Tickets besorgen.*
>
> *Kann mit Bezug auf eine Karte oder einen Plan einfache Wegbeschreibungen erfragen und geben.*

Kann direkt im Hotel oder in einem Tourismusbüro ein Hotelzimmer buchen.

Kann sich an der Rezeption nach einem guten Restaurant erkundigen.

Kann sich bei der Zimmernachbarin im Studentenheim nach dem Weg zur Bibliothek erkundigen.

Kann in einem Gespräch einfache Fragen beantworten und auf einfache Aussagen reagieren.

Kann in einem Interview mit einfachen Worten ihre Ausbildung und jetzige Tätigkeit beschreiben.

Kann auf Aussagen einer Kollegin über ihr Heimatland reagieren und selbst einfache Auskünfte über die eigene Heimat geben.

Kann bei der Anmeldung zu einem Kurs die persönlichen Daten nennen und andere relevante Angaben machen.

Kann in verschiedenen alltäglichen Situationen einfache Formen des Grüßens, der Anrede, von Bitten, Entschuldigungen und des Dankens anwenden.

Kann in einem Restaurant die Bedienung höflich rufen und um einen Aschenbecher bitten.

Kann um Entschuldigung bitten, wenn er in einer Besprechung gestört hat.

Kann als Verkäuferin in einem Geschäft Kunden ansprechen, sich für die Störung entschuldigen und für die Auskunft bedanken.

Kann einen Kellner im Hotelrestaurant ansprechen, ihn um eine Empfehlung bitten und sich dafür bedanken.

Kann in der Mensa eine Mitstudentin ansprechen, sie um Hilfe bitten und sich dafür bedanken.

Kann einen Kunden im Reisebüro begrüßen und nach seinen Wünschen fragen.

Kann einen Reisenden am Fahrkartenschalter begrüßen und nach seinen Wünschen fragen.

Kann Gefühle wie Angst oder Freude auf sehr einfache Art ausdrücken und bei Nachfragen antworten.

Kann bei seinem Geburtstagsfest sagen, dass er sich über das Geschenk freut.

Kann einer Kollegin sagen, dass er vor der Besprechung mit dem Chef nervös ist.

Kann ihren Kurskollegen sagen, dass die gemeinsame Gruppenarbeit Spaß gemacht hat.

Kann in einfachen formellen Gesprächen oder Interviews wichtige Informationen verstehen und geben, wenn er/sie direkt danach gefragt wird.

Kann bei einer Besprechung sagen, bis wann sie mit einer Arbeit fertig ist.

Kann bei einer Besprechung verstehen, welche Aufgaben er für die nächste Woche hat, und nachfragen, was er zuerst machen soll.

Kann in einem Gespräch mit der Kursleiterin über den Kursverlauf sagen, welche Aufgaben für ihn besonders schwer waren.

Kann in vertrauten, alltäglichen Bereichen auf einfache Art und Weise Informationen austauschen.

Kann beschränkte Informationen über Familienverhältnisse austauschen.

Kann bei einer Kollegin anfragen, ob sie mit einer ganz bestimmten Arbeit schon fertig ist.

Kann einem Besucher einfache Informationen über den eigenen Ort geben und auf dessen Fragen antworten.

Kann in Alltagssituationen Informationen, die wesentlich auf Mengen-, Preis- oder Terminangaben basieren, erfragen und austauschen.

Kann in Geschäften mit Bedienung einkaufen und dabei nach Waren und Preisen fragen.

Kann etwas zum Essen und Trinken bestellen und um die Rechnung bitten.

Kann in einem Kurs nachfragen, ob die Termine in der nächsten Woche gleich bleiben.

Kann beim Auschecken um die Rechnung bitten und mit Karte bezahlen.

Kann in alltäglichen Situationen bei Unklarheiten seine/ihre Gesprächspartner um Wiederholung oder Klärung bitten.

Kann den Kursleiter bitten, eine Aufgabenstellung mit einem Beispiel zu erklären.

Kann einen Kollegen bitten, ihm die einzelnen Arbeitsschritte, die er machen muss, noch einmal zu wiederholen.

Kann in einem Gespräch einen Freund bitten, das eben Gesagte zu wiederholen.

Kann in einem alltäglichen Gespräch auf einfache Art seine/ihre Meinung oder Vorlieben und Abneigungen mitteilen.

Kann ihre Meinung über das Essen äußern und andere nach ihrer Meinung fragen.

Kann erklären, warum sie eine bestimmte Freizeitaktivität nicht machen möchte.

Kann sagen, welche Arbeiten sie in der Firma gern macht und was sie besonders gut kann.

Kann in einer vertrauten Situation einfache Vorschläge machen und auf Vorschläge reagieren, z. B. zustimmen, ablehnen oder Alternativen vorschlagen.

Kann im Gespräch mit Freunden einen Vorschlag machen, der das Ausgehen am Abend betrifft.

Kann am Arbeitsplatz vorschlagen, in der Mittagspause einmal in ein anderes Lokal zu gehen.

Kann bei einer Projektarbeit sagen, welche Arbeitsschritte in welcher Reihenfolge sie für gut hält.

Kann sich mit Mitbewohnern beraten, was am Abend gekocht wird.

Kann in vertrauten oder alltäglichen Situationen auf einfache Art Bedürfnisse mitteilen.

Kann in einem Geschäft, in dem die Waren ausgestellt sind, verlangen, was sie möchte.

Kann in einem Kurs der Leiterin mitteilen, dass sie zur Lösung der Aufgabe noch mehr Zeit braucht.

Kann am Arbeitsplatz bei einem Problem mit dem Computer eine Kollegin um Hilfe bitten.

Kann das Wesentliche kurzer, einfacher und alltäglicher Telefonanrufe verstehen und entsprechend antworten.

Kann am Arbeitsplatz einen Anruf entgegennehmen, in dem eine Terminänderung mitgeteilt wird.

Kann einem Anrufer sagen, dass der Mitbewohner in zwei Stunden wieder da ist.

Kann eine Kollegin, die wegen der gemeinsamen Mittagspause anruft, bitten, dass sie noch 10 Minuten auf ihn wartet.

Globale Kannbeschreibungen: Interaktion schriftlich

Kann über vertraute Themen und persönliche Interessengebiete mit einem begrenzten Repertoire an Wörtern und Strukturen einfache schriftliche Mitteilungen machen.

Kann kurze persönliche Texte, die Sozialkontakten dienen und sich in einfacher Form auf Ereignisse und Wünsche beziehen, verstehen und mit einfachen sprachlichen Mitteln darauf reagieren.

Kann ein Ereignis mit einfachen Signalwörtern wie „zuerst", „dann", „nachher", „später", „zum Schluss" in seiner zeitlichen Abfolge darstellen.

Kann einfache Sätze schreiben und diese mit einfachen Konnektoren wie „und", „aber" oder „weil" verbinden.

Kann häufig gebrauchte Wörter so verwenden, dass aufgrund der Schreibung nur selten Missverständnisse entstehen.

Detaillierte Kannbeschreibungen *mit Beispielen:* Interaktion schriftlich

Kann sehr einfache persönliche Briefe, Postkarten und E-Mails schreiben und darin Persönliches austauschen.

Kann eine Freundin mit einer Postkarte zu ihrem Geburtstagsfest einladen.

Kann in einem kurzen Brief einem Kollegen für einen Gefallen danken.

Kann einem Kollegen eine einfache E-Mail mit persönlichen Neuigkeiten schicken.

Kann in offiziellen Schreiben Gruß-, Anrede-, Bitte- und Dankeformeln anwenden.

Kann eine Einladung zu einer Kundenveranstaltung mit einem kurzen Anschreiben per Mail an Kunden weiterleiten.

Kann in einer schriftlichen Anfrage an einen Kursanbieter passende Anrede- und Grußformeln einsetzen.

Kann an seinem Arbeitsplatz eine einfache Bestellung für Büromaterial verfassen.

Kann auf eine Einladung zu einem formellen Anlass reagieren und sich entschuldigen.

Kann einfache und sehr gebräuchliche Formulare, die persönliche oder berufsbezogene Angaben erfordern, ausfüllen.

Kann bei einem erstmaligen Arztbesuch das Formular mit den erforderlichen persönlichen Daten und Versicherungsangaben ausfüllen.

Kann in der Firma ein Standardformular ausfüllen, um Urlaub zu beantragen.

Kann in einem Fragebogen über ihre speziellen Kenntnisse Auskunft geben.

Kann an der Rezeption das Anmeldeformular ausfüllen.

Kann im Studentenwohnheim das Anmeldeformular ausfüllen.

Kann kurze, einfache, oft formelhafte Mitteilungen schreiben, die alltägliche Bereiche und Bedürfnisse betreffen.

Kann in einer kurzen Notiz einen Kollegen um präzise Auskunft bitten.

Kann einer Wohnungskollegin eine Notiz hinterlassen, in der sie darüber informiert, wann sie zurückkommt.

Kann einer Kontaktperson eine E-Mail oder Faxmitteilung über vereinbarte Termine schicken.

Kann per E-Mail ein Hotelzimmer reservieren.

Kann per E-Mail ein Zimmer in einem Studentenwohnheim reservieren.

Kann kurze Informationen zu vertrauten Bereichen einholen und geben.

Kann einer Kollegin schriftlich erklären, wo er wohnt und wie man dort hinkommt.

Kann einem Kollegen einen Zettel hinterlegen, auf dem er nachfragt, wo und wie er sich bei der Behörde anmelden muss.

Kann einem im Kurs abwesenden Kollegen die Aufgaben für die nächste Stunde auf einem Notizzettel weitergeben.

Globale Kannbeschreibungen: Rezeption mündlich

Kann in Standardsprache gesprochene einfache Sätze, häufig gebrauchte Strukturen und Wörter aus wichtigen Alltagsbereichen (z. B. Informationen zu Person und Familie, Einkaufen, lokale Umgebung, Beschäftigung) verstehen.

Kann in Texten, die deutlich und langsam in Standardsprache gesprochen werden und von vertrauten Dingen handeln, die Themen erkennen.

Kann im Allgemeinen das Thema von Gesprächen, die in seiner/ihrer Gegenwart geführt werden, erkennen, wenn langsam und deutlich gesprochen wird.

Kann in deutlich gesprochenen Texten zu vertrauten Themen, die Internationalismen enthalten und Pausen zur Erfassung der Bedeutung bieten, einzelne Aussagen verstehen.

Kann in einfachen, kürzeren Texten alltägliche Themen identifizieren und einfache, für persönliche Bedürfnisse wichtige Informationen verstehen.

Detaillierte Kannbeschreibungen *mit Beispielen:* Rezeption mündlich

Kann in Gesprächen, die in seiner/ihrer Gegenwart stattfinden, das Thema erkennen, wenn das Gespräch langsam geführt und deutlich Standardsprache gesprochen wird.

Kann als zuhörender Gast in einer Familie aus einem Gespräch Informationen über die Familienverhältnisse verstehen.

Kann in einem Gespräch zwischen Kolleginnen, bei dem sie als Zuhörerin anwesend ist, das Thema erkennen.

Kann bei einem Pausengespräch in der Firma als zufällige Zuhörerin Daten und Fristen für einen Auftrag verstehen.

Kann die Hauptaussage kurzer, einfacher und eindeutiger Ansagen oder Durchsagen verstehen.

Kann beim Autofahren im Radio-Verkehrsfunk verstehen, dass „die Autobahn A 7 gesperrt ist".

Kann im Schwimmbad die Durchsage, dass ein Auto (mit Nennung des Kennzeichens) falsch geparkt hat, verstehen.

Kann im Kaufhaus die Durchsage, dass in wenigen Minuten geschlossen wird, verstehen.

Kann in alltäglichen Situationen einfache Anweisungen verstehen.

Kann die Beschreibung, wie man einen Weg zu Fuß oder mit öffentlichen Verkehrsmitteln zurücklegt, verstehen.

Kann verstehen, was sie mit ihren Kurskolleginnen in einer Teamarbeit machen soll.

Kann beim Arzt die Anweisung verstehen, wie oft und in welcher Dosis er ein Medikament einnehmen soll.

Kann dem Handlungsstrang einer einfachen und alltäglichen Geschichte in groben Zügen folgen.

Kann in einem Bericht über eine Reise verstehen, an welche Orte die Reise geführt hat.

Kann bei einer Führung Teile einer einfachen Geschichte, die zu einer Sehenswürdigkeit erzählt wird, verstehen.

Kann als Zuhörerin eines Märchens in groben Zügen verstehen, an welchen Orten die Geschichte gerade spielt und was passiert.

Kann die wichtigsten Fakten einer einfachen Präsentation zu einem vertrauten Thema verstehen, wenn diese visuell und/oder gestisch unterstützt wird.

Kann als Mitarbeiter einer Firma bei einer Präsentation einfache Informationen über die Geschäftsentwicklung verstehen, wenn diese gleichzeitig veranschaulicht werden.

Kann im Flugzeug den Sicherheitsanweisungen des Bordpersonals folgen.

Kann einfache Informationen, die bei einer touristischen Führung gegeben werden, verstehen.

Kann kurzen, deutlich gesprochenen Radio- oder ähnlichen Hörtexten über vorhersehbare alltägliche Dinge wesentliche Informationen entnehmen.

Kann den Sportnachrichten im Radio ihn interessierende Ergebnisse entnehmen.

Kann im Radiowetterbericht die vorausgesagten Temperaturen für den nächsten Tag verstehen.

Kann in Radionachrichten nach einer Wahl, die sie interessiert, verstehen, welche Parteien gewonnen und welche verloren haben.

Kann die Grundaussagen einer Fernsehsendung verstehen, wenn diese durch Bilder oder gespielte Handlungen unterstützt werden.

Kann als Zuschauerin von Fernsehnachrichten dem Wechsel der Beiträge folgen und das jeweilige Thema in groben Zügen verstehen.

Kann in einer Fernsehnachricht mit Bildern über eine Katastrophe ungefähr verstehen, was passiert ist.

Kann in einer Filmszene, in der die Darstellung den Dialog wesentlich unterstützt, Teile des Inhalts verstehen.

Kann in vertrauten Situationen einfache sachliche Informationen und Zahlenangaben verstehen.

Kann in einem Geschäft mit Bedienung mündlich angegebene Preise verstehen.

Kann als Kellner die Standardbestellungen der Gäste verstehen.

Kann als Teilnehmerin an einem Kurs die Ankündigung, dass der Kurs in der nächsten Woche entfällt, verstehen.

Globale Kannbeschreibungen: Rezeption schriftlich

Kann die Grundaussage einfacher und übersichtlicher Texte verstehen, die Bereiche und Bedürfnisse des alltäglichen Lebens betreffen.

Kann einfache und in der Form typische Texte über vertraute Themen verstehen, wenn diese großteils aus häufig gebrauchten Wörtern und Strukturen bestehen und/oder einige Internationalismen enthalten.

Kann längeren Texten aus ihn/sie interessierenden Bereichen einzelne Informationen entnehmen.

Detaillierte Kannbeschreibungen *mit Beispielen:* Rezeption schriftlich

Kann einfache Anleitungen verstehen, wenn sie schrittweise aufgebaut sind und durch Illustrationen unterstützt werden.

Kann in einem Lehrbuch Arbeitsaufgaben und Anweisungen verstehen, um diese selbstständig ausführen zu können.

Kann einfachen Anleitungen zur Zubereitung von Lebensmitteln (z. B. auf einer Packung Spaghetti) folgen.

Kann mit Hilfe der Anweisungen einen Bargeldautomaten bedienen.

Kann als Zugbegleiter die Bedienungsanleitung zum Zugbegleitergerät verstehen.

Kann bei der Anwendung von Computerprogrammen häufige Befehlsbezeichnungen und einfache Rückmeldungen verstehen.

Kann in einem einfachen Text- oder E-Mail-Programm die Schritte zum Verfassen eines Textes verstehen.

Kann die Arbeitsschritte und Befehle verstehen, um mit einer Lernsoftware arbeiten zu können.

Kann eine Rückmeldung des E-Mail-Programms verstehen (z. B. „der angewählte Computer reagiert nicht").

Kann in kurzen, einfach strukturierten Geschichten den Inhalt im Wesentlichen verstehen.

Kann in einer kurzen Geschichte über einen Umzug verstehen, was dabei Besonderes passiert ist.

Kann in einer kurzen Erzählung, die von Erlebnissen in der Kindheit handelt, die wichtigsten Ereignisse verstehen.

Kann in einer kurzen Erzählung über die Schulzeit verstehen, was die Hauptfigur gern gemacht hat und wovor sie Angst hatte.

Kann einfache Unterlagen oder kurze Berichte zu vertrauten Themen verstehen.

Kann im Bericht über eine Mitarbeiterbesprechung verstehen, was für den Arbeitsablauf wichtig ist.

Kann den Kursunterlagen entnehmen, was an den jeweiligen Terminen schwerpunktmäßig behandelt wird.

Kann im Programm einer Gruppenreise die Stationen der Reise, die Besichtigungen und das Rahmenprogramm verstehen.

Kann an öffentlichen Orten häufig vorkommende Schilder und Aufschriften verstehen.

Kann am Arbeitsplatz die wichtigsten Hinweise (z. B. „Eintritt nur mit Schutzkleidung") verstehen.

Kann sich auf dem Postamt anhand der dort üblichen Schilder und Aufschriften orientieren.

Kann, wenn sie mit dem Auto unterwegs ist, häufige Hinweisschilder wie „Straße gesperrt" verstehen.

Kann Verträgen Informationen entnehmen, die den Kernbereich (Preise, Fristen, Gültigkeit) betreffen.

Kann einfache Informationen (z. B. die Höhe der monatlichen Miete und die Fälligkeit) aus einem Mietvertrag entnehmen.

Kann den Garantiebedingungen seiner Stereoanlage entnehmen, wie lange die Garantie gilt.

Kann im Arbeitsvertrag die Angaben zur Arbeitszeit verstehen.

Kann einfachen Standardbriefen wichtige Informationen entnehmen.

Kann am Arbeitsplatz eine Routinebestellung verstehen, die einfache Angaben enthält.

Kann eine E-Mail verstehen, in der die Reservierung eines Hotelzimmers bestätigt wird.

Kann Lieferscheine und Rechnungen sortieren, ohne sie im Detail zu verstehen.

Kann als Mitarbeiter der Bahn eine E-Mail verstehen, in der die Reservierung eines Liegewagenplatzes bestätigt wird.

Kann in einfachen Alltagstexten spezifische, zu erwartende Informationen auffinden und verstehen.

Kann in einer Anzeige eines Supermarktes verstehen, welche Artikel gerade im Sonderangebot sind.

Kann in der Zeitungsvorschau auf ein Musikfestival herausfinden, ob ein Angebot für die eigenen Interessen dabei ist.

Kann als Bahnangestellte der Info-Broschüre einer Sprachschule Einzelheiten über Unterrichtszeiten und -orte entnehmen.

Kann in listenartigen Texten zu vertrauten Themen spezifische Informationen auffinden und die gesuchte Information entnehmen.

Kann im Branchenverzeichnis des Telefonbuchs eine bestimmte Dienstleistung oder einen Handwerker finden.

Kann aus einem Fahrplan mehrere Fahrtmöglichkeiten zu einem bestimmten Reiseziel heraussuchen.

Kann in einem Katalog gezielt Ersatzteile zu einem ihm vertrauten Gerät auffinden.

Kann als Zugbegleiter im Handbuch für Durchsagen im Zug die passenden Mustertexte finden.

Kann in Texten mit Illustrationen und anderen Wort-Bild-Kombinationen die Hauptinformation verstehen.

Kann auf einer Wetterkarte die Prognose mit Hilfe der Legende verstehen.

Kann in der Programmvorschau die Themen von Fernsehsendungen auch mit Hilfe von Abbildungen oder Logos identifizieren.

Kann im Handbuch für ein Faxgerät, das er am Arbeitsplatz benutzt, einen Vorgang (z. B. „Nummern speichern") verstehen.

Kann kurzen, alltäglichen informierenden Texten wichtige Informationen entnehmen.

Kann auf dem Etikett eines Lebensmittels Informationen (z. B. Ablaufdatum, Haltbarkeit und Mengenangaben) verstehen.

Kann in der Apotheke ein Medikament identifizieren, das für alltägliche Beschwerden (z. B. Halsweh, Kopfweh) geeignet ist.

Kann Hinweise verstehen, was für Notdienste es gibt und wie man diese verständigt.

Kann einfachen, klar formulierten Anzeigen in der Zeitung mit wenigen Abkürzungen wichtige Informationen entnehmen.

Kann in Kleinanzeigen die Anzahl der Zimmer, die Größe und den Preis einer Wohnung verstehen.

Kann in Kleinanzeigen die Angebote zu gebrauchten Computern (z. B. Preis, Leistung, Zubehör) verstehen.

Kann in Stellenanzeigen überprüfen, ob für ihren Beruf Angebote enthalten sind.

Kann kurzen Zeitungsberichten, die stark auf Namen, Zahlen, Überschriften und Bildern aufbauen, wichtige Informationen entnehmen.

Kann nach einem Sportereignis, das ihn interessiert, in der Zeitung die Resultate verstehen.

Kann nach einem Unfall aus der Zeitung entnehmen, was wann wo geschah.

Kann einer Nachricht über ein Jubiläum einer bekannten Person wichtige biografische Angaben und Stationen von deren Leben entnehmen.

Globale Kannbeschreibungen: Produktion mündlich

Kann sich mit einfachen Ausdrücken, Wendungen und Sätzen über alltägliche Aspekte der eigenen Lebensumgebung (z. B. Leute, Orte und Plätze, Arbeits- oder Studienerfahrungen) äußern.

Kann Elemente von gelernten Ausdrücken und Wendungen neu kombinieren und damit seine/ihre Ausdrucksmöglichkeiten erweitern.

Kann einfache, gut memorierte Wendungen durch den Austausch einzelner Wörter der jeweiligen Situation anpassen.

Kann sich in alltäglichen Situationen mit einfachen sprachlichen Mitteln ausdrücken, wobei er/sie oft längere Pausen macht, um nach Wörtern zu suchen oder neu anzusetzen.

Kann mit einfachen Signalwörtern wie „zuerst", „dann", „nachher", „später", „zum Schluss" über ein Ereignis in seiner zeitlichen Abfolge berichten.

Kann Wortgruppen und einfache Sätze verbinden, z. B. mit einfachen Konnektoren wie „und", „aber" oder „weil".

Kann eine Geschichte erzählen oder etwas beschreiben, indem er/sie die einzelnen inhaltlichen Punkte in Form einer einfachen Aufzählung aneinander reiht.

Kann mit einem begrenzten Wortschatz konkrete Alltagsbedürfnisse ausdrücken, wobei er/sie aber noch elementare und das Verständnis störende Fehler macht.

Kann sich mit einfachen sprachlichen Mitteln über alltägliche Dinge äußern, muss aber die Aussage aufgrund des begrenzten Wortschatzes noch sehr beschränken.

Kann einige einfache sprachliche Strukturen verwenden, wobei er/sie jedoch elementare systematische Fehler macht, aber in der Regel dennoch klar wird, was er/sie ausdrücken möchte.

Kann seine/ihre Äußerungen im Allgemeinen so klar und deutlich genug aussprechen, dass sie trotz eines klar erkennbaren Akzents verstanden werden können.

Kann in einfachen Sätzen Satzakzent und Sprechmelodie meist richtig einsetzen, längere Äußerungen durch Pausen und Intonation gliedern und unterschiedliche Sprechabsichten wie Aussagen, Fragen oder Aufforderungen klar erkennbar machen.

Detaillierte Kannbeschreibungen *mit Beispielen:* Produktion mündlich

Kann ihm/ihr vertraute Dinge oder Personen in einfacher Form beschreiben und vergleichen.

Kann seine frühere Arbeitsstelle beschreiben und mit der jetzigen vergleichen.

Kann sich selbst und die eigene Familie beschreiben.

Kann beschreiben, wo und wie sie wohnt.

Kann verständlich Zahlenangaben machen (z. B. Jahreszahlen, Datumsangaben, wichtige Nummern).

Kann beim Erzählen über seine Stadt Jahreszahlen nennen.

Kann auf einem Amt sein Geburtsdatum mit Ordinalzahlen angeben.

Kann ohne Probleme die Telefonnummer der Firma und die Durchwahl einer Kollegin nennen.

Kann mit einfachen Mitteln beschreiben, wie man etwas macht.

Kann erklären, wie man vom Kursort am besten zu einem vereinbarten Treffpunkt kommt.

Kann einer Studienkollegin erklären, welche Dinge sie in den ersten Tagen ihres Gastaufenthaltes erledigen muss.

Kann einem Gast erklären, wie man von einer Telefonzelle aus telefonieren kann.

Kann einfach und kurz von persönlichen Erfahrungen, Ereignissen und eigenen Aktivitäten berichten.

Kann den eigenen Ausbildungsweg mit den wichtigsten Stationen schildern.

Kann im Unterricht über persönliche Gewohnheiten in der Freizeit berichten.

Kann von einem größeren privaten Ereignis (z. B. dem Umzug der Familie) erzählen.

Kann über Pläne und Absprachen mit anderen in einfacher Form sprechen.

Kann einer Arbeitskollegin die geplanten Aktivitäten für das kommende Wochenende schildern.

Kann den Schülern berichten, welche Pläne sie mit ihnen in den nächsten Wochen realisieren möchte.

Kann nach einer Besprechung die Vorhaben für die nächste Zeit wiedergeben.

Kann in einem Kurs vor einer längeren Kursunterbrechung berichten, welche Pläne sie für die kursfreie Zeit hat.

Kann eine kurze Geschichte erzählen, indem er/sie die Einzelheiten in einfacher Form aneinander reiht.

Kann über die wichtigsten Stationen einer Reise in chronologischem Ablauf erzählen.

Kann von einem kurzen Fernsehspot, der ihr gut gefallen hat, erzählen.

Kann eine Episode aus ihrer Schulzeit erzählen, welche Rolle sie dabei gespielt hat und wer dabei war.

Kann über alltägliche Dinge auf einfache Weise seine/ihre Meinung äußern.

Kann erklären, welche Speisen sie gern mag oder welche sie nicht essen möchte oder darf.

Kann sagen, warum sie eine bestimmte Sportart besonders gut findet.

Kann sagen, welche Arbeiten sie in der Firma gern macht.

Kann mit einfachen sprachlichen Mitteln Vermutungen äußern.

Kann auf einem Fest mögliche Gründe äußern, warum ein Freund noch nicht da ist.

Kann bei einer Sportübertragung sagen, wie das Spiel seiner Meinung nach ausgeht.

Kann gegenüber einer Arbeitskollegin sagen, was sie denkt, wenn die Chefin auffallend gute Laune hat.

Kann Basisinformationen über sehr vertraute Themen mit einfachen sprachlichen Mitteln kurz präsentieren.

Kann im Unterricht mit Hilfe einer Landkarte oder eines Posters den eigenen Wohnort vorstellen.

Kann mit Hilfe von Fotos der Gastfamilie kurz von ihrem Alltag zu Hause berichten.

Kann bei einer Besprechung mit Hilfe einer Folie darstellen, wer aus dem Team die einzelnen Teile eines Projektes bearbeitet hat.

Kann vor Publikum mit kurzen, eingeübten Wendungen etwas vortragen oder ankündigen.

Kann am Abschluss eines Kurses ein paar Abschiedsworte im Namen der Gruppe sagen.

Kann im Rahmen eines Essens oder Umtrunks kurze Dankesworte aussprechen.

Kann in einer Gruppe organisatorische Ansagen machen (z. B. zur Abfahrtszeit oder zum nächsten Treffpunkt).

Globale Kannbeschreibungen: Produktion schriftlich

Kann mit einfachen Ausdrücken und kurzen Sätzen über alltägliche Aspekte der eigenen Lebensumgebung (z. B. Leute, Orte und Plätze, Arbeits- oder Studienerfahrungen) einigermaßen korrekt schreiben.

Kann Elemente von gelernten Ausdrücken und Wendungen neu kombinieren und damit seine/ihre Ausdrucksmöglichkeiten erweitern.

Kann ein Ereignis mit einfachen Signalwörtern wie „zuerst", „dann", „nachher", „später", „zum Schluss" in seiner zeitlichen Abfolge darstellen.

Kann einfache Sätze schreiben und diese mit einfachen Konnektoren wie „und", „aber" oder „weil" verbinden.

Kann einfach über vertraute Themen und persönliche Interessengebiete mit einem sehr begrenzten Repertoire an Wörtern und Strukturen schreiben.

Kann in seinen/ihren schriftlichen Texten einfache Strukturen verwenden, wobei er/sie elementare Fehler macht, aber dennoch wird in der Regel klar, was er/sie ausdrücken möchte.

Kann einige wichtige orthographische Regeln einigermaßen korrekt anwenden.

Detaillierte Kannbeschreibungen *mit Beispielen:* Produktion schriftlich

Kann vertraute Personen oder Dinge verständlich beschreiben.

Kann Personen, die sie gut kennt, beschreiben.

Kann beschreiben, was ihr liebstes Hobby ist und was sie dafür braucht.

Kann darüber schreiben, wo seine Wohnung liegt und wie sie aussieht.

Kann alltägliche Aspekte der eigenen Situation mit einfachen Mitteln beschreiben.

Kann kurz schriftlich Auskunft über Tätigkeiten am Arbeitsplatz geben.

Kann beschreiben, wie oft er einen Kurs besucht, welche Kollegen er dort hat und wie die Kursatmosphäre ist.

Kann ihren täglichen Weg zum Arbeits- oder Kursort beschreiben.

Kann sehr kurze, einfache Beschreibungen über persönliche Erfahrungen, Ereignisse und eigene Aktivitäten machen.

Kann einen einfachen erzählenden Text über die vergangenen Ferien schreiben.

Kann eine Party mit einfachen Sätzen beschreiben (z. B. was wann wo stattgefunden hat).

Kann beschreiben, wie ein besonderes Ereignis (z. B. ein religiöses Fest) gefeiert wird.

Kann über alltägliche Dinge schreiben und dabei auf einfache Weise seine/ihre Meinung ausdrücken.

Kann seinen Wohnort beschreiben und dessen Vor- und Nachteile benennen.

Kann beschreiben, welches neue Hobby sie hat und was ihr daran gut gefällt.

Kann beschreiben, was er an seinem jetzigen Arbeitsplatz nicht gut findet.

Kann mit Hilfe von Textbausteinen oder Mustern Informationen aus einem vertrauten Bereich aufschreiben.

Kann eine Bestellliste für das Büromaterial schreiben, das er an seinem Arbeitsplatz braucht.

Kann nach einer Vorlage eine eigene Sprachlernbiografie schreiben, die wichtige Abschnitte und Stationen enthält.

Kann mit Hilfe einer Vorlage einen tabellarischen Lebenslauf schreiben.

Kann in vertrauten Situationen wichtige Informationen für sich notieren.

Kann als Grundlage für eine Besprechung die in der letzten Woche erledigten Arbeiten notieren.

Kann einen Einkaufszettel für die täglichen Besorgungen schreiben.

Kann für eine Besprechung im Kurs notieren, was ihr bisher leicht oder schwer gefallen ist.

Kann Pläne und Aufgaben kurz und in einfacher Form aufschreiben.

Kann bei einer Teamarbeit die übernommenen Aufgaben aufschreiben.

Kann nach einer Besprechung den Arbeitsplan für die nächsten Tage notieren.

Kann festhalten, was sie anlässlich eines Besuches bei einer Freundin in einer anderen Stadt machen will.

Globale Kannbeschreibungen: Sprachmittlung mündlich aus dem Deutschen

Kann wichtige, erwartbare Informationen aus kurzen mündlichen deutschsprachigen Texten zu alltäglichen und vertrauten Themen, die deutlich in Standardsprache gesprochen werden, in groben Zügen anderen Personen in der gemeinsamen Sprache weitergeben.

Kann eventuell mit Hilfe eines Wörterbuches Hauptinhalte aus einfachen, klar strukturierten schriftlichen deutschen Texten, die konkrete Bereiche und Bedürfnisse des alltäglichen Lebens betreffen, in groben Zügen anderen Personen in der gemeinsamen Sprache weitergeben.

Detaillierte Kannbeschreibungen *mit Beispielen:* Sprachmittlung mündlich aus dem Deutschen

Kann aus einer kurzen mündlichen deutschsprachigen Äußerung einfache, erwartbare Informationen zu vertrauten Themen anderssprachigen Personen in der gemeinsamen Sprache weitergeben.

Kann die wichtigsten Punkte einer deutschsprachigen Mitteilung auf dem Anrufbeantworter zu einer Terminverschiebung einer Arbeitskollegin in der gemeinsamen Sprache weitergeben.

Kann einzelne Stationen einer klar strukturierten deutschsprachigen Wegerklärung (z. B. „Zuerst geradeaus, dann bis zur Ampel und dann ...") einem Touristen in der gemeinsamen Sprache weitergeben.

Kann einfache Teile einer deutschsprachigen Programmansage (z. B. Beginn, Dauer einer Fernsehsendung) einem Freund in der gemeinsamen Sprache weitergeben.

Kann aus einer kurzen mündlichen deutschsprachigen Äußerung einfache Informationen über Personen (z. B. Herkunft, Hobbys, Ausbildung) anderssprachigen Personen in der gemeinsamen Sprache weitergeben.

Kann einen deutschen Bekannten mit einer Freundin bekannt machen und im Gespräch einfache deutschsprachige Informationen (z. B. zu Wohnort, Beruf, Hobby) der Freundin in der gemeinsamen Sprache weitergeben.

Kann einfache deutschsprachige Informationen eines Touristen zu seinen Reiseerfahrungen und -plänen (z. B. wo er war und wohin er möchte) einer Kollegin in der gemeinsamen Sprache weitergeben.

Kann einfache Fragen einer deutschsprachigen Gaststudentin (z. B. „Was studierst du? Wie lange noch? Wie heißt der Professor?") für eine Mitstudentin in der gemeinsamen Sprache übersetzen.

Kann einfache und erwartbare deutschsprachige Wünsche, Anweisungen oder Aufforderungen anderssprachigen Personen in der gemeinsamen Sprache weitergeben.

Kann auf dem Ausländeramt kurze, einfache Erklärungen eines deutschen Beamten (z. B. „Machen Sie zuerst ein Passfoto und dann ...") einer Freundin in der gemeinsamen Sprache weitergeben.

Kann im Krankenhaus einfache Anweisungen des deutschsprachigen Krankenpflegers (z. B. wie man die Klingel bedient, wo Rauchen erlaubt ist) seinem verletzten Freund in der gemeinsamen Sprache weitergeben.

Kann auf einer Messe eine Einladung des deutschsprachigen Geschäftspartners einer Arbeitskollegin in der gemeinsamen Sprache weitergeben.

Kann einige wichtige Informationen aus deutschsprachigen listenähnlichen Texten oder Aufschriften zu vertrauten Themen anderssprachigen Personen in der gemeinsamen Sprache weitergeben.

Kann in einem Restaurant an der Nordsee wichtige deutsche Begriffe auf der Speisekarte für eine Reisepartnerin in die gemeinsame Sprache übersetzen.

Kann am Bahnhof in München wichtige Informationen aus dem deutschsprachigen Fahrplan für einen Touristen aus seiner Heimat in die gemeinsame Sprache übersetzen.

Kann bei einer Autofahrt häufige Hinweisschilder wie „Straße gesperrt – Umleitung über ..." für seinen Freund in die gemeinsame Sprache übersetzen.

Kann einfache Informationen von persönlichem oder allgemeinem Interesse aus schriftlichen deutschen Texten, die klar strukturiert sind und durch Bilder verdeutlicht werden, anderssprachigen Personen in groben Zügen in der gemeinsamen Sprache weitergeben.

Kann aus einer deutschsprachigen Zeitschrift die Hauptinformationen einer Nachricht über eine Naturkatastrophe (z. B. Wann? Wo? Wer?) einem Kollegen in groben Zügen in der gemeinsamen Sprache weitergeben.

Kann einfache Informationen einer deutschsprachigen Zeitungsmeldung zum Thema „Basketball" (z. B. Ort, Zeit, Endergebnis) einer Kollegin in der gemeinsamen Sprache weitergeben.

Kann einfache Informationen aus einer deutschsprachigen Fernsehprogrammzeitschrift (z. B. Musikstil, Interpret) einem Besucher aus der Heimat in der gemeinsamen Sprache weitergeben.

Kann einzelne wichtige Informationen aus einfachen deutschsprachigen Schreiben zu vertrauten Themen anderssprachigen Personen in der gemeinsamen Sprache weitergeben.

Kann die wichtigsten Informationen aus einem deutschsprachigen Memo zu einem Treffen (z. B. Was? Wer? Warum? Wann? Wo?) einem Arbeitskollegen in der gemeinsamen Sprache weitergeben.

Kann einen Hinweis auf ein Konzert (z. B. Ort, Wochentag und Zeit) in einer deutschsprachigen Newsgroup im Internet einer Kollegin in der gemeinsamen Sprache weitergeben.

Kann Teile eines deutschsprachigen persönlichen Briefes (z. B. familiäre Situation, Fragen nach dem Befinden) einem Kollegen in der gemeinsamen Sprache weitergeben.

Globale Kannbeschreibungen: Sprachmittlung mündlich aus einer anderen Sprache

Kann aus anderssprachigen mündlichen Texten wichtige Informationen mit einfachen Worten an Deutschsprachige weitergeben, wobei manchmal auch die Hilfe der Gesprächspartner beim Formulieren nötig ist.

Kann aus anderssprachigen schriftlichen Texten, die alltägliche oder vertraute Dinge betreffen, wichtige Informationen mit einem sehr begrenzten Repertoire an Wörtern oder einfachen Strukturen, eventuell auch mit Hilfe eines Wörterbuches, an Deutschsprachige auf Deutsch weitergeben, wobei er/sie oft Pausen macht, um nach Wörtern zu suchen.

Detaillierte Kannbeschreibungen *mit Beispielen:* Sprachmittlung mündlich aus einer anderen Sprache

Kann in alltäglichen Situationen geläufige mündliche Informationen, Fragen oder Wünsche in einer anderen Sprache Deutschsprachigen einfach auf Deutsch weitergeben.

Kann beim Einkaufen die Wünsche eines Freundes für die deutschsprachige Verkäuferin mit einfachen Worten auf Deutsch zusammenfassen.

Kann die Anweisungen des Ordnungsdienstes (z. B. den Wagen anders zu parken) einer deutschsprachigen Touristin mit einfachen Worten auf Deutsch weitergeben.

Kann in einem öffentlichen Gebäude beim Empfang einfache Anweisungen des Portiers (z. B. wo man warten soll) einem deutschsprachigen Partner auf Deutsch weitergeben.

Kann einzelne Teile aus anderssprachigen mündlichen Anweisungen oder Durchsagen Deutschsprachigen mit einfachen Worten auf Deutsch weitergeben.

Kann am Bahnhof einzelne Punkte einer anderssprachigen Durchsage (z. B. Zugverspätung) einer deutschsprachigen Geschäftspartnerin auf Deutsch weitergeben.

Kann anderssprachige Anweisungen eines Polizisten zur Reiseroute (z. B. kürzester Weg und Straßenzustand) für einen deutschsprachigen Freund auf Deutsch zusammenfassen.

Kann am Busbahnhof wichtige Informationen einer anderssprachigen Durchsage (z. B. Abfahrtszeit, Nummer seines Busses) einem deutschsprachigen Touristen auf Deutsch weitergeben.

Kann die wichtigsten Informationen aus anderssprachigen schriftlichen Texten und Aufschriften von unmittelbarem oder aktuellem Interesse Deutschsprachigen mit einfachen sprachlichen Mitteln auf Deutsch weitergeben.

Kann an der Hotelrezeption einzelne Informationen aus einem Prospekt zum Freizeitangebot (z. B. Orts- und Zeitangaben für eine Sportart) einem deutschsprachigen Gast in einfachem Deutsch weitergeben.

Kann beim Essen Informationen auf der Speisekarte zu typischen Gerichten einem deutschsprachigen Geschäftspartner in einfachem Deutsch erklären.

Kann die Hauptinformationen einer Zeitungsmeldung zu einem aktuellen Ereignis einer deutschsprachigen Mitstudentin mit sehr einfachen Worten auf Deutsch weitergeben.

Kann die wichtigsten Inhalte aus anderssprachigen formellen und privaten Schreiben Deutschsprachigen mit einfachen Worten auf Deutsch weitergeben.

Kann Thema und Grund eines amtlichen Schreibens einer deutschsprachigen Praktikantin in einfachem Deutsch erklären.

Kann am Arbeitsplatz wichtige Teile einer Bestellung per E-Mail einer deutschsprachigen Kollegin in einfachem Deutsch weitergeben.

Kann wichtige Informationen aus einem Schreiben der Universität zu Kurszeiten, Preis und Kursaufbau einer deutschsprachigen Austauschstudentin auf Deutsch weitergeben.

Globale Kannbeschreibungen:
Sprachmittlung mündlich zwischen dem Deutschen und einer anderen Sprache

Kann in einem Gespräch zwischen deutschsprachigen und anderssprachigen Gesprächspartnern einfache Informationen über vertraute Themen in beiden Sprachen wechselseitig weitergeben, wobei er/sie auf Deutsch ganz einfache Wörter und Strukturen verwendet und oft nach Wörtern suchen muss.

Detaillierte Kannbeschreibungen *mit Beispielen:*
Sprachmittlung mündlich zwischen dem Deutschen und einer anderen Sprache

Kann in einem Gespräch zwischen deutschsprachigen und anderssprachigen Teilnehmern die wichtigsten Informationen über ein Thema von unmittelbarer Bedeutung in beiden Sprachen wechselseitig sinngemäß weitergeben.

Kann in einem Gespräch auf der Straße zwischen einem deutschsprachigen Touristen und einem Einheimischen Fragen und Antworten zu Unterkunfts- und Verpflegungsmöglichkeiten in beiden Sprachen wechselseitig weitergeben.

Kann zwischen einem deutschsprachigen Arzt und einem kranken Kollegen wichtige Fragen und Antworten zur Person und zum Befinden in beiden Sprachen wechselseitig weitergeben.

Kann in einer ersten Begegnung zwischen Kolleginnen und einer deutschsprachigen Austauschstudentin, die neu im Studentenheim eingezogen ist, einfache Fragen und Antworten in beiden Sprachen wechselseitig weitergeben.

Kann in einem einfachen Gespräch zwischen deutschsprachigen und anderssprachigen Personen einfache Informationen zu Personen (z. B. Herkunft, Hobbys, Ausbildung) in beiden Sprachen wechselseitig sinngemäß weitergeben.

Kann auf einem Amt im Gespräch zwischen einer Bekannten und einem deutschsprachigen Beamten einfache Fragen zu Wohnort, Beruf und Arbeit in beiden Sprachen wechselseitig weitergeben.

Kann bei einem Tischgespräch zwischen der deutschsprachigen Gastfamilie und einem Austauschstudenten alltägliche Fragen und Antworten zu Familie, Ausbildung oder Hobby in beiden Sprachen wechselseitig weitergeben.

Kann in einem Gespräch zwischen einer deutschsprachigen Gaststudentin und Mitstudentinnen Fragen und Antworten zu Herkunft und Studium in beiden Sprachen wechselseitig weitergeben.

3.2.3 Kannbeschreibungen B1

Globale Kannbeschreibungen: Interaktion mündlich

Kann sich an Alltagsgesprächen beteiligen, wenn deutlich gesprochen wird, muss aber manchmal um Wiederholung bestimmter Wörter und Wendungen und um Hilfe beim Formulieren bitten.

Kann in vertrauten Gesprächsituationen ein breites Spektrum einfacher sprachlicher Mittel flexibel einsetzen, um das Wesentliche von dem, was er/sie sagen möchte, auszudrücken.

Kann in Gesprächen ein breites Spektrum an Sprachhandlungen realisieren und entsprechend reagieren, indem er/sie die dafür gebräuchlichsten Redemittel, Höflichkeitsfloskeln und ein neutrales Register benutzt.

Kann auf viele Fragen situationsangemessen reagieren und entsprechend Auskunft geben.

Kann sich mit etwas Mühe an Gesprächen mit mehreren deutschsprachigen Gesprächspartnern beteiligen, wenn diese ihre Sprache in Sprechtempo und Schwierigkeitsgrad anpassen.

Kann ein einfaches Gespräch über vertraute oder ihn/sie interessierende Themen beginnen, führen und beenden.

Kann sich in ein Gespräch über ein vertrautes Thema einbringen und mit einem angemessenen Ausdruck das Wort ergreifen.

Kann bei Ausdrucksschwierigkeiten während eines Gesprächs neu ansetzen und die eigenen Fehler teilweise selbst korrigieren.

Kann seine/ihre Ausdrucksweise auch weniger routinemäßigen und schwierigeren Gesprächssituationen anpassen.

Kann sich in vertrauten Gesprächssituationen ausreichend korrekt verständigen, wobei Fehler, die aber im Allgemeinen das Verständnis nicht stören, vorkommen können.

Kann sich relativ mühelos ausdrücken und kann trotz einiger Formulierungsprobleme, die zu Pausen oder in Sackgassen führen, ohne Hilfe erfolgreich weitersprechen.

Kann in Gesprächen über vertraute Themen einzelne Elemente zu einer zusammenhängenden Äußerung verbinden.

Kann in Gesprächen seine/ihre Äußerungen mit den wichtigsten Konnektoren verbinden, wobei längere Ausführungen noch sehr sprunghaft bleiben können.

Kann sich in Gesprächen dank eines ausreichend großen Repertoires an Wörtern und Wendungen und manchmal mit Hilfe von Umschreibungen über die meisten Themen des eigenen Alltagslebens (z. B. Familie, Hobbys, Interessen, Arbeit, Reisen, aktuelle Ereignisse) äußern.

Kann sich in Gesprächen mit guter Beherrschung eines Grundwortschatzes zu allgemeinen Themen äußern, wobei er/sie bei komplexeren Sachverhalten oder in weniger vertrauten Gesprächssituationen noch elementare Fehler macht.

Kann in vorhersehbaren Gesprächssituationen ein begrenztes Repertoire von häufig verwendeten Strukturen ausreichend korrekt anwenden.

Kann in Bezug auf Aussprache und Intonation so verständlich und klar sprechen, dass die Gesprächspartner trotz eines erkennbaren Akzents und manchmal vorkommenden Aussprachefehlern nur vereinzelt um Wiederholung bitten müssen.

Detaillierte Kannbeschreibungen *mit Beispielen:* Interaktion mündlich

Kann jemanden in einer einfachen Angelegenheit beraten.

> *Kann einen Kunden im Reisebüro bei der Wahl seines Reiseziels und des passenden Hotels beraten.*
>
> *Kann nach einer Präsentation auf die Fragen von Kunden eingehen und einem Kunden ein Gerät besonders empfehlen.*
>
> *Kann in seinem Arbeitsbereich einem Kunden ein Gerät (z. B. einen Kopierer) empfehlen.*

Kann einem Freund zum Kauf eines Kleidungsstücks raten.

Kann einem Partner Tipps zum Vokabellernen geben.

Kann einem Kunden am Schalter die Vorteile des Generalabonnements erklären.

Kann einen Kunden bei der Wahl einer geeigneten Zugverbindung beraten.

Kann einem Arbeitskollegen im Austauschjahr Tipps zu geeigneten Sprachschulen vor Ort geben.

Kann sich über einfache Sachverhalte beschweren.

Kann sich beim Hausmeister darüber beschweren, dass das Treppenhaus nicht regelmäßig geputzt wird.

Kann sich in einem Lokal über eine falsche Rechnung beschweren.

Kann eine beschädigte Lieferung telefonisch reklamieren.

Kann sich als Reisebüroangestellte im Auftrag eines unzufriedenen Kunden telefonisch beim betreffenden Hotel beschweren.

Kann in einfachen Situationen mit Behörden verkehren.

Kann bei der Polizei einen Diebstahl melden.

Kann ein Visum oder eine Arbeitsgenehmigung beantragen und diesbezügliche Fragen beantworten.

Kann bei einem Amt telefonisch einzelne Informationsschriften anfordern.

Kann die meisten Situationen bewältigen, die sich im Alltag oder auf Reisen ergeben.

Kann an der Hotelrezeption nach Sehenswürdigkeiten und Speiselokalen fragen.

Kann sich erklären lassen, wie sie mit öffentlichen Verkehrsmitteln zu einem bestimmten Platz kommt.

Kann an einem Schalter Fahrzeiten erfragen und Fahrkarten kaufen.

Kann auch nicht alltägliche Situationen in Geschäften oder bei öffentlichen Dienstleistern bewältigen.

Kann in einem Geschäft ein Geschenk umtauschen.

Kann sich der Post nach einer verlorenen Sendung erkundigen.

Kann Fragen, die bei einer Kontoeröffnung gestellt werden, beantworten.

Kann sich bei der Betriebsleitzentrale nach einer noch nicht eingetroffenen Reisegruppe aus dem Ausland erkundigen.

Kann bei Diebstahl seines Zugpersonalgeräts die notwendigen Angaben bei der Polizei machen.

Kann Gefühle ausdrücken und auf entsprechende Gefühlsäußerungen anderer reagieren.

Kann seine Überraschung über einen spontanen Besuch von Freunden ausdrücken.

Kann einem Arbeitskollegen erklären, dass er sich von ihm in einer bestimmten Angelegenheit missverstanden fühlt.

Kann am Telefon seine Wut über ein Ereignis oder eine Person äußern und auf die Wut eines anderen reagieren.

Kann in Gesprächen Fragen zu vertrauten Themen beantworten.

Kann in einem Straßeninterview Fragen zu ihren Einkaufsgewohnheiten beantworten.

Kann in einem Vorstellungsgespräch Fragen zur eigenen Ausbildung beantworten.

Kann beim Arzt mit einfachen Worten erklären, was ihm fehlt.

Kann in einem Kundengespräch Fragen über Sicherheits- und Impfbestimmungen für eine bestimmte Reise beantworten.

Kann in einem Kundengespräch Fragen zu Produkteigenschaften (z. B. Abonnements) beantworten.

Kann einer Touristin die Fragen nach möglichen Anschlussverbindungen und Abfahrtszeiten beantworten.

Kann einem Kunden die Formalitäten erklären, die beim Western-Union-Geldtransfer zu beachten sind.

Kann ohne Vorbereitung an Gesprächen über vertraute Themen teilnehmen.

Kann sich mit Geschäftspartnern in Pausen über alltägliche Dinge wie z. B. Wetter, Hobbys unterhalten.

Kann sich unter Freunden an einem Gespräch über ein ihm bekanntes Reiseland beteiligen.

Kann sich am Arbeitsplatz an einem Gespräch über die neue Kantine beteiligen.

Kann sich an einem Unterrichtsgespräch über Unterrichtserfahrungen beteiligen.

Kann in formellen Gesprächen oder Interviews Ansichten und Meinungen äußern.

Kann seine Meinung über eine Fortbildungsveranstaltung für Bahnpersonal zum Thema „Internetbestellungen" formulieren.

Kann mit anderen über eine erledigte Arbeit diskutieren.

Kann als Teilnehmer an einem Studentenaustausch dem Betreuer seine Meinung über das Programm mitteilen.

Kann mit vorbereiteten Fragen ein gesteuertes Interview führen und dabei auch einzelne weiterführende Fragen stellen.

Kann für einen Beitrag in einer Studentenzeitschrift ein Interview mit Studenten über ihre Meinung zu Studiengebühren machen.

Kann zu Beginn eines Praktikums den Mitarbeitern der Firma vorgegebene Fragen stellen und bei für sie interessanten Punkten genauer nachfragen.

Kann für ein Unterrichtsprojekt zum Thema „Reisegewohnheiten der Deutschen" am Flughafen deutsche Touristen interviewen.

Kann die Reisenden um ihre Fahrkarten bitten und gegebenenfalls nach Ermäßigungsausweisen, Reisezielen oder weiteren Reisedokumenten fragen.

Kann Informationen über bekannte Themen oder Themen aus seinem/ihrem Fach- oder Interessengebiet austauschen.

Kann einen Besucher am Flughafen abholen und mit dem Gast auf dem Weg ins Hotel Informationen zur Stadt und zu aktuellen Ereignissen in der Firma austauschen.

Kann kurze telefonische Anfragen zu Produkten oder Arbeitsschritten stellen und beantworten.

Kann in einer Gesprächsrunde über eigene Hobbys Auskunft geben und anderen Fragen zu ihren Hobbys stellen.

Kann im Unterricht seine Ausbildung beschreiben und andere dazu befragen.

Kann einer Reisenden Informationen über die Mitnahme von Fahrrädern in der Bahn geben.

Kann einem neuen Mitarbeiter seine Ausbildung beschreiben und ihn dazu befragen.

Kann konkrete Informationen überprüfen und bestätigen.

Kann sich bei einer Zulieferfirma bestätigen lassen, ob eine Ware pünktlich verschickt wurde.

Kann telefonisch ihren Flug bestätigen.

Kann sich telefonisch einen Liefertermin bestätigen lassen.

Kann sich in einem Gespräch über die Inhalte einer Prüfung rückversichern.

Kann sich telefonisch bei einem Reiseveranstalter bestätigen lassen, mit welchem Flugzeugtyp eine bestimmte Reise durchgeführt wird.

Kann als Angestellte in einem Reisebüro für einen Kunden telefonisch die Stornobedingungen eines Reiseveranstalters erfragen.

Kann einem Kunden telefonisch eine Buchung bestätigen.

Kann einem Kunden die gewünschten Reiseverbindungen einbuchen, ihm die Reservierungen bestätigen und die Tickets aushändigen.

Kann sich bei Verspätungen für einen Kunden telefonisch in der Zentrale einen Anschlusszug bestätigen lassen.

Kann sich in einem Gespräch mit einem Mitglied der Personalabteilung über die Inhalte der letzten Personalbesprechung rückversichern.

Kann seine/ihre Meinung sagen und Vorschläge machen, wenn es darum geht, Probleme zu lösen oder praktische Entscheidungen zu treffen.

Kann einem Kunden vorschlagen, wie man die gemeinsame Mittagspause gestalten kann.

Kann vor einer Besprechung mit einem Kunden, der vorzeitig abreisen muss, klären, wann welche Punkte behandelt werden.

Kann einem Kunden, der sich über die verspätete Lieferung einer Ware beschwert, einen Preisnachlass anbieten.

Kann mit einem Freund am Telefon besprechen, wie sie die gemeinsame Vorbereitung eines Festes organisieren wollen.

Kann ihre Meinung dazu äußern, ob ein neues Gerät (z. B. ein Computer) für die Arbeit angeschafft werden soll.

Kann in einer Lerngruppe Vorschläge machen, wie die gestellte Aufgabe gelöst werden kann.

Kann relativ flüssig ein Telefonat als Auskunft suchende oder Auskunft gebende Person führen.

Kann telefonisch Termine vereinbaren, bestätigen und – falls nötig – verschieben.

Kann telefonisch Auskünfte über ein Reiseziel und entsprechende Serviceleistungen geben.

Kann gut verständlich einen Notfall telefonisch melden, Fragen dazu beantworten und einfache Anweisungen befolgen.

Kann telefonisch Interesse an einer Wohnung bekunden und Fragen zur Lage der Wohnung stellen.

Kann sich bei einer Behörde telefonisch über die Öffnungszeiten und die Unterlagen, die man mitbringen muss, erkundigen.

Globale Kannbeschreibungen: Interaktion schriftlich

Kann sich dank eines ausreichend großen Repertoires an Wörtern und Wendungen und manchmal mit Hilfe von Umschreibungen über die meisten Themen des eigenen Alltagslebens schriftlich austauschen.

Kann in persönlichen Briefen und Mitteilungen einfache Informationen von unmittelbarer Bedeutung geben oder erfragen.

Kann in persönlichen Briefen die Beschreibung von Ereignissen, Gefühlen und Wünschen gut genug verstehen, um regelmäßig mit einem befreundeten Briefpartner korrespondieren zu können.

Kann in seinen/ihren schriftlichen Mitteilungen verschiedene Absichten realisieren, indem er/sie die dafür gebräuchlichsten Redemittel, Höflichkeitsfloskeln und ein neutrales Register benutzt.

Kann seine/ihre schriftlichen Texte mit Konnektoren verbinden, wobei längere Ausführungen noch sprunghaft bleiben können.

Kann in alltäglichen Situationen mit einem ausreichend großen Wortschatz stichpunktartige Mitteilungen ziemlich korrekt schreiben.

Kann sich in persönlichen Briefen ausreichend korrekt ausdrücken, wobei Fehler vorkommen können, die aber im Allgemeinen das Verständnis nicht stören.

Kann seine/ihre orthographischen Kenntnisse so korrekt anwenden, dass er/sie kaum Fehler macht, die zu Missverständnissen führen.

Detaillierte Kannbeschreibungen *mit Beispielen:* Interaktion schriftlich

Kann in privater Korrespondenz Gefühle und Neuigkeiten mitteilen, von Ereignissen berichten und nach Neuigkeiten fragen.

Kann in einem Chat seine Enttäuschung über ein abgesagtes Konzert mitteilen.

Kann in einem persönlichen Brief über einen traurigen Vorfall schreiben oder auf einen solchen Brief antworten.

Kann in einer E-Mail eine Freundin nach ihrem Umzug in eine andere Stadt über ihre neue Wohnung und Arbeit befragen.

Kann in einfachen Situationen mit Behörden verkehren.

Kann eine Diebstahlsanzeige aufgeben.

Kann schriftlich ein Visum oder eine Aufenthaltsgenehmigung beantragen und diesbezügliche Formulare ausfüllen.

Kann bei einem Amt schriftlich Informationsmaterial anfordern.

Kann ein einfaches offizielles Schreiben verfassen oder beantworten.

Kann einem Kunden einen Brief schreiben, in dem sie bestätigt, dass die Firma die Beschwerde des Kunden erhalten hat und prüfen wird, und den Adressaten um etwas Geduld bitten.

Kann dem Kunden seine Reiseunterlagen mit einem kurzen Begleitschreiben zuschicken.

Kann einen Antrag auf Befreiung von einer Prüfung stellen.

Kann ein Hotelzimmer per Fax reservieren.

Kann einem Kunden eine Mahnung schreiben.

Kann ein Einladungsschreiben für Kunden zum Tag der offenen Tür erstellen.

Kann gebräuchliche Formulare ausfüllen.

Kann als Reiseverkehrskauffrau ein Buchungsformular ausfüllen.

Kann ein Anmeldeformular für einen Feriensprachkurs (z. B. persönliche Angaben, Wünsche für Unterkunft und Kontakte) ausfüllen.

Kann einen Antrag zur Eröffnung eines Bankkontos im Gastland ausfüllen.

Kann beim Arzt in einem Formular ankreuzen, welche Krankheiten sie bereits gehabt hat.

Kann als Angestellte im Reisebüro ein Buchungsformular ausfüllen.

Kann kurze, einfache Sachinformationen, Aufgaben oder Problemstellungen weitergeben und erklären.

Kann einer Kundin die Resultate der Verhandlungen über eine Beschwerde in einem kurzen Schreiben mitteilen.

Kann per Laufzettel eine Terminänderung weitergeben und den Grund dafür angeben.

Kann per E-Mail einem anderen Kursteilnehmer wichtige Absprachen aus der letzten Stunde weitergeben.

Kann einem Freund per E-Mail weitergeben, was jemand auf den Anrufbeantworter gesprochen hat.

Kann die Beschwerde eines Kunden an den zuständigen Kollegen weiterleiten.

Kann Informationen über bekannte Themen oder Themen aus seinem/ihrem Fach- oder Interessengebiet austauschen.

Kann kurze schriftliche Anfragen zu Produkten oder Arbeitsschritten stellen und beantworten.

Kann in einer Newsgroup über eigene Hobbys Auskunft geben und anderen Fragen zu ihren Hobbys stellen.

Kann in einem Brief an einen Bekannten seine Ausbildung beschreiben und den Bekannten zu seiner Ausbildung befragen.

Kann auf Annoncen und Inserate reagieren und mehr oder genauere Informationen verlangen.

Kann schriftlich weitere Informationen über einen Urlaubsort anfordern.

Kann in einem Brief sein Interesse an einer Wohnung bekunden und Fragen zur Lage der Wohnung stellen.

Kann per E-Mail um Informationen zu verschiedenen Sprachkursen bitten.

Kann Informationen überprüfen und bestätigen.

Kann per E-Mail bei einer Zulieferfirma die Garantiebedingungen für ein Zusatzteil erfragen.

Kann per E-Mail ihren Flug bestätigen.

Kann in einem Geschäftsbrief Lieferbedingungen bestätigen.

Kann per Fax eine Preisbestätigung bei einer Firma einholen.

Kann per E-Mail einen Flug bestätigen.

Kann als Angestellte in einem Reisebüro für einen Kunden per E-Mail die Stornobedingungen eines bestimmten Reiseveranstalters erfragen.

Kann sich über einfache Sachverhalte beschweren.

Kann sich in einem Brief an seinen Vermieter über defekte Zimmer- oder Wohnungseinrichtungen (z. B. kaputte Beleuchtung oder kaputte Kochplatte) beschweren.

Kann sich schriftlich über eine falsch gelieferte Ware beschweren.

Kann per Fax eine zu hohe Rechnung reklamieren.

Kann sich als Reisebüroangestellte im Auftrag eines unzufriedenen Kunden per E-Mail beim betreffenden Hotel beschweren.

Globale Kannbeschreibungen: Rezeption mündlich

Kann dank eines ausreichend großen Wortschatzes viele Texte zu Themen des Alltagslebens (Familie, Hobbys, Interessen, Reisen, Tagesereignisse) verstehen.

Kann auch in längeren Texten die Hauptaussagen verstehen, wenn deutlich in Standardsprache gesprochen wird und wenn es um vertraute Dinge aus Bereichen wie Arbeit, Schule und Freizeit geht.

Kann in mündlichen Texten sowohl die Hauptaussage als auch einzelne Informationen verstehen, sofern deutlich und mit vertrautem Akzent gesprochen wird.

Kann in alltäglichen Situationen oft gebrauchte Redefloskeln und Wendungen verstehen.

Kann im Allgemeinen bei längeren Gesprächen, die in seiner/ihrer Gegenwart geführt werden, den Hauptaussagen folgen, sofern deutlich in Standardsprache gesprochen wird.

Kann einfache und klar strukturierte Vorträge und Beiträge zu vertrauten Themen oder Themen aus dem eigenen Fach- oder Interessengebiet verstehen, wenn deutlich Standardsprache gesprochen wird.

Detaillierte Kannbeschreibungen *mit Beispielen:* Rezeption mündlich

Kann bei längeren Gesprächen zu ihn/sie interessierenden Themen den Hauptpunkten folgen, sofern deutlich Standardsprache gesprochen wird.

Kann in der Mensa einem Gespräch über die Einführung von neuen Prüfungen folgen.

Kann bei einem Gespräch am Arbeitsplatz verstehen, wer für und wer gegen die Einstellung eines neuen Kollegen ist.

Kann im Zugabteil dem Gespräch der Mitreisenden über die Leistungen einer Mannschaft bei den Olympischen Spielen folgen.

Kann konkrete Anweisungen und Aufträge verstehen.

Kann eine telefonische Bestellung mit einfachen Daten (z. B. Menge oder Lieferfrist) entgegennehmen.

Kann im Unterricht Arbeitsaufträge verstehen.

Kann am Arbeitsplatz Aufträge von einem Vorgesetzten verstehen.

Kann eine telefonische Bestellung für eine Gruppenreise zu einer internationalen Messe entgegennehmen.

Kann wichtige Informationen in sprachlich einfachen Ansagen und Mitteilungen verstehen.

Kann der telefonischen Kinoansage entnehmen, wann und wo der ihn interessierende Film läuft.

Kann am Bahnhof bei guten akustischen Bedingungen eine Durchsage verstehen, in der die Verspätung ihres Zuges mitgeteilt wird.

Kann bei einer Kaufhausdurchsage verstehen, wann und in welcher Etage der Sonderverkauf von Küchengeräten stattfindet.

Kann Beschreibungen von vertrauten oder ihn/sie persönlich interessierenden Dingen verstehen.

Kann bei einer Präsentation eines neuen Produkts die Beschreibung der Neuerungen verstehen.

Kann die Hauptinformationen einer Stadtführung verstehen.

Kann in einem Referat aus seinem eigenen Fachgebiet die Vorgehensweise bei einer Untersuchung verstehen.

Kann in einem Referat über die Zukunft des eigenen Arbeitsbereichs die Hauptinformationen verstehen.

Kann in einfachen Erzählungen dem Handlungsablauf folgen und die wichtigsten Details verstehen.

Kann die Erzählung einer Freundin darüber, wie sie ihren Partner kennen gelernt hat, verstehen.

Kann in einer Fernsehdokumentation über einen Schauspieler verstehen, wie dieser zu seinem Beruf gekommen ist.

Kann in einem einfachen Kurzkrimi, den sie im Radio hört, verstehen, was zur Lösung des Falles geführt hat.

Kann in einer einfachen Schilderung eines Touristen verstehen, welches seine bisherigen Erlebnisse in seinen Ferien in der Schweiz waren.

Kann die generellen Aussagen und die wichtigsten Informationen der meisten Vorträge, von kurzen Reden und kurzen Vorlesungen über bekannte Themen verstehen, wenn diese unkompliziert und klar strukturiert dargestellt werden.

Kann bei einer firmeninternen Präsentation die Zielgruppe und die Anwendungsbereiche eines neuen Produkts verstehen.

Kann bei einem Fortbildungsseminar für Bahnpersonal die wichtigsten Informationen über das Bestellen von Fahrkarten per Internet verstehen.

Kann bei einer Abschiedsfeier die Glückwünsche und Danksagungen der Redner verstehen.

Kann wichtige Einzelinformationen von Radiosendungen über Themen von persönlichem oder allgemeinem Interesse, die in klarer Standardsprache vermittelt werden, verstehen.

Kann dem Wetterbericht im Radio entnehmen, ob sie am nächsten Tag segeln gehen kann.

Kann in einer Radiosendung über die Einführung einer Fußgängerzone verstehen, welche für ihn relevanten Änderungen vorgenommen werden.

Kann bei einer Sportübertragung im Radio die wichtigsten Informationen verstehen.

Kann die Hauptaussagen vieler Fernsehsendungen über Themen von persönlichem oder allgemeinem Interesse, die in klarer Standardsprache vermittelt werden, verstehen.

Kann in der „Tagesschau" Meldungen zu Umweltkatastrophen verstehen.

Kann in einer Fernsehreportage über ein fremdes Land kulinarische, kulturelle und landschaftliche Besonderheiten erfassen.

Kann die Ratschläge gegen eine Erkältung im „Ratgeber Gesundheit" verstehen.

Kann die Handlung und die Abfolge der Ereignisse in einem Ausschnitt eines Films oder Theaterstücks verstehen, wenn diese stark durch visuelle Elemente unterstützt werden.

Kann in einem Western die Motivation für die Taten des Helden verstehen.

Kann in einem Theaterstück verstehen, warum eine Frau ihren Partner verlässt.

Kann die Handlung und die Informationen zu einem Produkt in einem Werbespot verstehen.

Kann eine Argumentation über ein aktuelles oder vertrautes Thema in groben Zügen erfassen.

Kann in einer Diskussion von Arbeitskollegen die Argumente für oder gegen den Zeitausgleich von Überstunden verstehen.

Kann in einer Fernsehdiskussion die Argumente für oder gegen die Erhebung von Gebühren verstehen.

Kann auf einer Mieterversammlung den Argumenten für oder gegen die Einrichtung eines Spielplatzes folgen.

Kann einfache Informationen von unmittelbarer Bedeutung verstehen.

Kann am Telefon einfache Informationen über Ankunftszeiten oder Treffpunkte verstehen.

Kann am Bankschalter verstehen, wann die Kontoauszüge geschickt werden.

Kann im Unterricht Informationen zur Prüfungsvorbereitung oder zu Unterrichtszeiten verstehen.

Kann am Schalter oder am Telefon einfache Informationen über die Kundenbedürfnisse verstehen.

Globale Kannbeschreibungen: Rezeption schriftlich

Kann dank eines ausreichend großen Wortschatzes viele Texte zu Themen des Alltagslebens wie Familie, Hobbys, Interessen, Arbeit, Reisen und Tagesereignisse verstehen.

Kann in alltäglichen Texten oft gebrauchte Wendungen verstehen.

Kann unkomplizierte Texte über Themen, die mit seinen/ihren Fach- oder Interessengebieten in Zusammenhang stehen, ausreichend verstehen.

Detaillierte Kannbeschreibungen *mit Beispielen:* Rezeption schriftlich

Kann einer einfachen Anleitung folgen.

Kann den Beipackzetteln von Medikamenten Informationen über Einnahmezeiten entnehmen.

Kann eine Bedienungsanweisung auf einem Fahrscheinautomaten verstehen.

Kann in einem Textverarbeitungsprogramm die Hilfefunktion nutzen, um einen Text zu formatieren.

Kann Beschreibungen von vertrauten oder ihn/sie persönlich interessierenden Dingen und Sachverhalten verstehen.

Kann in einem Werbeprospekt eine Produktbeschreibung verstehen.

Kann in einem Reiseführer die Hauptinformationen von Beschreibungen zu einzelnen Sehenswürdigkeiten verstehen.

Kann in Stellenanzeigen die Tätigkeitsbeschreibungen verstehen.

Kann in einer Geschichte die Handlung verstehen, wenn sie klar gegliedert ist, und erkennen, welche die wichtigsten Personen, Episoden und Ereignisse sind.

Kann verschiedene Handlungsstränge in einem Märchen und die Moral am Schluss des Märchens verstehen.

Kann in einer Kurzgeschichte die Beziehungen der Hauptpersonen und ihre Gefühle zueinander verstehen.

Kann in einem Krimi die Handlungsstränge erfassen und den Personen zuordnen.

Kann in kurzen Berichten oder Zeitungstexten wichtige Fakten und Informationen finden (z. B. wer was wo gemacht hat).

Kann in einer Zeitungsmeldung über einen Banküberfall verstehen, wie sich der Überfall abgespielt hat.

Kann in einer kurzen Biografie über einen Schriftsteller die wichtigsten Ereignisse verstehen.

Kann in einem Protokoll über eine Geschäftssitzung verstehen, wer mit wem welche Entscheidungen getroffen hat.

Kann kurzen verbindlichen Texten, die für die Öffentlichkeit bestimmt sind, relevante Informationen entnehmen.

Kann einer Benutzungsordnung für öffentliche Sportanlagen die wichtigsten Verhaltensregeln entnehmen.

Kann in einer Verordnung über die Müllentsorgung verstehen, wie der Müll zu trennen ist.

Kann in einem Merkblatt der Ausländerbehörde verstehen, welche Dokumente er mitbringen muss und welche einzelnen Schritte zu tun sind.

Kann die Hauptpunkte von Verträgen des alltäglichen Lebens verstehen.

Kann die Zahlungsbedingungen in einem Leasingvertrag verstehen.

Kann in einem Mietvertrag verstehen, wie hoch die Kaution ist und wie die Miete zu zahlen ist.

Kann in einem Arbeitsvertrag verstehen, welchen Urlaubsanspruch sie hat und wie die Kündigungsfristen sind.

Kann einfache Standardbriefe verstehen.

Kann ein Beschwerdeschreiben eines Nachbarn wegen Ruhestörung im Haus verstehen.

Kann eine Ankündigung zu einer Geschäftsversammlung verstehen.

Kann in einem Brief, in dem sich eine neue Firma vorstellt, verstehen, was diese Firma macht und was sie anbietet.

Kann literarische Texte lesen, die im Wesentlichen auf dem Grundwortschatz und einer einfachen konkreten Handlung basieren.

Kann eine Fabel, die in seinem Lehrbuch steht, verstehen.

Kann einen Krimi, der für fremdsprachliche Lerner vereinfacht oder für diese geschrieben wurde, verstehen.

Kann eine Kurzgeschichte über eine Ballonfahrt verstehen.

Kann in Texten zu aktuellen oder vertrauten Themen die Grundaussagen und wichtige Argumente erfassen.

Kann in einem Zeitschriftenartikel über das Rauchen verstehen, welche Faktoren ein Risiko für die Gesundheit sind.

Kann anhand der Kommentare anderer in einer Newsgroup einschätzen, ob ein neues Computerspiel gut ist.

Kann in einem Schreiben des Betriebsrats der Argumentation über die Einführung neuer Arbeitszeiten folgen.

Kann längere Texte zu aktuellen Themen oder solchen aus dem eigenen Interessengebiet nach gewünschten Informationen durchsuchen.

Kann für ein Kurzreferat die wichtigsten Informationen über ein neues Produkt aus verschiedenen Texten zusammenfassen.

Kann für ein Kurzreferat im Unterricht verschiedene Zeitungstexte über die politische Situation in Österreich auswerten.

Kann in einem Gesundheitsratgeber nachschlagen, was er gegen häufige Kopfschmerzen tun kann.

Kann sich in Online-Zeitschriften über neueste Musik-CDs und Musikgruppen informieren.

Kann die wichtigsten Informationen in alltäglichen informierenden Texten verstehen.

Kann sich in einem Prospekt von einem Fremdenverkehrsamt über Freizeitangebote informieren.

Kann in einem Werbeschreiben von der Bank die Vorteile der verschiedenen Sparangebote verstehen.

Kann einen Rezeptvorschlag auf einer Lebensmittelverpackung verstehen.

Kann einfache Anzeigen mit klaren Informationen und wenigen Abkürzungen verstehen.

Kann sich in Wohnungsanzeigen über den Preis, die Ausstattung und die Lage einer Wohnung informieren.

Kann in einer Stellenanzeige aus ihrem Arbeitsbereich das Firmenprofil, die Anforderungen und die Leistungen des Arbeitgebers verstehen.

Kann im Anzeigenteil einer Zeitung eine günstige Waschmaschine mit Garantie finden.

Globale Kannbeschreibungen: Produktion mündlich

Kann sich dank eines ausreichend großen Repertoires an Wörtern und Wendungen und manchmal mit Hilfe von Umschreibungen über die meisten Themen des eigenen Alltagslebens (z. B. Familie, Hobbys, Interessen, Arbeit, Reisen, aktuelle Ereignisse) äußern.

Kann in vorhersehbaren vertrauten Situationen ein breites Spektrum einfacher sprachlicher Mittel flexibel einsetzen, um das Wesentliche von dem, was er/sie sagen möchte, auszudrücken.

Kann bei Schwierigkeiten, die während des Sprechens auftreten, meist neu ansetzen und eigene Fehler teilweise selbst erkennen und korrigieren.

Kann seine/ihre Ausdrucksweise auch weniger vorhersehbaren Situationen anpassen.

Kann sich relativ flüssig verständlich ausdrücken, wobei er/sie Pausen macht, um die Äußerungen zu planen oder zu korrigieren, vor allem, wenn er/sie längere Zeit frei spricht.

Kann in seinen/ihren Ausführungen über vertraute Themen einzelne Elemente zu einem zusammenhängenden Text verbinden.

Kann seine/ihre Äußerungen mit den wichtigsten Konnektoren verbinden, wobei längere Ausführungen aber noch sehr sprunghaft bleiben können.

Kann unkomplizierte Geschichten oder Beschreibungen wiedergeben, indem er/sie die einzelnen inhaltlichen Punkte miteinander verknüpft.

Kann sich mit guter Beherrschung eines Grundwortschatzes zu allgemeinen Themen äußern, wobei er/sie bei komplexeren Sachverhalten oder in weniger vertrauten Situationen noch elementare Fehler macht.

Kann in vertrauten Situationen ein begrenztes Repertoire von häufig verwendeten Strukturen ausreichend korrekt anwenden.

Kann sich in vertrauten Situationen ausreichend korrekt äußern, wobei Fehler vorkommen können, die aber im Allgemeinen das Verständnis nicht stören.

Kann in Bezug auf Aussprache und Intonation so verständlich und klar sprechen, dass es trotz eines erkennbaren Akzents und manchmal vorkommender Aussprachefehler nur vereinzelt zu Verständnisproblemen kommt.

Detaillierte Kannbeschreibungen *mit Beispielen:* Produktion mündlich

Kann ihm/ihr vertraute oder ihn/sie persönlich interessierende Dinge oder Personen einfach und klar beschreiben.

Kann die verschiedenen Zimmerkategorien in einem Hotel beschreiben.

Kann seine Heimatstadt beschreiben.

Kann im Freundeskreis ihr neues Zimmer und die Mitbewohner in der Wohngemeinschaft beschreiben.

Kann seinen Arbeitsplatz beschreiben.

Kann Träume, Gefühle und Ziele einfach beschreiben.

Kann sagen, was er sich von einem neuen Arbeitsplatz erhofft.

Kann beschreiben, wie er sich sein Traumhaus vorstellt.

Kann die Ziele beschreiben, die er sich für einen Sprachkurs gesetzt hat.

Kann seine/ihre Ansichten, Pläne oder Handlungen begründen oder erklären.

Kann seine Meinung über ein neues Programm, dass das Telefon durch computergesteuerte Stimmenübertragung ersetzt, äußern.

Kann einleitend vor einer internen Besprechung seinen Kolleginnen die Tagesordnungspunkte kurz ankündigen und deren Abfolge begründen.

Kann am Arbeitsplatz die nächsten Arbeitsschritte erklären und deren Abfolge begründen.

Kann Freunden seine Urlaubspläne schildern.

Kann im Unterricht erklären, warum sie den Kurs besucht.

Kann über Alltagsthemen oder speziellere Themen aus dem eigenen Erfahrungsbereich in verständlicher Weise sprechen und eine Meinung dazu äußern.

Kann im Unterricht über Traditionen des Heimatlandes berichten und diese kommentieren.

Kann nach einem gemeinsamen Kinobesuch seine Meinung über den Film äußern.

Kann Freunden wichtige Merkmale der politischen Situation in seinem Heimatland schildern und seine Meinung dazu äußern.

Kann verständlich beschreiben, wie man etwas macht.

Kann in einer kurzen Präsentation über verschiedene Küchengeräte den Kunden die Funktion und Bedienung der Geräte erklären.

Kann erklären, wie man seinen Fotoapparat bedient.

Kann in einer kurzen Präsentation ihren Arbeitskolleginnen die Bedienung eines ihr bekannten Kopierers erklären.

Kann einem Freund die Zubereitung einer Speise erklären, die sie schon öfter zubereitet hat.

Kann routinemäßig und flüssig Zahlenangaben machen.

Kann bei einer Produktpräsentation Mengenangaben und Jahreszahlen fließend aussprechen.

Kann Informationen zur Person (z. B. Geburtsdaten, Telefonnummern) ohne große Probleme wiedergeben.

Kann in einer Darstellung seines Heimatlandes Prozentwerte zu unterschiedlichen Aspekten (z. B. Arbeitslosenzahlen) flüssig vortragen.

Kann im Zug über Lautsprecher bei einer Verspätung die neuen Abfahrts- und Ankunftszeiten durchgeben.

Kann über Erfahrungen und Ereignisse berichten und dabei Reaktionen und Meinungen einbeziehen.

Kann nach einem Urlaub in Bhutan erzählen, was er gemacht hat, als sein Rückflug gestrichen wurde.

Kann über ein Fußballspiel berichten und seinen Ärger über die schlechte Leistung einer Mannschaft äußern.

Kann von einem Vorstellungsgespräch erzählen und dabei eigene Einschätzungen formulieren.

Kann eine einfache Geschichte erzählen.

Kann Freunden eine landestypische Sage erzählen.

Kann eine ihr bekannte Familiengeschichte erzählen.

Kann am Arbeitsplatz eine Geschichte vom letzten Betriebsausflug erzählen.

Kann einfache Informationen von unmittelbarer Bedeutung wiedergeben und deutlich machen, welcher Punkt für ihn/sie am wichtigsten ist.

Kann im Unterricht in einem kurzen Referat seine Hobbys vorstellen und dabei deren Vorteile deutlich machen.

Kann Informationen über ein Computerspiel geben und die wichtigsten Vor- und Nachteile deutlich machen.

Kann in einem kurzen Arbeitsbericht die erledigten Arbeitsschritte darstellen und hervorheben, was noch zu tun ist.

Kann verständlich Vermutungen anstellen.

Kann in der Pause eines Films seine Vermutungen über den Fortgang äußern.

Kann nach einer Diskussion über die politische Lage in einem Land einem Freund ihre Vermutungen zur Weiterentwicklung der Situation schildern.

Kann ein Foto beschreiben und Vermutungen darüber anstellen, was passiert ist oder wer das Foto wann und in welcher Situation gemacht hat.

Kann Informationen oder Ideen verständlich vortragen und diese mit einfachen Argumenten stützen.

Kann in einem Kurzreferat im Unterricht sein Heimatland vorstellen und kritische Äußerungen zur wirtschaftlichen oder politischen Lage mit Argumenten belegen.

Kann in einer kurzen Präsentation seinen Job als Kellner beschreiben und die Abfolge der einzelnen Arbeitsschritte erklären und begründen.

Kann bei der Prüfung den Inhalt eines Buches kurz wiedergeben und die Wahl des Buches begründen.

Kann unkomplizierte Texte selbstständig zusammenfassen.

Kann beim Abendessen unter Freunden die Handlung eines Films zusammenfassend erzählen und sagen, wie er ihm gefallen hat.

Kann zur Präsentation des Heimatlandes Informationen aus Werbeprospekten sammeln, die wichtigsten Aspekte zusammenfassen und diese kommentieren.

Kann im Arbeitsteam die wichtigsten Punkte einer Produktpräsentation zusammenfassen und diese bewerten.

Kann in alltäglichen oder vertrauten Situationen einen kurzen eingeübten Text vortragen.

Kann einleitend vor einer Produktpräsentation möglichen Kunden den Ablauf der Veranstaltung erklären und deren Abfolge begründen.

Kann einleitend vor einer Betriebsbesichtigung den Besuchern den Ablauf der Besichtigung erklären und deren Abfolge begründen.

Kann bei einer Hochzeit eines Kurskollegen einen musikalischen Beitrag, den man mit den anderen Kursteilnehmern eingeübt hat, ankündigen.

Kann im Zug über Lautsprecher mit einem eingeübten Ansagetext die Reisenden begrüßen, auf den Speisewagen hinweisen und die nächsten Haltestellen bekannt geben.

Kann eine kurze Abschiedsrede für einen Kollegen halten, in der sie ihm für die Zusammenarbeit dankt und ihm alles Gute wünscht.

Globale Kannbeschreibungen: Produktion schriftlich

Kann dank eines ausreichend großen Repertoires an Wörtern und Wendungen und manchmal mit Hilfe von Umschreibungen über die meisten Themen des eigenen Alltagslebens (z. B. Familie, Hobbys, Interessen, Arbeit, Reisen, aktuelle Ereignisse) schreiben.

Kann über vertraute Themen und persönliche Interessengebiete einfache, zusammenhängende Texte oder kommentierte Stichwortzettel schreiben.

Kann unkomplizierte, zusammenhängende schriftliche Texte zu vertrauten Themen aus seinem/ihrem Interessengebiet verfassen.

Kann in seinen/ihren Texten über vertraute Themen einfache sprachliche Mittel flexibel einsetzen und damit seine/ihre Aussagen variieren.

Kann ein breites Spektrum einfacher sprachlicher Mittel flexibel einsetzen, um das Wesentliche von dem, was er/sie sagen möchte, auszudrücken.

Kann in einer schriftlichen Erzählung Einzelelemente zu einem zusammenhängenden Text verbinden.

Kann über ein vertrautes Thema einen gegliederten Text schreiben und die Hauptpunkte deutlich hervorheben.

Kann in seinen/ihren schriftlichen Texten eine Reihe von grammatischen Strukturen korrekt verwenden, wobei auch beim Auftreten von Fehlern die Verständlichkeit nicht beeinträchtigt ist.

Kann in schriftlichen Texten zu vertrauten Themen oder von persönlichem Interesse ein begrenztes Repertoire von häufig verwendeten Wörtern und Strukturen ausreichend korrekt einsetzen.

Kann seine/ihre orthographischen Kenntnisse so korrekt anwenden, dass er/sie wenig Fehler macht.

Detaillierte Kannbeschreibungen *mit Beispielen:* Produktion schriftlich

Kann ihm/ihr vertraute oder ihn/sie persönlich interessierende Dinge einfach und klar beschreiben.

Kann in einer E-Mail einem eingeladenen Gast kurze Erklärungen zum eigenen Wohnort geben.

Kann für eine Schüler- oder Klubzeitung ihre Heimatstadt beschreiben.

Kann in einem Arbeitsbericht ihren Arbeitsplatz beschreiben.

Kann Träume, Gefühle und Ziele einfach beschreiben.

Kann in ihrem Schultagebuch festhalten, was sie beschäftigt und wie sie über dieses Problem denkt.

Kann in einem Schreiben an eine Sprachschule seine Lernziele beschreiben.

Kann in einem Aufsatz ihre Träume beschreiben.

Kann seine/ihre Ansichten, Pläne oder Handlungen aufzeichnen und begründen oder erklären.

Kann einen kurzen Aufsatz über einen Film schreiben und darin seine Ansichten über den Film äußern.

Kann in einem kurzen Arbeitsbericht begründen, warum sie ein Angebot zum Einkauf eines neuen Produkts abgelehnt hat.

Kann in einem persönlichen Brief an einen Freund seine Studienabsichten und -ziele erklären.

Kann ausreichend genau über Erfahrungen und Ereignisse berichten und dabei Reaktionen und Meinungen beschreiben.

Kann in einer Erzählung über eine Reise ihre Erfahrungen wiedergeben und kommentieren.

Kann für eine Schülerzeitung über ein Konzert berichten und ihren Ärger über die schlechte Akustik äußern.

Kann in einem Leserbrief für eine Kurszeitung seine persönlichen Erfahrungen und Eindrücke beim Lesen eines neuen Buches formulieren.

Kann über Alltagsthemen und über speziellere Themen aus dem eigenen Erfahrungsbereich einfache Texte schreiben und darin persönliche Ansichten und Meinungen ausdrücken.

Kann das Bildungssystem ihres Heimatlandes beschreiben und kommentieren.

Kann in einem Aufsatz über seine derzeitige Studiensituation und seine Berufswünsche schreiben.

Kann in einer kurzen Stellungnahme über Maßnahmen für den Umweltschutz schreiben und diese kommentieren.

Kann über die wichtigsten Einzelheiten eines unvorhergesehenen Ereignisses berichten.

Kann für die Versicherung einen einfachen Unfallbericht verfassen.

Kann seinem Arbeitgeber in einem Kurzbericht schildern, warum er den Rückflug verpasst hat.

Kann in einem Aufsatz beschreiben, wie sie eine Urlaubsreise gewonnen hat.

Kann eine einfach strukturierte Geschichte erzählen, indem er/sie die einzelnen Punkte linear aneinander reiht.

Kann eine Erzählung über Erlebnisse bei der ersten Auslandsreise verfassen.

Kann in einem Brief an einen Freund erzählen, was er am vergangenen Wochenende gemacht hat.

Kann für eine Kurszeitung eine fiktive Geschichte über Erfahrungen und Eindrücke von Außerirdischen bei einem Erdenbesuch schreiben.

Kann einfache Informationen von unmittelbarer Bedeutung festhalten und deutlich machen, welcher Punkt für ihn/sie am wichtigsten ist.

Kann in einem kurzen Text die für ihn wichtigsten Sehenswürdigkeiten seiner Stadt beschreiben.

Kann auf einem Hand-out für ein Referat über ein Buch die ihm wichtigsten Informationen hervorheben.

Kann in einem kurzen Arbeitsbericht die erledigten Arbeitsschritte darstellen und hervorheben, was noch zu tun ist.

Kann unkomplizierte Texte selbstständig zusammenfassen.

Kann für seine Urlaubsplanung wichtige Informationen zu einem Ferienort aus dem Internet und aus Prospekten zusammenfassen.

Kann in einem Aufsatz die Ergebnisse einer Umfrage (z. B. zum Thema „Rauchverbot in Restaurants") zusammenfassen.

Kann für einen Kurzbericht zu einem neuen Produkt verschiedene Artikel in unterschiedlichen (Fach-)Zeitschriften auswerten.

Kann zu einem ihm/ihr vertrauten Thema Notizen machen, die für seinen/ihren späteren Gebrauch ausreichend genau sind.

Kann als Vertreter einer Firma zur Vorbereitung einer Präsentation die wichtigsten Informationen stichwortartig auf Folien festhalten.

Kann sich während eines Vortrags über die Schweiz die wichtigsten Informationen in Stichworten notieren.

Kann die wichtigsten Ergebnisse einer Besprechung in Stichworten festhalten.

Kann zur Vorbereitung eines Referats die wichtigsten Informationen aus einem Text notieren.

Kann eine einfache Anzeige verfassen.

Kann bei der Arbeitssuche eine Anzeige verfassen, in der er seine persönlichen Stärken beschreibt und Wünsche formuliert.

Kann beim Verlassen des Gastlandes eine Anzeige verfassen, in der er seine Wohnung anbietet.

Kann am schwarzen Brett eine Suchanzeige für ein Sprachentandem aushängen, in der sie ihre Hobbys und persönlichen Vorlieben beschreibt.

Globale Kannbeschreibungen: Sprachmittlung mündlich aus dem Deutschen

Kann wichtige Inhalte und Teile deutschsprachiger Äußerungen zu Themen des Alltagslebens (z. B. Familie, Hobbys, Interessen, Arbeit, Reisen, Tagesereignisse), die langsam und in Standardsprache gesprochen werden, anderen Personen in der gemeinsamen Sprache erklärend weitergeben.

Kann wichtige Inhalte aus mündlichen deutschen Texten über aktuelle oder vertraute Themen, die langsam und in Standardsprache gesprochen werden, anderen Personen in der gemeinsamen Sprache erklärend weitergeben.

Kann eventuell mit Hilfe eines Wörterbuches wichtige Inhalte und Teile schriftlicher deutscher Texte zu Themen des Alltagslebens (z. B. Familie, Hobbys, Interessen, Arbeit, Reisen, Tagesereignisse) anderen Personen in der gemeinsamen Sprache erklärend weitergeben.

Kann eventuell mit Hilfe eines Wörterbuches Meinungen und wichtige Inhalte aus klar strukturierten längeren schriftlichen deutschen Texten, die von persönlichem oder aktuellem Interesse sind, anderen Personen in der gemeinsamen Sprache erklärend weitergeben.

Detaillierte Kannbeschreibungen *mit Beispielen:* Sprachmittlung mündlich aus dem Deutschen

Kann wichtige Teile eines längeren mündlichen deutschsprachigen Textes zu vertrauten oder ihn/sie interessierenden Themen anderssprachigen Personen in der gemeinsamen Sprache ausreichend genau weitergeben.

Kann eine deutschsprachige Nachricht auf dem Anrufbeantworter über die Gründe einer Terminverschiebung einer Arbeitskollegin in der gemeinsamen Sprache weitergeben.

Kann auf der Stadtrundfahrt einige deutschsprachige Informationen zu bestimmten Bauwerken einem Mitreisenden in der gemeinsamen Sprache weitergeben.

Kann am Arbeitsplatz wichtige Informationen eines deutschsprachigen Videobeitrages zu einem neuen Produkt einer Vorgesetzten in der gemeinsamen Sprache weitergeben.

Kann einfache mündliche deutschsprachige Anweisungen anderssprachigen Personen in der gemeinsamen Sprache schrittweise und verständlich weitergeben.

Kann die Erklärungen der deutschsprachigen Reiseleiterin, wie sich die Gruppe beim Besuch der Kirche verhalten soll, einer Freundin in der gemeinsamen Sprache weitergeben.

Kann die Erklärung einer deutschsprachigen Vorgesetzten, wie Poststücke zu versenden sind, einer Arbeitskollegin Schritt für Schritt in der gemeinsamen Sprache weitergeben.

Kann bei einem Behördengang die Erklärungen der deutschsprachigen Beamtin, wie und mit welchen Unterlagen ein Antrag einzureichen ist, einer Freundin in der gemeinsamen Sprache weitergeben.

Kann einige wichtige Informationen aus einem auf Deutsch geführten Gespräch über ein vertrautes Thema anderssprachigen Personen in der gemeinsamen Sprache weitergeben.

Kann nach einer deutschsprachigen Fernsehdiskussion über Essstörungen die wichtigsten Punkte, die als Ursachen für diese Krankheiten genannt wurden, einer interessierten Kollegin in der gemeinsamen Sprache weitergeben.

Kann die wichtigsten Beiträge einer auf Deutsch geführten Diskussion zum Thema „Sicherheit im Straßenverkehr" einem Bekannten in der gemeinsamen Sprache weitergeben.

Kann für eine Gaststudentin die wichtigsten Argumente einer deutschsprachigen Diskussion gegen die Erhöhung von Studiengebühren in der gemeinsamen Sprache zusammenfassen.

Kann einfache schriftliche deutschsprachige Anweisungen und Verordnungen anderssprachigen Personen in der gemeinsamen Sprache weitergeben.

Kann aus einem deutschsprachigen Kochbuch Erklärungen zu den einzelnen Arbeitsschritten eines Rezeptes einer Freundin in der gemeinsamen Sprache weitergeben.

Kann aus einer Zeitschrift eine einfache deutschsprachige Bastelanleitung einem befreundeten Kind Schritt für Schritt in der gemeinsamen Sprache weitergeben.

Kann einem Mitbewohner die wichtigsten Punkte aus der deutschsprachigen Verordnung über die Mülltrennung in der gemeinsamen Sprache weitergeben.

Kann wichtige Informationen aus listenähnlichen deutschsprachigen Texten zu vertrauten Themen anderssprachigen Personen in der gemeinsamen Sprache weitergeben.

Kann am Arbeitsplatz die meisten Begriffe des deutschsprachigen Firmenkatalogs einer Kundin in der gemeinsamen Sprache erklären.

Kann viele Begriffe aus einem deutschsprachigen Laborbericht einer Mitstudentin in der gemeinsamen Sprache erklären.

Kann am Arbeitsplatz wichtige Stationen eines deutschsprachigen Lebenslaufes einem Vorgesetzten in der gemeinsamen Sprache weitergeben.

Kann wichtige Inhalte geläufiger deutschsprachiger Schreiben anderssprachigen Personen in der gemeinsamen Sprache weitergeben.

Kann wichtige Detailinformationen aus einem persönlichen deutschsprachigen Brief (z. B. genauer Treffpunkt während einer Reise) einer Freundin in der gemeinsamen Sprache weitergeben.

Kann einem Arbeitskollegen wichtige Abschnitte einer deutschsprachigen Offerte in der gemeinsamen Sprache sinngemäß weitergeben.

Kann einem Studienkollegen wichtige Teile eines deutschsprachigen Informationsschreibens zu einem Austauschprogramm in der gemeinsamen Sprache weitergeben.

Kann wichtige Inhalte aus deutschsprachigen informierenden schriftlichen Texten zu Themen von persönlichem oder allgemeinem Interesse anderssprachigen Personen in der gemeinsamen Sprache weitergeben.

Kann wichtige Informationen aus einer deutschsprachigen Zeitschrift über die politische Lage in ihrem Land einem Kollegen in der gemeinsamen Sprache weitergeben.

Kann die Hauptinformationen aus einer deutschsprachigen Zeitungsmeldung zum Thema „Sport und Doping" einer Kollegin in der gemeinsamen Sprache weitergeben.

Kann wichtige Informationen aus einem deutschsprachigen Zeitschriftenbeitrag über Studienaustauschmöglichkeiten in Europa einer Freundin in der gemeinsamen Sprache weitergeben.

Globale Kannbeschreibungen: Sprachmittlung mündlich aus einer anderen Sprache

Kann die wichtigsten Aussagen von längeren schriftlichen Texten einer anderen Sprache, die ein Thema aus dem persönlichen Interessengebiet betreffen, mit einfachen Formulierungen oder mit Hilfe eigener Notizen an Deutschsprachige auf Deutsch weitergeben.

Kann die wichtigsten Inhalte von anderssprachigen schriftlichen Texten, die von persönlichem oder aktuellem Interesse sind, mit einfachen Formulierungen und manchmal mit Hilfe von Umschreibungen an Deutschsprachige auf Deutsch weitergeben, auch wenn er/sie manchmal für präzise Formulierungen die Hilfe der deutschsprachigen Partner oder ein Wörterbuch braucht.

Kann aus anderssprachigen mündlichen Texten zu Themen von persönlichem oder aktuellem Interesse wichtige Aussagen mit einfachen Formulierungen oder mit Hilfe von Umschreibungen an Deutschsprachige auf Deutsch weitergeben, auch wenn er/sie manchmal für präzise Formulierungen die Hilfe der deutschsprachigen Partner braucht.

Detaillierte Kannbeschreibungen *mit Beispielen:* Sprachmittlung mündlich aus einer anderen Sprache

Kann die wichtigsten Informationen über Dinge und Sachverhalte von unmittelbarer Bedeutung aus anderssprachigen mündlichen Texten Deutschsprachigen vereinfacht und verständlich auf Deutsch weitergeben.

Kann im Rahmen eines Austauschprogramms anderssprachige Erklärungen zum Programm und zur Organisation einem deutschsprachigen Gast sinngemäß auf Deutsch weitergeben.

Kann während einer kurzen anderssprachigen Diskussion am Arbeitsplatz die wichtigsten Äußerungen des Chefs für eine deutschsprachige Kollegin sinngemäß auf Deutsch zusammenfassen.

Kann an der Rezeption die anderssprachigen Erklärungen der Auskunftsperson zu bestimmten Sehenswürdigkeiten für deutschsprachige Freunde mit einfachen Worten auf Deutsch zusammenfassen.

Kann wichtige Informationen einer anderssprachigen kurzen mündlichen Durchsage oder Mitteilung Deutschsprachigen mit einfachen Worten ausreichend genau auf Deutsch weitergeben.

Kann im Museum Teile einer anderssprachigen Durchsage (z. B. Dank für den Besuch und Hinweis auf Schließung) einer deutschsprachigen Touristin vereinfacht auf Deutsch weitergeben.

Kann während einer Autofahrt wichtige Einzelheiten einer kurzen anderssprachigen Radiomeldung (z. B. zum Wetter oder zur Verkehrssituation) einem deutschsprachigen Mitreisenden zusammengefasst auf Deutsch weitergeben.

Kann anderssprachige Erklärungen des Kellners zu Menüvorschlägen einem deutschsprachigen Gast auf Deutsch erklären.

Kann aus anderssprachigen schriftlichen informierenden Texten wichtige Inhalte zu Themen von persönlichem oder aktuellem Interesse Deutschsprachigen einfach und verständlich auf Deutsch weitergeben.

Kann wichtige Informationen aus einem anderssprachigen Zeitungsartikel über die politische Lage in Europa einem deutschsprachigen Kollegen mit einfachen Worten auf Deutsch weitergeben.

Kann die Hauptinformationen einer anderssprachigen Internetseite zum Thema „Freizeit" (z. B. Rangliste wichtiger Freizeitbeschäftigungen) einer deutschsprachigen Freundin auf Deutsch weitergeben.

Kann an der Hotelrezeption anderssprachige Hintergrundinformationen aus einem Prospekt zum Kulturangebot (z. B. zu Musik- oder Theaterveranstaltungen) einem deutschsprachigen Besucher vereinfacht auf Deutsch weitergeben.

Kann einfache schriftliche anderssprachige Anweisungen Deutschsprachigen verständlich auf Deutsch weitergeben.

Kann einfache Informationen zu einem Rezept aus einem anderssprachigen Kochbuch (z. B. Zutaten, Mengenangaben und wichtige Arbeitsschritte) einer deutschsprachigen Freundin auf Deutsch weitergeben.

Kann am Arbeitsplatz die wichtigsten Schritte für die korrekte Bedienung des Kopierers aus einer anderssprachigen Bedienungsanleitung einer deutschsprachigen Kollegin auf Deutsch weitergeben.

Kann einzelne Schritte einer schriftlichen anderssprachigen Montageanleitung zu einem Möbelstück einem deutschsprachigen Freund auf Deutsch erklären.

Kann wichtige Inhalte geläufiger anderssprachiger Schreiben Deutschsprachigen verständlich auf Deutsch weitergeben.

Kann wichtige Abschnitte einer anderssprachigen Offerte von einer Umzugsfirma einer deutschsprachigen Kollegin auf Deutsch weitergeben.

Kann am Arbeitsplatz wichtige Abschnitte einer anderssprachigen amtlichen Vorladung einem deutschsprachigen Kollegen auf Deutsch weitergeben.

Kann einzelne Details einer anderssprachigen persönlichen Einladung zu einer Hochzeit (z. B. Möglichkeiten für Anreise und Übernachtung) einer deutschsprachigen Kollegin auf Deutsch weitergeben.

Globale Kannbeschreibungen: Sprachmittlung mündlich aus dem Deutschen ins Deutsche

Kann während oder nach einem deutschsprachigen Gespräch zu Themen von persönlichem oder aktuellem Interesse, in dem deutlich Standardsprache gesprochen wird, einzelne Wörter oder Ausdrücke anderen Personen einfach erklärend oder umschreibend auf Deutsch weitergeben.

Kann wichtige Aussagen aus einfachen, informierenden mündlichen deutschen Texten zu Themen von persönlichem oder aktuellem Interesse anderen Personen vereinfacht auf Deutsch weitergeben.

Detaillierte Kannbeschreibungen *mit Beispielen:* Sprachmittlung mündlich aus dem Deutschen ins Deutsche

Kann in vertrauten Situationen deutschsprachige Erklärungen und Anweisungen für andere Personen auf Deutsch vereinfachen.

Kann während oder nach einer Unterrichtsstunde umständliche deutschsprachige Erklärungen des Lehrers (eventuell mit Hilfe von Notizen) einer Studienkollegin auf einfache Weise auf Deutsch weitergeben.

Kann komplizierte deutschsprachige Äußerungen eines Mitschülers während einer Gruppenarbeit einer anderen Mitschülerin vereinfacht auf Deutsch weitergeben.

Kann komplizierte deutschsprachige Erklärungen in einem Reiseprospekt (z. B. in welchen Fällen die Preise reduziert sind) für eine Freundin auf einfache Art auf Deutsch umschreiben.

Kann wichtige Inhalte deutschsprachiger Fernsehbeiträge oder Filmszenen für andere Personen auf Deutsch vereinfachen.

Kann nach einem gemeinsamen Kinobesuch Teile einer deutschsprachigen Szene einer Mitstudentin vereinfacht auf Deutsch weitergeben.

Kann im Studentenheim den Inhalt einer deutschsprachigen Fernsehmeldung an Mitstudentinnen in groben Zügen auf Deutsch weitergeben.

Kann für einen Studienfreund die wichtigsten Stationen eines deutschsprachigen Videoclips über sein Hobby vereinfacht auf Deutsch zusammenfassen.

Kann wichtige Inhalte deutschsprachiger schriftlicher Texte über vertraute Themen für andere Personen auf Deutsch vereinfachen.

Kann wichtige Aussagen eines schriftlichen deutschsprachigen Interviews über ein aktuelles politisches Thema einer Mitbewohnerin im Studentenwohnheim zusammengefasst und vereinfacht auf Deutsch weitergeben.

Kann für einen Mannschaftskollegen einen deutschsprachigen Artikel in einer Sportzeitschrift über eine Krise in einem Fußballverein auf Deutsch vereinfachen.

Kann am Arbeitsplatz bei einem Gespräch über neue Computer Informationen aus einem Zeitschriftenartikel auf einfache Art für einen Kollegen auf Deutsch zusammenfassen und weitergeben.

Globale Kannbeschreibungen: Sprachmittlung mündlich zwischen dem Deutschen und einer anderen Sprache

Kann in einfachen Gesprächen zwischen deutschsprachigen und anderssprachigen Gesprächspartnern wichtige Fragen und Antworten zu Themen des Alltagslebens (z. B. Familie, Hobbys, Interessen, Arbeit, Reisen, Tagesereignisse) in beiden Sprachen wechselseitig weitergeben, wenn der deutschsprachige Gesprächspartner deutlich in Standardsprache spricht.

Kann in Gesprächen zwischen deutschsprachigen und anderssprachigen Gesprächspartnern wichtige Aussagen mit einfachen Wörtern und manchmal mit Hilfe von Umschreibungen in beiden Sprachen wechselseitig weitergeben, auch wenn der deutschsprachige Partner manchmal klärend nachfragen muss.

Detaillierte Kannbeschreibungen *mit Beispielen:* Sprachmittlung mündlich zwischen dem Deutschen und einer anderen Sprache

Kann in einem Gespräch zu einem vertrauten Thema zwischen deutschsprachigen und anderssprachigen Teilnehmern die wichtigsten Informationen in beiden Sprachen wechselseitig weitergeben.

Kann während des Besuchs einer Ausstellung Fragen und Eindrücke einer Kollegin und eines deutschsprachigen Gastes in beiden Sprachen wechselseitig sinngemäß zusammengefasst weitergeben.

Kann auf einem Fest in einem Gespräch des deutschsprachigen Gastgebers mit einem ausländischen Freund über die Wohnung wichtige Inhalte vereinfacht und in beiden Sprachen wechselseitig weitergeben.

Kann bei einem Gespräch über ihr Heimatland zwischen ihren Eltern, die zu Besuch sind, und einem deutschsprachigen Freund die Äußerungen in beiden Sprachen wechselseitig weitergeben.

Kann in einem einfachen Gespräch über aktuelle oder ihn/sie interessierende Themen zwischen deutschsprachigen und anderssprachigen Teilnehmern die wichtigsten Informationen in beiden Sprachen wechselseitig weitergeben.

Kann in einem Gespräch am Schalter zwischen dem deutschsprachigen Beamten und einem Freund helfen, ein Missverständnis zu klären, indem sie Fragen und Antworten zusammengefasst in beiden Sprachen wechselseitig weitergibt.

Kann während eines kurzen Gesprächs zwischen dem deutschsprachigen Chef und einer neuen Kollegin am Arbeitsplatz die wichtigsten Äußerungen in beiden Sprachen wechselseitig sinngemäß weitergeben.

Kann bei einem Ausflug im Rahmen eines Austauschprogramms Fragen eines Kollegen und Erklärungen der deutschsprachigen Touristenführerin mit einfachen Worten in beiden Sprachen wechselseitig weitergeben.

Globale Kannbeschreibungen: Sprachmittlung schriftlich aus dem Deutschen

Kann eventuell mit Hilfe eines Wörterbuches wichtige Punkte schriftlicher deutscher Texte, die von persönlichem oder aktuellem Interesse sind, für andere Personen in der gemeinsamen Sprache zusammengefasst in Stichworten notieren.

Kann wichtige Punkte einfach strukturierter deutschsprachiger Äußerungen, die von persönlichem oder aktuellem Interesse sind und langsam und in Standardsprache gesprochen werden, für andere Personen in der gemeinsamen Sprache in einfachen Stichworten notieren.

Detaillierte Kannbeschreibungen *mit Beispielen:* Sprachmittlung schriftlich aus dem Deutschen

Kann wichtige Aussagen deutschsprachiger informierender mündlicher Texte zu Themen von persönlichem oder aktuellem Interesse für anderssprachige Personen in der gemeinsamen Sprache notieren.

Kann wichtige Informationen einer deutschsprachigen Nachrichtensendung über einen Streik im Verkehrswesen und dessen Auswirkungen für eine Kollegin stichwortartig in der gemeinsamen Sprache notieren.

Kann wichtige Argumente einer deutschsprachigen Fernsehsendung über Vorsorge im Gesundheitsbereich für eine interessierte Freundin stichwortartig in der gemeinsamen Sprache notieren.

Kann wichtige Informationen aus einer Informationsveranstaltung über die Benutzung der Bibliothek an einer deutschen Universität für einen Freund stichwortartig in der gemeinsamen Sprache notieren.

Kann die Hauptpunkte schriftlicher deutschsprachiger Mitteilungen oder Anweisungen zu vertrauten Themen für anderssprachige Personen inhaltlich genau in der gemeinsamen Sprache notieren.

Kann die wichtigsten Informationen einer deutschsprachigen Bestellung per Fax für einen Kollegen auf einem Notizzettel in der gemeinsamen Sprache notieren.

Kann die wichtigsten Schritte einer deutschsprachigen Bedienungsanleitung für eine Freundin stichwortartig, aber klar gegliedert in der gemeinsamen Sprache notieren.

Kann die Hauptpunkte eines deutschsprachigen Protokolls (z. B. Anwesende, Entscheidungen, Termine) für eine Arbeitskollegin stichwortartig in der gemeinsamen Sprache notieren.

Kann die Hauptpunkte kurzer mündlicher deutschsprachiger Anweisungen, Aufforderungen oder Mitteilungen zu vertrauten Themen für anderssprachige Personen in der gemeinsamen Sprache inhaltlich genau notieren.

Kann am Telefon wichtige deutschsprachige Informationen zu einem neuen Produkt für eine vom Arbeitsplatz abwesende Kollegin in Stichworten in der gemeinsamen Sprache notieren.

Kann deutschsprachige Informationen im Radio zu einem Konzert (z. B. Ort, Datum, Uhrzeit und Interpreten) für einen Freund in der gemeinsamen Sprache stichwortartig notieren.

Kann im Hotel wichtige deutschsprachige Erklärungen und Hinweise zu einer Stadtbesichtigung für einen Besucher stichwortartig in der gemeinsamen Sprache notieren.

Kann wichtige Aussagen schriftlicher deutschsprachiger informierender Texte zu Themen von persönlichem oder aktuellem Interesse für anderssprachige Personen in der gemeinsamen Sprache notieren.

Kann wichtige Informationen eines deutschsprachigen Zeitschriftenartikels zur wirtschaftlichen Situation des Landes für eine Kollegin stichwortartig in der gemeinsamen Sprache notieren.

Kann wichtige Argumente einer deutschsprachigen Zeitungsmeldung für und gegen die Globalisierung für eine Mitstudentin stichwortartig in der gemeinsamen Sprache notieren.

Kann wichtige Informationen einer deutschsprachigen Internetseite über Studienmöglichkeiten an einer deutschen Universität für einen Freund stichwortartig in der gemeinsamen Sprache notieren.

Globale Kannbeschreibungen: Sprachmittlung schriftlich aus einer anderen Sprache

Kann die wichtigsten Inhalte von anderssprachigen schriftlichen Texten, die von persönlichem oder aktuellem Interesse sind, mit einfachen Formulierungen oder mit Hilfe eines Wörterbuches für Deutschsprachige auf Deutsch notieren.

Kann aus anderssprachigen mündlichen Texten zu Themen von persönlichem oder aktuellem Interesse wichtige Aussagen mit einfachen Formulierungen in Stichworten für Deutschsprachige auf Deutsch notieren.

Detaillierte Kannbeschreibungen *mit Beispielen:* Sprachmittlung schriftlich aus einer anderen Sprache

Kann wichtige Aussagen aus anderssprachigen schriftlichen informierenden Texten zu Themen von persönlichem oder aktuellem Interesse für Deutschsprachige vereinfacht oder in Stichworten auf Deutsch notieren.

Kann wichtige Informationen eines anderssprachigen Artikels im Internet zum Thema „Hunger in der Welt" für eine deutschsprachige Kollegin stichwortartig auf Deutsch notieren.

Kann wichtige Argumente aus einer anderssprachigen Zeitschrift zum Thema eines Kurzvortrages für eine deutschsprachige Mitstudentin stichwortartig auf Deutsch notieren.

Kann wichtige Informationen aus einer anderssprachigen Broschüre über Studienmöglichkeiten in Südamerika für einen deutschsprachigen Freund stichwortartig auf Deutsch notieren.

Kann wichtige Teile anderssprachiger schriftlicher Mitteilungen, Anweisungen oder Schreiben von persönlichem oder aktuellem Interesse für Deutschsprachige in Stichworten oder vereinfacht auf Deutsch notieren.

Kann am Arbeitsplatz die Hauptinformationen einer anderssprachigen Standardbestellung für einen deutschsprachigen Mitarbeiter mit einfachen Worten auf Deutsch notieren.

Kann die wichtigsten Schritte eines traditionellen anderssprachigen Kochrezeptes (z. B. aus einer Zeitschrift) für eine deutschsprachige Freundin mit einfachen Worten auf Deutsch notieren.

Kann mit Hilfe des Wörterbuches wichtige Teile aus einem anderssprachigen Artikel zu einem persönlichen Interessengebiet für eine deutschsprachige Studienkollegin stichwortartig auf Deutsch notieren.

Kann die Hauptpunkte anderssprachiger mündlicher Anweisungen, Aufforderungen oder Mitteilungen für Deutschsprachige in Stichworten oder vereinfacht auf Deutsch notieren.

Kann wichtige Informationen einer anderssprachigen Produktpräsentation für eine deutschsprachige Kollegin in Stichpunkten auf Deutsch notieren.

Kann wichtige Informationen einer längeren anderssprachigen Mitteilung auf dem Anrufbeantworter für eine deutschsprachige Mitbewohnerin auf einem Notizzettel auf Deutsch notieren.

Kann nach einer anderssprachigen Sitzung im Betrieb für einen abwesenden deutschsprachigen Kollegen in Stichworten eine Gesprächsnotiz auf Deutsch notieren.

Kann wichtige Aussagen anderssprachiger mündlicher informierender Texte zu Themen von persönlichem oder aktuellem Interesse für Deutschsprachige vereinfacht auf Deutsch notieren.

Kann beim Fernsehen für einen deutschsprachigen Arbeitskollegen anderssprachige Angaben zu Reiserouten und Empfehlungen eines Reisemagazins klar gegliedert auf Deutsch notieren.

Kann für deutschsprachige Studienkollegen die wichtigsten Meinungen einer anderssprachigen Podiumsdiskussion über „Essen im Mittelalter" in einem schriftlichen Bericht auf Deutsch zusammenfassen.

Kann für eine erkrankte deutschsprachige Freundin die wichtigsten Inhalte einer anderssprachigen Reportage über ein gemeinsames Hobby schriftlich auf Deutsch zusammenfassen.

3.2.4 Kannbeschreibungen B2

Globale Kannbeschreibungen: Interaktion mündlich

Kann seine/ihre Gesprächsbeiträge mit einigen komplexen Satzstrukturen gestalten, wobei er/sie manchmal auch erkennbare Pausen macht, um nach Wörtern oder Strukturen zu suchen.

Kann sich in Gesprächen mit einem ausreichend breiten Spektrum an Redemitteln zu verschiedenen allgemeinen Themen oder zu seinem/ihrem Fach- oder Interessengebiet klar äußern.

Kann sich in vertrauten Situationen aktiv an informellen Diskussionen beteiligen, dabei Stellung nehmen und eigene Standpunkte darlegen.

Kann sich in formellem und informellem Stil der jeweiligen Gesprächssituation entsprechend angemessen ausdrücken.

Kann sich aktiv an längeren Gesprächen über die meisten Themen von allgemeinem Interesse beteiligen und dabei auch selbst die Initiative für Sprecher- oder Themenwechsel übernehmen.

Kann mit einem ausreichend breiten Spektrum an passenden Redemitteln ein Gespräch beginnen, in Gang halten und beenden und angemessen zwischen Hörer- und Sprecherrolle wechseln.

Kann in einem Gespräch bei Ausdrucksschwierigkeiten problemlos neu ansetzen und erkannte Fehler meist selbst korrigieren.

Kann in Gesprächen die Formulierungen für das, was er/sie sagen möchte, variieren und sich dem jeweiligen Gesprächsverlauf anpassen.

Kann in Gesprächen Formulierungen variieren, um häufige Wiederholungen zu vermeiden oder seine/ihre Aussagen zu präzisieren.

Kann sich so spontan und fließend verständigen, dass ein normales Gespräch mit deutschsprachigen Gesprächspartnern ohne größere Anstrengung auf beiden Seiten gut möglich ist.

Kann in Gesprächen zu Themen aus dem eigenen Interessengebiet eine Argumentation aufbauen und die einzelnen Argumente aufeinander beziehen.

Kann seine/ihre Äußerungen durch eine Reihe von Konnektoren und anderen Mitteln der Textverknüpfung klar und zusammenhängend verbinden, wobei längere Redebeiträge noch etwas sprunghaft bleiben können.

Kann in seinem/ihrem Fach- und Interessengebiet relativ sicher eine größere Anzahl von komplexeren Sachinformationen austauschen.

Kann sich in Gesprächen ausreichend genau zu verschiedenen Themen äußern, wobei es zu falscher Wortwahl oder zu Verwechslungen kommen kann, die jedoch die Kommunikation nicht behindern.

Kann sich in Gesprächen grammatikalisch so korrekt ausdrücken, dass kaum das Verständnis störende Fehler entstehen.

Kann in Gesprächen ein breites Spektrum an grammatischen Strukturen korrekt anwenden, wobei gelegentlich Fehler oder Mängel im Satzbau auftreten, die er/sie jedoch meist selbst korrigieren kann.

Kann klar und gut verständlich sprechen und die Intonation richtig einsetzen, auch wenn ein fremder Akzent hörbar ist.

Detaillierte Kannbeschreibungen *mit Beispielen:* Interaktion mündlich

Kann bei Interessenkonflikten oder Auffassungsunterschieden eine Lösung aushandeln.

> *Kann in einem Elektrogeschäft über den Umtausch eines defekten Mobiltelefons verhandeln oder zumindest die kostenlose Reparatur verlangen.*
>
> *Kann mit seinen Mitbewohnern in der Wohngemeinschaft aushandeln, wer am Wochenende zu welchen Zeiten das gemeinsame Auto bekommt.*

Kann in einer Auseinandersetzung den Vermieter darauf hinweisen, dass ein Schaden an der Einrichtung schon vor dem Einzug vorhanden war, und mit ihm einen Kompromiss aushandeln.

Kann als Projektmitarbeiter bei Interessenkonflikten und Problemen in einer Verhandlung konstruktive Vorschläge für eine Lösung vortragen und Kompromissbereitschaft zeigen.

Kann sich an Einrichtungen oder Organisationen wenden und um Rat oder Hilfe bitten.

Kann sich bei einem Problem mit der Autoversicherung an eine Stelle für Konsumentenschutz wenden und sich über das weitere Vorgehen beraten lassen.

Kann sich bei der Studentenvertretung erkundigen, wie die Prüfungsgewohnheiten einer Lehrenden sind und worauf diese besonderen Wert legt.

Kann auf einer Informationsmesse einen Fachberater ansprechen, sich über Möglichkeiten einer bestimmten Berufsausbildung erkundigen und dabei fragen, welche Schritte als Nächstes sinnvoll sind.

Kann im Umgang mit Behörden oder Dienstleistern auch sprachlich komplexere Situationen bewältigen.

Kann auf die schriftliche Mitteilung ihrer Bank, dass sich die Kontobedingungen ändern, am Schalter nachfragen, was die konkreten Auswirkungen in ihrem Fall sind.

Kann sich im Einwohnermeldeamt telefonisch erkundigen, welche Fristen sie einhalten und welche Unterlagen sie für eine Aufenthaltsverlängerung vorlegen muss.

Kann als Arbeitssuchende auf dem Arbeitsamt ihre Qualifikation und die Möglichkeiten, unter denen sie eine Stelle annehmen kann, beschreiben.

Kann sich in vertrauten Situationen aktiv an Gesprächen und Diskussionen beteiligen und seine/ihre Ansichten mit Erklärungen, Argumenten oder Kommentaren klar begründen und verteidigen.

Kann in einem Gespräch im Freundeskreis über aktuelle politische Ereignisse das Thema auf die Verhältnisse in ihrem Land lenken und vergleichend kommentieren.

Kann in einer Kursgruppe bei einer Diskussion über „Rollenklischees von Mann und Frau" mit Bezug auf den Vorredner für dessen Meinung argumentieren.

Kann in einem Pausengespräch am Arbeitsplatz gegen die fixe Arbeitszeitregelung und für ein flexibleres Modell argumentieren.

Kann verschiedene Gefühle differenziert ausdrücken und auf Gefühlsäußerungen anderer angemessen reagieren.

Kann eine Freundin, die nach einem schweren Unfall einer Angehörigen verzweifelt und ratlos ist, trösten und ihr Mut zusprechen.

Kann einem Bekannten, der eine Prüfung bestanden hat, gratulieren und ihm sagen, wie sehr er sich mit ihm freut.

Kann nach einem Kinobesuch mit einer Freundin über eine sehr bewegende Filmszene sprechen und schildern, was sie dabei empfunden hat.

Kann aktiv zu formellen Diskussionen beitragen, indem er/sie den eigenen Standpunkt begründet und zu Aussagen anderer Stellung nimmt.

Kann bei Verhandlung mit Geschäftspartnern auf Vorschläge mit Gegenvorschlägen antworten und seine Aussagen begründen.

Kann bei der wöchentlichen Besprechung des Arbeitsablaufs in der Firma auf den Vorschlag eines Kollegen mit einem Gegenvorschlag antworten und seine Aussagen begründen.

Kann bei einer Teamsitzung, in der die Verzögerung der Arbeiten besprochen wird, sagen, worin sie die Probleme sieht und wie man diese lösen könnte.

Kann bei einer Besprechung über den Kursverlauf zur Meinung einer unzufriedenen Kollegin Stellung nehmen und sagen, was er selbst gut gefunden hat.

Kann nach Beschwerden von unzufriedenen Kunden mit den verantwortlichen Geschäftspartnern über Entschädigungsgelder verhandeln.

Kann in einem Interview oder einem ähnlichen Gespräch ohne viele Hilfen oder Anstöße der befragenden Person Gedanken ausführen und entwickeln.

Kann in einem Vorstellungsgespräch erklären, warum ihr diese Stelle gut gefällt und welche besondere Eignung sie dafür hat.

Kann in einem Gespräch mit ihrem Tutor auf die Fragen zu ihrem Arbeitsvorhaben antworten und dabei die Ziele ihrer Arbeit genauer beschreiben.

Kann bei einem Straßeninterview über das Konsumverhalten erklären, warum er bestimmte Produkte nicht kauft.

Kann ein Interview führen, sich dabei vergewissern, ob er/sie eine Information richtig verstanden hat, und auf interessante Antworten näher eingehen.

Kann im Rahmen eines Unterrichtsprojekts „Lokalgeschichte des Ortes" Personen um ein Interview bitten und auf einen bestimmten Aspekt genauer eingehen.

Kann für einen Artikel einen österreichischen Touristen zur „Wirtschaftlichen Bedeutung des Tourismus in Österreich" befragen.

Kann für ein Geburtstagsfest Bekannte und Freunde des „Geburtstagskindes" interviewen, welche besonderen Erlebnisse sie mit dieser Person hatten.

Kann eine Angelegenheit oder ein Problem klar darlegen, dabei Vermutungen über Ursachen und Folgen anstellen und die Vor- und Nachteile verschiedener Lösungen gegeneinander abwägen.

Kann bei der Zahnärztin seine Symptome beschreiben, sich von ihr die verschiedenen Behandlungsmöglichkeiten und die Kosten dafür erklären lassen und mit ihr zusammen eine Entscheidung treffen.

Kann als Studentin mit dem Kursleiter Möglichkeiten erörtern, wie sie den Kurs formell abschließen kann, auch wenn sie zum Zeitpunkt des Schlusstests nicht anwesend ist.

Kann in einem Gespräch mit der Chefin die Probleme mit einem Geschäftspartner, der die Absprachen nicht einhält, darlegen und über einen Ausweg aus der Situation beraten.

Kann in einer Verhandlung Gründe für und wider die Notwendigkeit neuer Absatzmärkte und neuer Verkaufsmöglichkeiten darlegen.

Kann in der Nachbesprechung einer Betriebsbesichtung Probleme in der Filiale zur Sprache bringen, den Geschäftspartner um Rat fragen und Vor- und Nachteile möglicher Lösungen abwägen.

Kann klare und detaillierte Absprachen machen und getroffene Vereinbarungen bestätigen.

Kann in der Verhandlung mit Geschäftspartnern Absprachen treffen, wie die nächsten Arbeitsschritte verteilt und umgesetzt werden.

Kann am Telefon mit einem Kunden die Bedingungen für die Lieferung und Zahlung aushandeln.

Kann mit einem Arbeitskollegen besprechen, wie die nächsten Arbeitsschritte verteilt und umgesetzt werden.

Kann in einem Gespräch mit dem Vermieter vor dem Mieten einer Ferienwohnung klären, was unter „die Wohnung sauber geputzt hinterlassen" genau zu verstehen ist.

Kann in einer kurzen Vorbesprechung den Besucher über den Ablauf der bevorstehenden Besichtigung informieren und ihn nach Wünschen fragen.

Kann gezielt Fragen stellen und ergänzende Informationen einholen.

Kann als Studentin in der Sprechstunde gezielt Fragen zu ihrer Diplomarbeit stellen.

Kann sich bei einer touristischen Führung nach einem Detail, das sie besonders interessiert, erkundigen.

Kann im Anschluss an eine Vorlesung einen Kollegen fragen, was mit einem bestimmten Begriff genau gemeint ist.

Kann nach einer Wohnungsbesichtigung durch Fragen an den Vermieter klären, ob die angebotene Unterkunft den eigenen Bedürfnissen entspricht.

Kann auf Fragen im eigenen Fach- oder Interessengebiet detaillierte Antworten geben.

Kann sich nach einer Vorlesung über die Romantik mit Studienkollegen austauschen, auf die gestellten Fragen reagieren und weitere Informationen geben.

Kann nach der Präsentation der Ergebnisse einer Gruppenarbeit auf die gestellten Fragen reagieren und weitere Informationen geben.

Kann als Fachverkäuferin in einem Fotogeschäft einem Kunden, der Fotos entwickeln lassen will, die Fragen beantworten.

Kann als Fremdenführer Touristen eine schlecht markierte Wanderroute detailliert beschreiben und erklären, auf welche Wegmarkierungen sie besonders achten müssen.

Kann auch detaillierte Informationen umfassend und inhaltlich korrekt weitergeben.

Kann als Büroangestellte Mitteilungen von Kunden annehmen und an die zuständigen Kollegen weitergeben.

Kann einer Studienkollegin mitteilen, welche Inhalte in der letzten Stunde besprochen worden sind.

Kann sich nach Auskunftsgesprächen bei verschiedenen Autovermietungsfirmen mit seinem Reisepartner darüber austauschen, was das Angebot enthält, was es kostet und was die wichtigsten Bedingungen sind.

Kann anderen Personen Ratschläge oder detaillierte Empfehlungen geben.

Kann einer kleinen Reisegruppe Tipps geben, was sie beim Aufenthalt in ihrer Stadt beachten sollte.

Kann als Koch jemanden bei der Zusammenstellung eines Festmenüs ausführlich beraten.

Kann mit einer Freundin, die in ihrer Firma Probleme mit einer Kollegin hat, besprechen, was sie am besten macht und ihr einen Tipp aus der eigenen Erfahrung geben.

Kann zum Fortgang einer Arbeit oder eines gemeinsamen Vorhabens beitragen, indem er/sie andere auffordert mitzumachen oder zu sagen, was sie darüber denken.

Kann als Mitglied einer Arbeitsgruppe während eines Seminars eine Vorgehensweise vorschlagen und mit den anderen die Aufgabenverteilung besprechen.

Kann Kurskolleginnen vorschlagen, für die bevorstehende Abschlussprüfung eine Lerngruppe zu organisieren und eine zögernde Kollegin überreden, auch mitzumachen.

Kann in einer Runde auf den bevorstehenden Geburtstag einer gemeinsamen Freundin verweisen und die anderen dazu ermuntern, sie mit einer spontanen Party zu überraschen.

Kann auch in Telefongesprächen Bezug auf den Gesprächspartner nehmen und sprachlich komplexere Situationen bewältigen.

Kann in einem Telefonat einer Freundin erzählen, was er gerade Irritierendes erlebt hat, und mit dieser diskutieren, was er jetzt am besten macht.

Kann in der Firma ein Telefonat entgegennehmen, in dem sich ein Kunde beschwert, diesem sagen, dass sie seine Empörung versteht, und erklären, wie es zu diesen Umständen gekommen ist.

Kann als Teilnehmer an einem Austauschprogramm mit den ausländischen Organisatoren telefonisch vereinbaren, wie seine Unterbringung geregelt werden soll.

Globale Kannbeschreibungen: Interaktion schriftlich

Kann über eine Vielzahl von Themen aus dem eigenen Fach- und Interessengebiet klare und detaillierte Mitteilungen für verschiedene Adressaten schreiben.

Kann persönliche und formelle Briefe schreiben und darin deutlich machen, was wichtig ist.

Kann Sachverhalte und Standpunkte schriftlich ausdrücken und sich auf entsprechende Mitteilungen von anderen beziehen.

Kann sich in seiner/ihrer Korrespondenz stilistisch angemessen, überzeugend, klar und höflich ausdrücken, wie es für die jeweilige Situation und die betreffenden Korrespondenzpartner angemessen ist.

Kann Inhalt und Form seiner/ihrer Korrespondenz und Mitteilungen der Situation und den Adressaten anpassen.

Kann Äußerungen in seinem/ihrem Fachgebiet und in vielen anderen Themenbereichen dank eines großen Wortschatzes variieren und damit häufige Wiederholungen vermeiden.

Kann in seinen/ihren schriftlichen Texten eine Reihe von Konnektoren und anderen Mitteln zur Textverknüpfung anwenden, um seine/ihre Ausführungen zu einem klaren, zusammenhängenden Text zu verbinden, wobei thematische Übergänge aber noch sprunghaft bleiben können.

Kann seine/ihre schriftlichen Texte weitgehend grammatikalisch korrekt verfassen, wobei gelegentlich nicht systematische Fehler und syntaktische Mängel vorkommen.

Kann Orthographie und Interpunktion so korrekt anwenden, dass aus eventuellen Fehlern keine Missverständnisse entstehen.

Detaillierte Kannbeschreibungen *mit Beispielen:* Interaktion schriftlich

Kann in privater Korrespondenz Gefühle, Erlebnisse und persönliche Erfahrungen ausdrücken und entsprechende Mitteilungen der Korrespondenzpartner kommentieren.

> *Kann von unterwegs einer Freundin eine längere E-Mail schreiben, in der er seine bisherigen Erfahrungen und Eindrücke aus dem fremden Land schildert.*
>
> *Kann in einem Brief an die Schwester auf deren gesundheitliche Probleme eingehen und ihr sagen, was aus der eigenen Sicht im Moment das Beste wäre.*
>
> *Kann sich in einer E-Mail an eine Freundin für deren Ratschläge bedanken und mitteilen, was ihm am meisten weitergeholfen hat.*

Kann einen formellen Brief schreiben, der über standardisierte Anfragen oder Bestätigungen hinausgeht.

> *Kann sich in einer E-Mail-Anfrage an ein Hotel nach den Einrichtungen und Serviceleistungen für Behinderte erkundigen.*
>
> *Kann auf die Beschwerde eines Geschäftspartners antworten und in einem Brief erklären, warum die Ware nicht früher geliefert werden konnte.*
>
> *Kann in ihrem Antrag für einen Studienaufenthalt an einer ausländischen Universität begründen, warum sie im Studentenheim ein Einzelzimmer braucht.*
>
> *Kann einen wichtigen Geschäftspartner aus dem Mutterhaus zu einer Betriebsbesichtigung einladen und in der Korrespondenz Fragen des Besuches klären.*

Kann Schriftwechsel mit Behörden und Dienstleistern im Allgemeinen selbstständig abwickeln.

> *Kann der Krankenversicherung in einem Schreiben mitteilen, dass sie für sechs Monate im Ausland arbeiten wird und für diese Zeit die Versicherung unterbrechen möchte.*
>
> *Kann nach dem Erhalt der Telefonrechnung per Fax eine genaue Aufschlüsselung nicht näher ausgeführter Rechnungsposten verlangen.*
>
> *Kann in ihrem Antrag auf Verlängerung der Aufenthaltsgenehmigung darstellen, was sich an den privaten Verhältnissen seit dem letzten Antrag geändert hat.*

Kann komplexe Formulare oder Fragebögen ausfüllen und darin auch freie Angaben formulieren.

Kann im Antragsformular für ein Auslandsstipendium ausreichend begründen, warum sie sich für diesen Studienort und dieses Studienprogramm entschieden hat.

Kann in der Evaluation eines Kurses auf einem Beiblatt angeben, dass der Kurs wegen des fehlenden Engagements des Kursleiters sehr ineffizient war.

Kann im Fragebogen eines Hotels eine Beschwerde über den schlampigen Zimmerservice schreiben.

Kann Informationen und Sachverhalte weitergeben und erklären.

Kann im Kursbüro die von Teilnehmern berichteten Probleme notieren und an die Chefin weiterleiten.

Kann die wesentlichen Punkte einer Kundenanfrage aufzeichnen und an den Verantwortlichen zur Klärung weitergeben.

Kann einen Anruf für eine abwesende Mitbewohnerin entgegennehmen und ihr schriftlich hinterlegen, dass sich die Absprachen fürs Wochenende geändert haben.

Kann für andere komplexere Sachverhalte darstellen und seine/ihre Meinung dazu äußern.

Kann in der Firma eine interne Mitteilung an die Bereichsleiterin schreiben, in der sie den Stand eines Arbeitsauftrags und die offenen Punkte darlegt.

Kann dem Betriebsrat in einer E-Mail schildern, dass er im letzten Monat unverhältnismäßig viele Überstunden machen musste.

Kann der Kursleiterin in einer E-Mail mitteilen, wo sie mit den Vorbereitungen für ihr Referat steht und wie es aufgebaut ist.

Kann auch detaillierte Informationen umfassend und inhaltlich korrekt weitergeben.

Kann als Büroangestellte Mitteilungen von Kunden annehmen und in Form von Notizen an die zuständigen Kollegen weitergeben.

Kann einer Studienkollegin in einer E-Mail mitteilen, welche Inhalte für den kommenden Test wichtig sind.

Kann nach Auskunftsgesprächen bei verschiedenen Reisebüros seinem Reisepartner eine Zusammenstellung vorlegen, in der die verschiedenen Angebote und Leistungen vergleichend aufgelistet sind.

Kann sich über ein Problem beschweren und dem Ansprechpartner klar machen, welche Zugeständnisse von ihm erwartet werden.

Kann bei einer Lieferverzögerung der bestellten Möbel in einem Schreiben an die Geschäftsleitung die Fakten auflisten, die dadurch eingetretenen Umstände beschreiben und einen Preisrabatt einfordern.

Kann als Touristin nach einem Urlaub, in dem das gebuchte Hotel nicht verfügbar war und nur ein Ausweichquartier angeboten wurde, die Fakten darlegen und einen teilweisen Ersatz der Kosten verlangen.

Kann als Mieterin der Hausverwaltung schriftlich mitteilen, dass die Reparaturarbeiten an der Heizung nur mangelhaft durchgeführt wurden, und eine Nachbesserung innerhalb einer bestimmten Frist verlangen.

Kann zu einem Arbeitspapier oder einem Dossier schriftlich Stellung nehmen und positive oder negative Kritikpunkte kurz aufführen.

Kann die Referatsunterlagen einer Studienkollegin durchlesen und darin anmerken, welche Umstellungen und Ergänzungen er für nötig hält.

Kann den Berichtsentwurf einer Arbeitskollegin durch schriftliche Anmerkungen kommentieren und dabei einige Änderungen vorschlagen.

Kann über E-Mail einer Kollegin eine Rückmeldung geben, was er an deren Arbeitspapier für die Projektsitzung gut findet.

Globale Kannbeschreibungen: Rezeption mündlich

Kann Texte in Standardsprache, die den privaten, beruflichen und gesellschaftlichen Bereich betreffen, sowohl in direktem Kontakt als auch in den Medien verstehen.

Kann in längeren Texten, die ihn/sie interessieren, nicht nur den Informationsgehalt, sondern auch Standpunkte und Einstellungen der Sprechenden verstehen.

Kann längeren Redebeiträgen und Vorträgen aus dem eigenen Fach- oder Interessengebiet auch mit komplexerer Argumentation folgen, wenn ihm/ihr das Thema einigermaßen vertraut ist und der Rede- oder Gesprächsverlauf durch explizite Signale gekennzeichnet ist.

Kann mit einiger Anstrengung vieles verstehen, was in Gesprächen gesagt wird, die in seiner/ihrer Gegenwart geführt werden, wenn Standardsprache gesprochen wird.

Kann die Hauptaussagen von inhaltlich und sprachlich komplexeren Vorlesungen, Reden, Berichten und Präsentationen aus dem eigenen Fach- oder Interessengebiet verstehen.

Kann im Allgemeinen auch im Detail verstehen, was zu Themen von allgemeinem Interesse in Standardsprache gesagt wird, auch wenn es in der Umgebung störende Geräusche gibt.

Kann häufiger gebrauchte Redefloskeln und Wendungen verstehen.

Detaillierte Kannbeschreibungen *mit Beispielen:* Rezeption mündlich

Kann längeren Gesprächen zu aktuellen und ihn/sie interessierenden Themen folgen.

Kann bei einem Fest dem Gespräch von Gästen über ein neues Computerspiel folgen.

Kann ein Gespräch von Arbeitskollegen über die Umstrukturierung der Firma verstehen.

Kann in der Theaterpause dem Gespräch anderer Zuschauer über die Aufführung folgen.

Kann in einer Diskussion über Themen des eigenen Fach- oder Interessengebiets der Argumentation folgen und die besonders hervorgehobenen Punkte im Detail verstehen.

Kann bei einer Besprechung in der Firma verstehen, worin die Meinungsverschiedenheiten von zwei Kolleginnen zu den Plänen für die nächste Zeit bestehen.

Kann als Teilnehmerin an einem Seminar den Argumenten, die von Kolleginnen in einer Diskussion vorgebracht werden, folgen und die Standpunkte der Diskutantinnen einordnen.

Kann als Hobbysportler einer Diskussion von Kollegen über die Vorzüge des einen oder anderen Sportgeräts folgen.

Kann die meisten Informationen in Ansagen und Mitteilungen verstehen.

Kann in der U-Bahn die Ansage, dass der nächste Zug aufgrund einer technischen Störung ausfällt und mit erheblichen Verspätungen zu rechnen ist, verstehen.

Kann als Radiozuhörer die Ankündigung verstehen, wer in der nächsten Sendung zu Gast ist und um welches Thema sich das Gespräch drehen wird.

Kann die Auswahlfragen in der Ansage eines automatischen Infotelefons verstehen.

Kann detaillierte Anweisungen und Aufträge inhaltlich genau verstehen.

Kann als Angestellte eines Reisebüros die Beschwerden und Forderungen eines unzufriedenen Kunden entgegennehmen.

Kann nach der Behandlung wegen einer Verletzung die Vorschriften der Ärztin betreffend Pflege, Schonung und Einnahme von Medikamenten verstehen.

Kann in der Firma den Arbeitsauftrag für die anstehende Dienstreise verstehen.

Kann am Arbeitsplatz einen Kollegen verstehen, der ihr sagt, nach welchen Richtlinien eine Reise mit der Buchhaltung abgerechnet werden muss.

Kann ausführliche Beschreibungen von Dingen und Sachverhalten, die ihn/sie interessieren, verstehen.

Kann als interessierte Besucherin einer Fachmesse die Funktionsweise eines neuen, dort vorgestellten Haushaltsgerätes verstehen.

Kann eine ehemalige Kollegin verstehen, die ihr am Telefon ihren neuen Arbeitsplatz und Tätigkeitsbereich beschreibt.

Kann als geschichtsinteressierte Teilnehmerin an einer touristischen Stadtführung alle wichtigen Erklärungen zur Entstehung eines Gebäudes und zu den historischen Veränderungen verstehen.

Kann literarischen oder alltäglichen Erzählungen folgen und viele wichtige Details der Geschichte verstehen.

Kann in den Erzählungen einer Kollegin nach dem Urlaub die prägenden Reiseeindrücke und Höhepunkte des Reiseprogramms verstehen.

Kann in einer Runde, in der Anekdoten aus der Schulzeit erzählt werden, verstehen, wie ein Professor seinen Spitznamen bekommen hat.

Kann als Radiozuhörer einer Kurzgeschichte folgen und die Motive der Hauptfigur verstehen.

Kann in seinem/ihrem Fach- oder Interessengebiet die Hauptaussagen von komplexeren Vorträgen, Reden und Präsentationen verstehen, wenn die Thematik nicht ganz neu und der Aufbau klar ist.

Kann die Schwerpunkte einer Vorlesung über die Geschichte der deutschen Sprache verstehen, in der die Informationen anhand von Folien veranschaulicht werden.

Kann bei einer firmeninternen Schulung der Demonstration einer neuen Software-Anwendung folgen und die wesentlichen Änderungen gegenüber dem bisher verwendeten Programm verstehen.

Kann als Teilnehmerin an einer Konferenz einem Vortrag folgen, in dem die Informationen mit Präsentationsunterlagen veranschaulicht werden.

Kann bei einer Rede anlässlich eines Jubiläums verstehen, welche besondere Beziehung zwischen dem Jubilar und dem Festredner besteht und welche Verdienste sich der Jubilar erworben hat.

Kann im Radio die wesentlichen Informationen aus Nachrichten- und Feature-Sendungen verstehen.

Kann in einer Radioreportage den Bericht eines Augenzeugen über einen Unfall im Wesentlichen verstehen.

Kann in einem Radio-Feature über Astrid Lindgren verstehen, wie die Figur der Pippi Langstrumpf entstanden ist und warum diese Figur für die Autorin so wichtig geworden ist.

Kann in einem Bericht über eine Demonstration die unterschiedlichen Wahrnehmungen von Personen und den Kommentar des Reporters verstehen.

Kann im Fernsehen auch bei anspruchsvolleren Sendungen wie Nachrichten, aktuellen Reportagen, Interviews oder Talkshows die wesentlichen Informationen verstehen.

Kann die Aussagen einer Schauspielerin verstehen, die als Gast einer Talkshow vom Entstehen ihres neuen Films und der Zusammenarbeit mit dem Regisseur erzählt.

Kann als Zuschauerin einer Fernsehdiskussion die allgemeinen Standpunkte und Meinungen der Diskussionsteilnehmer verstehen.

Kann in den Tagesnachrichten die Argumente von Befürwortern und Gegnern eines Gesetzesantrages zur Drogenpolitik verstehen.

Kann in einem Spielfilm oder Theaterstück der Handlung folgen und die meisten Informationen verstehen.

Kann als Zuschauerin eines Spielfilms verstehen, worüber zwei Personen in Streit geraten und was sie sich gegenseitig vorwerfen.

Kann in einem Fernsehfilm die Geschichte, die hinter einer besonderen Beziehung zwischen zwei Personen steht, verstehen, wenn diese in Rückblenden erzählt wird.

Kann als Zuschauer im Theater der wachsenden Verzweiflung einer Figur folgen und verstehen, welche Ängste sie hat.

Kann komplexe Informationen über alltägliche oder berufsbezogene Themen verstehen.

Kann als Reisebüro-Angestellte die Beschwerden eines unzufriedenen Kunden verstehen.

Kann bei der Vorstellung eines neuen Mitarbeiters durch die Chefin verstehen, welche Arbeits- und Verantwortungsbereiche der neue Kollege in Zukunft übernehmen wird.

Kann bei einem Computerproblem die telefonisch durchgegebenen Arbeitsschritte einer Expertin verstehen und ausführen.

Kann auf der Betriebsversammlung die Mitteilungen des Betriebsrats zu den Verhandlungen über neue Arbeitszeitmodelle mit der Firmenleitung verstehen.

Globale Kannbeschreibungen: Rezeption schriftlich

Kann Texte aller Art lesen, wobei er/sie Schwierigkeiten mit seltener gebrauchten Wendungen hat.

Kann verschiedene Texte sehr selbstständig lesen, das Lesetempo gezielt bestimmen und für seine/ihre Zwecke Nachschlagewerke entsprechend einsetzen.

Kann in komplexeren Texten zu konkreten und abstrakten Themen die Hauptinhalte verstehen und für sich relevante Informationen entnehmen.

Kann in längeren Texten, die ihn/sie interessieren, nicht nur den Informationsgehalt, sondern auch Standpunkte und Einstellungen der Verfasser verstehen.

Detaillierte Kannbeschreibungen *mit Beispielen:* Rezeption schriftlich

Kann lange, komplexere Anleitungen oder Anweisungen, die über das eigene Fach- oder Interessengebiet hinausgehen, verstehen, wenn schwierige Passagen mehrmals gelesen werden können.

Kann in einer Produktbeschreibung zu seinem neuen Scanner schnell finden und verstehen, was er beim Aufstellen und Installieren beachten muss.

Kann die Gebrauchsanweisung, wie man im Autoradio Sender speichert, verstehen.

Kann im Studienplan Informationen, die sich auf die praktische Durchführung ihres Studiums beziehen, verstehen.

Kann Artikel und Berichte über diverse aktuelle Themen, in denen der Verfasser eine bestimmte Haltung oder einen Standpunkt vertritt, verstehen.

Kann in einem Zeitungsbericht über ein neues Gesetz zur „Verwendung von Mobiltelefonen beim Autofahren" verstehen, welche Punkte für eine neue Regelung sprechen und was die Journalistin davon hält.

Kann in einem längeren Zeitschriftenartikel über „Elektrosmog" verstehen, worin die Probleme bestehen und welche Maßnahmen nach Meinung des Autors in Zukunft nötig wären.

Kann in einer Rezension eines neuen Krimis von Donna Leon verstehen, was gegenüber anderen Krimis aus der Reihe neu ist und ob sich die Lektüre lohnt.

Kann in längeren Reportagen zwischen Tatsachen, Meinungen und Schlussfolgerungen unterscheiden.

Kann einer längeren Reportage über „Asylpolitik in der EU" faktische Angaben zur Zahl der Anträge, zu Bearbeitungsdauer und Quoten der Anerkennung entnehmen und die daraus abgeleiteten Schlussfolgerungen des Korrespondenten verstehen.

Kann in einem Bericht über einen „Humangenetik-Kongress" die verschiedenen Standpunkte zum Einsatz der Forschungsergebnisse von den sachlichen Informationen trennen und die persönliche Ansicht des Autors verstehen.

Kann in einer Reportage über ein Radrennen die Informationen zum Rennverlauf und zur Auswertung von Dopingkontrollen verstehen und die Schlussfolgerungen des Journalisten erkennen.

Kann in alltäglichen Verträgen im privaten oder beruflichen Bereich die Hauptpunkte verstehen, den spezifisch rechtlichen Bereich jedoch nur mit Hilfe des Wörterbuchs.

Kann im Mietvertrag des Studentenheims die Rechte und Pflichten der Mieter verstehen.

Kann in den Geschäftsbedingungen der Bank die Konditionen für ein Gehaltskonto (z. B. Gebühren und Zinsen, Rahmen zum Überziehen, Fristen) verstehen.

Kann beim Ausleihen eines Autos die Hauptpunkte des Automietvertrages und der Versicherungsbedingungen verstehen.

Kann in Korrespondenz, die sich auf das eigene Fach- oder Interessengebiet bezieht, die wesentlichen Aussagen verstehen.

Kann in einem Protokoll zentrale Aspekte des Verhandlungsverlaufs sowie die wichtigsten Ergebnisse verstehen und markieren.

Kann in einem Rundschreiben von „Greenpeace" verstehen, wie sich in den letzten Jahren der Schutz der Wale entwickelt hat.

Kann eine E-Mail-Anfrage an ihre Firma, in der es um Sponsoring für eine geplante Veranstaltung geht, verstehen.

Kann als Mitglied der Newsgroup seines Fußballvereins „Schalke 04" die Reaktion der Fans und des Vereins auf das neue Stadion verstehen.

Kann literarische Texte lesen, dabei dem Gang der Gedanken und Geschehnisse folgen und so die Gesamtaussage und viele Details verstehen.

Kann in einer Kurzgeschichte die Beziehung der Personen untereinander verstehen.

Kann in einem kurzen Roman die Handlungsmotive der Personen verstehen.

Kann in einer biografischen Erzählung verstehen, welche Ereignisse aus dem Leben der Hauptfigur für ihre jetzige Situation mit verantwortlich sind.

Kann in Texten zu Themen aus dem eigenen Fach- oder Interessengebiet Informationen, Argumente oder Meinungen ziemlich vollständig verstehen.

Kann in einem Internetartikel über die „Gruppe 68" verstehen, welche Entwicklung die Gruppe gemacht hat und wie der Verfasser des Artikels neuere literarische Tendenzen bewertet.

Kann zur Einführung des Konjunktivs in einer Grammatik Regeln zur Bildung und Funktion nachschlagen.

Kann den schriftlichen Bericht eines Kollegen über eine Fortbildungsveranstaltung, an der er als Vertreter der Abteilung teilgenommen hat, verstehen und diesem entnehmen, was der Kollege empfiehlt.

Kann einem Fachartikel über ein neues Analyseverfahren entnehmen, worin die Neuerung liegt, welche Unsicherheiten bestehen und ob sich der Einsatz in der Praxis schon empfiehlt.

Kann in einem Internetartikel über ihre Lieblingsgruppe „Young Gods" verstehen, welche Entwicklung die Gruppe gemacht hat und wie der Verfasser des Artikels die neue CD bewertet.

Kann als Angestellter für eine Besprechung wichtige Informationen zur Erweiterung des Verkaufsnetzes einholen.

Kann in Texten zu alltäglichen oder ihn/sie interessierenden Themen neue Sachverhalte und detaillierte Informationen verstehen.

Kann sich als Germanistikstudent zur Vorbereitung einer Kafka-Vorlesung über das Leben und Werk des Schriftstellers informieren.

Kann in einem Zeitungsartikel über ein neues Gesetz für den Straßenverkehr erfassen, welche Konsequenzen das für sie hat.

Kann in einem Reiseführer die Informationen zur Entstehungsgeschichte einer Stadt oder eines Gebäudes verstehen.

Kann in Museen und Ausstellungen Informationstafeln zu den Exponaten verstehen.

Kann in längeren Texten rasch wichtige Einzelinformationen finden.

Kann ein für ein breites Publikum geschriebenes Sachbuch „Zur Geschichte der Fliegerei" kursorisch lesen, thematisch relevante Abschnitte auswählen und mit Hilfe des Wörterbuchs genau lesen.

Kann ein Handbuch zu einem Computerprogramm rasch durchsuchen und für ein bestimmtes Problem die passenden Erklärungen und Hilfen finden und verstehen.

Kann aus einem Handbuch für Methodik und Didaktik relevante Abschnitte zum Thema „Unterrichtsplanung und -gestaltung" kursorisch lesen und wichtige Informationen finden.

Kann als Studentin ziemlich rasch erkennen, ob ein Handbuchbeitrag oder Fachartikel nützliche Informationen für die gestellte Aufgabe enthält.

Kann die meisten Anzeigen zu Themen seines/ihres Fach- oder Interessengebiets verstehen.

Kann in den Wohnungsanzeigen einer Tageszeitung die meisten Wörter und Abkürzungen verstehen.

Kann in einer Werbeanzeige für eine neue Gesundheitsnahrung verstehen, worin die Wirkung liegen soll.

Kann die Stellenanzeigen seines Fachgebiets verstehen.

Globale Kannbeschreibungen: Produktion mündlich

Kann sich mit einem ausreichend breiten Spektrum an Redemitteln zu verschiedenen allgemeinen Themen oder zu seinem/ihrem Sachgebiet klar äußern.

Kann zu vielen Themen aus seinen/ihren Interessengebieten eine Argumentation aufbauen und die einzelnen Argumente aufeinander beziehen.

Kann Inhalt und Form seiner/ihrer Aussagen der Situation und den Zuhörern anpassen und sich dabei den jeweiligen Umständen entsprechend angemessen ausdrücken.

Kann bei Schwierigkeiten, die während des Sprechens auftreten, problemlos neu ansetzen und erkannte Fehler meist selbst korrigieren.

Kann die Formulierungen für das, was er/sie sagen möchte, variieren.

Kann Formulierungen variieren, um in seinen/ihren Ausführungen häufige Wiederholungen zu vermeiden oder die Aussagen zu präzisieren.

Kann sich flüssig und mit einigen komplexen Satzstrukturen gut verständlich ausdrücken, wobei er/sie kaum auffällig lange Pausen macht, um nach Wörtern oder Strukturen zu suchen.

Kann seine/ihre Äußerungen durch eine Reihe von Konnektoren und anderen Mitteln der Textverknüpfung zu einem klaren und zusammenhängenden Beitrag verbinden, wobei längere Ausführungen noch etwas sprunghaft bleiben können.

Kann etwas zusammenhängend beschreiben oder erzählen, dabei wichtige Aspekte darstellen und mit relevanten Details und Beispielen stützen.

Kann sich zu verschiedenen Themen ausreichend genau äußern, wobei es zu falscher Wortwahl oder zu Verwechslungen kommen kann, die jedoch die Kommunikation nicht behindern.

Kann in seinem/ihrem Fach- und Interessengebiet relativ sicher eine größere Anzahl von komplexeren Sachinformationen vermitteln.

Kann seine/ihre mündlichen Ausführungen grammatisch so korrekt äußern, dass kaum das Verständnis störende Fehler entstehen.

Kann ein breites Spektrum an grammatischen Strukturen korrekt anwenden, wobei gelegentlich Fehler oder Mängel im Satzbau auftreten, die er/sie meist selbst korrigieren kann.

Kann klar und gut verständlich sprechen und die Intonation richtig einsetzen, auch wenn ein fremder Akzent hörbar ist.

Detaillierte Kannbeschreibungen *mit Beispielen:* Produktion mündlich

Kann zu vielen Themen des eigenen Fach- oder Interessengebiets ziemlich klare und detaillierte Beschreibungen geben.

Kann als Hobbyfotograf erklären, wie er am liebsten arbeitet und worauf es ihm beim Fotografieren besonders ankommt.

Kann bei einem Mittagessen ihren Arbeitskollegen beschreiben, wie an ihrer früheren Arbeitsstelle die Abläufe organisiert waren.

Kann als Hobbykoch nachvollziehbar erklären, wie er diese Speise gekocht hat und was man dabei auf alle Fälle vermeiden sollte.

Kann während der Betriebsbesichtung die Abläufe in der Firma detailliert beschreiben und auf Fragen des Besuchers kompetent antworten.

Kann Erfahrungen, Ereignisse und Einstellungen darlegen und dabei seine/ihre Meinung mit Argumenten stützen.

Kann in einem Gespräch in der Firma seine Meinung über ein ihm bekanntes Produkt überzeugend darstellen und dabei betonen, was für oder gegen einen Kauf spricht.

Kann bei einer Kurseröffnung beschreiben, warum sie sich zum Kursbesuch entschlossen hat und welche Ziele sie verfolgt.

Kann nach dem Besuch einer Ausstellung im Freundeskreis berichten, was seine Eindrücke sind und warum er die Ausstellung für gelungen und empfehlenswert hält.

Kann seine/ihre Gedanken und Gefühle beschreiben.

Kann nach einem längeren Aufenthalt im Ausland ihre gemischten Gefühle beim Abschied beschreiben.

Kann vor einer größeren Prüfung von seiner Nervosität und seinen Angstgefühlen erzählen.

Kann vor einem neuen Lebensabschnitt über ihre Freude, Hoffnung und auch Skepsis sprechen.

Kann komplexere Abläufe beschreiben.

Kann ausführlich beschreiben, wie sie Familie und Beruf gleichzeitig organisiert.

Kann in einer kurzen Präsentation seinen Studienkollegen erklären, mit welchen Arbeitsschritten er zu den vorliegenden Ergebnissen gekommen ist.

Kann darstellen, in welchen Schritten sie an ihrem Arbeitsplatz ein anstehendes Projekt bearbeiten möchte.

Kann eine Geschichte zusammenhängend erzählen.

Kann erzählen, wie er auf seiner letzten Reise Gastfreundschaft erlebt hat.

Kann eine lustige Anekdote mit einem Lehrer aus seiner Schulzeit wiedergeben.

Kann davon erzählen, was ihr bei einem Vorstellungsgespräch passiert ist.

Kann Sachverhalte von aktuellem oder persönlichem Interesse einigermaßen klar und systematisch erörtern und dabei wichtige Punkte und relevante Details angemessen hervorheben.

Kann in einer Plenumssitzung vortragen, was ihre Arbeitsgruppe gemacht hat und worauf die Arbeitsgruppe bei der weiteren Arbeit besonderen Wert legen will.

Kann in einem Gespräch mit Freunden eine längere Erklärung darüber abgeben, was sie bisher am Studienaufenthalt in dieser Stadt besonders lohnend gefunden hat.

Kann einem Gast die aktuelle öffentliche Diskussion über die Vor- und Nachteile eines neuen Stadions darlegen.

Kann während einer Verhandlung den aktuellen Stand beschreiben und darlegen, welche Interessen die eigene Firma an zusätzlichen Verkaufsstellen hat und wie sie sich den weiteren Verlauf der Verhandlungen vorstellt.

Kann Informationen und Argumente aus verschiedenen Quellen zusammenfassen und kommentiert wiedergeben.

Kann Informationen von mehreren Reisebüros sammeln und darstellen, welches die Vorteile der einzelnen Angebote sind.

Kann als Computerexpertin bei einer Besprechung in der Firma die Stärken und Schwächen von drei verschiedenen Angeboten für eine neue EDV-Ausstattung referieren.

Kann in einer Unterrichtsdiskussion über „Die Rolle der Religion in Österreich" Argumente und Fakten, die sie im Internet gefunden hat, vorbringen.

Kann Vermutungen über Sachverhalte, Gründe und Folgen anstellen.

Kann im Pausengespräch nach einem Solo-Jackpot im Lotto sagen, was sie mit dem vielen Geld machen würde.

Kann in einem lockeren Gespräch darüber fantasieren, was der Arbeitskollege im Urlaub wohl gerade macht.

Kann in einer Firmenbesprechung sagen, was passieren könnte, wenn eine bestimmte Arbeit nicht rechtzeitig fertig wird.

Kann über aktuelle oder abstrakte Themen sprechen und seine/ihre Gedanken und Meinungen dazu äußern.

Kann in einer Gruppe von Kollegen über ein Ereignis in einem anderen Land berichten und dieses aus seiner Sicht kommentieren.

Kann am Arbeitsplatz darüber berichten, wie man ähnliche Situationen in seiner früheren Firma gelöst hat, und die Vorteile dieses Vorgehens begründen.

Kann bei einer Diskussion in der Kursgruppe die Meinung eines politischen Kommentators aus den Fernsehnachrichten kurz wiedergeben und dieser Meinung ihre eigene entgegensetzen.

Kann einen Besuch aus Deutschland am Flughafen abholen und den Gast auf dem Weg ins Hotel über jüngste Ereignisse in der Firma informieren und diese aus eigener Sicht kommentieren.

Kann eine vorbereitete Präsentation gut verständlich vortragen.

Kann in einer Besprechung mit Kollegen den Stand eines Auftrags mit passenden Unterlagen präsentieren.

Kann in einem Referat das Leben und die Karriere eines bekannten Filmschauspielers präsentieren.

Kann in ihrer Kursgruppe mit Hilfe von Fotos präsentieren, wie ein wichtiges Fest in ihrer Kultur gefeiert wird.

Kann Informationen aus längeren Texten zusammenfassend wiedergeben.

Kann als Computerinteressierte Informationen über neue Computerviren, die sie aus einer Newsgroup im Internet bekommen hat, in einem Gespräch zusammenfassen.

Kann in ein Gespräch über einen neuen Film eine Begebenheit einbringen, die sie in einem Interview mit dem Hauptdarsteller gehört hat.

Kann im Kollegenkreis in der Firma berichten, was sie in einem Radiobeitrag über Kinderarbeit gehört hat.

Kann in den meisten Situationen einen kurzen Text relativ spontan und frei vortragen.

Kann in einer Arbeitspause ankündigen, dass sie heute nach Arbeitsschluss die Kollegen in ein Lokal um die Ecke einlädt, um einen privaten und noch geheimen Anlass zu feiern.

Kann in einem Kurs den anderen spontan ankündigen, dass sie in einer Theatergruppe mitspielt und sie bald ein Stück aufführen werden.

Kann bei einer Geburtstagsparty mit ein paar Freunden einen kurzen Beitrag für das „Geburtstagskind" machen.

Kann sich als Teilnehmerin bei einer Verhandlungseröffnung kurz vorstellen und sich dabei für die Einladung bedanken und ein paar Worte über die Gründe der Teilnahme sagen.

Globale Kannbeschreibungen: Produktion schriftlich

Kann mit einem relativ umfangreichen Wortschatz längere und detailliertere Texte zu verschiedenen allgemeinen oder aktuellen Themen schreiben und dabei einen bestimmten Standpunkt darlegen.

Kann in schriftlichen Texten zu Themen aus dem eigenen Fach- und Interessengebiet eine Argumentation aufbauen und die einzelnen Argumente aufeinander beziehen.

Kann klare, detaillierte schriftliche Texte zu verschiedenen Themen aus seinem/ihrem Interessengebiet verfassen und dabei Informationen und Argumente aus verschiedenen Quellen zusammenführen und gegeneinander abwägen.

Kann in seinen/ihren schriftlichen Texten zu Themen von allgemeinem Interesse aus einem Spektrum an Ausdrücken und Formulierungen gezielt wählen und diese variieren.

Kann bei relativ guter Beherrschung der Grammatik eine Reihe von Konnektoren und anderen Mitteln der Textverknüpfung anwenden, um seine/ihre Ausführungen zu einem klaren, zusammenhängenden Text zu verbinden, wobei thematische Übergänge dabei aber noch sprunghaft bleiben können.

Kann in Texten seine/ihre Kenntnisse in der deutschen Sprache bei relativ guter Beherrschung der Grammatik so anwenden, dass kaum Fehler entstehen bzw. kann viele Fehler selbst korrigieren.

Kann Orthographie und Interpunktion weitgehend regelkonform anwenden.

Detaillierte Kannbeschreibungen *mit Beispielen:* Produktion schriftlich

Kann ein vertrautes Thema systematisch darlegen und dabei entscheidende Punkte angemessen hervorheben sowie die Darlegungen stützende Beispiele anführen.

Kann mit Hilfe einer Grammatik eine Gebrauchsregel für Anfänger zu Funktion und Bildung des Konjunktivs im Deutschen formulieren.

Kann das Beispiel eines „unschuldig Verurteilten" als Stütze ihrer Argumentation in eine Erörterung über die Todesstrafe einbauen.

Kann für die Kurszeitschrift die verschiedenen Argumente für oder gegen die Einführung von Studiengebühren am Beispiel ihrer Studienerfahrungen darstellen.

Kann in einer E-Mail nach einer Reise ihre Reiseeindrücke geordnet schildern und dabei eine Episode in den Mittelpunkt stellen.

Kann das Thema „Frühstücksgewohnheiten deutschsprachiger Jugendlicher" angemessen strukturieren und didaktisch aufbereiten.

Kann für eine Betriebsbesichtigung ein einfaches Dossier mit den wichtigsten Informationen über den Betrieb zusammenstellen.

Kann seine/ihre Gedanken und Gefühle beschreiben.

Kann zu Beginn eines Kurses, der von einem längeren Auslandsaufenthalt begleitet ist, die Motive, die sie zu diesem Aufenthalt bewogen haben, und ihre Erwartungen für die nächste Zeit beschreiben.

Kann nach einem Bewerbungsgespräch in einer E-Mail beschreiben, welche Bedenken er vor diesem Termin hatte und wie sich sein Gefühl im Verlauf des Gesprächs verändert hat.

Kann nach einem Kinobesuch in einem Brief beschreiben, was bei einer Schlüsselszene des Films in ihr vorgegangen ist.

Kann Erfahrungen und reale oder fiktive Ereignisse detailliert und zusammenhängend beschreiben.

Kann auf der Grundlage einiger inhaltlicher Vorgaben einen Zeugenbericht über einen fiktiven Diebstahl schreiben.

Kann in einem Bericht für die Haushaltsversicherung schreiben, wie der Schaden (z. B. Glasbruch) entstanden ist.

Kann in ihrem interkulturellen Tagebuch beschreiben, wie sie Weihnachten in den Schweizer Bergen erlebt hat, und die Eindrücke zu den bisher gemachten Erfahrungen in Beziehung setzen.

Kann über eine Vielzahl von Themen, die ihn/sie interessieren, klare und detaillierte Berichte schreiben.

Kann für eine E-Mail an ihre Freunde einen längeren Bericht über eine Reise schreiben.

Kann einen Praxisbericht über die Erfahrungen mit einem neuen Arbeitsgerät schreiben.

Kann für die Kurszeitung einen Bericht über eine Exkursion der Kursgruppe schreiben.

Kann eine zusammenhängende Geschichte schreiben.

Kann für ein Unterrichtsspiel „Wahr oder falsch?" eine ungewöhnliche Geschichte aus seinem Familienkreis aufschreiben.

Kann in einen Brief eine Erzählung einbauen, wie er mit Kollegen und Kolleginnen zusammen das „Mittsommernachtsfest" gefeiert hat.

Kann für ein „Kurs-Märchenbuch" ein typisches kurzes Märchen aus ihrer Kultur aufschreiben.

Kann über aktuelle oder abstrakte Themen schreiben und seine/ihre Gedanken und Meinungen dazu ausdrücken.

Kann in einem Aufsatz mögliche Ursachen und Konsequenzen eines aktuellen Konfliktes beschreiben.

Kann in einem Handout für eine Mitarbeiterbesprechung ihre Vorschläge und Gedanken für flexiblere Arbeitszeiten im Betrieb darstellen.

Kann in einem Beitrag für eine Newsgroup von Tierschützern festhalten, wie ihrer Meinung nach die Lobby der Agrarindustrie jeden Fortschritt im Tierschutz verhindert.

Kann in Texten Vermutungen über Sachverhalte, Gründe und Folgen anstellen.

Kann einen Bericht schreiben, in dem er seine Vermutungen über den Fortgang eines Projekts darlegt.

Kann in einem Bericht von einer Reise, bei der sie einen Anschlussflug gerade noch erreicht hat, darüber spekulieren, was sonst gewesen wäre.

Kann für den Unterricht in einem Aufsatz Vermutungen über den Fortgang eines Videofilms darlegen.

Kann Informationen und Argumente aus verschiedenen Quellen zusammenführen und gegeneinander abwägen.

Kann als Grundlage für seinen Unterricht verschiedene Texte zu einem landeskundlichen Thema auswerten.

Kann sich zur Vorbereitung der Besprechung ihrer Diplomarbeit mit ihrem Literaturprofessor Notizen machen.

Kann für einen Aufsatz zu einem umstrittenen Thema wie „Gentechnik" Positionen von Befürwortern und Gegnern einander gegenüberstellen.

Kann die Interessengegensätze von Konsumenten und im Handel Beschäftigten in der Frage der Ladenöffnungszeiten übersichtlich darstellen und ihre eigene Meinung damit stützen.

Kann als Angestellter für eine Besprechung wichtige Informationen zur Erweiterung des Verkaufsnetzes zusammenstellen und notieren.

Kann von Artikeln oder Beiträgen zu Themen von allgemeinem Interesse eine Zusammenfassung schreiben.

Kann aus einer längeren Reportage über „Medikamente im Fleisch" einen kurzen Auszug mit den wichtigsten Informationen machen.

Kann aus einem Handbuch seines Fachgebiets Informationen so herausschreiben und zusammenfassen, dass sie als Lernunterlage dienen können.

Kann aus einem längeren Artikel über Alkoholkonsum eine kurze Unterlage für eine Rollendiskussion im Kurs anfertigen.

Kann sich während eines Gesprächs oder einer Präsentation im eigenen Fach- oder Interessengebiet Notizen machen.

Kann sich während eines Referats über die Verwendung des Konjunktivs im Deutschen auf einem vorgelegten Handout Ergänzungen notieren.

Kann in einer Besprechung mit ihrem Literaturprofessor Notizen machen, die die wesentlichen Absprachen und Vorschläge für die Diplomarbeit enthalten.

Kann als Zuhörerin eines Referats Notizen über Informationen und Hinweise machen, die für sie besonders wichtig sind.

Kann bei einer Produktpräsentation wesentliche Merkmale mitschreiben, die dieses Produkt von ähnlichen Produkten unterscheiden.

Kann in einer Besprechung Notizen machen, die die wesentlichen Absprachen enthalten.

Kann Anzeigen verfassen, die seine/ihre Interessen oder Bedürfnisse betreffen.

Kann eine Wohnungsanzeige schreiben, in der sie die Eigenschaften der gesuchten Wohnung angibt.

Kann im Internet eine Anzeige platzieren, in der sie Anschluss an eine Musikgruppe sucht.

Kann in einem Stellengesuch formulieren, welche Kenntnisse und Erfahrungen er in seinen Arbeitsbereich einbringen kann.

Kann einfache Anleitungen und Aufgaben für ihm/ihr bekannte Zielgruppen erstellen.

Kann zusätzlich zum Übungsangebot des Lehrwerks ein Spiel entwerfen.

Kann zur Festigung der Konjunktivformen mit „würde" ein einfaches Arbeitsblatt mit verschiedenen Übungen erstellen.

Kann den Schülern einen leicht verständlichen Auftrag zur Entnahme der wichtigsten Informationen aus dem Video „Frühstück in Deutschland" (jetzt online) geben.

Kann für die Arbeit an einer Videosequenz Aufgaben für die Arbeitsphasen vor, während und nach dem Ansehen erstellen.

Globale Kannbeschreibungen: Sprachmittlung mündlich aus dem Deutschen

Kann wichtige Inhalte längerer deutschsprachiger Äußerungen in Standardsprache zu Themen von allgemeinem Interesse anderen Personen in der gemeinsamen Sprache zusammenfassend weitergeben.

Kann wichtige Aussagen und Standpunkte komplexerer mündlicher deutscher Texte aus dem eigenen Fach- oder Interessengebiet anderen Personen in der gemeinsamen Sprache zusammenfassend weitergeben.

Kann wichtige Inhalte komplexerer schriftlicher deutscher Texte, in denen die Schreibenden besondere Standpunkte zu Themen von allgemeinem Interesse einnehmen, anderen Personen in der gemeinsamen Sprache zusammenfassend weitergeben.

Kann wichtige Inhalte schriftlicher deutscher Texte aus dem eigenen Fach- oder Interessengebiet anderen Personen in der gemeinsamen Sprache zusammenfassend weitergeben, wobei zur Kontrolle ein Wörterbuch hilfreich sein kann.

Detaillierte Kannbeschreibungen *mit Beispielen:* Sprachmittlung mündlich aus dem Deutschen

Kann wichtige Inhalte aus komplexeren schriftlichen deutschsprachigen informierenden Texten zu aktuellen Themen anderssprachigen Personen in der gemeinsamen Sprache zusammenhängend weitergeben.

Kann wichtige Informationen aus einer deutschsprachigen Zeitschriftenreportage über ein Wildreservat für eine interessierte Kollegin in der gemeinsamen Sprache mündlich zusammenfassen.

Kann wichtige Informationen eines deutschsprachigen Artikels aus dem Internet über Klimaerwärmung für einen Mitstudenten, der ein Kurzreferat für den Geographieunterricht schreibt, in der gemeinsamen Sprache mündlich zusammenfassen.

Kann Meinungen und unterschiedliche Standpunkte eines deutschsprachigen Zeitungsberichts zum Thema „Passives Rauchen" für eine interessierte Freundin in der gemeinsamen Sprache mündlich zusammenfassen.

Kann als Zuhörer von längeren deutschsprachigen Diskussionen zu Themen des eigenen Fach- oder Interessengebiets wichtige Inhalte anderssprachigen Personen in der gemeinsamen Sprache weitergeben.

Kann als Zuhörerin einer deutschsprachigen Podiumsdiskussion über Fleischkonsum wesentliche Punkte der Diskutanten einer interessierten Kollegin in der gemeinsamen Sprache weitergeben.

Kann auf einer Fachmesse in einer Diskussion unterschiedliche Standpunkte der deutschsprachigen Gesprächsteilnehmer einem Geschäftspartner in der gemeinsamen Sprache vereinfacht weitergeben.

Kann wichtige Inhalte einer längeren deutschsprachigen Diskussion über Werbung im Fernsehen einem Austauschstudenten in der gemeinsamen Sprache zusammenfassend weitergeben.

Kann wichtige Punkte mündlicher deutschsprachiger Präsentationen und Vorträge aus seinem/ihrem Fachgebiet für anderssprachige Personen leicht nachvollziehbar in der gemeinsamen Sprache zusammenfassen.

Kann die wichtigsten Inhalte eines deutschsprachigen Vortrages über Trends in der Ernährung einer interessierten Freundin in der gemeinsamen Sprache weitergeben.

Kann die wichtigsten Aussagen eines Referates einer deutschsprachigen Kollegin über „Mehrsprachigkeit in der Erziehung" einer Freundin in der gemeinsamen Sprache weitergeben.

Kann wichtige Aussagen aus einer deutschsprachigen Präsentation über die „Ferienregion Berner Oberland" einer Kollegin in der gemeinsamen Sprache weitergeben.

Kann wichtige Inhalte aus längeren mündlichen deutschsprachigen Beiträgen zu aktuellen Themen von allgemeinem Interesse anderssprachigen Personen in der gemeinsamen Sprache zusammenfassend weitergeben.

Kann einem Freund wichtige Inhalte eines deutschsprachigen Videos zu dessen Hobby in der gemeinsamen Sprache erklärend weitergeben.

Kann während einer deutschsprachigen Fernsehdiskussion wichtige Meinungsäußerungen der Diskussionsteilnehmer einem interessierten Kollegen in der gemeinsamen Sprache weitergeben.

Kann nach einer Nachrichtensendung die unterschiedlichen Standpunkte des deutschen Innenministers und einer Oppositionspolitikerin über die Neuregelung des Asylrechts einer Mitstudentin in der gemeinsamen Sprache weitergeben.

Kann wichtige Inhalte geläufiger deutschsprachiger Schreiben anderssprachigen Personen in der gemeinsamen Sprache weitergeben.

Kann wichtige Detailinformationen aus einer deutschsprachigen E-Mail (z. B. warum ein Termin abgesagt werden musste) einer Freundin in der gemeinsamen Sprache weitergeben.

Kann die wichtigsten Inhalte einer schriftlichen Anweisung der deutschsprachigen Vorgesetzten an alle in der Abteilung Beschäftigten einer Arbeitskollegin in der gemeinsamen Sprache weitergeben.

Kann einem Freund aus der Fußballmannschaft die Inhalte eines deutschsprachigen Trainingsplans in der gemeinsamen Sprache weitergeben.

Kann wichtige Inhalte längerer schriftlicher deutschsprachiger Fachtexte aus dem eigenen Fachgebiet anderssprachigen Personen in der gemeinsamen Sprache weitergeben.

Kann für eine Arbeitskollegin wichtige Inhalte eines deutschsprachigen Artikels aus einer Fachzeitschrift zum Thema „Netzwerk am Arbeitsplatz" in der gemeinsamen Sprache zusammenfassen.

Kann zur Vorbereitung eines gemeinsamen Vortrages wichtige Pro- und Contra-Argumente eines deutschsprachigen Beitrags zur Städteplanung aus dem Internet einem Mitstudenten in der gemeinsamen Sprache zusammenhängend weitergeben.

Kann einer Kollegin im Büro die wichtigen Teile eines deutschsprachigen Handbuchs für ein neues PC-Programm in der gemeinsamen Sprache zusammenhängend weitergeben.

Globale Kannbeschreibungen: Sprachmittlung mündlich aus einer anderen Sprache

Kann wichtige Inhalte längerer Äußerungen einer anderen Sprache zu Themen von allgemeinem oder aktuellem Interesse zusammenfassend und gut verständlich an Deutschsprachige auf Deutsch weitergeben.

Kann die Hauptaussagen und wichtige Meinungen komplexer mündlicher Texte einer anderen Sprache zu Themen aus dem eigenen Fach- oder Interessengebiet zusammenfassend und gut verständlich an Deutschsprachige auf Deutsch weitergeben.

Kann wichtige Inhalte anderssprachiger schriftlicher Texte zu Themen von allgemeinem oder aktuellem Interesse oder aus dem eigenen Fach- oder Interessengebiet, auch mit Hilfe von eigenen Notizen, ausreichend klar und verständlich an Deutschsprachige auf Deutsch weitergeben.

Detaillierte Kannbeschreibungen *mit Beispielen:* Sprachmittlung mündlich aus einer anderen Sprache

Kann Deutschsprachigen wichtige Aussagen und Argumente aus anderssprachigen mündlichen Texten und Diskussionsbeiträgen zu aktuellen Themen, eventuell mit Hilfe von Notizen, gut verständlich auf Deutsch weitergeben.

Kann wichtige Meinungsäußerungen aus einer anderssprachigen Fernsehdiskussion zu einem aktuellen politischen Ereignis einem deutschsprachigen Besucher vereinfacht auf Deutsch weitergeben.

Kann als Austauschstudent wichtige Inhalte eines Videos über die Geschichte seines Landes abschnittweise seinen deutschsprachigen Mitstudenten auf Deutsch weitergeben.

Kann beim Fernsehen die Standpunkte der Teilnehmer einer anderssprachigen Debatte über gesunde Ernährung einer deutschsprachigen Kollegin auf Deutsch weitergeben.

Kann Deutschsprachigen detaillierte Inhalte anderssprachiger mündlicher Beiträge zu aktuellen Themen oder aus dem eigenen Fach- oder Interessengebiet, eventuell mit Hilfe von Notizen, gut verständlich auf Deutsch weitergeben.

Kann während einer anderssprachigen Nachrichtensendung eine aktuelle Meldung einer deutschsprachigen Kollegin detailliert auf Deutsch weitergeben.

Kann bei einer anderssprachigen Produktpräsentation auf Video wichtige Vor- und Nachteile des Produktes für die deutschsprachige Chefin auf Deutsch mündlich zusammenfassen.

Kann einem neuen, deutschsprachigen Arbeitskollegen anderssprachige Vorschläge und Anweisungen eines Vorgesetzten auf Deutsch weitergeben.

Kann wichtige Inhalte aus anderssprachigen schriftlichen komplexen informierenden Texten zu aktuellen Themen Deutschsprachigen gut verständlich auf Deutsch weitergeben.

Kann deutschsprachigen Freunden die Empfehlungen einer anspruchsvollen schriftlichen Reportage über ein Land, das als Reiseziel gewählt wurde, auf Deutsch zusammenhängend weitergeben.

Kann seinen deutschsprachigen Mitstudenten detaillierte Informationen eines anderssprachigen Internetartikels zum Thema „Elektronische Musik" auf Deutsch zusammenhängend weitergeben.

Kann einem Besucher aus Deutschland zentrale Inhalte und Standpunkte eines anderssprachigen Zeitungsberichtes zum Thema „Werbung der Tabakindustrie" auf Deutsch zusammenhängend weitergeben.

Kann wichtige Inhalte anderssprachiger geläufiger Schreiben Deutschsprachigen verständlich auf Deutsch weitergeben.

Kann wichtige Abschnitte aus einer anderssprachigen Hausordnung einer deutschsprachigen Kollegin auf Deutsch weitergeben.

Kann wichtige Inhalte einer anderssprachigen amtlichen Vorladung einem deutschsprachigen Kollegen auf Deutsch weitergeben.

Kann die wichtigsten Punkte einer schriftlichen Programmankündigung eines Festivals und die Einschätzung der auftretenden Künstler einem deutschsprachigen Gast auf Deutsch weitergeben.

Kann wichtige Inhalte oder Standpunkte anderssprachiger schriftlicher Beiträge zu aktuellen Themen oder aus dem eigenen Fach- oder Interessengebiet Deutschsprachigen gut verständlich auf Deutsch weitergeben.

Kann einer anderssprachigen Arbeitskollegin im Büro neue Ideen und Vorschläge aus einem fremdsprachigen Fachartikel zum Thema „Computergrafik" zusammenhängend auf Deutsch weitergeben.

Kann einem deutschsprachigen Fachkollegen wichtige Pro- und Contra-Argumente eines anderssprachigen Beitrages über Chemotherapie aus einer Fachzeitschrift auf Deutsch weitergeben.

Kann einer deutschsprachigen Kollegin im Büro die wesentlichen Punkte eines anderssprachigen Arbeitsdossiers mit Fachkorrespondenz schrittweise auf Deutsch erklärend weitergeben.

Globale Kannbeschreibungen: Sprachmittlung mündlich aus dem Deutschen ins Deutsche

Kann wichtige Aussagen von längeren mündlichen deutschen Texten zu den meisten Themen von allgemeinem oder aktuellem Interesse anderen Personen vereinfachend und erklärend auf Deutsch weitergeben.

Kann wichtige Aussagen und Argumente von komplexeren mündlichen deutschen Texten zu den meisten Themen aus dem eigenen Fach- oder Interessengebiet anderen Personen vereinfachend und erklärend auf Deutsch weitergeben.

Kann wichtige Inhalte und Argumente von komplexeren schriftlichen deutschen Texten zu konkreten und abstrakten Themen anderen Personen vereinfachend und erklärend auf Deutsch weitergeben.

Detaillierte Kannbeschreibungen *mit Beispielen:* Sprachmittlung mündlich aus dem Deutschen ins Deutsche

Kann die Hauptpunkte aus längeren deutschsprachigen mündlichen Medienberichten zu verschiedenen aktuellen Themen für andere Personen auf Deutsch vereinfachen.

Kann die Besprechung eines neu erschienenen Buches in einer deutschsprachigen Fernsehsendung für seine Studienkollegin auf Deutsch vereinfachen.

Kann die zentralen Gedanken einer deutschsprachigen Fernsehreportage über „Ökologie und moderne Technik" für die Mitbewohner im Studentenheim, die nicht so gut Deutsch verstehen, vereinfacht auf Deutsch mündlich zusammenfassen.

Kann kontroverse Standpunkte einer deutschsprachigen Radioreportage über Ausländerpolitik seinen Freunden, die nicht alles verstanden haben, vereinfacht auf Deutsch weitergeben.

Kann wichtige Inhalte aus längeren deutschsprachigen Vorträgen oder mündlichen Beiträgen aus dem eigenen Fach- oder Interessengebiet für andere Personen auf Deutsch vereinfachen.

Kann nach einem Referat über „Geldwäsche" die wichtigsten Standpunkte des deutschsprachigen Redners für interessierte Arbeitskollegen, die nicht alles verstanden haben, vereinfacht auf Deutsch umschreiben.

Kann nach einem Fernsehbeitrag über deutschsprachige Literatur wichtige Gedanken einzelner Referenten für eine Freundin vereinfacht mündlich auf Deutsch zusammenfassen.

Kann nach einem deutschsprachigen Radiovortrag über internationales Recht die Hauptpunkte für einen Berufskollegen mündlich auf Deutsch zusammenfassen.

Kann komplexere informierende deutschsprachige schriftliche Texte zu aktuellen Themen für andere Personen auf Deutsch vereinfachen.

Kann Informationen einer deutschsprachigen Website über deutsche Briefmarken einem Kollegen, der dazu Fragen hat, vereinfacht auf Deutsch weitergeben.

Kann schwer zu verstehende deutschsprachige Informationen eines Fachartikels über das deutsche Gesundheitssystem für eine Kollegin vereinfacht auf Deutsch mündlich zusammenfassen.

Kann die Pro- und Contra-Argumente eines längeren deutschsprachigen Artikels über die deutsche Rechtschreibung einer Kollegin mit einfacheren Worten auf Deutsch erklären.

Globale Kannbeschreibungen: Sprachmittlung mündlich zwischen dem Deutschen und einer anderen Sprache

Kann in Gesprächen zu Themen von aktuellem oder allgemeinem Interesse zwischen deutschsprachigen und anderssprachigen Gesprächspartnern für den Gesprächsverlauf relevante Teile in beiden Sprachen wechselseitig einigermaßen angemessen weitergeben.

Kann in Gesprächen über das eigene Fach- oder Interessengebiet zwischen deutschsprachigen und anderssprachigen Gesprächspartnern die Hauptpunkte des Gesprächs in beiden Sprachen wechselseitig weitergeben, auch wenn er/sie bei bestimmten deutschen Formulierungen oder Fachbegriffen klärend nachfragen muss.

Detaillierte Kannbeschreibungen *mit Beispielen:* Sprachmittlung mündlich zwischen dem Deutschen und einer anderen Sprache

Kann in einem Gespräch über aktuelle oder ihn/sie interessierende Themen zwischen deutschsprachigen und anderssprachigen Teilnehmern wichtige Aussagen und Meinungen in beiden Sprachen wechselseitig weitergeben.

Kann in einem Gespräch zwischen einem deutschsprachigen Gast und seinen Mitbewohnern über Terrorismus die Aussagen in beiden Sprachen wechselseitig weitergeben.

Kann anlässlich eines internationalen Treffens von Studierenden persönliche Wünsche und Vorstellungen der Diskussionsteilnehmer ausreichend genau in beiden Sprachen wechselseitig weitergeben.

Kann während einer Gewerkschaftsversammlung unterschiedliche Standpunkte der deutsch- und anderssprachigen Arbeitnehmer in beiden Sprachen wechselseitig weitergeben.

Kann in einer fachlichen Diskussion zwischen deutschsprachigen und anderssprachigen Teilnehmern wichtige Inhalte, Standpunkte und Begründungen zusammenfassend in beiden Sprachen wechselseitig weitergeben.

Kann in einem Gespräch über ein Thema des Studienfaches die wichtigsten Argumente der Teilnehmer sowie präzisierende Fragen einer Gaststudentin in beiden Sprachen wechselseitig sinngemäß weitergeben.

Kann auf einer Fachmesse in einer Verhandlung unterschiedliche Standpunkte der deutsch- und anderssprachigen Geschäftspartner über Produkt, Preise und Termine in beiden Sprachen wechselseitig weitergeben.

Kann während einer Betriebsbesichtung von Geschäftspartnern aus anderen Ländern präzise Fragen und Antworten zur Produktion erklärend und zusammenfassend in beiden Sprachen wechselseitig weitergeben.

Globale Kannbeschreibungen: Sprachmittlung schriftlich aus dem Deutschen

Kann wichtige Inhalte komplexerer schriftlicher deutscher Texte aus dem eigenen Fach- oder Interessengebiet für andere Personen in der gemeinsamen Sprache vereinfacht oder mit Stichworten notieren.

Kann die Hauptaussagen komplexerer mündlicher deutscher Texte aus dem eigenen Fach- oder Interessengebiet für andere Personen in der gemeinsamen Sprache vereinfacht oder mit Stichworten notieren.

Detaillierte Kannbeschreibungen *mit Beispielen:* Sprachmittlung schriftlich aus dem Deutschen

Kann aus komplexeren schriftlichen deutschsprachigen Texten zu Themen von allgemeinem oder aktuellem Interesse detaillierte Informationen für anderssprachige Personen in der gemeinsamen Sprache notieren.

Kann die wichtigsten Abschnitte eines deutschsprachigen Mietvertrages für eine Freundin, die in Innsbruck eine Wohnung mieten will, in der gemeinsamen Sprache schriftlich zusammenfassen.

Kann die wichtigsten Abschnitte eines deutschsprachigen Versicherungstextes für einen Freund, der in Deutschland einen Unfall hatte, in der gemeinsamen Sprache schriftlich zusammenfassen.

Kann die wichtigsten Schritte und Anweisungen für eine Diät aus einer deutschsprachigen Zeitschrift für einen kranken Kollegen in der gemeinsamen Sprache notieren.

Kann wichtige Punkte komplexerer schriftlicher deutschsprachiger Fachtexte aus dem eigenen Fachgebiet für anderssprachige Personen in der gemeinsamen Sprache notieren.

Kann wichtige Abschnitte eines Artikels aus einer deutschen Fachzeitschrift zur Prüfungsvorbereitung für Mitstudenten in der gemeinsamen Sprache notieren.

Kann zentrale Aussagen eines deutschsprachigen Fachbuches auf Wunsch der Kollegen am Arbeitsplatz in der gemeinsamen Sprache schriftlich festhalten.

Kann Ansichten und Meinungsäußerungen einer deutschsprachigen Internetseite für Teilnehmer einer Newsgroup in der gemeinsamen Sprache schriftlich notieren.

Kann wichtige Aussagen und Meinungen mündlicher deutschsprachiger Beiträge zu aktuellen Themen oder aus dem eigenen Fach- oder Interessengebiet für anderssprachige Personen in der gemeinsamen Sprache schriftlich festhalten.

Kann die wichtigsten Inhalte eines deutschsprachigen Vortrages über Trends in der Gartenarchitektur für eine erkrankte Arbeitskollegin schriftlich in der gemeinsamen Sprache zusammenfassen.

Kann die wichtigsten Meldungen aus den deutschsprachigen Fernsehnachrichten über einen Militäreinsatz für einen Bekannten in der gemeinsamen Sprache notieren.

Kann die wichtigsten Meinungsäußerungen einer deutschsprachigen Podiumsdiskussion zum Thema „Sponsoring" für ihren Arbeitgeber in einem schriftlichen Kurzbericht in der gemeinsamen Sprache zusammenfassen.

Globale Kannbeschreibungen: Sprachmittlung schriftlich aus einer anderen Sprache

Kann wichtige Inhalte anderssprachiger schriftlicher Texte zu Themen von allgemeinem oder aktuellem Interesse mit einfachen Sätzen oder Stichworten für Deutschsprachige auf Deutsch notieren, wobei beim Schreiben ein Wörterbuch zur Kontrolle hilfreich sein kann.

Kann die Hauptaussagen und wichtige Standpunkte anderssprachiger mündlicher Texte aus dem eigenen Fach- oder Interessengebiet mit einfachen Sätzen oder Stichworten für Deutschsprachige auf Deutsch notieren, wobei beim Schreiben ein Wörterbuch zur Kontrolle hilfreich sein kann.

Detaillierte Kannbeschreibungen *mit Beispielen:* Sprachmittlung schriftlich aus einer anderen Sprache

Kann wichtige Inhalte anderssprachiger mündlicher Beiträge oder Medienberichte zu aktuellen Themen für Deutschsprachige klar strukturiert auf Deutsch notieren.

Kann beim Fernsehen für einen deutschsprachigen Arbeitskollegen Reiserouten und Empfehlungen eines fremdsprachigen Reisemagazins klar gegliedert auf Deutsch notieren.

Kann für deutschsprachige Studienkollegen die wichtigsten Meinungen einer fremdsprachigen Podiumsdiskussion über „Essen im Mittelalter" in einem schriftlichen Bericht auf Deutsch zusammenfassen.

Kann für eine erkrankte deutschsprachige Freundin die wichtigsten Inhalte einer fremdsprachigen Reportage über ein gemeinsames Hobby schriftlich auf Deutsch zusammenfassen.

Kann wichtige Inhalte geläufiger anderssprachiger Schreiben für Deutschsprachige auf Deutsch festhalten und weitergeben.

Kann alle wichtigen Angaben eines fremdsprachigen Auftrags eines Geschäftspartners einer deutschsprachigen Arbeitskollegin schriftlich auf Deutsch weitergeben.

Kann die Inhalte einer fremdsprachigen Vorladung bei der Meldebehörde für einen deutschsprachigen Mitbewohner im Studentenheim auf Deutsch notieren.

Kann wichtige Einzelheiten aus einem fremdsprachigen Mietvertrag einer deutschsprachigen Kollegin auf Deutsch weitergeben.

Kann wichtige Inhalte oder Standpunkte anderssprachiger schriftlicher Beiträge zu aktuellen Themen oder aus dem eigenen Fach- oder Interessengebiet für Deutschsprachige gut verständlich auf Deutsch notieren.

Kann für seine deutschsprachigen Berufskollegen im Spital die Hauptargumente eines fremdsprachigen Fachbuches über Alternativmedizin in schriftlicher Form auf Deutsch zusammenfassen.

Kann für einen deutschen Brieffreund Ideen und Meinungsäußerungen aus einem fremdsprachigen populärwissenschaftlichen Artikel in einer E-Mail schriftlich auf Deutsch zusammenfassen.

Kann für deutschsprachige Studienkollegen die Hauptpunkte eines neuen fremdsprachigen Instruktionshandbuches klar strukturiert auf Deutsch zusammenfassen.

Kann fremdsprachige Informationen über Konkurrenzprodukte für die Präsentation eines neuen Produktes der eigenen Firma übersetzen und für eine Folien-Präsentation klar strukturiert aufbereiten.

Kann wichtige Inhalte aus anderssprachigen schriftlichen komplexen informierenden Texten zu aktuellen Themen für Deutschsprachige gut verständlich auf Deutsch notieren.

Kann für einen deutschsprachigen Freund, der im Ausland einen Unfall hatte, die wichtigsten Abschnitte des fremdsprachigen Unfallprotokolls in schriftlicher Form auf Deutsch festhalten.

Kann für einen deutschsprachigen Trainingspartner die wichtigsten Schritte eines Trainingsprogramms aus einer fremdsprachigen Sportzeitschrift auf Deutsch schriftlich zusammenfassen.

Kann für eine deutschsprachige E-Mail-Freundin wichtige Informationen aus der fremdsprachigen Website einer Rockgruppe schriftlich auf Deutsch zusammenfassen.

3.2.5 Kannbeschreibungen C1

Globale Kannbeschreibungen: Interaktion mündlich

Kann sich in Gesprächen beinahe mühelos spontan und fließend ausdrücken; nur bei abstrakten und schwierigen Themen macht er/sie öfter Pausen, um nach passenden Formulierungen zu suchen.

Kann in Gesprächen idiomatische Ausdrücke und umgangssprachliche Wendungen in den meisten Fällen verstehen und die gebräuchlichsten auch selbst situationsangemessen anwenden.

Kann in Gesprächen seine/ihre Gedanken und Meinungen präzise ausdrücken und eigene Gesprächsbeiträge geschickt mit denen anderer verknüpfen.

Kann sich an Gesprächen flexibel und angemessen beteiligen und dabei auch Emotionen, Anspielungen oder andere Sprechabsichten ausdrücken.

Kann in einem Gespräch mit Hilfe passender sprachlicher Wendungen das Wort ergreifen, an Beiträge von anderen anknüpfen, beim Sprechen Zeit zum Nachdenken gewinnen oder zeigen, dass er/sie das Wort behalten will. (auch C2)

Kann in einer größeren Gruppe die Kommunikation steuern, anderen das Wort erteilen oder diese zur Teilnahme am Gespräch auffordern. (auch C2)

Kann in Gesprächen bei Ausdrucksschwierigkeiten flexibel neu ansetzen, sich korrigieren oder Aussagen umformulieren.

Kann in Gesprächen seine/ihre Aussagen und Gedanken mit verschiedenen sprachlichen Mitteln ausdrücken, um etwas hervorzuheben oder zu verdeutlichen.

Kann in Gesprächen klare und gut strukturierte Redebeiträge liefern, wobei er/sie die Mittel der Gliederung sowie der inhaltlichen und sprachlichen Verknüpfung beherrscht.

Kann in Gesprächen und Diskussionen Argumente klar darlegen, dabei verschiedene Themen miteinander verbinden, bestimmte inhaltliche Punkte genauer ausführen und die Darstellung mit einem angemessenen Schluss abrunden.

Kann sich in Gesprächen dank seines/ihres großen Wortschatzes beinahe mühelos ausdrücken und bei Wortschatzlücken problemlos Umschreibungen gebrauchen, wobei ein offensichtliches Suchen nach Worten selten ist.

Kann sich in Gesprächen mit Hilfe seines/ihres großen Wortschatzes ziemlich präzise ausdrücken und seine/ihre Aussagen relativ genau abstufen, wobei er/sie z. B. den Grad an Sicherheit, Zweifel oder Wahrscheinlichkeit deutlich machen kann.

Kann sich in Gesprächen dank seines/ihres großen Wortschatzes weitgehend korrekt und angemessen ausdrücken, wobei Fehler im Wortgebrauch selten vorkommen.

Kann aus einem großen Repertoire an grammatischen Strukturen auswählen und auch längere Gesprächsbeiträge mit komplexen Strukturen gestalten.

Kann in Gesprächen auch längere Redebeiträge grammatikalisch so korrekt ausführen, dass Fehler selten sind und kaum auffallen.

Kann in Gesprächen die Intonation variieren und die Betonung so einsetzen, dass Bedeutungsnuancen zum Ausdruck kommen. (auch C2)

Detaillierte Kannbeschreibungen *mit Beispielen:* Interaktion mündlich

Kann in Behörden- oder Dienstleistungsgesprächen auch Informationen zu außergewöhnlichen Themen oder Problemen austauschen. (auch C2)

Kann als Beteiligter an einem Unfall mit einem Sachverständigen der Versicherung erörtern, wer die Schuld trägt und welche Kulanzlösungen möglich sind.

Kann bei der Rentenkasse über die Anrechnung von im Ausland geleisteten Beiträgen verhandeln.

Kann mit der Verkehrsbehörde über ein Bauvorhaben verhandeln, das den Verkehr auf der vorbeiführenden Straße behindert.

Kann an einem lebhaften Gespräch zwischen deutschsprachigen Muttersprachlern teilnehmen und sich dabei in seinen/ihren Beiträgen auf diejenigen der anderen Gesprächsteilnehmer beziehen.

Kann auf einer Messe mit deutschsprachigen Fachkollegen über Vor- und Nachteile verschiedener Produkte diskutieren und dabei Besonderheiten der eigenen Firmenprodukte darstellen.

Kann in einer Diskussion mit Freunden über das kulturelle Angebot in der Stadt zu verschiedenen Meinungsäußerungen Stellung nehmen und ihre eigene Position begründen.

Kann als Austauschstudentin zwischen zwei Vorlesungen im Gespräch mit Mitstudenten auf deren Kommentare zur Vorlesung eingehen und die eigene Meinung äußern.

Kann in informellen Diskussionen Gedanken und Meinungen präzise und klar ausdrücken, Argumente überzeugend einsetzen und auf Argumentationen anderer reagieren.

Kann in einem Gespräch mit ihrem Partner die Beziehungskrise eines befreundeten Paares erörtern.

Kann im Freundeskreis, wenn die Diskussion auf das Thema „Rechtschreibreform" kommt, klar darlegen, warum er für die Reform ist, auch wenn für ihn die Reform in manchen Punkten nicht weit genug geht.

Kann in einer Diskussion über das neue Arbeitsmarktgesetz die seiner Meinung nach sozial unverträglichen Punkte hervorheben und den Befürwortern mit entsprechenden Argumenten entgegentreten.

Kann in einem Gespräch Informationen mitteilen und Anspielungen machen oder emotionale Differenzierungen vornehmen bzw. Witz und Ironie einsetzen. (auch C2)

Kann in der Abschlussveranstaltung den Seminarbeitrag eines Kollegen ironisch kommentieren.

Kann auf nicht ernst gemeinte kritische Bemerkungen eines Kollegen humorvoll reagieren.

Kann in einem Gespräch über eine schwere Krankheit Betroffenheit und Hoffnung ausdrücken, indem er von ähnlichen Ereignissen erzählt, die positiv ausgegangen sind.

Kann in einem Gespräch über die Suche nach einem neuen Bundestrainer humorvolle Beiträge liefern.

Kann an formellen Diskussionen und Verhandlungen teilnehmen und dabei angemessen auf Fragen, Äußerungen oder Einwände anderer eingehen.

Kann in der Diskussion im Anschluss an ein Referat über Günther Grass mitreden und auf Fragen und Einwände sachbezogen eingehen.

Kann in einer Preisverhandlung auf die Argumente der deutschen Verhandlungspartner eingehen und die Positionen seiner Firmenzentrale präzisieren und erläutern.

Kann als Deutschlehrerin in einem Didaktikseminar in der Diskussion über Unterrichtsmethoden eigene Unterrichtserfahrungen schildern und auf kritische Bemerkungen und Einwände der anderen mit sachlichen Argumenten reagieren.

Kann während eines akademischen Austauschjahres in einem Seminar an der Gastuniversität in Hawaii über persönliche Erfahrungen und über landespezifische Eigenheiten seines Herkunftslandes berichten und auf Fragen und Einwände sachbezogen eingehen.

Kann als Leiterin eines Reisebüros in Tarifverhandlungen die Position der eigenen Firma darlegen und mit Partnern einen Kompromiss aushandeln.

Kann als Studentin in einer Vollversammlung, in der die Erhöhung der Studiengebühren diskutiert wird, die Interessen ausländischer Studierender vertreten und klar machen, welche Konsequenzen eine Erhöhung der Gebühren hat.

Kann auf einer Mieterversammlung Stellung nehmen zum Thema „Wohnstraße", entsprechende Maßnahmen zum Schutz von Kindern vorschlagen und auf die Argumente der Gegenpartei reagieren.

Kann eigene didaktische Positionen überzeugend vortragen und auf Beiträge kritisch und konstruktiv reagieren.

Kann als Vortragender/Vortragende in Veranstaltungen angemessen auf Fragen, Äußerungen oder Einwände anderer eingehen.

Kann im Anschluss an ein Referat über textlinguistische Beschreibungsmodelle auf Fragen der Teilnehmer eingehen.

Kann als Vertreter einer Staubsaugerfirma bei einer Produktpräsentation die Teilnehmer begrüßen, den Ablauf erklären und während der Präsentation auf Fragen eingehen und diese sachgemäß beantworten.

Kann als Reiseleiter für eine deutsche Touristengruppe nach einem Vortrag über Ausflugsmöglichkeiten auf Fragen und spezielle Wünsche eingehen.

Kann eine Diskussion oder eine Besprechung leiten und dabei das Gespräch eröffnen, moderieren und zum Abschluss bringen. (auch C2)

Kann als Leiterin eines Reisebüros bei Preisverhandlungen die Geschäftspartner begrüßen, die Verhandlung leiten und bei Interessenkonflikten einen Kompromiss aushandeln.

Kann sich bei der Eröffnung einer Besprechung für die Teilnahme bedanken und der Hoffnung auf eine gute Lösung Ausdruck verleihen.

Kann bei einem Elternabend die Anwesenden willkommen heißen, die Diskussionsrunde eröffnen und auf kritische Fragen und Einwände der Eltern reagieren.

Kann als Moderator einer Verhandlung die Teilnehmer zur Stellungnahme auffordern und bei Missverständnissen und Kontroversen klärend eingreifen.

Kann in einem Interview und in ähnlichen Gesprächen Fragen flüssig und ohne fremde Hilfe beantworten, eigene Gedanken ausführen und entwickeln sowie auf Einwürfe reagieren.

Kann im Gespräch mit Messebesuchern Fragen zu den eigenen Produkten kompetent beantworten und individuelle Lösungen vorschlagen.

Kann in der mündlichen Evaluation auf Fragen des Seminarleiters angemessen reagieren und persönlich dazu Stellung nehmen.

Kann in einem Auskunftsgespräch Fragen eines Kollegen zur (bildungs-)politischen und sozialen Lage seines Herkunftslandes beantworten und dabei Vermutungen zur zukünftigen Entwicklung erörtern.

Kann als Austauschstudentin in einem Interview für eine Lokalzeitung Fragen zu ihren Erfahrungen und Eindrücken im Gastland beantworten.

Kann ein Interview oder ein ähnliches Gespräch führen, dabei differenzierte Fragen stellen und auf Aussagen der Partner reagieren.

Kann mit Messebesuchern ins Gespräch kommen und deren Bedürfnisse ermitteln.

Kann als Musikstudent ein Interview mit einem Musiker führen und nach dessen abschweifenden Antworten auf seine vorbereiteten Fragen zurückkommen.

Kann als Ethnologiestudentin eine Feldstudie mit einem vorbereiteten Fragebogen durchführen.

Kann für ein Meinungsforschungsinstitut mit Hilfe eines Fragebogens eine Umfrage machen und bei Unklarheiten den Partner um Präzisierung der Antworten bitten.

Kann komplexe Informationen und Ratschläge verstehen und austauschen. (auch C2)

Kann als Austauschstudentin die Anweisungen der Bibliothekarin zur Benutzung der Bibliothek verstehen, gezielt Fragen stellen und im Verlauf des Gesprächs ihr Interesse für bestimmte Abläufe formulieren.

Kann als Angestellte eines Reisebüros telefonisch Informationen über Geschäftsbedingungen und -tarife bei Partnerunternehmen einholen.

Kann als Ingenieur einem deutschsprachigen Hotelmanager die neu installierte Telefonanlage verständlich erklären und spontan auf Fragen antworten.

Kann mit Kollegen kritisch über neue Entwicklungen in der Fremdsprachendidaktik diskutieren und seine Einstellung mit Beispielen der eigenen Unterrichtspraxis begründen.

Kann als Computernetzwerkspezialist in einem Fachgespräch mit Anwendern Informationen über das Netzwerk austauschen und Lösungen diskutieren, wie beim Eintragen eines neuen Benutzers vorgegangen wird.

Kann Telefongespräche mit deutschen Muttersprachlern problemlos führen und auf Äußerungen oder Anspielungen der Gesprächspartner eingehen. (auch C2)

Kann im Anschluss an eine Messe den Kontakt mit deutschsprachigen Geschäftspartnern telefonisch aufrechterhalten und weitere Vereinbarungen treffen.

Kann als Student in der Freizeit eine Telefonumfrage im Auftrag eines Meinungsforschungsinstituts mit Hilfe einer Vorlage machen und bei Unklarheiten um Präzisierung bitten.

Kann eine Freundin, die ihr am Telefon von ihren Sorgen erzählt, durch einfühlende Worte trösten und mit konkreten Vorschlägen beraten.

Kann als Lehrer auf Fragen einer Mutter eingehen und ihr Ratschläge für die Betreuung ihres Sohnes geben.

Globale Kannbeschreibungen: Interaktion schriftlich

Kann eine klare, gut strukturierte Korrespondenz führen, dabei die entscheidenden inhaltlichen Punkte hervorheben und Standpunkte ausführlich darstellen.

Kann zu unterschiedlichen Themen allgemeiner oder beruflicher Art klare und gut lesbare schriftliche Mitteilungen machen.

Kann sich klar und präzise schriftlich ausdrücken und sich flexibel und effektiv auf die Adressaten beziehen. (auch C2)

Kann klare und detaillierte Mitteilungen zu unterschiedlichsten Themen schreiben und sich flexibel auf verschiedene Adressaten beziehen.

Kann klar und präzise persönliche Korrespondenz schreiben, darin Emotionen ausdrücken und Anspielungen oder Scherze machen.

Kann Texte schreiben, die weitgehend korrekt sind, und seinen/ihren Wortschatz und Stil je nach Adressat/Adressatin, Textsorte und Thema variieren.

Kann in Korrespondenz und Mitteilungen idiomatische Ausdrücke und umgangssprachliche Wendungen in den meisten Fällen verstehen und die gebräuchlichsten auch selbst situationsangemessen anwenden.

Kann in seinen/ihren Briefen und Schriftstücken sprachliche Mittel zur Gliederung und Verknüpfung von Textteilen der Absicht entsprechend einsetzen.

Kann in seiner/ihrer Korrespondenz beständig ein hohes Maß an grammatischer Korrektheit beibehalten, wobei Fehler selten sind und kaum stören.

Kann die Orthographie- und Interpunktionsregeln durchgehend korrekt anwenden, abgesehen von gelegentlichen Schreibfehlern.

Detaillierte Kannbeschreibungen *mit Beispielen:* Interaktion schriftlich

Kann in persönlichen Briefen ausführlich Erfahrungen und Gefühle beschreiben und über Geschehnisse berichten und dabei flexibel Bezug auf die Briefinhalte des Korrespondenzpartners nehmen. (auch C2)

Kann in einem Brief an einen Freund, der im Ausland ein Praktikum macht und ihm von seinen Schwierigkeiten berichtet hat, auf dessen Situation eingehen und eigene Fremdheitserfahrungen schildern.

Kann in einem Brief an eine Freundin von ihrem ersten, vier Wochen alten Kind schreiben und schildern, was sich alles verändert hat und wie sie sich dabei fühlt.

Kann einer Kollegin in einer E-Mail Ratschläge geben, wie sie mit den Intrigen und Angriffen anderer Kollegen am Arbeitsplatz umgehen soll, und von eigenen Erfahrungen mit solchen Problemen berichten.

Kann einer Studienkollegin in einer E-Mail von der ungerechten Beurteilung durch einen Professor berichten, dabei ihren Gefühlen, wie z. B. Zorn und Enttäuschung, Ausdruck verleihen und die Studienkollegin nach deren Erfahrungen fragen und um Ratschläge bitten.

Kann Korrespondenz zu den unterschiedlichsten Sachverhalten mit Dienstleistern, Behörden oder Firmen flexibel und selbstständig abwickeln.

Kann als Angestellte eines Reisebüros Geschäftspartner aus der Hotelbranche zu einer Verhandlung über die Geschäftskonditionen einladen und in der Anlage über Ablauf und Ziele der Verhandlung informieren.

Kann einer Institution, die Klassenpartnerschaften vermittelt, schriftlich ihre Wünsche vorlegen.

Kann mit einem Kollegen/einer Kollegin brieflich oder per E-Mail eine Klassenpartnerschaft vereinbaren.

Kann sich beim Goethe-Institut für eine Fortbildung bewerben und überzeugende Gründe für die Bewerbung nennen.

Kann sich nach einer Reise beim Reisebüro schriftlich beschweren, indem er auf das gebuchte Angebot Bezug nimmt, auf die Mängel hinweist und Kostenersatz verlangt.

Kann nach einem leichten Verkehrsunfall ohne Personenschaden eine Schadensmeldung für die Versicherung schreiben und den weiteren Schriftverkehr bewältigen.

Kann als Mieter Schriftwechsel mit der Hausverwaltung führen, in dem es um die Verlegung eines neuen Fußbodens geht.

Kann formelle Briefe schreiben, in denen er/sie Absprachen oder getroffene Vereinbarungen aufgreift oder einfordert. (auch C2)

Kann die überhöhte Rechnung des Installateurs schriftlich beanstanden und auf dem vorher vereinbarten niedrigeren Preis bestehen.

Kann nach mündlichen Absprachen, die auf einer Messe getroffen wurden, schriftliche Korrespondenz aufnehmen und darin auf die Absprachen Bezug nehmen.

Kann dem Lehrer der Partnerklasse einen Brief zur Klassenpartnerschaft schreiben, in dem das weitere Procedere vorgeschlagen wird.

Kann in einem Brief an die Hausverwaltung darlegen, dass sie die Miete für den laufenden Monat aufgrund der andauernden Lärmbelästigung wegen Renovierung der Nachbarwohnung zurückhalten wird.

Kann in einem Schreiben an den Vorgesetzten an die ihr vertraglich zustehende Lohnerhöhung erinnern und diese einfordern.

Kann unterschiedlichste Informationen präzise notieren und weitergeben. (auch C2)

Kann als Austauschstudentin in einem Schreiben festhalten, welcher Preis und welche weiteren Bedingungen für die Miete einer Wohnung telefonisch vereinbart wurden, und um Bestätigung bitten.

Kann den Ablauf und die Ergebnisse einer Besprechung in einer E-Mail zusammenfassen und die Teilnehmer um Vervollständigung und gegebenenfalls um Richtigstellung der Informationen bitten.

Kann als Lehrer in einem Informationsbrief an die Eltern ausführlich über den geplanten Schullandheimaufenthalt informieren.

Globale Kannbeschreibungen: Rezeption mündlich

Kann längeren Reden und Gesprächen folgen, auch wenn diese nicht klar strukturiert sind und Zusammenhänge nicht explizit ausgedrückt werden.

Kann den Redebeiträgen in Gruppendiskussionen oder Debatten folgen, auch wenn abstrakte, komplexe, nicht vertraute Themen behandelt werden.

Kann viele alltagssprachliche Redewendungen und umgangssprachliche Ausdrücke verstehen und einen Wechsel in Stil und Register erkennen. (auch C2)

Kann längere Redebeiträge und Vorträge über nicht vertraute, abstrakte und komplexe Themen verstehen, auch wenn gelegentlich Unsicherheiten, besonders bei fremdem Akzent, auftreten.

Kann ein großes Spektrum an idiomatischen und alltagssprachlichen Redewendungen wiedererkennen und dabei einen Wechsel im Register richtig einschätzen, wobei er/sie sich gelegentlich Details bestätigen lassen muss, besonders wenn der Akzent des Sprechers nicht vertraut ist.

Detaillierte Kannbeschreibungen *mit Beispielen:* Rezeption mündlich

Kann Gespräche über abstrakte, komplexe Themen aus fremden Fachgebieten verstehen, auch wenn manchmal bestimmte Einzelheiten unklar bleiben.

Kann dem Gespräch einer Gruppe von Sprachlehrern über eine soeben erfolgte Unterrichtsbeobachtung folgen.

Kann als Hotelangestellter das Gespräch von zwei deutschen Hotelgästen über typische Probleme, die als Midlife-Crisis beschrieben werden, verstehen.

Kann als Sportstudent dem Gespräch von zwei Germanistikstudenten über Patrick Süskinds Roman „Das Parfum" folgen.

Kann viele komplexe Informationen, Anweisungen und Richtlinien verstehen. (auch C2)

Kann als Gast in einer Kartenrunde die Erklärungen verstehen, wie das Spiel „Schafkopf" geht und worauf besonders zu achten ist.

Kann die Anweisungen seiner Chefin, die er kurzfristig in einer Besprechung vertreten soll, zur Darstellung des bisherigen Projektverlaufs verstehen.

Kann in einem Gespräch bei der Studienberatung die Richtlinien zum Studium verstehen.

Kann auch bei schlechter Übertragungsqualität aus öffentlichen Durchsagen Einzelinformationen heraushören. (auch C2)

Kann auf einem Open-Air-Konzert die Durchsage verstehen, dass die nächste Band noch nicht da ist, weil sie im Stau steckt, und dass deswegen das Programm umgestellt wird.

Kann im Zug eine Durchsage verstehen, in der der Zugführer erklärt, dass aufgrund von technischen Problemen der hintere Waggon abgehängt werden muss und die Fahrgäste aus diesem Waggon in die vorderen Waggons umsteigen müssen.

Kann am Flughafen bei einer Durchsage verstehen, dass aufgrund der Witterungsverhältnisse zahlreiche Flüge ausfallen oder umgeleitet werden.

Kann ausführliche Berichte und Kommentare verstehen, in denen Zusammenhänge, Meinungen und Standpunkte erörtert werden.

Kann als Lehramtsstudent bei einer Informationsveranstaltung über das Schulpraktikum die Praktikumsberichte von Mitstudenten verstehen.

Kann beim Besuch eines deutschen Kollegen aus einer Partnerfirma dessen Bericht über die Geschäftsentwicklung im letzten Jahr und deren vermutliche Ursachen verstehen.

Kann in der Sprechstunde den Kommentar einer Professorin über seine Seminararbeit verstehen.

Kann literarische Erzählungen verstehen, auch wenn gelegentlich Details unklar bleiben. (auch C2)

Kann als Besucherin eines Erzählabends in einem Kulturzentrum die Geschichten von verschiedenen Erzählern verstehen.

Kann beim Autofahren die Geschichte von einem Hörbuch verstehen.

Kann bei einer Kulturveranstaltung am Goethe-Institut die Lesung eines jungen deutschen Autors verstehen.

Kann die meisten Vorträge, Diskussionen und Debatten relativ leicht verstehen.

Kann einen Vortrag in der Volkshochschule über die Entwicklung der Schrift „Von der Felszeichnung zum Alphabet" verstehen.

Kann auf einem „Tag der offenen Tür" einer Firma, die Tiefkühlpizza herstellt, eine Präsentation über die Fertigungsabläufe verstehen.

Kann anlässlich des „Tages der Gesundheit" eine Podiumsdiskussion zur Entwicklung und zur aktuellen Situation der Gesundheitsvorsorge verstehen.

Kann Vorlesungen, Reden und Berichte im Rahmen des Studiums, der Ausbildung oder des Berufes verstehen, auch wenn sie inhaltlich und sprachlich komplex sind. (auch C2)

Kann im Rahmen des Germanistikstudiums einer Vorlesung über zeitgenössische Literatur folgen und die Informationen im Detail verstehen.

Kann im Rahmen ihrer Ausbildung zur Tourismusfachkraft den komplexen Bericht über die neuen Buchungssysteme der Bahn verstehen.

Kann als Abteilungsleiter den Bericht eines Mitarbeiters der deutschen Mutterfirma über neue Vorgaben der Geschäftsleitung verstehen.

Kann ein breites Spektrum an Radiosendungen verstehen, auch wenn nicht unbedingt Standardsprache gesprochen wird. (auch C2)

Kann eine Radiosendung zum Thema „Telearbeit – der Arbeitsplatz zu Hause", in der verschiedene Personen von ihren Erfahrungen berichten, verstehen.

Kann ein längeres Krimi-Hörspiel von Wolf Haas über Kommissar Brenner in Wien verstehen.

Kann eine Musikreportage eines privaten Studentensenders über die Kölner Gruppe „BAP" verstehen.

Kann Filme, Fernsehserien und Theaterstücke verstehen, auch wenn darin saloppe Umgangssprache oder idiomatische Wendungen vorkommen. (auch C2)

Kann einen spannenden und unterhaltsamen Film über die Erlebnisse einer Familie in Berlin zur Zeit des Mauerfalls verstehen.

Kann die Fernsehfolgen über das Leben eines Münchner Lebenskünstlers, die von einem lokalen Sender ausgestrahlt werden, verstehen.

Kann einen Film über eine Jugendclique im Berlin der 90er-Jahre des 20. Jahrhunderts verstehen.

Kann im Fernsehen anspruchsvolle Sendungen wie Nachrichten, aktuelle Reportagen, Interviews oder Talkshows verstehen. (auch C2)

Kann in einer Journalsendung einen Bericht eines Korrespondenten über die Wahlvorkommnisse in Florida verstehen.

Kann vor den Wahlen zum Deutschen Bundestag ein Fernsehduell der Spitzenkandidaten der beiden größten Parteien verstehen.

Kann im Fernsehen ein Interview mit der Schauspielerin Martina Gedeck über ihr Leben und ihre Karriere verstehen.

Globale Kannbeschreibungen: Rezeption schriftlich

Kann lange, komplexe Texte im Detail verstehen, auch wenn diese nicht dem eigenen Fachgebiet angehören, sofern schwierige Passagen mehrmals gelesen werden können.

Kann rasch den Inhalt und die Wichtigkeit von Artikeln, schriftlichen Berichten und Nachrichten zu einem breiten Spektrum berufsbezogener Themen erfassen und entscheiden, ob sich ein genaueres Lesen lohnt.

Kann lange, komplexe schriftliche Texte, denen man im gesellschaftlichen oder beruflichen Leben oder in der Ausbildung begegnet, verstehen und dabei auch implizit ausgedrückte Einstellungen und Meinungen erfassen.

Kann private und formelle Korrespondenz verstehen, auch wenn gelegentlich selten gebrauchte Wörter oder Wendungen unklar bleiben.

Detaillierte Kannbeschreibungen *mit Beispielen:* Rezeption schriftlich

Kann lange komplexe Anleitungen für Geräte oder Verfahren auch außerhalb des Fachgebietes im Detail verstehen, wenn er/sie schwierige Passagen mehrmals lesen kann. (auch C2)

Kann die Beschreibung und die Bedienungsanleitung eines neuen Mobiltelefons genau verstehen und im Detail alle Schritte bis zur Inbetriebnahme durchführen.

Kann die Beschreibung eines digitalen Fotoapparates so detailliert verstehen, dass sie entsprechende Einstellungen vornehmen kann.

Kann die unterschiedlichen Liefer- und Zahlungsbedingungen beim Bestellen von Büchern über das Internet genau verstehen.

Kann als selbstständig Erwerbstätiger die Anleitung zum Ausfüllen der Steuererklärung verstehen.

Kann längere, anspruchsvolle Texte verstehen und deren Inhalt zusammenfassen.

Kann bei der Vorbereitung auf ein Seminar über deutsche Autoren des 19. Jahrhunderts verschiedene Artikel über Theodor Fontane verstehen und die wichtigsten Punkte für die anderen Seminarteilnehmer zusammenfassen.

Kann den Tagungsbericht einer Deutschlehrertagung verstehen und die Hauptpunkte einer Kollegin per E-Mail mitteilen.

Kann ein Zeitungsdossier über systematisches Doping im Profisport verstehen und seine Kollegen informell über die wichtigsten Inhalte informieren.

Kann den Geschäftsbericht einer Konkurrenzfirma verstehen und die Hauptpunkte seinen Kollegen und Kolleginnen mitteilen.

Kann im Internet wichtige Informationen über Konkurrenzprodukte einholen und diese in Form von Notizen für eine Verhandlung festhalten.

Kann ausführliche Berichte, Analysen und Kommentare verstehen, in denen Zusammenhänge, Meinungen und Standpunkte erörtert werden.

Kann sich als Angestellte eines Reisebüros Informationen über übliche Konditionen und Tarife aus Fachliteratur und Internet holen.

Kann als angehende Studentin in einem Bericht der Kommission für ausländische Studierende die Pro- und Contra-Argumente zur Einführung zentraler Deutschprüfungen erkennen und verstehen.

Kann als Student der Betriebswirtschaft eine Pro- und Contra-Stellungnahme in einer deutschen Wirtschaftszeitschrift zum Thema „Erhöhung der Mehrwertsteuer" verstehen.

Kann als literarisch interessierter Leser eine kontrovers geführte Debatte über einen neuen Roman eines berühmten Autors in einem deutschen Feuilleton verstehen.

Kann als Theaterfreund einen ausführlichen Artikel über ein Theaterstück verstehen und die dargestellten Zusammenhänge und Bewertungen nachvollziehen.

Kann in einem erzählenden Text über die reine Handlung hinaus Informationen zum sozialen, historischen oder politischen Hintergrund verstehen.

Kann aus einem Roman des 20. Jahrhunderts allgemeine Informationen über das Verhältnis von Mann und Frau herausfiltern und verstehen.

Kann einem Text von Arthur Schnitzler Informationen über die gesellschaftlichen Normen in Wien um 1900 entnehmen.

Kann in einer Biografie von Bertolt Brecht nicht nur die Informationen zu Brechts Leben, sondern auch die gesellschaftspolitische Einordnung erkennen.

Kann thematisch sehr unterschiedliche lange, komplexe Texte im Detail verstehen und dabei feine Nuancen von implizit angesprochenen Einstellungen und Meinungen erfassen. (auch C2)

Kann in einem Artikel über die Geschichte des Frauenwahlrechts in der Schweiz die kritische Haltung des Verfassers zwischen den Zeilen herauslesen.

Kann in einer längeren Zeitungsreportage über die wirtschaftliche und politische Lage eines Staates die Haltung und Meinung des Verfassers zu einzelnen Aspekten herauslesen.

Kann in einem Zeitungsbericht über die Sparpläne der Regierung die kritische Haltung des Autors erkennen und verstehen, was nach dessen Meinung alles anders gemacht werden müsste.

Kann ausführliche Berichte über eine Konferenz, an der er nicht teilgenommen hat, verstehen und erfassen, welche Meinungen und Einstellungen einzelne Konferenzteilnehmer vertreten haben.

Kann als Abteilungsleiter im Jahresbericht des Vorgesetzten die implizit enthaltene Kritik an der eigenen Abteilung erfassen.

Kann alltägliche Verträge im privaten oder beruflichen Bereich verstehen.

Kann als neuer Mitarbeiter in einer Firma seinen Arbeitsvertrag verstehen.

Kann vor seiner Hochzeit den von einem Anwalt aufgesetzten Ehevertrag verstehen.

Kann als neue Mieterin den Mietvertrag und die darin enthaltenen Bestimmungen für die Wohnungsrenovierung sowie die angefügte Hausordnung verstehen.

Kann unter gelegentlicher Zuhilfenahme des Wörterbuchs jegliche Korrespondenz verstehen. (auch C2)

Kann als Neueinsteiger in einem Unternehmen die Geschäftskorrespondenz seines Vorgängers mit einer Partnerfirma verstehen.

Kann in einem Rechtsstreit mit seinem ehemaligen Vermieter den komplexen Brief des Anwalts der Gegenpartei über Forderungen im laufenden Verfahren verstehen.

Kann als Leiterin einer Arbeitsgruppe, die einen Antrag auf Projektförderung gestellt hat, das detaillierte Antwortschreiben und die darin enthaltenen Begründungen für die Ablehnung verstehen.

Kann als Philosophiestudent die Korrespondenz zwischen Hannah Arendt und Martin Heidegger verstehen.

Kann in privater Korrespondenz auch saloppe Umgangssprache, idiomatische Wendungen und Scherze verstehen. (auch C2)

Kann die E-Mail einer Freundin, in der sie sich ironisch über einen kürzlich gesehenen Film äußert, verstehen.

Kann die E-Mail eines Freundes, der gerade auf Urlaub ist und sich ausführlich über die Unterbringung und das Essen lustig macht, verstehen.

Kann in einem Brief die leicht spöttischen, aber nicht böse gemeinten Witze über einen gemeinsamen Bekannten verstehen.

Kann ohne große Anstrengung zeitgenössische literarische Texte verstehen.

Kann einen Roman, in dem das Leben in der ehemaligen DDR zur Zeit der Wende beschrieben wird, verstehen.

Kann Lyrik eines zeitgenössischen Autors verstehen, in der alltägliche Begegnungen thematisiert sind.

Kann Kurzgeschichten über das Leben eines gewissen Herrn K. verstehen.

Kann spezifischen Fachtexten aus dem eigenen Gebiet Informationen, Gedanken und Meinungen entnehmen.

Kann als Ernährungswissenschaftler einer Fachzeitschrift neue Erkenntnisse und Informationen zur Entwicklung von genmanipuliertem Mais entnehmen.

Kann anlässlich eines Symposiums zum Thema „Softwareentwicklung für Menschen mit Sehbehinderung" den ausführlichen Bericht in einer einschlägigen Zeitschrift verstehen.

Kann als DaF-Lehrer einer Rezension über ein neues DaF-Lehrwerk die objektiven Informationen entnehmen und die Meinung des Autors verstehen.

Kann als Vertriebsmitarbeiter einer Telekommunikationsfirma einen Fachartikel mit detaillierten Informationen über Konkurrenzprodukte verstehen.

Kann in langen und komplexen allgemeinen und Sachtexten rasch wichtige Einzelinformationen finden. (auch C2)

Kann in einem Zeitungstext über verschiedene Parteiprogramme rasch Informationen über das bildungspolitische Programm der einzelnen Parteien finden.

Kann als Kaufinteressent an einem Haus in einem Gutachten über den baulichen Zustand rasch die wichtigsten Mängel finden.

Kann in der Diplomarbeit einer Studienkollegin rasch die wichtigsten Ergebnisse der durchgeführten Versuche finden.

Globale Kannbeschreibungen: Produktion mündlich

Kann Sachverhalte klar mündlich darstellen und dabei verschiedene Themen miteinander verbinden, bestimmte inhaltliche Punkte genauer ausführen und die Darstellung mit einem angemessenen Schluss abrunden.

Kann sich mit Hilfe seines/ihres großen Wortschatzes ziemlich präzise ausdrücken und seine/ihre Aussagen relativ genau abstufen, wobei er/sie z. B. den Grad an Sicherheit, Zweifel oder Wahrscheinlichkeit deutlich machen kann.

Kann in seinen/ihren Ausführungen verschiedene geläufige idiomatische Ausdrücke und umgangssprachliche Wendungen angemessen verwenden.

Kann längere Redebeiträge und Vorträge angemessen in Hinsicht auf das jeweilige Publikum und die jeweilige Situation gestalten.

Kann seine/ihre Ausführungen und Gedanken mit verschiedenen sprachlichen Mitteln formulieren, um etwas hervorzuheben oder zu verdeutlichen.

Kann bei Ausdrucksschwierigkeiten flexibel neu ansetzen, sich korrigieren oder Aussagen umformulieren.

Kann sich beinahe mühelos spontan und fließend ausdrücken, wobei er/sie nur bei abstrakten und schwierigen Themen öfter nach passenden Formulierungen suchen muss.

Kann klar, fließend und gut strukturiert sprechen, wobei er/sie die Mittel zur Gliederung sowie inhaltlichen und sprachlichen Verknüpfung beherrscht.

Kann sich dank seines/ihres großen Wortschatzes beinahe mühelos ausdrücken und bei Wortschatzlücken problemlos Umschreibungen gebrauchen, wobei ein offensichtliches Suchen nach Worten selten ist.

Kann sich dank seines/ihres großen Wortschatzes weitgehend korrekt und angemessen ausdrücken, wobei Fehler im Wortgebrauch selten vorkommen.

Kann auch längere Beiträge grammatikalisch so korrekt ausführen, dass Fehler selten auftreten und kaum auffallen.

Kann aus einem großen Repertoire an grammatischen Strukturen auswählen und auch längere Beiträge mit komplexen Strukturen gestalten.

Kann die Intonation variieren und die Betonung so einsetzen, dass Bedeutungsnuancen zum Ausdruck kommen. (auch C2)

Detaillierte Kannbeschreibungen *mit Beispielen:* Produktion mündlich

Kann komplexe Sachverhalte klar und detailliert darstellen.

Kann über den Entwicklungsstand von Blended Learning im eigenen Land berichten und die gemachten Erfahrungen (Vor- und Nachteile) strukturiert vortragen.

Kann bei einem Auslandsaufenthalt berichten, worin sich Verhaltensweisen und Einstellungen der Menschen im Gastland von denen im Herkunftsland unterscheiden.

Kann nach einer Dienstreise in der Firma berichten, welche spezifischen Bedingungen für eine potenzielle Zusammenarbeit mit dem besuchten Unternehmen maßgeblich sind.

Kann als Teilnehmerin an einer Fortbildung gut nachvollziehbar darstellen, was in der letzten Kurseinheit gemacht worden ist.

Kann Sachverhalte ausführlich beschreiben und dabei auch untergeordnete Themen einbeziehen, bestimmte Punkte genauer ausführen und die Darstellung mit einem angemessenen Schluss abrunden.

Kann als Bewerberin um eine Stelle darlegen, welche Erfahrungen und bisherigen Tätigkeiten gerade sie für diese Stelle qualifizieren.

Kann bei einer Planungsbesprechung in einem Arbeitsteam einen größeren Arbeitsauftrag klar darlegen und dabei kurz auf die schon getroffenen Vorbereitungen verweisen.

Kann als Teilnehmerin an einer internationalen Arbeitsgruppe über Studienaustausch die Schwierigkeiten darstellen, die Teilnehmer an Austauschprogrammen mit der Anerkennung von Prüfungen haben.

Kann Gedanken und Einstellungen klar ausdrücken und argumentativ unterstützen.

Kann als Teilnehmerin an einer Schulung ihre Motivation zur Teilnahme, ausgehend von einem persönlichen Erlebnis, darstellen.

Kann bei einer Vorsprache in der Firmenleitung argumentieren, warum sie in einem anderen Arbeitsbereich beschäftigt werden möchte.

Kann bei einem Elternabend in der Grundschule ihres Kindes darstellen, warum sie gegen eine Projektwoche „Lernen im Wald" ist.

Kann zu Beginn einer Lehrerfortbildung seine Erwartungen und Wünsche formulieren sowie seine Motivation für die Teilnahme begründen.

Kann Geschichten erzählen und dabei Exkurse machen, bestimmte Punkte genauer ausführen und alles mit einem angemessenen Schluss abrunden.

Kann in einer Gesprächsrunde, in der alle aus ihrer Kindheit berichten, eine Begebenheit aus der eigenen Kindheit detailliert und mit einer Schlusspointe erzählen.

Kann als Teilnehmerin an einem Sprachkurs beim Erzählspiel „Wahr oder gelogen?" ein Erlebnis detailreich und überzeugend darstellen.

Kann als Au-pair-Mädchen einem Kind ein Märchen aus ihrer Heimat mit vielen Details erzählen.

Kann ein komplexes Thema gut strukturiert und klar vortragen, dabei den eigenen Standpunkt ausführlich darstellen und diesen durch Unterpunkte, geeignete Beispiele oder Begründungen untermauern. (auch C2)

Kann als Mitglied eines Kulturvereins bei der Vereinsversammlung einen Tätigkeitsbericht geben und dabei mit Diagrammen und Grafiken die Veränderungen gegenüber den Vorjahren darstellen und kommentieren.

Kann bei einer Präsentation von Geschäftsergebnissen mit Hilfe von Diagrammen und Grafiken wichtige Aspekte hervorheben und umfassend kommentieren.

Kann als Teilnehmerin an einem Fortbildungsseminar anhand einer Powerpoint-Präsentation ihr Fernstudienprogramm, die Zahl der Teilnehmer sowie geplante Weiterentwicklungen darstellen und kommentieren.

Kann als Dozentin für „allgemeine Sprachwissenschaft" im Rahmen einer Fortbildung zum Thema „Testen und Prüfen" ihre eigene Prüfungspraxis darstellen, die spezifischen Bedingungen aufzeigen und die Stärken und Schwächen der gewählten Prüfungsmethoden mit geeigneten Beispielen verdeutlichen.

Kann als Austauschstudentin klar und strukturiert vortragen, welche Studienvoraussetzungen in ihrem Land gelten, und argumentieren, warum sie diese nicht gut findet.

Kann lange, anspruchsvolle Texte mündlich zusammenfassen.

Kann als Teilnehmerin an einem Seminar in einem längeren Redebeitrag eine mündliche Zusammenfassung dessen geben, was sie zur Vorbereitung gelesen hat.

Kann als Vertreter Präsentationsunterlagen über ein Produkt auswerten und seinen Kolleginnen und Kollegen zusammengefasst vorstellen.

Kann während einer Besprechung wichtige Beiträge zum Teil mit Hilfe eigener Notizen festhalten und ein vorläufiges Zwischenergebnis mündlich formulieren.

Kann im Fach- und Interessengebiet ein klar gegliedertes Referat halten, dabei, wenn nötig, vom vorbereiteten Text abweichen und auf Fragen der Zuhörer eingehen.

Kann ein klar gegliedertes Referat halten, flexibel auf Fragen eingehen und mit den Kolleginnen und Kollegen über spezielle Aspekte diskutieren.

Kann auf den Hinweis, dass z. B. der Aspekt „Handlungsorientierung" im Referat noch zu unklar geblieben sei, vom vorbereiteten Manuskript abweichen und anhand konkreter Beispiele auf diesen Aspekt näher eingehen.

Kann als Abteilungsleiter einer deutschsprachigen Besuchergruppe, die seine Firma besichtigt, in einem Referat den Produktionsablauf beschreiben und Rückfragen beantworten.

Kann als Teilnehmerin an einer Fortbildung über digitale Fotografie ein gegliedertes Referat über Möglichkeiten der Bildbearbeitung halten und bei Bedarf ergänzende Informationen geben.

Kann als Reiseleiterin Ausführungen über die Besonderheiten einer Sehenswürdigkeit und deren historische Bedeutung machen und Fragen der Reiseteilnehmer dazu beantworten.

Kann als Vertreter einer Telekommunikationsfirma während einer Produktpräsentation für deutschsprachige Geschäftspartner flexibel auf Fragen eingehen und nach der Präsentation mit den Teilnehmern diskutieren.

Kann öffentliche Ankündigungen machen und dabei durch Betonung und Intonation Wichtiges hervorheben.

Kann im Anschluss an eine Arbeitssitzung ein Schlusswort halten, in dem sie einen Ausblick auf die Arbeit der nächsten Monate gibt.

Kann bei einer Versammlung des Vereins „Filmfreunde" einen Gastredner ankündigen und dessen Erfahrungen und Verdienste als Regisseur darstellen und würdigen.

Kann bei einer Firmenbesprechung auf das anstehende Jubiläum eines Kollegen hinweisen und ein Programm für die Feier skizzieren.

Kann zum Abschluss einer Besprechung im Schlusswort auf die wichtigsten Ergebnisse eingehen und in einem persönlichen Ausblick die Hoffnung auf weitere gute Zusammenarbeit ausdrücken.

Globale Kannbeschreibungen: Produktion schriftlich

Kann sich schriftlich zu unterschiedlichsten Themen allgemeiner oder beruflicher Art klar und gut lesbar äußern.

Kann klare, gut strukturierte Texte zu komplexen Themen verfassen, dabei die Hauptpunkte hervorheben, den eigenen Standpunkt ausführlich darstellen und durch Unterpunkte, geeignete Beispiele und/oder Begründungen stützen sowie den Text durch einen angemessenen Schluss abrunden.

Kann Texte schreiben, die weitgehend korrekt sind, und seinen/ihren Wortschatz und Stil je nach Adressat/Adressatin, Textsorte und Thema variieren.

Kann seine/ihre Ausführungen und Gedanken mit verschiedenen sprachlichen Mitteln formulieren und damit je nach Intention einzelne Aussagen hervorheben oder verdeutlichen.

Kann in seinen/ihren schriftlichen Texten ohne größere Probleme die entsprechenden Fachausdrücke und idiomatischen Wendungen des eigenen Fachgebiets angemessen verwenden.

Kann auch in längeren schriftlichen Texten ein hohes Maß an grammatikalischer Korrektheit beibehalten, wobei Fehler selten sind und kaum stören.

Kann die Regeln für Orthographie und Interpunktion durchgehend korrekt anwenden, abgesehen von gelegentlichen Schreibfehlern.

Detaillierte Kannbeschreibungen *mit Beispielen:* Produktion schriftlich

Kann zu einem komplexen Thema leserfreundliche, klar und gut strukturierte Texte schreiben und darin die wichtigsten Punkte hervorheben.

Kann in einer Seminararbeit über die indogermanischen Sprachen die eigenen Recherchen strukturiert und detailliert zusammenfassen.

Kann in einem kurzen Protokoll die wichtigsten Ergebnisse einer Tarifverhandlung für alle Verhandlungspartner schriftlich festhalten.

Kann in einem Messedossier die Produkte ihrer Firma für das Messepublikum einfach und klar beschreiben.

Kann in einem Arbeitsbericht beschreiben, wie ein Projekt abgewickelt wurde, dabei klar aufzeigen, welche Phasen gut und welche weniger gut gelaufen sind, und Gründe dafür benennen.

Kann als Teilnehmer an einer Fortbildungsveranstaltung die Ergebnisse einer Projektarbeit sowohl für die beteiligten Personen als auch in einem Bericht für Außenstehende darstellen.

Kann im Anschluss an eine Verhandlung über die Löhne im Betrieb in einem Bericht die verschiedenen Standpunkte und das weitere Vorgehen festhalten.

Kann seine/ihre Meinung zu einem Thema oder Ereignis darstellen, dabei die Hauptgedanken hervorheben und seine/ihre Argumentation durch ausführliche Beispiele verdeutlichen.

Kann als Teilnehmerin an einer Fortbildung ihre Motivation zur Teilnahme, ausgehend von einem persönlichen Erlebnis, darstellen.

Kann ein Arbeitspapier für eine Verlagsbesprechung über die geplante Zusammenlegung der Redaktionen Englisch und Deutsch vorlegen, in dem sie ihre Meinung nachvollziehbar begründet.

Kann für eine Studentenzeitung die aktuellen Entwicklungen in ihrem Land kommentieren und aus ihrer Sicht Problematisches an Beispielen aufzeigen.

Kann in einem Kommentar eigene Standpunkte darstellen, dabei die Hauptpunkte hervorheben und seine/ihre Ansichten ausführlich unterstützen.

Kann in der schriftlichen Evaluation die positiven Aspekte des Seminars hervorheben und Verbesserungsvorschläge zu einigen Programmpunkten unterbreiten.

Kann als Computerspezialist einen Kommentar über ein neues Softwarepaket schreiben und dabei die Nachteile mit Beispielen verdeutlichen.

Kann im Anschluss an eine firmeninterne Schulung einen Bericht schreiben und darin Verbesserungsvorschläge für zukünftige Veranstaltungen unterbreiten.

Kann im Anschluss an eine Autorenlesung einen Kommentar schreiben, in dem sie das Besondere an der Lesung hervorhebt und für eine Einladung dieser Autorin zu den Kulturtagen in ihrer Stadt eintritt.

Kann klar strukturierte, detaillierte fiktionale Texte in persönlichem und den Texten angemessenem Stil verfassen.

Kann in einer Schreibwerkstatt von einem Foto ausgehend selbstständig eine Geschichte, wie es zu diesem Bild gekommen ist, schreiben.

Kann als Teilnehmerin an einem Sprachkurs zu einer stummen Filmsequenz Dialoge schreiben, deren Sprache den Figuren und der Situation angemessen ist.

Kann für sein Onlinetagebuch eine absurde Traumgeschichte schreiben.

Kann Argumente aus verschiedenen Quellen in einem Text aufgreifen und gegeneinander abwägen. (auch C2)

Kann als Heizungstechniker aus verschiedenen Quellen Argumente zusammentragen, die für den Einsatz von Solartechnik zur Warmwassergewinnung sprechen.

Kann als Versicherungsberater aus verschiedenen Medienberichten eine Zusammenfassung erstellen, aus der hervorgeht, was die Vor- und Nachteile einer geplanten Maßnahme im Gesundheitsbereich sind.

Kann als Studentin der Geschichte in einer Seminararbeit verschiedene Quellen über das Scheitern der Münchner Räterepublik auswerten und kommentieren.

Kann lange, anspruchsvolle Sach- und literarische Texte nicht nur für den eigenen Gebrauch zusammenfassen. (auch C2)

Kann als Buchhändler für seine Kollegen den Inhalt eines literarischen Werkes zusammenfassen.

Kann als Student der Biologie aus einem längeren Handbuchartikel über „Lebensbedingungen für Fische in Hochgebirgsseen" eine kurze, knappe Handreichung für seine Mitstudenten zur Prüfungsvorbereitung machen.

Kann als Student der Linguistik für eine Lerngruppe den wesentlichen Inhalt eines Fachartikels „Einführung in die Textlinguistik" zusammenfassen.

Kann als Bankangestellter die wesentlichen Punkte verschiedener Anlageformen für seine Kollegen zusammenfassen.

Kann als Betriebsrat einen Bericht über ein Projekt „Gesundheit durch mehr Mobilität am Arbeitsplatz" als Grundlage für eine Diskussion im eigenen Betrieb zusammenfassen.

Kann während eines Vortrags zu Themen des eigenen Fachgebiets so detaillierte Notizen machen, dass diese auch für andere nützlich sind. (auch C2)

Kann im Rahmen des Germanistikstudiums einer Vorlesung über zeitgenössische Literatur folgen und für eine Mitstudentin mitschreiben.

Kann auf einer Tagung des Bereichs Deutsch als Fremdsprache detaillierte Notizen zu einem Referat über die Methoden des Fremdsprachenunterrichts für einen Mitstudenten machen.

Kann als Außendienstmitarbeiter in einer Präsentationsveranstaltung eines Mitbewerbers so detaillierte Notizen über ein neues Produkt machen, dass diese auch für die eigene Firma nützlich sein können.

Kann für seine Kollegen ausführliche Notizen zu einem Vortrag über „Management von Projektarbeit" machen.

Kann als DaF-Student die wichtigsten Inhalte einer Vorlesung über Sprachdidaktik für eine erkrankte Mitstudentin mitschreiben.

Kann als EDV-Verantwortlicher bei einer Präsentation eines neuen Systems zur Datensicherheit in Betrieben die wichtigsten Punkte und Konsequenzen für das Vorgehen im eigenen Betrieb notieren.

Kann Anzeigen und öffentliche Ankündigungen verfassen. (auch C2)

Kann als Mitarbeiter der Personalabteilung eine Anzeige für eine frei gewordene Stelle verfassen.

Kann als Mitglied im Elternverein einen Flyer erstellen, in dem für eine Benefizveranstaltung an der Schule geworben wird.

Kann als Programmverantwortliche in einem Hotel das Wochenprogramm für die deutschsprachigen Gäste schreiben.

Kann für den Messestand seiner Firma einen Flyer und für die Lokalzeitung ein Inserat erstellen.

Globale Kannbeschreibungen: Sprachmittlung mündlich aus dem Deutschen

Kann wichtige Inhalte komplexer schriftlicher deutscher Texte zu konkreten und abstrakten Themen aus eigenen und einzelnen fremden Fach- und Interessengebieten rasch erfassen und anderen Personen mit Hilfe von Notizen in der gemeinsamen Sprache mündlich weitergeben.

Kann wichtige Inhalte eines vielschichtigen schriftlichen deutschen Textes zu Themen von allgemeinem oder persönlichem Interesse mit selbstständigen Notizen schriftlich festhalten und anderen Personen, auch nachzeitig, in der gemeinsamen Sprache mündlich weitergeben.

Kann wichtige Inhalte aus längeren und komplexen mündlichen deutschsprachigen Redebeiträgen zu vertrauten und gelegentlich auch weniger vertrauten Themen anderen Personen, eventuell unter Einsatz von Nachfragen bei einzelnen Formulierungen oder Fachbegriffen, in der gemeinsamen Sprache weitergeben.

Kann einzelne Aussagen und Standpunkte schnell gesprochener oder von der Standardsprache leicht abweichender deutscher Texte zu verschiedenen Themen des öffentlichen und privaten Bereichs anderen Personen strukturiert in der gemeinsamen Sprache weitergeben.

Detaillierte Kannbeschreibungen *mit Beispielen:* Sprachmittlung mündlich aus dem Deutschen

Kann wichtige Inhalte aus längeren und komplexen mündlichen deutschsprachigen Redebeiträgen zu vertrauten und gelegentlich auch weniger vertrauten Themen anderssprachigen Personen, eventuell durch Nachfragen bei einzelnen Formulierungen oder Fachbegriffen, in der gemeinsamen Sprache weitergeben.

Kann die deutschsprachigen Erläuterungen zum Verfassen der Seminararbeit und dem richtigen Anwenden von Zitierregeln einer Mitstudentin in der gemeinsamen Sprache weitergeben.

Kann die deutschsprachige Präsentation eines neu entwickelten Medikaments für einen anderssprachigen Arzt oder Patienten in der gemeinsamen Sprache weitergeben.

Kann die deutschsprachigen Erläuterungen zum Ausbildungsverlauf und die Konsequenzen daraus für eine Mitstudentin in der gemeinsamen Sprache weitergeben.

Kann die Diskussion von deutschsprachigen Kollegen zum kontrovers diskutierten Thema „Senkung von Sozialleistungen" einem anderssprachigen Kollegen in der gemeinsamen Sprache weitergeben.

Kann die deutschsprachigen Erläuterungen eines Kollegen zur Anwendung und zur Pflege eines Produktes für einen Messeteilnehmer in der gemeinsamen Sprache weitergeben.

Kann einzelne Aussagen und Standpunkte schnell gesprochener oder von der Standardsprache leicht abweichender deutscher Texte zu verschiedenen Themen des öffentlichen und privaten Bereichs anderssprachigen Personen strukturiert in der gemeinsamen Sprache weitergeben.

Kann aus den deutschsprachigen Ansagen eines automatischen Auskunftssystems eines Reisebüros die relevanten Informationen einem Kollegen in der gemeinsamen Sprache weitergeben.

Kann komische Aspekte eines deutschsprachigen satirischen Films einem Freund in der gemeinsamen Sprache im Nachhinein weitergeben.

Kann von den durch einen luxemburgischen Akzent geprägten deutschsprachigen Erläuterungen zum Aufbau des staatlichen Gesundheitssystems einige zentrale Merkmale dieses Systems anderssprachigen Personen in der gemeinsamen Sprache weitergeben.

Kann wichtige Inhalte komplexer schriftlicher deutscher Texte zu konkreten und abstrakten Themen aus eigenen und einzelnen fremden Fach- und Interessengebieten rasch erfassen und anderssprachigen Personen mit Hilfe von Notizen in der gemeinsamen Sprache mündlich weitergeben.

Kann die Auswirkungen eines deutschsprachigen Versicherungsvertrags für einen Vertragspartner in der gemeinsamen Sprache weitergeben.

Kann wichtige Teile einer schriftlichen deutschsprachigen Diagnose eines Facharztes dem Patienten in der gemeinsamen Sprache weitergeben.

Kann aus einer deutschsprachigen Softwarebeschreibung die Besonderheiten der Software einem Kollegen in der gemeinsamen Sprache weitergeben.

Kann wichtige Inhalte eines vielschichtigen schriftlichen deutschen Textes zu Themen von allgemeinem oder persönlichem Interesse mit eigenen Notizen schriftlich festhalten und anderssprachigen Personen, auch nachzeitig, mündlich in der gemeinsamen Sprache weitergeben.

Kann die deutschsprachige Anleitung zum Zusammenbauen eines in Einzelteilen gelieferten Möbelstücks dem Kunden in der gemeinsamen Sprache weitergeben.

Kann zwei bis drei deutschsprachige Artikel zu einem fachlichen Problem aus seinem Berufsfeld seinen Kollegen in Form eines Referats in der gemeinsamen Sprache weitergeben.

Kann die wichtigsten Standpunkte und Tendenzen aus einem deutschsprachigen Online-Diskussionsforum für einen interessierten Kollegen in der gemeinsamen Sprache weitergeben.

Globale Kannbeschreibungen: Sprachmittlung mündlich aus einer anderen Sprache

Kann die zentralen Inhalte einer anderssprachigen längeren und komplexen mündlichen Darstellung zu Themen aus allgemeinen oder eigenen Fach- und Interessengebieten klar und größtenteils korrekt auf Deutsch mündlich weitergeben.

Kann die meisten Inhalte längerer, auch unstrukturierter anderssprachiger mündlicher Texte zu verschiedenen Themen des privaten und öffentlichen Bereichs klar und erklärend auf Deutsch mündlich weitergeben.

Kann wichtige Inhalte und Standpunkte anderssprachiger längerer vielschichtiger schriftlicher Texte zu konkreten und abstrakten Themen aus eigenen und einzelnen fremden Fach- und Interessengebieten klar und vollständig auf Deutsch mündlich weitergeben.

Detaillierte Kannbeschreibungen *mit Beispielen:* Sprachmittlung mündlich aus einer anderen Sprache

Kann die zentralen Inhalte einer anderssprachigen längeren und komplexen mündlichen Darstellung zu Themen aus allgemeinen oder eigenen Fach- und Interessengebieten klar und größtenteils korrekt mündlich auf Deutsch weitergeben.

Kann aus einer anderssprachigen längeren Präsentation wichtige Hinweise zur Wartung eines technischen Geräts einem deutschsprachigen Mitarbeiter auf Deutsch weitergeben.

Kann aus mehreren anderssprachigen Videopräsentationen die Unterschiede und Gemeinsamkeiten der einzelnen Produkte für seine deutschsprachige Chefin auf Deutsch weitergeben.

Kann die Informationen aus der anderssprachigen Rede eines Politikers zur aktuellen Lage in einem Krisengebiet seinem deutschsprachigen Freundeskreis auf Deutsch weitergeben.

Kann die meisten Inhalte längerer, auch unstrukturierter anderssprachiger mündlicher Texte zu verschiedenen Themen des privaten und öffentlichen Bereichs klar und erklärend auf Deutsch mündlich weitergeben.

Kann die meisten anderssprachigen Redebeiträge einer aktuellen politischen Debatte, die im Fernsehen übertragen wird, einem deutschen Freund am Telefon auf Deutsch weitergeben.

Kann bei einem Elternabend die anderssprachigen Redebeiträge von Eltern dem deutschsprachigen Lehrer auf Deutsch weitergeben.

Kann die meisten anderssprachigen Fragen und Einwände eines Patienten dem behandelnden deutschsprachigen Arzt auf Deutsch weitergeben.

Kann wichtige Inhalte und Standpunkte anderssprachiger längerer schriftlicher Texte zu konkreten und abstrakten Themen aus eigenen und einzelnen fremden Fach- und Interessengebieten klar und vollständig auf Deutsch mündlich weitergeben.

Kann die Inhalte und wichtigsten Punkte einer in der eigenen Sprache verfassten Rezension über die übersetzten Werke von Thomas Mann auf Deutsch mündlich vermitteln.

Kann die wichtigen Inhalte einer anderssprachigen Broschüre zur artgerechten Haltung von Warmwasserfischen einem deutschsprachigen Freund, der ein Warmwasseraquarium anlegen möchte, mündlich auf Deutsch weitergeben.

Kann den Inhalt und die Bedeutung eines anderssprachigen Empfehlungsschreibens für den Besuch einer Fortbildungsveranstaltung der deutschsprachigen Behörde auf Deutsch mündlich darstellen.

Kann die anderssprachige Bewerbungsmappe eines Kandidaten dem deutschsprachigen Vorgesetzten mündlich auf Deutsch präsentieren.

Kann bei der Behandlung der verschiedenen länderspezifischen Schulsysteme die Inhalte und Ziele des eigenen, anderssprachigen Curriculums den anderen Kursteilnehmern auf Deutsch mündlich vermitteln.

Kann die Unterschiede verschiedener länderspezifischer Vorschriften in anderssprachigen Fachtexten anderen Messeteilnehmern auf Deutsch mündlich vermitteln.

Globale Kannbeschreibungen: Sprachmittlung mündlich aus dem Deutschen ins Deutsche

Kann in der mündlichen Kommunikation komplexe deutschsprachige Äußerungen zu einzelnen Themen des öffentlichen und privaten Bereichs vereinfachend klar und verständlich auf Deutsch weitergeben.

Kann bei Verständnisproblemen deutschsprachige Informationen und Standpunkte aus eigenen Fach- und Interessengebieten erklärend, deutlich und fließend auf Deutsch mündlich weitergeben.

Kann in der mündlichen Kommunikation die zentralen Aussagen und Argumente komplexer schriftlicher deutscher Texte zu unterschiedlichen Themen von aktuellem oder persönlichem Interesse, gelegentlich durch Nachfragen bei einzelnen Formulierungen oder Fachbegriffen, vereinfachend und strukturiert auf Deutsch weitergeben.

Detaillierte Kannbeschreibungen *mit Beispielen:* Sprachmittlung mündlich aus dem Deutschen ins Deutsche

Kann in der mündlichen Kommunikation komplexe deutschsprachige Äußerungen zu einzelnen Themen des öffentlichen und privaten Bereichs vereinfachend, klar und verständlich auf Deutsch weitergeben.

Kann Schülern einer Sprachschule die Erläuterungen der deutschsprachigen Sekretärin zum neuen Kopiergerät vereinfachend auf Deutsch weitergeben.

Kann den Eltern eines Kindes, die noch nicht lange in einem deutschsprachigen Land leben, die Diagnose und den Therapieplan des deutschsprachigen Zahnarztes für ihr Kind auf Deutsch erklären.

Kann für die gemeinsame Abschlussprüfung seinen Mitstudenten die Prüfungsinformationen des deutschsprachigen Professors noch einmal vereinfacht und klar auf Deutsch darlegen.

Kann bei Verständnisproblemen deutschsprachige Informationen und Standpunkte aus eigenen Fach- und Interessengebieten erklärend, deutlich und flüssig auf Deutsch weitergeben.

Kann bei Verstehensschwierigkeiten im Landeskundeseminar über deutschsprachige Länder anderen Seminarteilnehmern die wichtigsten Informationen erklärend auf Deutsch weitergeben.

Kann bei einer deutschsprachigen Podiumsdiskussion über Wachstum in der Wirtschaft seinen Mitstudenten, die ihr Studium in einem deutschsprachigen Land abschließen möchten, die wichtigen Punkte erklärend auf Deutsch weitergeben.

Kann bei einem Golfturnier einem Freund noch einmal auf Deutsch präzisieren, welches die vom deutschsprachigen Veranstalter angekündigten besonderen Regeln bei diesem Anlass sind.

Kann einer Krankenschwester, die schon länger in einem deutschsprachigen Land arbeitet, erklärend auf Deutsch wiederholen, was die deutschsprachige Nachtschwester über den Rückfall eines Patienten berichtet hat.

Kann bei Verstehensschwierigkeiten in einem deutschsprachigen Fortbildungsseminar anderen Kursteilnehmern die wichtigsten Informationen erklärend auf Deutsch weitergeben.

Kann bei Verstehensschwierigkeiten in einer Diskussion mit deutschsprachigen Ausstellern am Messestand anderen Messeteilnehmern die wichtigsten Informationen erklärend auf Deutsch weitergeben.

Kann in der mündlichen Kommunikation die zentralen Aussagen und Argumente komplexer deutschsprachiger schriftlicher Texte zu unterschiedlichen Themen von aktuellem oder persönlichem Interesse, gelegentlich durch Nachfragen bei einzelnen Formulierungen oder Fachbegriffen, vereinfachend und strukturiert auf Deutsch weitergeben.

Kann einem Nachbarn, der schon länger in einem deutschsprachigen Land lebt, das Wichtigste aus der neuen deutschsprachigen Hausordnung auf Deutsch wiedergeben.

Kann einer Freundin aus einer deutschsprachigen Fachzeitschrift die neuesten Erkenntnisse zu verschiedenen Diäten vereinfachend auf Deutsch wiedergeben.

Kann den Eltern aus dem deutschsprachigen Schreiben des Lehrers die Bedingungen für die Aufnahme ihres Kindes in die nächst höhere Schulstufe klar auf Deutsch wiedergeben.

Globale Kannbeschreibungen: Sprachmittlung mündlich zwischen dem Deutschen und einer anderen Sprache

Kann im Gespräch mit deutschsprachigen Personen und Sprechern der eigenen Sprache einzelne zur Verfügung stehende Informationen nutzen und damit wichtige Inhalte der verschiedenen Gesprächsbeiträge zu allgemeinen und auch fremden Themen klar und ergänzend, gelegentlich durch Nachfragen, wechselseitig in beiden Sprachen mündlich übermitteln.

Kann in einem Alltagsgespräch zwischen deutschsprachigen und anderssprachigen Personen fast alle zentralen Inhalte und Informationen klar wechselseitig wiedergeben.

Kann in einer Diskussion zwischen deutschsprachigen und anderssprachigen Personen zu Themen aus eigenen Fach- und Interessengebieten die meisten Inhalte der verschiedenen Gesprächsbeiträge, gelegentlich durch Nachfragen, klar wechselseitig wiedergeben.

Detaillierte Kannbeschreibungen *mit Beispielen:* Sprachmittlung mündlich zwischen dem Deutschen und einer anderen Sprache

Kann im Gespräch mit deutschsprachigen und anderssprachigen Personen einzelne zur Verfügung stehende Informationen nutzen und damit wichtige Inhalte der einzelnen Gesprächsbeiträge zu allgemeinen und auch fremden Themen klar und ergänzend, gelegentlich durch Nachfragen, wechselseitig in beiden Sprachen übermitteln.

Kann in der Notfallaufnahme die Verständigung zwischen einem deutschsprachigen Arzt und einem anderssprachigen Patienten durch wechselseitige Übermittlung der Redebeiträge und eine gezielte Befragung des Patienten sichern.

Kann bei einer Anhörung eines anderssprachigen Antragstellers durch deutschsprachige Behörden die verschiedenen Redebeiträge wechselseitig in beiden Sprachen weitergeben, wobei sie die Motivation für einzelne deutschsprachige Fragen sowie die Einschätzung der anderssprachigen Antworten eventuell durch weitere Informationen ergänzt.

Kann bei einem Gespräch zwischen einem deutschsprachigen Scheidungsanwalt und seinem anderssprachigen Mandanten die einzelnen Redebeiträge wechselseitig weitergeben.

Kann in einem Alltagsgespräch zwischen deutschsprachigen und anderssprachigen Personen fast alle zentralen Inhalte und Informationen klar wechselseitig wiedergeben.

Kann bei einer Versammlung deutschsprachiger und anderssprachiger Mitglieder eines Sportvereins die Diskussion über die Erhöhung des Vereinsbeitrags durch wechselseitige Wiedergabe der wichtigen Diskussionsbeiträge unterstützen.

Kann beim Mittagessen mit deutschsprachigen und anderssprachigen Kollegen den Austausch von Informationen zur Neustrukturierung der Firma durch die wechselseitige Wiedergabe der neue Informationen enthaltenden Redebeiträge sichern.

Kann beim Einstellungsgespräch eines anderssprachigen Sprechers mit einer deutschsprachigen Haushaltshilfe die Verhandlungen durch die wechselseitige Wiedergabe aller Redebeiträge und durch wechselseitige Hinweise auf zusätzliche Informationen unterstützen.

Globale Kannbeschreibungen: Sprachmittlung schriftlich aus dem Deutschen

Kann die zentralen Inhalte längerer schriftlicher deutscher Texte zu vielschichtigen Themen von allgemeinem und persönlichem Interesse anderssprachigen Personen in der gemeinsamen Sprache selbstständig schriftlich weitergeben.

Kann wichtige Inhalte längerer komplexer mündlicher deutscher Texte zu konkreten und abstrakten Themen von aktuellem Interesse und aus eigenen Fach- und Interessengebieten für anderssprachige Personen in der gemeinsamen Sprache in vorgegebener Form schriftlich festhalten.

Detaillierte Kannbeschreibungen *mit Beispielen:* Sprachmittlung schriftlich aus dem Deutschen

Kann die zentralen Inhalte längerer schriftlicher deutscher Texte zu vielschichtigen Themen von allgemeinem und persönlichem Interesse anderssprachigen Personen in der gemeinsamen Sprache selbstständig schriftlich weitergeben.

Kann aus deutschsprachigen Katalogen von Reisebüros die für eine interessierte Freundin relevanten Informationen über eine Rheinschifffahrt in der gemeinsamen Sprache schriftlich weitergeben.

Kann der Nachtschwester im Krankenhaus die wichtigsten Patienteninformationen, welche die deutschsprachige Ärztin für den Schichtwechsel notiert hat, in der gemeinsamen Sprache schriftlich hinterlassen.

Kann einer interessierten Mitstudentin die deutschsprachige Anleitung zur Installation eines Computers in der gemeinsamen Sprache schriftlich weitergeben.

Kann wichtige Inhalte längerer und komplexer mündlicher deutscher Texte zu konkreten und abstrakten Themen von aktuellem Interesse und aus eigenen Fach- und Interessengebieten für anderssprachige Personen in der gemeinsamen Sprache in vorgegebener Form schriftlich festhalten.

Kann bei einer deutschsprachigen Lehrerkonferenz für die abwesenden Kollegen die wichtigsten Informationen in Form eines Protokolls in der gemeinsamen Sprache schriftlich festhalten.

Kann in einer deutschsprachigen Informationsveranstaltung zur bevorstehenden Abschlussprüfung für einen kranken Mitstudenten wichtige Einzelheiten mit Notizen in der gemeinsamen Sprache schriftlich so festhalten, dass dieser das Anmeldeformular ausfüllen kann.

Kann als vor Ort beauftragter Reiseleiter nach einem Anruf der deutschen Reiseleitung für die nicht deutschsprachigen Touristen die wichtigsten Änderungen im Reiseprogramm in der gemeinsamen Sprache schriftlich festhalten.

Globale Kannbeschreibungen: Sprachmittlung schriftlich aus einer anderen Sprache

Kann die zentralen Inhalte anderssprachiger längerer, komplexer mündlicher Texte aus verschiedenen Gebieten des privaten und öffentlichen Lebens mit einzelnen ergänzenden Bemerkungen für Deutschsprachige übersichtlich schriftlich festhalten.

Kann die zentralen Inhalte anderssprachiger längerer und komplexer schriftlicher Texte zu konkreten und abstrakten Themen von aktuellem, persönlichem oder fachspezifischem Interesse für Deutschsprachige klar und orthographisch sowie grammatikalisch ohne sinnentstellende Fehler schriftlich festhalten.

Detaillierte Kannbeschreibungen *mit Beispielen:* Sprachmittlung schriftlich aus einer anderen Sprache

Kann zentrale Inhalte längerer und komplexer anderssprachiger schriftlicher Texte zu konkreten und abstrakten Themen von aktuellem, persönlichem oder fachspezifischem Interesse für Deutschsprachige klar und orthographisch sowie grammatikalisch ohne sinnentstellende Fehler schriftlich festhalten.

Kann wichtige Inhalte aus dem detaillierten Reisebericht eines anderssprachigen Freundes für interessierte deutschsprachige Kollegen schriftlich auf Deutsch weitergeben.

Kann wichtige Inhalte eines längeren Berichts über Kindererziehung aus einer anderssprachigen Fachzeitschrift für eine deutschsprachige Arbeitskollegin in der Kinderkrippe schriftlich wiedergeben.

Kann eine anderssprachige Schadensmeldung nach einem Autounfall dem bearbeitenden deutschsprachigen Kollegen schriftlich auf Deutsch wiedergeben.

Kann zentrale Inhalte längerer und komplexer anderssprachiger mündlicher Texte aus verschiedenen Gebieten des privaten und öffentlichen Lebens mit einzelnen ergänzenden Bemerkungen für Deutschsprachige übersichtlich schriftlich festhalten.

Kann die wichtigsten mündlichen Angaben zum Krankheitsbild eines deutschsprachigen Patienten, welche die Ärztin in einer anderen Sprache gemacht hat, mit einigen notwendigen Ergänzungen für den deutschsprachigen Hausarzt schriftlich auf Deutsch festhalten.

Kann die wichtigsten Einzelheiten eines längeren Gesprächs mit anderssprachigen Eltern über die Lernerfolge ihres Kindes mit Ergänzungen schriftlich auf Deutsch festhalten.

Kann für einen interessierten Kollegen die wichtigsten Empfehlungen einer anderssprachigen Fernsehsendung zu günstigen Finanzanlagen schriftlich auf Deutsch festhalten.

3.2.6 Kannbeschreibungen C2

Globale Kannbeschreibungen: Interaktion mündlich

Kann sich so sicher und angemessen unterhalten, dass er/sie in seinem/ihrem sozialen und persönlichen Leben nicht durch sprachliche Einschränkungen beeinträchtigt ist.

Kann sich mühelos an Gesprächen und Diskussionen jeder Art beteiligen und dabei auch idiomatische und umgangssprachliche Wendungen einsetzen.

Kann in Gesprächen umgangssprachliche und idiomatische Wendungen sicher einsetzen, wobei er/sie sich der jeweiligen Nebenbedeutungen bewusst ist und dadurch auch feinere Bedeutungsnuancen deutlich machen kann.

Kann klar, flüssig und gut strukturiert sprechen und seinen/ihren Redebeitrag so logisch aufbauen, dass die Gesprächspartner wichtige inhaltliche Punkte erkennen können.

Kann in Gesprächen sehr flexibel und angemessen Ideen und Standpunkte formulieren, so dass Sprechabsichten wie Hervorhebung, Abschwächung oder Distanzierung deutlich werden.

Kann in einem Gespräch mit Hilfe passender sprachlicher Wendungen das Wort ergreifen, an Beiträge von anderen anknüpfen, beim Sprechen Zeit zum Nachdenken gewinnen oder zeigen, dass er/sie das Wort behalten will. (auch C1)

Kann in einer größeren Gruppe die Kommunikation steuern, anderen das Wort erteilen oder diese zur Teilnahme am Gespräch auffordern. (auch C1)

Kann in Gesprächen bei Ausdrucksschwierigkeiten so problemlos neu ansetzen, etwas umschreiben oder umformulieren, dass die Gesprächspartner kaum etwas bemerken.

Kann sich auch in längeren Gesprächsbeiträgen mühelos, natürlich und fließend ausdrücken, wobei er/sie nur gelegentlich Pausen macht, um einen präzisen Ausdruck für seine/ihre Gedanken oder für eine Erklärung zu finden.

Kann in Diskussionen oder Gesprächen komplexe Sachverhalte klar und detailliert darstellen, dabei untergeordnete Themen integrieren, bestimmte inhaltliche Punkte genauer ausführen und die Darstellung mit einem angemessenen Schluss abrunden.

Kann längere, gut gegliederte und zusammenhängende Gesprächsbeiträge leisten und dabei eine Vielzahl an Mitteln zur Gliederung und Textverknüpfung angemessen und differenziert einsetzen.

Kann in Gesprächen ein großes Repertoire an Graduierungs- und Abtönungsmitteln weitgehend korrekt verwenden und damit Bedeutungsnuancen deutlich machen.

Kann in Gesprächen dank seines/ihres großen Wortschatzes meist korrekt und angemessen das ausdrücken, was er/sie tatsächlich sagen möchte.

Kann sich in Gesprächen auch bei Verwendung komplexer sprachlicher Mittel beinahe durchgehend korrekt äußern, selbst wenn er/sie z. B. durch die Reaktion anderer abgelenkt wird.

Kann in Gesprächen die Intonation variieren und die Betonung so einsetzen, dass Bedeutungsnuancen zum Ausdruck kommen. (auch C1)

Detaillierte Kannbeschreibungen *mit Beispielen:* Interaktion mündlich

Kann in Behörden- oder Dienstleistungsgesprächen auch Informationen zu außergewöhnlichen Themen oder Problemen austauschen. (auch C1)

Kann als Beteiligter an einem Unfall mit einem Sachverständigen der Versicherung erörtern, wer die Schuld trägt und welche Kulanzlösungen möglich sind.

Kann bei der Rentenkasse über die Anrechnung von im Ausland geleisteten Beiträgen verhandeln.

Kann mit der Verkehrsbehörde über ein Bauvorhaben verhandeln, das den Verkehr auf der vorbeiführenden Straße behindert.

Kann in einem Gespräch Informationen mitteilen und Anspielungen machen oder emotionale Differenzierungen vornehmen bzw. Witz und Ironie einsetzen. (auch C1)

Kann in der Abschlussveranstaltung den Seminarbeitrag eines Kollegen ironisch kommentieren.

Kann auf nicht ernst gemeinte kritische Bemerkungen eines Kollegen humorvoll reagieren.

Kann in einem Gespräch über eine schwere Krankheit Betroffenheit und Hoffnung ausdrücken, indem er von ähnlichen Ereignissen erzählt, die positiv ausgegangen sind.

Kann in einem Gespräch über die Suche nach einem neuen Bundestrainer humorvolle Beiträge liefern.

Kann sich ohne Probleme an allen Gesprächen und Diskussionen mit deutschen Muttersprachlern beteiligen.

Kann sich in einer Seminarpause an einem Gespräch über interkulturelle Erfahrungen beteiligen und eine Episode zum Besten geben.

Kann beim Essen mit Gästen aus Deutschland über politische Ereignisse diskutieren, zu verschiedenen Meinungsäußerungen detailliert Stellung nehmen und ihre eigene Position begründen.

Kann am Studentenstammtisch in eine Diskussion über eine Literatursendung problemlos einsteigen, ihren Kolleginnen antworten und ihre eigene Meinung mit Beispielen veranschaulichen und begründen.

Kann als Botschaftsvertreter beim Essen mit einer österreichischen Delegation spontan ins Gespräch eingreifen und seine persönliche Meinung diplomatisch äußern.

Kann eine Diskussion oder eine Besprechung leiten und dabei das Gespräch eröffnen, moderieren und zum Abschluss bringen. (auch C1)

Kann als Leiterin eines Reisebüros bei Preisverhandlungen die Geschäftspartner begrüßen, die Verhandlung leiten und bei Interessenskonflikten einen Kompromiss aushandeln.

Kann sich bei der Eröffnung einer Besprechung für die Teilnahme bedanken und der Hoffnung auf eine gute Lösung Ausdruck verleihen.

Kann bei einem Elternabend die Anwesenden willkommen heißen, die Diskussionsrunde eröffnen und auf kritische Fragen und Einwände der Eltern reagieren.

Kann als Moderator einer Verhandlung die Teilnehmer zur Stellungnahme auffordern und bei Missverständnissen und Kontroversen klärend eingreifen.

Kann sich in formellen Diskussionen über komplexe Themen behaupten und klar und überzeugend argumentieren.

Kann in einer Verhandlung mit schweizerischen Geschäftspartnern auf deren Einwände eingehen und seine eigene Meinung überzeugend und mit Bezug auf die Vorredner ausdrücken.

Kann in einem Seminar über deutsche Kulturgeschichte gezielt auf die Argumentation einer Kollegin eingehen und auf gegenteilige Fachmeinungen hinweisen.

Kann als Deutschlehrerin während eines Gastjahres in einem deutschsprachigen Land in der Lehrerkonferenz über die Konsequenzen des neuen Lehrplans mitdiskutieren.

Kann in Veranstaltungen vor Publikum spontan Beiträge liefern und dabei auf Fragen, Äußerungen oder Einwände anderer flexibel eingehen.

Kann als Lehrer bei einem Elternabend Einwände und Fragen zum Unterricht zusammenfassen und mit klaren Statements das eigene Vorgehen darlegen und begründen.

Kann im Anschluss an ein Referat im Seminar einen anderen Standpunkt als der Referent vertreten und auf Gegenargumente flexibel eingehen.

Kann bei der Präsentation eines neuen Verkehrsleitsystems sachlich auf Gegenargumente eingehen und diese durch Verweise auf die Vorteile des neuen Produkts entkräften.

Kann bei einem Interview auf Fragen überzeugend und vollkommen flüssig eingehen und ist gegenüber deutschen Muttersprachlern nicht im Nachteil.

Kann als Kulturbotschafter auf einer Pressekonferenz auf die Fragen der Journalisten flexibel und spontan eingehen und Einwände entkräften.

Kann als Gastdozent an einer österreichischen Universität beim Begrüßungsinterview mit der Studentenzeitung auf alle Fragen ohne langes Nachdenken antworten.

Kann als Manager bei einem Radiointerview zum Thema „Manager – Der Beruf ohne Ausbildung" überzeugend auftreten und angemessen auf Kritik reagieren.

Kann als Bewerberin für eine Stelle während eines Einstellungsgesprächs überzeugend und flexibel sprachlich agieren.

Kann Interviews mit deutschen Muttersprachlern überzeugend, sicher und sprachlich vollkommen flüssig führen.

Kann in einem Interview mit einer deutschen Band, die auf Tournee in seinem Land ist, spontan auf den Witz eines Musikers eingehen.

Kann als Radiojournalist ohne große sprachliche Vorbereitung Live-Interviews mit deutschsprachigen Gästen aus dem Kulturbereich führen.

Kann als Personalchefin einer international tätigen Firma mit deutschsprachigen Trainees kompetent und sicher Einstellungsgespräche führen.

Kann komplexe Informationen und Ratschläge verstehen und austauschen. (auch C1)

Kann als Austauschstudentin die Anweisungen der Bibliothekarin zur Benutzung der Bibliothek verstehen, gezielt Fragen stellen und im Verlauf des Gesprächs ihr Interesse für bestimmte Abläufe formulieren.

Kann als Angestellte eines Reisebüros telefonisch Informationen über Geschäftsbedingungen und -tarife bei Partnerunternehmen einholen.

Kann als Ingenieur einem deutschsprachigen Hotelmanager die neu installierte Telefonanlage verständlich erklären und spontan auf Fragen antworten.

Kann mit Kollegen kritisch über neue Entwicklungen in der Fremdsprachendidaktik diskutieren und seine Einstellung mit Beispielen der eigenen Unterrichtspraxis begründen.

Kann als Computernetzwerkspezialist in einem Fachgespräch mit Anwendern Informationen über das Netzwerk austauschen und Lösungen diskutieren, wie beim Eintragen eines neuen Benutzers vorgegangen wird.

Kann Telefongespräche mit deutschen Muttersprachlern problemlos führen und auf Äußerungen oder Anspielungen der Gesprächspartner eingehen. (auch C1)

Kann im Anschluss an eine Messe den Kontakt mit deutschsprachigen Geschäftspartnern telefonisch aufrechterhalten und weitere Vereinbarungen treffen.

Kann als Student in der Freizeit eine Telefonumfrage im Auftrag eines Meinungsforschungsinstituts mit Hilfe einer Vorlage machen und bei Unklarheiten um Präzisierung bitten.

Kann eine Freundin, die ihr am Telefon von ihren Sorgen erzählt, durch einfühlende Worte trösten und mit konkreten Vorschlägen beraten.

Kann als Lehrer auf Fragen einer Mutter eingehen und ihr Ratschläge für die Betreuung ihres Sohnes geben.

Globale Kannbeschreibungen: Interaktion schriftlich

Kann sich klar und präzise schriftlich ausdrücken und sich flexibel und effektiv auf die Adressaten beziehen. (auch C1)

Kann in formeller und privater Korrespondenz idiomatische und umgangssprachliche Wendungen sowie in seinem/ihrem Spezialgebiet fachsprachliche Elemente verwenden und damit feinere Bedeutungsnuancen deutlich machen.

Kann klar und präzise persönliche Korrespondenz schreiben, darin flexibel und wirksam Emotionen ausdrücken und Anspielungen oder Scherze machen.

Kann alle Arten von Korrespondenz korrekt abwickeln und das Register stilsicher je nach Adressat wählen.

Kann klare, komplexe Mitteilungen in angemessenem und effektivem Stil schreiben, so dass die Leser die Absichten mühelos verstehen können.

Kann in seinen/ihren schriftlichen Mitteilungen verschiedene sprachliche Mittel gezielt einsetzen, um etwas hervorzuheben, abzuschwächen oder zu präzisieren.

Kann in seinen/ihren strukturiert und zusammenhängend formulierten Briefen und Mitteilungen eine Vielzahl an sprachlichen Mitteln zur Gliederung und Textverknüpfung angemessen einsetzen.

Kann in seiner/ihrer Korrespondenz ein großes Repertoire an Graduierungs- und Abtönungsmitteln weitgehend korrekt verwenden und damit Bedeutungsnuancen deutlich machen.

Kann Korrespondenz und Mitteilungen auch bei Verwendung von komplexen sprachlichen Mitteln grammatikalisch nahezu fehlerfrei verfassen.

Kann seine/ihre Texte orthographisch fast fehlerfrei verfassen und Fehler in eigenen und fremden Texten korrigieren.

Detaillierte Kannbeschreibungen *mit Beispielen:* Interaktion schriftlich

Kann in persönlichen Briefen ausführlich Erfahrungen und Gefühle beschreiben und über Geschehnisse berichten und dabei flexibel Bezug auf die Briefinhalte des Korrespondenzpartners nehmen. (auch C1)

> *Kann in einem Brief an einen Freund, der im Ausland ein Praktikum macht und ihm von seinen Schwierigkeiten berichtet hat, auf dessen Situation eingehen und eigene Fremdheitserfahrungen schildern.*
>
> *Kann in einem Brief an eine Freundin von ihrem ersten, vier Wochen alten Kind schreiben und schildern, was sich alles verändert hat und wie sie sich dabei fühlt.*
>
> *Kann einer Kollegin in einer E-Mail Ratschläge geben, wie sie mit den Intrigen und Angriffen anderer Kollegen am Arbeitsplatz umgehen soll, und von eigenen Erfahrungen mit solchen Problemen berichten.*
>
> *Kann einer Studienkollegin in einer E-Mail von der ungerechten Beurteilung durch einen Professor berichten, dabei ihren Gefühlen, wie z. B. Zorn und Enttäuschung, Ausdruck verleihen und die Studienkollegin nach deren Erfahrungen fragen und um Ratschläge bitten.*

Kann sich in privater Korrespondenz bewusst ironisch, mehrdeutig oder humorvoll ausdrücken, wenn es die Situation erlaubt.

> *Kann in einer E-Mail an einen Freund selbstkritisch und humorvoll von einer nicht bestandenen Prüfung berichten und die eigene Leistung ironisch kommentieren.*
>
> *Kann auf eine unsachliche und beleidigende Kritik eines Kollegen mit einer ironischen E-Mail reagieren und ihm auf diese Weise seinen Standpunkt deutlich machen.*
>
> *Kann in einem Brief auf berechtigte Vorwürfe eines Freundes mit Selbstironie reagieren und eigene Fehler freundlich und humorvoll eingestehen.*

Kann formelle Briefe schreiben, in denen er/sie Absprachen oder getroffene Vereinbarungen aufgreift oder einfordert. (auch C1)

Kann die überhöhte Rechnung des Installateurs schriftlich beanstanden und auf dem vorher vereinbarten niedrigeren Preis bestehen.

Kann nach mündlichen Absprachen, die auf einer Messe getroffen wurden, schriftliche Korrespondenz aufnehmen und darin auf die Absprachen Bezug nehmen.

Kann dem Lehrer der Partnerklasse einen Brief zur Klassenpartnerschaft schreiben, in dem das weitere Procedere vorgeschlagen wird.

Kann in einem Brief an die Hausverwaltung darlegen, dass sie die Miete für den laufenden Monat aufgrund der andauernden Lärmbelästigung wegen Renovierung der Nachbarwohnung zurückhalten wird.

Kann in einem Schreiben an den Vorgesetzten an die ihr vertraglich zustehende Lohnerhöhung erinnern und diese einfordern.

Kann unterschiedlichste Informationen präzise notieren und weitergeben. (auch C1)

Kann als Austauschstudentin in einem Schreiben festhalten, welcher Preis und welche weiteren Bedingungen für die Miete einer Wohnung telefonisch vereinbart wurden, und um Bestätigung bitten.

Kann den Ablauf und die Ergebnisse einer Besprechung in einer E-Mail zusammenfassen und die Teilnehmer um Vervollständigung und gegebenenfalls um Richtigstellung der Informationen bitten.

Kann als Lehrer in einem Informationsbrief an die Eltern ausführlich über den geplanten Schullandheimaufenthalt informieren.

Kann formelle Briefe und E-Mails gut strukturiert, stilistisch angemessen und klar formulieren.

Kann ein Kündigungsschreiben für ein Zeitungsabonnement verfassen und darin ihre Unzufriedenheit mit der einseitigen Berichterstattung als Beweggrund für die Kündigung äußern.

Kann in einem Brief an eine Firma darlegen, dass sie im Rahmen ihres Wirtschaftsstudiums eine Arbeit über „Arbeitsprozesse in großen Unternehmen" schreibt und um eine Genehmigung für Recherchen und Umfragen unter den Mitarbeitern ersuchen.

Kann sich in einem Begleitbrief zu einer Bewerbung vorstellen und verschiedene Argumente für die Anstellung klar und überzeugend anführen.

Globale Kannbeschreibungen: Rezeption mündlich

Kann viele alltagssprachliche Redewendungen und umgangssprachliche Ausdrücke verstehen und einen Wechsel in Stil und Register erkennen. (auch C1)

Kann in längeren Reden und Gesprächen auch verstehen, was nur implizit gesagt wird.

Kann alle Arten gesprochener Sprache ohne Schwierigkeiten verstehen, auch wenn schnell gesprochen wird, wie Muttersprachler dies tun.

Kann alle Gespräche zwischen Muttersprachlern auch über abstrakte und komplexe Themen verstehen, sofern er/sie Gelegenheit hat, sich auf einen ungewohnten Akzent oder Dialekt einzustellen.

Kann gesprochene Sprache in den Medien ohne Schwierigkeit verstehen, auch wenn schnell gesprochen wird, wobei er/sie nur etwas Zeit braucht, um sich an einen besonderen Akzent zu gewöhnen.

Kann Vorlesungen, Vorträge, Präsentationen und Debatten verstehen, die viele umgangssprachliche oder regional gefärbte Ausdrücke oder auch nicht vertraute Terminologie enthalten.

Detaillierte Kannbeschreibungen *mit Beispielen:* Rezeption mündlich

Kann komplexen Gruppendiskussionen oder Debatten folgen, auch wenn abstrakte, komplexe, nicht vertraute Themen behandelt werden.

Kann als Besucher im Bundestag einer Debatte über die Besteuerung von Aktiengewinnen folgen.

Kann als Praktikant bei einer Versicherung in einer Konferenz der Debatte über Kulanz bei Schadensabwicklungen folgen.

Kann als mitreisender Partner bei einer Konferenz von NGOs während der „Welt-Aids-Konferenz" der Debatte über die Bereitstellung von Medikamenten folgen.

Kann viele komplexe Informationen, Anweisungen und Richtlinien verstehen. (auch C1)

Kann als Gast in einer Kartenrunde die Erklärungen verstehen, wie das Spiel „Schafkopf" geht und worauf besonders zu achten ist.

Kann die Anweisungen seiner Chefin, die er kurzfristig in einer Besprechung vertreten soll, zur Darstellung des bisherigen Projektverlaufs verstehen.

Kann in einem Gespräch bei der Studienberatung die Richtlinien zum Studium verstehen.

Kann auch bei schlechter Übertragungsqualität aus öffentlichen Durchsagen Einzelinformationen heraushören. (auch C1)

Kann auf einem Open-Air-Konzert die Durchsage verstehen, dass die nächste Band noch nicht da ist, weil sie im Stau steckt, und dass deswegen das Programm umgestellt wird.

Kann im Zug eine Durchsage verstehen, in der der Zugführer erklärt, dass aufgrund von technischen Problemen der hintere Waggon abgehängt werden muss und die Fahrgäste aus diesem Waggon in die vorderen Waggons umsteigen müssen.

Kann am Flughafen bei einer Durchsage verstehen, dass aufgrund der Witterungsverhältnisse zahlreiche Flüge ausfallen oder umgeleitet werden.

Kann literarische Erzählungen verstehen, auch wenn gelegentlich Details unklar bleiben. (auch C1)

Kann als Besucherin eines Erzählabends in einem Kulturzentrum die Geschichten von verschiedenen Erzählern verstehen.

Kann beim Autofahren die Geschichte von einem Hörbuch verstehen.

Kann bei einer Kulturveranstaltung am Goethe-Institut die Lesung eines jungen deutschen Autors verstehen.

Kann lange, komplexe Texte im Detail verstehen, auch wenn diese nicht zu seinem/ihrem Spezialgebiet gehören.

Kann als Mitarbeiter in der Personalabteilung in einer Besprechung die Berichte der Kollegen aus dem Controlling verstehen.

Kann vor Beginn ihres Studiums bei einem „Tag der offenen Tür" an der Universität einen Vortrag über „Deutsche Literatur der letzten 50 Jahre" verstehen.

Kann bei der Werbeveranstaltung einer Buchhandlung die Lesung einer Autorin verstehen.

Kann Vorlesungen, Reden und Berichte im Rahmen des Studiums, der Ausbildung oder des Berufes verstehen, auch wenn sie inhaltlich und sprachlich komplex sind. (auch C1)

Kann im Rahmen des Germanistikstudiums einer Vorlesung über zeitgenössische Literatur folgen und die Informationen im Detail verstehen.

Kann im Rahmen ihrer Ausbildung zur Tourismusfachkraft den komplexen Bericht über die neuen Buchungssysteme der Bahn verstehen.

Kann als Abteilungsleiter den Bericht eines Mitarbeiters der deutschen Mutterfirma über neue Vorgaben der Geschäftsleitung verstehen.

Kann Fachvorträge oder Präsentationen verstehen, die viele umgangsprachliche oder regional gefärbte Ausdrücke oder auch unbekannte Terminologie enthalten.

Kann einen Vortrag eines niederbayerischen Braumeisters über die einzelnen Prozesse bei der Bierproduktion verstehen.

Kann eine Präsentation über die Entwicklung und die verschiedenen Techniken der traditionellen Thai-Heilmassage verstehen.

Kann einer Vorlesung über die Entwicklung der sächsischen Mundart folgen und auch authentische Tonbeispiele verstehen.

Kann ein breites Spektrum an Radiosendungen verstehen, auch wenn nicht unbedingt Standardsprache gesprochen wird. (auch C1)

Kann eine Radiosendung zum Thema „Telearbeit – der Arbeitsplatz zu Hause", in der verschiedene Personen von ihren Erfahrungen berichten, verstehen.

Kann ein längeres Krimi-Hörspiel von Wolf Haas über Kommissar Brenner in Wien verstehen.

Kann eine Musikreportage eines privaten Studentensenders über die Kölner Gruppe „BAP" verstehen.

Kann Filme, Fernsehserien und Theaterstücke verstehen, auch wenn darin saloppe Umgangssprache oder idiomatische Wendungen vorkommen. (auch C1)

Kann einen spannenden und unterhaltsamen Film über die Erlebnisse einer Familie in Berlin zur Zeit des Mauerfalls verstehen.

Kann die Fernsehfolgen über das Leben eines Münchner Lebenskünstlers, die von einem lokalen Sender ausgestrahlt werden, verstehen.

Kann einen Film über eine Jugendclique im Berlin der 90er-Jahre des 20. Jahrhunderts verstehen.

Kann im Fernsehen anspruchsvolle Sendungen wie Nachrichten, aktuelle Reportagen, Interviews oder Talkshows verstehen. (auch C1)

Kann in einer Journalsendung einen Bericht eines Korrespondenten über die Wahlvorkommnisse in Florida verstehen.

Kann vor den Wahlen zum Deutschen Bundestag ein Fernsehduell der Spitzenkandidaten der beiden größten Parteien verstehen.

Kann im Fernsehen ein Interview mit der Schauspielerin Martina Gedeck über ihr Leben und ihre Karriere verstehen.

Globale Kannbeschreibungen: Rezeption schriftlich

Kann fast alle Arten geschriebener Texte verstehen, einschließlich abstrakter, strukturell komplexer oder stark umgangssprachlicher literarischer und nichtliterarischer Texte.

Kann ein breites Spektrum langer und komplexer Texte verstehen und dabei feine stilistische Unterschiede und implizite Bedeutungen erfassen.

Kann lange und komplexe Texte rasch durchsuchen und wichtige Einzelinformationen auffinden.

Kann Texte verstehen, die stark umgangssprachlich sind und zahlreiche idiomatische Wendungen oder Slang enthalten.

Detaillierte Kannbeschreibungen *mit Beispielen:* Rezeption schriftlich

Kann lange komplexe Anleitungen für Geräte oder Verfahren auch außerhalb des eigenen Fachgebiets im Detail verstehen, wenn er/sie schwierige Passagen mehrmals lesen kann. (auch C1)

Kann die Beschreibung und die Bedienungsanleitung eines neuen Mobiltelefons genau verstehen und im Detail alle Schritte bis zur Inbetriebnahme durchführen.

Kann die Beschreibung eines digitalen Fotoapparates so detailliert verstehen, dass sie entsprechende Einstellungen vornehmen kann.

Kann die unterschiedlichen Liefer- und Zahlungsbedingungen beim Bestellen von Büchern über das Internet genau verstehen.

Kann als selbstständig Erwerbstätiger die Anleitung zum Ausfüllen der Steuererklärung verstehen.

Kann thematisch sehr unterschiedliche lange, komplexe Texte im Detail verstehen und dabei feine Nuancen von implizit angesprochenen Einstellungen und Meinungen erfassen. (auch C1)

Kann in einem Artikel über die Geschichte des Frauenwahlrechts in der Schweiz die kritische Haltung des Verfassers zwischen den Zeilen herauslesen.

Kann in einer längeren Zeitungsreportage über die wirtschaftliche und politische Lage eines Staates die Haltung und Meinung des Verfassers zu einzelnen Aspekten herauslesen.

Kann in einem Zeitungsbericht über die Sparpläne der Regierung die kritische Haltung des Autors erkennen und verstehen, was nach dessen Meinung alles anders gemacht werden müsste.

Kann ausführliche Berichte über eine Konferenz, an der er nicht teilgenommen hat, verstehen und erfassen, welche Meinungen und Einstellungen einzelne Konferenzteilnehmer vertreten haben.

Kann als Abteilungsleiter im Jahresbericht des Vorgesetzten die implizit enthaltene Kritik an der eigenen Abteilung erfassen.

Kann Texte wie literarische Kolumnen oder satirische Glossen lesen und verstehen, in denen vieles nur indirekt gesagt wird oder mehrdeutig ist, und die versteckte Wertungen enthalten.

Kann als regelmäßiger Zeitungsleser in ironisch-kritischen Kolumnen die Argumentationslinien des Autors herauslesen.

Kann als Theaterliebhaber in Theaterkritiken ironisches Lob als solches identifizieren und Seitenhiebe auf den Regisseur erkennen.

Kann als ein an Sport interessierter Leser satirische Glossen in der „Neuen Zürcher Zeitung" über die Dominanz der österreichischen Skifahrer verstehen.

Kann lange, komplexe Texte im Detail verstehen, auch wenn diese nicht zu seinem/ihrem Spezialgebiet gehören.

Kann auch als Nichtmediziner einen Artikel in einem Gesundheitsmagazin über neue Erfolge in der Krebsforschung verstehen.

Kann als technisch interessierter Laie einen Symposiumsbericht zum Thema „Nachhaltigkeit in der Weltraumforschung" verstehen.

Kann als eine an politischen Vorgängen interessierte Bürgerin den Abschlussbericht einer Konferenz zum Thema „Menschenrechte weltweit" verstehen.

Kann Vorschriften und Verträge verstehen, die nicht seinen/ihren beruflichen oder privaten Bereich betreffen.

Kann als beruflich nicht mit Zollbestimmungen Befasster die Zollbestimmungen für die Einfuhr von Technologieprodukten nach Deutschland verstehen.

Kann als Nichtstudent die im Universitätsgesetz festgeschriebenen Bestimmungen für die Aufnahme ausländischer Studierender verstehen.

Kann den Arbeitsvertrag eines Freundes lesen und die darin enthaltenen Vorschriften und Pflichten verstehen.

Kann im Internet recherchierte Vorschriften über die in Österreich neu geregelten Garantiebedingungen verstehen.

Kann unter gelegentlicher Zuhilfenahme des Wörterbuches jegliche Korrespondenz verstehen. (auch C1)

Kann als Neueinsteiger in einem Unternehmen die Geschäftskorrespondenz seines Vorgängers mit einer Partnerfirma verstehen.

Kann in einem Rechtsstreit mit seinem ehemaligen Vermieter den komplexen Brief des Anwalts der Gegenpartei über Forderungen im laufenden Verfahren verstehen.

Kann als Leiterin einer Arbeitsgruppe, die einen Antrag auf Projektförderung gestellt hat, das detaillierte Antwortschreiben und die darin enthaltenen Begründungen für die Ablehnung verstehen.

Kann als Philosophiestudent die Korrespondenz zwischen Hannah Arendt und Martin Heidegger verstehen.

Kann in privater Korrespondenz auch saloppe Umgangssprache, idiomatische Wendungen und Scherze verstehen. (auch C1)

Kann die E-Mail einer Freundin, in der sie sich ironisch über einen kürzlich gesehenen Film äußert, verstehen.

Kann die E-Mail eines Freundes, der gerade auf Urlaub ist und sich ausführlich über die Unterbringung und das Essen lustig macht, verstehen.

Kann in einem Brief die leicht spöttischen, aber nicht böse gemeinten Witze über einen gemeinsamen Bekannten verstehen.

Kann literarische Texte verschiedener Gattungen und Epochen verstehen.

Kann als Germanistikstudent Romane des 19. Jahrhunderts verstehen.

Kann als Germanistikstudentin die Theaterstücke Bertolt Brechts verstehen.

Kann als Teilnehmerin eines Volkshochschulkurses über das literarische Werk von Elfriede Jelinek deren essayistischen Texte verstehen.

Kann in langen und komplexen allgemeinen und Sachtexten rasch wichtige Einzelinformationen finden. (auch C1)

Kann in einem Zeitungstext über verschiedene Parteiprogramme rasch Informationen über das bildungspolitische Programm der einzelnen Parteien finden.

Kann als Kaufinteressent an einem Haus in einem Gutachten über den baulichen Zustand rasch die wichtigsten Mängel finden.

Kann in der Diplomarbeit einer Studienkollegin rasch die wichtigsten Ergebnisse der durchgeführten Versuche finden.

Globale Kannbeschreibungen: Produktion mündlich

Kann sich auch bei längeren Äußerungen mühelos, natürlich und fließend ausdrücken, wobei er/sie nur Pausen macht, um einen präzisen Ausdruck für seine/ihre Gedanken oder eine Erklärung zu finden.

Kann idiomatische und umgangssprachliche Wendungen sowie Fachjargon aus seinem/ihrem Spezialgebiet sehr vielseitig einsetzen, wobei er/sie sich der jeweiligen Konnotationen bewusst ist und dadurch auch feinere Bedeutungsnuancen deutlich machen kann.

Kann längere Redebeiträge (z. B. Referate, Präsentationen, Vorträge) in Register und Stil je nach Publikum und Situation flexibel variieren.

Kann klar, flüssig und gut strukturiert sprechen und seine/ihre Ausführungen so logisch aufbauen, dass die Zuhörer wichtige inhaltliche Punkte erkennen können.

Kann bei Ausdrucksschwierigkeiten so reibungslos neu ansetzen und umformulieren, dass die Zuhörer kaum etwas davon bemerken.

Kann sehr flexibel und der Situation angemessen Ideen und Standpunkte ausdrücken, so dass Sprechabsichten wie Hervorhebung, Abschwächung oder Distanzierung deutlich werden.

Kann ein großes Repertoire an Graduierungs- und Abtönungsmitteln weitgehend korrekt verwenden und damit Bedeutungsnuancen deutlich machen.

Kann dank seines/ihres großen Wortschatzes meist korrekt und angemessen das ausdrücken, was er/sie tatsächlich sagen möchte.

Kann sich auch bei Verwendung komplexer sprachlicher Mittel beinahe durchgehend korrekt äußern, selbst wenn er/sie (z. B. durch gedankliches Vorausplanen) abgelenkt wird.

Kann die Intonation variieren und die Betonung so einsetzen, dass Bedeutungsnuancen zum Ausdruck kommen. (auch C1)

Detaillierte Kannbeschreibungen *mit Beispielen:* Produktion mündlich

Kann Sachverhalte ausführlich beschreiben und dabei auch untergeordnete Themen einbeziehen, bestimmte Punkte genauer ausführen und die Darstellung mit einem angemessenen Schluss abrunden. (auch C1)

Kann als Bewerberin um eine Stelle darlegen, welche Erfahrungen und bisherigen Tätigkeiten gerade sie für diese Stelle qualifizieren.

Kann bei einer Planungsbesprechung in einem Arbeitsteam einen größeren Arbeitsauftrag klar darlegen und dabei kurz auf die schon getroffenen Vorbereitungen verweisen.

Kann als Teilnehmerin an einer internationalen Arbeitsgruppe über Studienaustausch die Schwierigkeiten darstellen, die Teilnehmer an Austauschprogrammen mit der Anerkennung von Prüfungen haben.

Kann Gedanken und Einstellungen klar ausdrücken und argumentativ unterstützen. (auch C1)

Kann als Teilnehmerin an einer Schulung ihre Motivation zur Teilnahme, ausgehend von einem persönlichen Erlebnis, darstellen.

Kann bei einer Vorsprache in der Firmenleitung argumentieren, warum sie in einem anderen Arbeitsbereich beschäftigt werden möchte.

Kann bei einem Elternabend in der Grundschule ihres Kindes darstellen, warum sie gegen eine Projektwoche „Lernen im Wald" ist.

Kann zu Beginn einer Lehrerfortbildung seine Erwartungen und Wünsche formulieren sowie seine Motivation für die Teilnahme begründen.

Kann verschiedenste Sachverhalte klar, flüssig und ausführlich darstellen.

Kann als Teilnehmer an einer Besprechung in der Firma den Stand eines Projekts darlegen und die bisherigen Arbeitsschritte genau beschreiben.

Kann als Studentin in einem Seminar die wesentlichen Punkte ihrer wissenschaftlichen Arbeit darlegen und die bisherigen Arbeitsschritte detailliert ausführen.

Kann als Bankangestellte ein Kreditangebot erläutern und die Modalitäten des Vertrages beschreiben.

Kann Geschichten erzählen und dabei Exkurse machen, bestimmte Punkte genauer ausführen und alles mit einem angemessenen Schluss abrunden. (auch C1)

Kann in einer Gesprächsrunde, in der alle aus ihrer Kindheit berichten, eine Begebenheit aus der eigenen Kindheit detailliert und mit einer Schlusspointe erzählen.

Kann als Teilnehmerin an einem Sprachkurs beim Erzählspiel „Wahr oder gelogen?" ein Erlebnis detailreich und überzeugend darstellen.

Kann als Au-pair-Mädchen einem Kind ein Märchen aus ihrer Heimat mit vielen Details erzählen.

Kann ein komplexes Thema gut strukturiert und klar vortragen, dabei den eigenen Standpunkt ausführlich darstellen und diesen durch Unterpunkte, geeignete Beispiele oder Begründungen untermauern. (auch C1)

Kann als Mitglied eines Kulturvereins bei der Vereinsversammlung einen Tätigkeitsbericht geben und dabei mit Diagrammen und Grafiken die Veränderungen gegenüber den Vorjahren darstellen und kommentieren.

Kann bei einer Präsentation von Geschäftsergebnissen mit Hilfe von Diagrammen und Grafiken wichtige Aspekte hervorheben und umfassend kommentieren.

Kann als Teilnehmerin an einem Fortbildungsseminar anhand einer Powerpoint-Präsentation ihr Fernstudienprogramm, die Zahl der Teilnehmer sowie geplante Weiterentwicklungen darstellen und kommentieren.

Kann als Dozentin für „allgemeine Sprachwissenschaft" im Rahmen einer Fortbildung zum Thema „Testen und Prüfen" ihre eigene Prüfungspraxis darstellen, die spezifischen Bedingungen aufzeigen und die Stärken und Schwächen der gewählten Prüfungsmethoden mit geeigneten Beispielen verdeutlichen.

Kann als Austauschstudentin klar und strukturiert vortragen, welche Studienvoraussetzungen in ihrem Land gelten, und argumentieren, warum sie diese nicht gut findet.

Kann Informationen aus verschiedenen Quellen zusammenfassen und dabei die Argumente und Sachverhalte in einer klaren zusammenhängenden Darstellung wiedergeben.

Kann als Deutschlehrer für ein landeskundliches Unterrichtsprojekt vorhandene Materialien und Erfahrungsberichte auswerten und die Kollegen darüber unterrichten.

Kann für eine Studienkollegin, mit der sie eine sozialpädagogische Seminararbeit über das Thema „Beeinträchtigung und Behinderung" verfasst, entsprechende Informationen aus aktuellen Medienberichten zusammenfassen und zusammenhängend darstellen.

Kann als verantwortliche Planerin eines Vereinsausfluges Vorschläge einholen, die Möglichkeiten recherchieren und bei der Besprechung einen klar argumentierten Vorschlag machen.

Kann klar strukturiert, sicher und gut verständlich einem Publikum ein komplexes Thema vortragen, mit dem dieses nicht vertraut ist, und sich dabei in der Ausdrucksweise flexibel dem Publikum anpassen.

Kann als Verkaufsrepräsentantin einer Haushaltsgerätefirma auf einer Messe eine Präsentation über „Dampfgaren statt Kochen" machen und sich dabei sprachlich dem Publikum anpassen.

Kann als Ausbilder der Bergrettung referieren, welche Maßnahmen für sichere Touren in den Bergen und zur Unfallprävention wichtig sind bzw. was man im Notfall beachten soll.

Kann als Vertreterin der Bürgerinitiative „Umfahrungsstraße jetzt" bei einer öffentlichen Gemeindeversammlung die Gefährdung, die durch den dichten Verkehr im Ort entsteht, darlegen und mit Beispielen verdeutlichen.

Kann mühelos öffentliche Ankündigungen machen und dabei durch Betonung und Intonation auch feinere Bedeutungsnuancen hervorheben.

Kann als Abteilungsleiter bei der Abschiedsfeier einer Kollegin deren Verdienste und „Eigenheiten" auf humorvolle Weise würdigen und ankündigen, wie ihr bisheriger Arbeitsbereich in Zukunft gestaltet wird.

Kann am Ende einer Ausflugsfahrt mit einer Gruppe in einer kurzen Ansprache den Organisatoren danken und dabei Anspielungen auf ein Ereignis des Tages machen.

Kann als Lehrerin vor den versammelten Kollegen ankündigen, dass der Sprachunterricht den Richtlinien des „Europäischen Referenzrahmens" angepasst wird und welche Konsequenzen das für die tägliche Unterrichtspraxis hat.

Globale Kannbeschreibungen: Produktion schriftlich

Kann komplexe Sachverhalte klar und detailliert schriftlich darlegen, dabei untergeordnete Themen integrieren, bestimmte inhaltliche Punkte genauer ausführen und die Darstellung mit einem angemessenen Schluss abrunden.

Kann klar strukturierte, komplexe Texte in angemessenem und effektivem Stil schreiben, deren logischer Aufbau dem Leser das Auffinden der wesentlichen inhaltlichen Punkte erleichtert.

Kann in seinen/ihren Texten idiomatische und umgangssprachliche Wendungen sowie fachsprachliche Elemente aus dem eigenen Spezialgebiet einsetzen, wobei er/sie sich der jeweiligen Konnotationen bewusst ist und dadurch auch feinere Bedeutungsnuancen deutlich machen kann.

Kann sehr flexibel seine/ihre Gedanken mit verschiedenen sprachlichen Mitteln formulieren, um etwas hervorzuheben, zu differenzieren oder um Mehrdeutigkeit zu vermeiden.

Kann einen gut gegliederten und zusammenhängenden schriftlichen Text erstellen und dabei eine Vielzahl an Mitteln zur Gliederung und Textverknüpfung angemessen und differenziert einsetzen.

Kann in seinen/ihren strukturiert und zusammenhängend aufgebauten schriftlichen Texten eine Vielzahl an sprachlichen Mitteln zur Gliederung und Textverknüpfung angemessen einsetzen.

Kann auch in langen, anspruchsvollen Texten komplexe Strukturen nahezu durchgehend korrekt anwenden.

Kann seine/ihre schriftlichen Texte orthographisch fast fehlerfrei verfassen.

Detaillierte Kannbeschreibungen *mit Beispielen:* Produktion schriftlich

Kann verschiedenste Sachverhalte gut strukturiert und ausführlich beschreiben.

Kann in einem Leserbrief auf einen Artikel, in dem junge Leute pauschal als Angehörige der „Party-Generation" dargestellt werden, reagieren und Beispiele aktueller Lebensbedingungen der jungen Generation anführen.

Kann aufgrund seiner Erfahrungen als Bergführer für eine deutsche Bergsteigergruppe eine ausführliche Handreichung über die spezifischen Bedingungen in den Anden schreiben.

Kann nach einer Dienstreise für die Firmenleitung einen Bericht über eine Sitzung mit Geschäftspartnern schreiben.

Kann in einem Bericht oder Aufsatz ein Thema, das er/sie recherchiert hat, umfassend darstellen, die enthaltenen Meinungen zusammenfassen und Detailinformationen oder Fakten aufführen und bewerten.

Kann für eine firmeninterne Besprechung, in der über Gleitzeitmodelle entschieden werden soll, die Meinungen der Belegschaft schriftlich zusammenfassen und das daraus resultierende Modell detailliert darstellen.

Kann als Altenpfleger für einen Fortbildungslehrgang eine Arbeit über „Die Pflege von Patienten mit chronischen Schmerzen" verfassen.

Kann als Studentin der Psycholinguistik einen Forschungsbericht über Studien zum Vergleich von Erst- und Zweitsprachenerwerb schreiben.

Kann eine klare, sprachlich flüssige Geschichte verfassen, deren Stil dem gewählten Genre angemessen ist.

Kann als Studentin in einem Seminar über Märchen mit einem vorgegebenen Inventar von Märchentypen und einer Problemstellung einen Text schreiben, der der Struktur eines Märchens entspricht.

Kann als Teilnehmerin an einer „Schreibwerkstatt" der Volkshochschule eine kurze Kriminalgeschichte schreiben, die die Merkmale von Kriminalgeschichten berücksichtigt.

Kann im Rahmen eines Online-Wettbewerbs einen Teil einer Fortsetzungsgeschichte verfassen.

Kann für eine Sagensammlung, die im Rahmen eines Seminars über „Geschichten von Riesen und Zwergen" erstellt wird, eine ihr bekannte Sage aufschreiben.

Kann Argumente aus verschiedenen Quellen in einem Text aufgreifen und gegeneinander abwägen. (auch C1)

Kann als Heizungstechniker aus verschiedenen Quellen Argumente zusammentragen, die für den Einsatz von Solartechnik zur Warmwassergewinnung sprechen.

Kann als Versicherungsberater aus verschiedenen Medienberichten eine Zusammenfassung erstellen, aus der hervorgeht, was die Vor- und Nachteile einer geplanten Maßnahme im Gesundheitsbereich sind.

Kann als Studentin der Geschichte in einer Seminararbeit verschiedene Quellen über das Scheitern der Münchner Räterepublik auswerten und kommentieren.

Kann eine Rezension über Bücher, Filme oder kulturelle Ereignisse schreiben.

Kann als Deutschlehrerin bei einem Fortbildungsseminar in Deutschland nach einem Theaterbesuch eine Kritik über die Aufführung schreiben.

Kann als Redaktionsmitglied einer Studentenzeitung eine Besprechung über einen kontroversen Spielfilm schreiben.

Kann als Teilnehmerin an einem Literaturzirkel nach der Lektüre eines Romans eine Buchbesprechung schreiben.

Kann als junge Wissenschaftlerin eine Rezension über eine Publikation im eigenen Fachbereich schreiben.

Kann eine klar gegliederte Stellungnahme schreiben und diese mit einem Resümee abschließen.

Kann eine klare Stellungnahme zum Vorschlag der Belegschaftsvertretung, Gleitzeit einzuführen, verfassen und ein ablehnendes Resümee ziehen.

Kann als Gutachterin für ein Ausstellungsprojekt eine Stellungnahme verfassen und darin ergänzende Unterlagen einfordern.

Kann als Biologiestudentin eine klar strukturierte Stellungnahme zu einem Projektbericht über „Die Veränderung der alpinen Vegetation in Skigebieten" schreiben und dabei die eigene Einschätzung mit Argumenten untermauern.

Kann lange, anspruchsvolle Sach- und literarische Texte nicht nur für den eigenen Gebrauch zusammenfassen. (auch C1)

Kann als Buchhändler für seine Kollegen den Inhalt eines literarischen Werkes zusammenfassen.

Kann als Student der Biologie aus einem längeren Handbuchartikel über „Lebensbedingungen für Fische in Hochgebirgsseen" eine kurze, knappe Handreichung für seine Mitstudenten zur Prüfungsvorbereitung machen.

Kann als Student der Linguistik für eine Lerngruppe den wesentlichen Inhalt eines Fachartikels „Einführung in die Textlinguistik" zusammenfassen.

Kann als Bankangestellter die wesentlichen Punkte verschiedener Anlageformen für seine Kollegen zusammenfassen.

Kann als Betriebsrat einen Bericht über ein Projekt „Gesundheit durch mehr Mobilität am Arbeitsplatz" als Grundlage für eine Diskussion im eigenen Betrieb zusammenfassen.

Kann während eines Vortrags zu Themen des eigenen Fachgebiets so detaillierte Notizen machen, dass diese auch für andere nützlich sind. (auch C1)

Kann im Rahmen des Germanistikstudiums einer Vorlesung über zeitgenössische Literatur folgen und für eine Mitstudentin mitschreiben.

Kann auf einer Tagung des Bereichs Deutsch als Fremdsprache detaillierte Notizen zu einem Referat über die Methoden des Fremdsprachenunterrichts für einen Mitstudenten machen.

Kann als Außendienstmitarbeiter in einer Präsentationsveranstaltung eines Mitbewerbers so detaillierte Notizen über ein neues Produkt machen, dass diese auch für die eigene Firma nützlich sein können.

Kann für seine Kollegen ausführliche Notizen zu einem Vortrag über „Management von Projektarbeit" machen.

Kann als DaF-Student die wichtigsten Inhalte einer Vorlesung über Sprachdidaktik für eine erkrankte Mitstudentin mitschreiben.

Kann als EDV-Verantwortlicher bei einer Präsentation eines neuen Systems zur Datensicherheit in Betrieben die wichtigsten Punkte und Konsequenzen für das Vorgehen im eigenen Betrieb notieren.

Kann Anzeigen und öffentliche Ankündigungen verfassen. (auch C1)

Kann als Mitarbeiter der Personalabteilung eine Anzeige für eine frei gewordene Stelle verfassen.

Kann als Mitglied im Elternverein einen Flyer erstellen, in dem für eine Benefizveranstaltung an der Schule geworben wird.

Kann als Programmverantwortliche in einem Hotel das Wochenprogramm für die deutschsprachigen Gäste schreiben.

Kann für den Messestand seiner Firma einen Flyer und für die Lokalzeitung ein Inserat erstellen.

Globale Kannbeschreibungen: Sprachmittlung mündlich aus dem Deutschen

Kann nahezu alle Inhalte von ausführlichen und komplexen mündlichen deutschsprachigen Redebeiträgen zu konkreten und abstrakten Themen, teilweise auch aus nicht vertrauten Fach- und Interessengebieten, verstehen, auch wenn er/sie etwas Zeit braucht, um sich an einen besonderen Akzent zu gewöhnen. Er/Sie kann diese Inhalte dann mühelos anderen Personen, gelegentlich durch Nachfragen bei besonderen Formulierungen oder Fachbegriffen, in der gemeinsamen Sprache weitergeben.

Kann wichtige Aussagen und Standpunkte schnell gesprochener oder von der Standardsprache in einigen Aspekten abweichender deutscher Texte zu konkreten und abstrakten Themen von aktuellem oder fachspezifischem Interesse anderen Personen strukturiert und erklärend in der gemeinsamen Sprache weitergeben.

Kann nahezu alle Aussagen und Standpunkte komplexer schriftlicher deutscher Texte zu konkreten und abstrakten Themen aus eigenen und fremden Fach- und Interessengebieten ohne Schwierigkeiten verstehen und mit Hilfe von Notizen anderen Personen in der gemeinsamen Sprache erklärend weitergeben.

Kann nahezu alle Inhalte eines komplexen und längeren schriftlichen deutschen Textes zu konkreten und abstrakten Themen von aktuellem Interesse oder aus eigenen und verschiedenen fremden Fach- und Interessengebieten mit selbstständigen Notizen neu strukturieren und anderen Personen in der gemeinsamen Sprache erklärend weitergeben.

Detaillierte Kannbeschreibungen *mit Beispielen:* Sprachmittlung mündlich aus dem Deutschen

Kann nahezu alle Aussagen und Standpunkte komplexer schriftlicher deutscher Texte zu konkreten und abstrakten Themen aus eigenen und fremden Fach- und Interessengebieten ohne Schwierigkeiten verstehen und mit Hilfe von Notizen anderssprachigen Personen in der gemeinsamen Sprache mündlich und erklärend weitergeben.

Kann nahezu alle Einzelheiten eines deutschsprachigen Arbeitsvertrags, auch die Hinweise im Anhang, erfassen und einem Bekannten in der gemeinsamen Sprache erklärend weitergeben.

Kann nahezu alle Teile des deutschsprachigen Behandlungsplans eines Facharztes und die Zusammenhänge mit der Diagnose dem Patienten in der gemeinsamen Sprache mündlich weitergeben.

Kann die verschiedenen Standpunkte einer Diskussion in einer deutschsprachigen Mailingliste zum Thema „Auswirkung der Ernährung auf die Volkswirtschaft" für eine Mitstudentin in der gemeinsamen Sprache mündlich weitergeben.

Kann nahezu alle Inhalte aus ausführlichen und komplexen mündlichen deutschen Redebeiträgen zu konkreten und abstrakten Themen, teilweise auch aus nicht vertrauten Fach- und Interessengebieten, verstehen, auch wenn er/sie etwas Zeit braucht, sich an einen besonderen Akzent zu gewöhnen. Er/Sie kann diese Inhalte dann mühelos anderssprachigen Personen, gelegentlich durch Nachfragen bei besonderen Formulierungen oder Fachbegriffen, in der gemeinsamen Sprache weitergeben.

Kann deutschsprachige Erklärungen eines Autoverkäufers zur Funktionsweise verschiedener Autotypen seinem am Kauf interessierten Freund in der gemeinsamen Sprache zu Vergleichszwecken weitergeben.

Kann die deutschsprachige Wegbeschreibung eines Passanten zu einem unbekannten Ort, die schnell und ohne Rücksichtnahme auf die Ortskundigkeit übermittelt wird, einem Freund in der gemeinsamen Sprache vollständig weitergeben.

Kann die kontroverse fachliche Diskussion nach einem deutschsprachigen Fachvortrag über die wissenschaftliche Entdeckung eines neuen Virus und dessen Auswirkungen, die von mehr als zwei deutschsprachigen Diskussionsteilnehmern geführt wird, für eine Mitstudentin in der gemeinsamen Sprache nahezu vollständig weitergeben.

Kann wichtige Aussagen und Standpunkte schnell gesprochener oder von der Standardsprache in einigen Aspekten abweichender deutscher Texte zu konkreten und abstrakten Themen von aktuellem oder fachspezifischem Interesse anderssprachigen Personen strukturiert und erklärend in der gemeinsamen Sprache weitergeben.

Kann wichtige Teile einer deutschsprachigen Sportreportage, die im Fernsehen übertragen wird, einem Freund in der gemeinsamen Sprache weitergeben.

Kann während des Anschauens eines deutschsprachigen satirischen oder humoristischen Films einem Freund wichtige Szenen in der gemeinsamen Sprache weitergeben.

Kann die deutschsprachigen Erläuterungen und Anweisungen eines Werkleiters zu verschiedenen Arbeitsabläufen an einen betroffenen Kollegen in der gemeinsamen Sprache mündlich weitergeben.

Kann nahezu alle Inhalte eines komplexen und längeren schriftlichen deutschen Textes zu konkreten und abstrakten Themen von aktuellem Interesse oder aus eigenen und verschiedenen fremden Fach- und Interessengebieten mit eigenen Notizen neu strukturieren und anderssprachigen Personen, auch nachzeitig, in der gemeinsamen Sprache mündlich und erklärend weitergeben.

Kann die deutschsprachige Anleitung zur Verwendung einer Internetplattform mit Notizen zusammenfassen und Mitstudenten bei der Benutzung in der gemeinsamen Sprache anleiten.

Kann ein deutschsprachiges Fachbuch zu einer aktuellen politischen Entwicklung interessierten Personen in der gemeinsamen Sprache vorstellen.

Kann für eine firmeninterne Präsentation zur Anschaffung einer neuen Software deutschsprachige Fachbeiträge zu diesem Thema zusammenstellen und die Auswahl den interessierten Kollegen in der gemeinsamen Sprache begründen.

Globale Kannbeschreibungen: Sprachmittlung mündlich aus einer anderen Sprache

Kann nahezu alle Inhalte von anderssprachigen längeren und komplexen mündlichen Argumentationen zu vielschichtigen Themen von allgemeinem oder fachlichem Interesse strukturiert, präzise und flüssig auf Deutsch mündlich weitergeben.

Kann sämtliche Inhalte nahezu aller anderssprachigen mündlichen Texte zu zahlreichen Themen des privaten und öffentlichen Bereichs klar, flüssig, strukturiert und erklärend auf Deutsch mündlich weitergeben.

Kann nahezu alle Inhalte anderssprachiger längerer vielschichtiger schriftlicher Texte zu konkreten und abstrakten Themen aus verschiedenen Fach- und Interessengebieten vollständig, klar, flüssig und strukturiert auf Deutsch mündlich weitergeben.

Detaillierte Kannbeschreibungen *mit Beispielen:* Sprachmittlung mündlich aus einer anderen Sprache

Kann nahezu alle Inhalte von anderssprachigen längeren und komplexen mündlichen Argumentationen zu vielschichtigen Themen von allgemeinem oder fachlichem Interesse strukturiert, präzise und flüssig auf Deutsch mündlich weitergeben.

Kann ein längeres anderssprachiges Telefongespräch zur Verwendung und Wartung eines technischen Geräts einem deutschsprachigen Kollegen auf Deutsch weitergeben.

Kann die Verteidigungsrede eines anderssprachigen Rechtsanwalts zu einem Verkehrsrechtsfall für seine deutschsprachigen Freunde auf Deutsch erläutern.

Kann anderssprachige Erklärungen eines Teams verschiedener Fachärzte zur Diagnose und Therapie eines Krankheitsbildes für einen deutschen Patienten auf Deutsch weitergeben.

Kann sämtliche Inhalte nahezu aller anderssprachigen mündlichen Texte zu zahlreichen Themen des privaten und öffentlichen Bereichs klar, flüssig, strukturiert und erklärend auf Deutsch mündlich weitergeben.

Kann die kontroversen Redebeiträge einer anderssprachigen Videokonferenz zu einer aktuellen politischen Entwicklung auf Deutsch einem interessierten Freund weitergeben.

Kann alle Redebeiträge einer anderssprachigen Podiumsdiskussion über die heftig diskutierte Forderung nach der Einführung von autofreien Wochen unter Berücksichtigung von Tendenzen und Zusammenhängen den deutschen Zuhörern auf Deutsch weitergeben.

Kann die anderssprachige Reklamation eines aufgebrachten Kunden über die Funktionsmängel eines neuen Rasenmähers mit Erläuterungen für die deutsche Chefin auf Deutsch weitergeben.

Kann nahezu alle Inhalte anderssprachiger längerer vielschichtiger schriftlicher Texte zu konkreten und abstrakten Themen aus verschiedenen Fach- und Interessengebieten vollständig, klar, flüssig und strukturiert auf Deutsch mündlich weitergeben.

Kann die Inhalte zweier anderssprachiger Gutachten zu einem Unfallhergang, die zu einem gegensätzlichen Ergebnis kommen, dem deutschsprachigen Rechtsanwalt mit Hinweisen auf die gegensätzlichen Standpunkte auf Deutsch wiedergeben.

Kann verschiedene Quellen aus einer anderssprachigen Literaturliste zum Thema „Verbraucherschutz" deutschen Verbrauchern auf Deutsch präsentieren.

Kann einen anderssprachigen Operationsbericht für einen deutschsprachigen Arzt auf Deutsch weitergeben.

Globale Kannbeschreibungen: Sprachmittlung mündlich aus dem Deutschen ins Deutsche

Kann in der mündlichen Kommunikation, auch bei Missverständnissen, die zentralen Aussagen und Argumente komplexer längerer mündlicher deutscher Texte zu Themen des öffentlichen und privaten Bereichs vollständig, klar, flüssig und strukturiert auf Deutsch weitergeben.

Kann in der mündlichen Kommunikation Informationen und Standpunkte aus eigenen und einzelnen fremden Fach- und Interessengebieten erklärend, strukturiert, flüssig und grammatikalisch meist korrekt auf Deutsch weitergeben.

Kann in der mündlichen Kommunikation nahezu alle Aussagen und Argumente komplexer schriftlicher deutscher Texte zu unterschiedlichen Themen aus eigenen und einzelnen fremden Fach- und Interessengebieten, gelegentlich durch Nachfragen bei besonderen Formulierungen oder Fachbegriffen, strukturiert und erklärend auf Deutsch weitergeben.

Detaillierte Kannbeschreibungen *mit Beispielen:* Sprachmittlung mündlich aus dem Deutschen ins Deutsche

Kann in der mündlichen Kommunikation, auch bei Missverständnissen, die zentralen Aussagen und Argumente komplexer längerer deutschsprachiger Texte zu Themen des öffentlichen und privaten Bereichs nochmals vollständig, klar, flüssig und strukturiert auf Deutsch weitergeben.

Kann bei einem Autounfall, in den ein schon länger in einem deutschsprachigen Land lebender Freund verwickelt ist, diesem die Stellungnahme des deutschsprachigen Unfallgegners noch einmal auf Deutsch schildern und Missverständnisse klären.

Kann im Fach Deutsch als Fremdsprache kurzfristig die Rolle der Lehrerin übernehmen und fortgeschrittenen Lernenden den Inhalt eines schwierigen deutschen Textes zum Hörverstehen mit eigenen Worten auf Deutsch wiedergeben.

Kann seinen Mitbewohnern, die schon länger in einem deutschsprachigen Land leben, schlüssig auf Deutsch erklären, was der deutschsprachige Hauswart mit Lärmbelästigung genau meint und welche Einstellung er dazu hat.

Kann in der mündlichen Kommunikation Informationen und Standpunkte aus eigenen und einzelnen fremden Fach- und Interessengebieten erklärend, strukturiert, flüssig und grammatikalisch meist korrekt auf Deutsch weitergeben.

Kann bei einem Gerichtsprozess dem Angeklagten erklärend und flüssig auf Deutsch weitergeben, welche Schlussfolgerung der deutschsprachige Richter aus den Aussagen der Zeugen zieht.

Kann einem Abteilungsleiter, der schon länger in einem deutschsprachigen Land lebt, mit Erklärungen die Informationen des deutschsprachigen Chefs zur neu geregelten Arbeitszeiterfassung auf Deutsch wiederholen.

Kann in einer Pressekonferenz dem neuen Kollegen noch einmal die Erläuterungen des deutschsprachigen Pressesprechers einer Fußballmannschaft zur Aufstellung der Spieler mit Erklärungen auf Deutsch wiedergeben.

Kann im Gespräch mit mehreren deutschsprachigen Personen nahezu alle Aussagen und Argumente komplexer deutschsprachiger schriftlicher Texte zu unterschiedlichen Themen aus eigenen und einzelnen fremden Fach- und Interessengebieten, gegebenenfalls durch Nachfragen bei besonderen Formulierungen oder Fachbegriffen, geordnet auf Deutsch weitergeben.

Kann seinen Mitstudentinnen, die ihr Studium in einem deutschsprachigen Land absolvieren, für ein Referat die deutschsprachigen Informationen aus dem Internet über das Waldsterben erklärend auf Deutsch wiedergeben.

Kann in einer Apotheke dem Kunden, der schon länger in einem deutschsprachigen Land lebt, die Informationen eines Beipackzettels mit Erklärungen auf Deutsch weitergeben.

Kann als Moderator einer Podiumsdiskussion einem Teilnehmer, der schon länger in einem deutschsprachigen Land lebt, die Worte des deutschsprachigen Vorredners erklärend auf Deutsch wiederholen.

Globale Kannbeschreibungen: Sprachmittlung mündlich zwischen dem Deutschen und einer anderen Sprache

Kann im Gespräch mit deutschsprachigen Personen und Sprechern der eigenen Sprache über viele Themen des öffentlichen und privaten Bereichs verschiedene Informationen nutzen und damit nahezu alle Inhalte der Gesprächsbeiträge vollständig, erklärend und ergänzend wechselseitig in beiden Sprachen mündlich übermitteln.

Kann in einem Alltagsgespräch zwischen deutschsprachigen und anderssprachigen Personen alle Inhalte und Informationen vollständig, klar, flüssig und strukturiert wechselseitig wiedergeben.

Kann in einer Diskussion zwischen deutschsprachigen und anderssprachigen Personen zu Themen aus eigenen und einzelnen fremden Fach- und Interessengebieten fast alle Inhalte der verschiedenen Gesprächsbeiträge, gelegentlich durch Nachfragen, klar, flüssig und strukturiert wechselseitig wiedergeben.

Detaillierte Kannbeschreibungen *mit Beispielen:* Sprachmittlung mündlich zwischen dem Deutschen und einer anderen Sprache

Kann im Gespräch mit deutschsprachigen und anderssprachigen Personen über viele Themen des öffentlichen und privaten Bereichs verschiedene Informationen nutzen und damit nahezu alle Inhalte der Gesprächsbeiträge vollständig, erklärend und ergänzend wechselseitig in beiden Sprachen übermitteln.

Kann bei einem Aufklärungsgespräch vor einer Operation zwischen einem deutschsprachigen Arzt und einem anderssprachigen Patienten wechselseitig erläutern, dass der Patient wegen der Risiken irritiert, der Arzt aber rechtlich verpflichtet ist, auf alle, auch seltene, Operationsrisiken hinzuweisen.

Kann bei einer Vernehmung eines anderssprachigen Sprechers durch deutschsprachige Behördenvertreter die Gesprächsbeiträge wechselseitig wiedergeben und die Bedeutung einzelner Aussagen für den jeweils anderssprachigen Gesprächspartner interpretieren.

Kann bei Arbeitsbesprechungen und Treffen von deutschsprachigen Kollegen mit anderssprachigen Geschäftspartnern alle Redebeiträge wechselseitig weitergeben und die Verhandlungen durch wechselseitige Erläuterungen unterstützen.

Kann in einem Alltagsgespräch zwischen deutschsprachigen und anderssprachigen Personen alle Inhalte und Informationen vollständig, klar, flüssig und strukturiert wechselseitig wiedergeben.

Kann bei einem Elternstammtisch mit deutschsprachigen und anderssprachigen Eltern als Laiendolmetscher fungieren und alle Redebeiträge wechselseitig wiedergeben.

Kann bei einer spontanen Diskussion von deutschsprachigen und anderssprachigen Mitstudenten über die Notengebung in der eigenen Seminargruppe als Laiendolmetscher fungieren und die Informationen aus den Redebeiträgen wechselseitig wiedergeben.

Kann bei Verkaufsgesprächen zwischen einem deutschsprachigen Verkäufer und anderssprachigen Kunden alle Redebeiträge der Haltung der Gesprächspartner entsprechend wechselseitig wiedergeben.

Globale Kannbeschreibungen: Sprachmittlung schriftlich aus dem Deutschen

Kann nahezu alle Inhalte längerer schriftlicher deutscher Texte zu Themen von allgemeinem oder fachspezifischem Interesse anderssprachigen Personen in der gemeinsamen Sprache strukturiert und, wenn nötig, erläuternd oder ergänzend schriftlich weitergeben.

Kann nahezu alle Inhalte längerer komplexer mündlicher deutscher Texte zu vielschichtigen Themen aus eigenen und einzelnen fremden Fach- und Interessengebieten für anderssprachige Personen in der gemeinsamen Sprache in vorgegebener Form und strukturiert schriftlich festhalten.

Detaillierte Kannbeschreibungen *mit Beispielen:* Sprachmittlung schriftlich aus dem Deutschen

Kann nahezu alle Inhalte längerer komplexer mündlicher deutscher Texte zu vielschichtigen Themen aus eigenen und einzelnen fremden Fach- und Interessengebieten für anderssprachige Personen in der gemeinsamen Sprache in vorgegebener Form und strukturiert schriftlich festhalten.

Kann nahezu alle deutschsprachigen Informationen aus einem Fernsehbeitrag mit Börsenberichten zu deutschen Firmen und deren Entwicklung für seine Arbeitskollegen in der Bank in der gemeinsamen Sprache schriftlich festhalten.

Kann für eine gemeinsame Seminararbeit alle relevanten Äußerungen aus einer deutschsprachigen Podiumsdiskussion für und gegen die Globalisierung für seine nicht deutschsprachigen Mitstudenten in der gemeinsamen Sprache aufschreiben.

Kann auf einer deutschsprachigen Pressekonferenz alle Angaben zu einem Dopingfall und dessen Hintergründe für die Leser der Mitarbeiterzeitschrift ihrer Firma in der gemeinsamen Sprache übersichtlich festhalten.

Kann nahezu alle Inhalte längerer schriftlicher deutscher Texte zu Themen von allgemeinem oder fachspezifischem Interesse anderssprachigen Personen in der gemeinsamen Sprache strukturiert und, wenn nötig, erläuternd oder ergänzend schriftlich weitergeben.

Kann die Angaben zur Staatsverschuldung aus einem deutschen Fachartikel für seine Arbeitsgruppe, eventuell erläuternd und mit Ergänzungen, in der gemeinsamen Sprache schriftlich weitergeben.

Kann die detaillierten schriftlichen deutschsprachigen Angaben des Lieferanten zu einem neuen Heizsystem für die anderssprachigen Käufer in der gemeinsamen Sprache schriftlich weitergeben.

Kann die deutschsprachigen schriftlichen Anweisungen des Personalbüros für das neue Zeiterfassungssystem für anderssprachige Arbeitskollegen, eventuell erläuternd und mit Ergänzungen, in der gemeinsamen Sprache schriftlich weitergeben.

Globale Kannbeschreibungen: Sprachmittlung schriftlich aus einer anderen Sprache

Kann die zentralen Inhalte anderssprachiger komplexer schriftlicher Texte zu vielschichtigen Themen aus eigenen und einzelnen fremden Fach- und Interessengebieten klar, strukturiert und nahezu fehlerfrei in Form eines vollständigen Textes an Deutschsprachige schriftlich weitergeben.

Kann nahezu alle Inhalte anderssprachiger längerer, komplexer mündlicher Texte zu Themen aus zahlreichen Lebensbereichen strukturiert und mit Erklärungen an Deutschsprachige nahezu fehlerfrei schriftlich weitergeben.

Detaillierte Kannbeschreibungen *mit Beispielen:* Sprachmittlung schriftlich aus einer anderen Sprache

Kann nahezu alle Inhalte anderssprachiger längerer, komplexer mündlicher Texte zu Themen aus zahlreichen Lebensbereichen strukturiert und mit Erklärungen an Deutschsprachige nahezu fehlerfrei schriftlich weitergeben.

Kann nahezu alle anderssprachigen mündlichen Ausführungen eines behandelnden Arztes für den deutschsprachigen Hausarzt des Patienten schriftlich auf Deutsch festhalten.

Kann während eines Gerichtsprozesses nahezu alle Aussagen der anderssprachigen Angeklagten, Zeugen oder Richter schriftlich auf Deutsch weitergeben.

Kann einen anderssprachigen Vortrag zum Thema „Trinkwasserverseuchung in Ländern der Dritten Welt" für eine deutschsprachige Mitstudentin genau und erklärend mitschreiben.

Kann die zentralen Inhalte anderssprachiger komplexer schriftlicher Texte zu vielschichtigen Themen aus eigenen und einzelnen fremden Fach- und Interessengebieten klar, strukturiert und nahezu fehlerfrei in Form eines vollständigen Textes an Deutschsprachige schriftlich weitergeben.

Kann den neuesten anderssprachigen Wirtschaftsbericht dem deutschsprachigen Chef vollständig schriftlich weitergeben.

Kann einen langen und ausführlichen anderssprachigen Fachartikel über die neuesten Erkenntnisse zu pädagogischen Lehrmeinungen deutschsprachigen Fachleuten umfassend schriftlich wiedergeben.

Kann ein anderssprachiges Gerichtsurteil für einen deutschsprachigen Freund, der in einen ähnlichen Fall verwickelt ist, nahezu vollständig schriftlich auf Deutsch wiedergeben.

3.3 Gruppenprofile und Szenarien: Übersicht

Deutsch für Angestellte in Unternehmen

Szenario 1: eine Verhandlung durchführen (C1)
Element 1: Verhandlungspartner einladen
Element 2: Informationen über Verhandlungsgegenstand einholen
Element 3: eine Verhandlung führen und leiten
Element 4: Ergebnisse schriftlich festhalten

Szenario 2: an einer Verhandlung teilnehmen (B2)
Element 1: Notizen für eine Verhandlung erstellen
Element 2: Standpunkte und Interessen formulieren
Element 3: verhandeln
Element 4: Verhandlungsergebnisse bestätigen

Szenario 3: eine Präsentation machen (B1)
Element 1: einen Überblick über die Präsentation geben
Element 2: ein Produkt präsentieren
Element 3: Fragen zum Produkt beantworten

Szenario 4: an einer Messe teilnehmen (C1)
Element 1: eine Messepräsentation vorbereiten
Element 2: Bedürfnisse von Messebesuchern erfragen
Element 3: Auskunft geben und beraten
Element 4: zwischen Messeteilnehmern vermitteln
Element 5: sich mit Fachkollegen unterhalten
Element 6: in Kontakt bleiben

Szenario 5: eine Betriebsbesichtigung durchführen (B1 – B2)
Element 1: Geschäftspartner schriftlich einladen
Element 2: ein einfaches Geschäftsdossier zusammenstellen
Element 3: mit den Besuchern plaudern
Element 4: einen kurzen Überblick über die Betriebsbesichtung geben
Element 5: den Betrieb beschreiben
Element 6: Probleme besprechen

Szenario 6: Kunden betreuen (A2 – B1)
Element 1: Kontakt aufnehmen
Element 2: Smalltalk führen
Element 3: nach Wünschen fragen und beraten
Element 4: Informationen einholen und weitergeben
Element 5: Auftrag bearbeiten

Szenario 7: mit Beschwerden umgehen (B1 – B2)
Element 1: Beschwerden entgegennehmen
Element 2: Beschwerden überprüfen
Element 3: Beschwerden an Dritte weitergeben
Element 4: verhandeln
Element 5: Ergebnisse mitteilen

Szenario 8: auswärts wohnen (A2)
Element 1: ein Hotel reservieren
Element 2: im Hotel einchecken
Element 3: wichtige Informationen einholen
Element 4: bezahlen

Deutsch für Studierende: Germanistik

Szenario 1: an einer Vorlesung teilnehmen (C1)
Element 1: zur Vorbereitung des Themas einen Artikel im Internet lesen
Element 2: zuhören und Notizen machen
Element 3: nach der Vorlesung offene Punkte klären

Szenario 2: an einem Seminar teilnehmen (C1)
Element 1: an Diskussionen teilnehmen
Element 2: Texte für eine Seminararbeit lesen und zusammenstellen
Element 3: ein Referat halten
Element 4: eine Seminararbeit schreiben
Element 5: für anderssprachige Seminarteilnehmer vermitteln

Szenario 3: in die Sprechstunde gehen (B2)
Element 1: sich für eine Besprechung vorbereiten
Element 2: Fragen besprechen
Element 3: Ergebnisse festhalten

Szenario 4: an einer Vorlesung teilnehmen (B2)
Element 1: zur Vorbereitung des Themas einen Artikel im Internet lesen
Element 2: zuhören und Notizen machen
Element 3: nach der Vorlesung offene Punkte klären

Szenario 5: im Studentenheim wohnen (A2)
Element 1: sich im Studentenheim anmelden
Element 2: wichtige Informationen einholen
Element 3: sich mit Mitbewohnern absprechen

Deutsch für DaF-Lehrer in der Fortbildung

Szenario 1: an einer Fortbildung teilnehmen (C1)
- Element 1: Bewerbungsunterlagen anfordern und bewerben
- Element 2: Erwartungen äußern
- Element 3: an fachlichen Diskussionen teilnehmen
- Element 4: im Fortbildungsseminar referieren
- Element 5: für andere Kursteilnehmer vermitteln
- Element 6: mündliche und schriftliche Evaluation
- Element 7: einen Abschlussbericht verfassen

Szenario 2: eine Unterrichtseinheit vorbereiten (B2)
- Element 1: Informationen zu einem Thema suchen
- Element 2: Informationen didaktisch aufbereiten
- Element 3: Übungen erstellen

Szenario 3: auswärts wohnen (A2)
- Element 1: ein Hotel reservieren
- Element 2: im Hotel einchecken
- Element 3: wichtige Informationen einholen
- Element 4: bezahlen

Deutsch für Bahnpersonal

Szenario 1: am Schalter Kundengespräche führen (A2 – B1)
- Element 1: Kunden begrüßen
- Element 2: Kunden beraten
- Element 3: Kundenaufträge entgegennehmen

Szenario 2: als Zugbegleiter Kunden betreuen (B1)
- Element 1: Fahrkarten kontrollieren
- Element 2: Fragen beantworten und Auskunft geben
- Element 3: Durchsagen machen

Szenario 3: an innerbetrieblichen Weiterbildungen teilnehmen (A2 – B1)
- Element 1: eine Fortbildung auswählen
- Element 2: einen Fortbildungsvortrag besuchen
- Element 3: über die Fortbildung berichten

3.4 Sprachliche Mittel: Übersicht

3.4.1 Thematischer Wortschatz A1 – B2

Personalien, Informationen zur Person

Name, Anredeform und Dokumente
- Vor- und Nachname
- buchstabieren und unterschreiben
- Dokumente
- Anredeformen

Adresse
- Adressenangaben
- Stadt
- Region
- Land

Telekommunikation
- Telefon allgemein
- Fax und E-Mail

Geburtsdaten
- Geburtsdatum und -ort

Alter
- Altersangaben
- Lebensphasen

Geschlecht
- männlich
- weiblich

Familienstand
- ledig
- verheiratet
- geschieden oder getrennt

Staatsangehörigkeit und Nationalitäten
- Staatsangehörigkeit und Staatsbürger
- Staatsangehörigkeit in den Ländern D, A, CH
- Inland und Ausland

Herkunft
- Herkunftsland und -ort

Beruf und Tätigkeit
- Berufsangaben
- Beruf: einige Tätigkeiten

Religion
- Glauben allgemein
- Symbole und Personen der Religion
- religiöse Kultorte
- religiöse Kultfeiern und Handlungen
- religiöse Ämter und Titel

Familie
- enger Familienkreis
- weiterer Familienkreis und Verwandtschaft

Interessen
- Interessen, Hobbys und Neigungen

Charakter, Temperament
- Charakter und Veranlagung
- Charakterzüge und Eigenschaften
- Gemütszustände

äußeres Erscheinungsbild
- Aussehen allgemein
- Gesicht

Wohnen

Wohnen und Wohnformen
- wohnen und umziehen
- Wohnformen
- Wohnraum schaffen und verändern

Räume, Teile des Hauses
- Zimmer
- Nebenräume
- Teile des Raumes
- Haus innen
- Geschosse
- Haus außen

Einrichtung, Möbel, Bettwäsche
- Einrichtung allgemein
- Wohn- und Essräume
- Schlafräume
- Küche
- Bad
- Nebenräume
- Wand und Fenster

Komfort, technische Einrichtungen
- Wasser
- heizen
- Elektrizität
- elektrisches Licht
- technische Einrichtung: Telefon und Fax
- Elektronik: Unterhaltung und Computer
- Elektrogeräte: Bedienung

Haushalt und Haushaltsarbeiten
- Küchenarbeit
- aufräumen und putzen
- Bodenreinigung
- Kleider- und Schuhreinigung
- Müll
- Haus: Türen und Schlösser
- Haus: öffnen und schließen

Mieten
- Mietformen und -verhältnisse
- Mietvertrag, -bedingungen, -kosten

Charakterisierungen im Bereich Wohnen
- Charakterisierung der Wohnung
- Charakterisierung für Einrichtung und Möbel
- Charakterisierung der Wohnlage

Umwelt

Gegend, Stadt, Land
- geographische Bezeichnungen allgemein
- Stadt und Industrie
- Land und Landwirtschaft
- Landschaftsarten
- Charakterisierung von Landschaften
- Charakterisierung von See und Meer
- Naturschutz

Pflanzen, Tiere
- Pflanzen allgemein
- Blumen
- Bäume und Sträucher
- Tiere allgemein
- Vögel
- Fische
- Insekten
- Haustiere
- wilde Tiere

Klima, Wetter
- Klima allgemein
- Klima, Wetter: trocken, warm
- Klima, Wetter: feucht, kalt
- Regen und Schnee
- Wetterbericht

Reisen und Verkehr

Orientierung
- Frage nach dem Weg
- Wegbeschreibung

Fortbewegung und alltägliche Wege
- Fortbewegungsarten
- ankommen

Urlaubs- und Ferienreisen
- Ferien und Urlaub planen
- Reise- und Urlaubsarten
- Tourismus und Reisebüro
- Sehenswürdigkeiten
- Reisewünsche

öffentlicher Verkehr
- Verkehrsteilnehmer und -berufe
- Verkehrsmittel benutzen
- öffentliche Verkehrsmittel
- Verkehrsmittel: Ein- und Ausstiegsorte
- Fahrpläne und Informationen
- Fahrkarten und Reservierungen
- Gepäck, Transport, Fundsachen
- Verkehrsmittel: erreichen und verpassen

Verkehr allgemein und privat
- Privatverkehr
- Auto fahren
- Straßen und Plätze
- Verkehrsregelung
- Verkehrsbedingungen (Unfall, Stau)

Grenzübergang, Ausweispapiere
- Zoll
- Ausweispapiere und Dokumente
- Asylantrag

auswärts wohnen, Unterkunft
- übernachten auswärts
- Übernachtungsmöglichkeiten
- Hotel: reservieren und anmelden
- Hotel: Zimmer und Zimmerservice
- Hotel: Personal und Gäste
- Hoteleinrichtungen und -räume

Verpflegung

Essen, Trinken, Mahlzeiten
- Essen allgemein
- Hunger und Durst
- Mahlzeiten
- Ablauf einer Mahlzeit
- Wünsche und Tätigkeiten beim Essen

Nahrungsmittel, Speisen, Getränke
- Nahrungsmittel: Oberbegriffe und Geschäfte
- Gemüse
- Obst und Früchte
- Produkte aus Milch und Ei
- Brot und Gebäck
- Grundnahrungsmittel und Beilagen
- Fisch und Geflügel
- Fleisch und Wurst
- Gewürze
- Süßigkeiten
- Getränke
- Alkohol
- Essen und Trinken: Portionen

Restaurant und Café
- essen: auswärts
- Gaststätten und Lokale
- Gaststätte: Ausstattung und Personal

Charakterisierungen für Speisen und Getränke
- Eigenschaften von Speisen und Getränken
- Geschmack von Speisen und Getränken
- Zubereitung von Speisen und Getränken

Einkaufen

Geschäfte und einkaufen
- Arten von Geschäften
- einkaufen: Vorgänge
- Geschäft: Personal und Räume
- Geschäft: Verschiedenes
- Geschäftsöffnungszeiten und Mengenangaben

Preise und Geld
- bezahlen
- Preisangabe
- Geld und Zahlungsmodalitäten

Haushaltsartikel
- Geschirr und Porzellan
- Gläser und Besteck
- sonstige Haushaltartikel und Töpfe
- Werkzeuge

Kleidung, Accessoires
- Kleidung allgemein
- Alltags- und Unterbekleidung
- Winter- und Oberbekleidung
- Freizeit- und Sportbekleidung
- Schuhe und Kleidungszubehör
- Kleidung: Größen und anprobieren
- Stoffe, Materialien, Kleiderteile
- Schmuck
- Kleidung: Charakterisierung

Rauchwaren
- Zigaretten, Zigarren und Tabak

Öffentliche und private Dienstleistungen

Post
- Post allgemein
- Post: Tätigkeiten
- Postversand

Telekommunikation
- Telefon allgemein
- Telefon: Tätigkeiten
- Fax, Telegramm, Internet

Ämter, Verwaltung, öffentliche Dienstleistungen
- Ämter und Behörden allgemein
- Ämter: Vorgänge und Dokumente
- Ämter und Behörden: Abteilungen
- Ausländerbehörde und Konsulat
- Zoll und Zollamt

Bank und Geldverkehr
- Bank allgemein
- Bankgeschäfte und Konto
- Kreditwesen
- Geld: zahlen und sparen
- Geldwechsel
- Börse und Aktien

Polizei
- Polizei allgemein
- Verkehr und Verkehrspolizei
- Kriminalität und Kriminalpolizei

Not-, Bereitschafts- und Sozialdienste
- Not- und Bereitschaftsdienste
- Notfälle und Todesarten
- Sozialdienste und Beratungen

Auto und Fahrzeug
- Reparatur und Pannenhilfe
- Tankstelle und Fahrzeugverleih

einige Dienstleistungen
- Handwerk
- Friseur- und Kosmetiksalons
- sonstige Dienstleistungen

Körper, Gesundheit und Hygiene

Körper
- Körperteile
- Kopf und Gesicht
- Körper und innere Organe

physisches und psychisches Befinden, Bedürfnisse
- körperliche Bedürfnisse
- körperliches Befinden
- schlafen
- Körper: besondere Umstände und Gebrechen

Körperpflege und Hygiene
- Körperreinigung und -pflege
- Gesichtspflege und schminken
- Haare
- Kleiderreinigung
- Kleidung: Beschaffenheit und Zustand

Gesundheit und Krankheit
- krank und gesund allgemein
- Krankheit: Symptome und Begleiterscheinungen
- Krankheiten
- Unfall und Verletzung
- Sucht, Rauchen, Drogen

Medizin und medizinische Versorgung
- medizinische Versorgung allgemein
- medizinisches Personal
- Krankenhaus und Operation
- Arztpraxis
- Medikamente und Apotheke

Krankenversicherung
- Krankenkasse und Versicherung

Wahrnehmung und Motorik

sinnliche Wahrnehmung
- Wahrnehmung allgemein
- Sinnesorgane: Funktionen

Körperstellung und -bewegung
- Körperstellungen
- Körperbewegungen

Motorik und Tätigkeiten
- motorische Tätigkeiten
- manuelle Tätigkeiten
- körperliche Tätigkeiten
- Handhabung von Geräten

Arbeit und Beruf

Beruf
- Beruf allgemein
- Berufsbezeichnungen
- berufliche Aufgaben und Tätigkeiten
- Charakterisierungen von Arbeit und Beruf

Arbeitsplatz
- Arbeitsplatz, -ort und -bereich
- Büroausstattung

Arbeitsbedingungen
- Arbeitszeiten
- Freizeit und Urlaub
- Personal und Kollegen
- Betriebsklima

Lohn, Versicherungen, Soziales
- Lohn und Gehalt
- Soziales und Versicherung

Berufsausbildung und Laufbahn
- Berufsausbildung
- Arbeitssuche und Stellenwechsel

Computer
- Computer: Hardware
- Computer: Software und Anwendung
- Internet und E-Mail

Ausbildung und Schule

Schule und Studium
- Schule allgemein
- Bildungsweg und Personen
- Schulen und Schultypen
- Unterricht
- Schulaktivitäten
- Weiterbildung und Kurse
- Universität
- Schulutensilien

Unterrichtsfächer
- Aktivitäten im Unterricht
- Bezeichnungen von Unterrichtsfächern

Prüfungen und Diplome
- Tests und Prüfungen
- Noten und Diplome

Fremdsprachen

Verständigung
- Sprache und Verständigung
- sprachliche Aktivitäten

Sprache
- Sprachelemente
- grammatikalische Begriffe
- Sprachformen und -bezeichnungen

Spracherwerb und Sprachbeherrschung
- Sprachen lernen
- Sprachbeherrschung

Freizeit und Unterhaltung

Freizeitbeschäftigung, Interessen, Hobbys
- Freizeit allgemein
- Hobbys allgemein
- malen, basteln, fotografieren
- musizieren
- spielen

Veranstaltungen
- Veranstaltungen allgemein
- Veranstaltungsarten und Rubriken
- Veranstaltungsorte und Zuschauerplätze

Theater, Kino, Konzert
- Theater
- Kino
- Musik und Konzert

Museum, Ausstellungen, Sehenswürdigkeiten
- Kunst und Ausstellungen
- Fotografie und Film
- Skulptur und Architektur

Sport
- Sport allgemein
- Ballsport
- Wassersport
- Wintersport
- Laufsport und Gymnastik
- Wettkämpfe und Ergebnisse

Radio, Fernsehen, Unterhaltungselektronik
- Fernsehen und Radio
- Sendungen und Rubriken
- Unterhaltungselektronik: Geräte
- Unterhaltungselektronik: Zubehör

Lektüre und Presse
- Literatur und Buch
- Presse und Journalismus
- Textsorten und Rubriken

gesellige Anlässe
- Ereignisse und Anlässe
- Unterhaltung und Tanz

Charakterisierungen für Veranstaltungen und Unterhaltungsaktivitäten
- Beschreibungen für Veranstaltungen, Lektüre, Film usw.

Persönliche Beziehungen und Kontakte

Art der persönlichen Beziehung
- Beziehung allgemein
- Bekanntschaft und Freundschaft
- Liebesbeziehung

3.4.2 Sprachhandlungen A1 – B2

Informationsaustausch

Mitteilung
identifizieren, benennen
feststellen, behaupten
 als gegeben, wahr darstellen (Affirmation)
 als nicht gegeben, nicht wahr darstellen (Negation)
 als selbstverständlich darstellen
 als sicher, gewiss darstellen
 als offenbar, augenscheinlich darstellen
 als wahrscheinlich darstellen
 als möglich darstellen
 als unsicher, ungewiss darstellen
 als unwahrscheinlich darstellen
 als unmöglich darstellen
verallgemeinern, generalisieren
beschreiben
erklären
auf etwas aufmerksam machen
an etwas erinnern
berichten
Äußerungen wiedergeben
ankündigen
hypothetisch sprechen
 von Eventuellem sprechen
 von irrealen Sachverhalten sprechen
versichern, beteuern
Frage
Informationen erfragen
sich vergewissern
Antwort
bejahen
verneinen
Auskunft geben als Antwort
Nichtwissen ausdrücken
Antwort verweigern
Ausdruck kognitiver Einstellungen
Wissen ausdrücken
Überzeugung ausdrücken
Glauben ausdrücken
Vermutungen ausdrücken
Zweifel ausdrücken
Nichtwissen ausdrücken
Frage nach kognitiver Einstellung
nach Wissen fragen
nach Überzeugung, Glauben, Vermutungen fragen

Bewertung, Kommentar

Meinungsäußerung
Meinungen, Ansichten ausdrücken
Partei nehmen
Beurteilung von Zuständen, Ereignissen, Handlungen
loben, positiv bewerten
billigen
dankend anerkennen
bagatellisieren, verzeihen
kritisieren, negativ bewerten
missbilligen
Vorwürfe machen, beschuldigen
bedauern
Rechtfertigung
begründen, rechtfertigen
zugeben, eingestehen
sich entschuldigen
Bitte um Stellungnahme
Meinungen erfragen
um Beurteilung bitten
Zustimmung suchen
Rechtfertigung verlangen
Konsens – Dissens
zustimmen, beipflichten
widersprechen
korrigieren
einräumen
einwenden
auf etwas beharren, Einwände zurückweisen
widerrufen
Ausdruck persönlicher Einstellungen und Werthaltungen
Interesse ausdrücken
Wertschätzung ausdrücken
Wunschvorstellungen ausdrücken
Vorliebe ausdrücken
Indifferenz ausdrücken
Geringschätzung, Missfallen ausdrücken
Desinteresse ausdrücken
Frage nach persönlichen Einstellungen und Werthaltungen
nach Interesse fragen
nach Wertschätzung fragen
nach Wunschvorstellungen fragen
nach Vorlieben fragen

Gefühlsausdruck

Sympathie ausdrücken
Mitgefühl ausdrücken
Antipathie ausdrücken
Dankbarkeit ausdrücken
Begeisterung ausdrücken
Freude ausdrücken
Zufriedenheit ausdrücken
Überraschung ausdrücken
Erleichterung ausdrücken

Enttäuschung ausdrücken
Bestürzung ausdrücken
Gelassenheit ausdrücken
Gleichgültigkeit ausdrücken
Resignation ausdrücken
Ratlosigkeit ausdrücken
Hoffnung ausdrücken
Angst, Befürchtung ausdrücken
Kummer ausdrücken
Traurigkeit ausdrücken
Unzufriedenheit ausdrücken
Langeweile ausdrücken
Ungeduld ausdrücken
Verärgerung ausdrücken
Abscheu ausdrücken
Schmerz ausdrücken

Handlungsregulierung

Aufforderung
jemanden auffordern
auffordern zu gemeinsamem Handeln
bitten
um Hilfe bitten
um Hilfe rufen
Wünsche äußern
etwas verlangen, kaufen
bestellen (in Lokalen)
Aufträge geben
gebieten
  anordnen
  verbieten
instruieren
reklamieren
drängen
warnen
drohen
ermuntern
vorschlagen
  vorschlagen: auf gemeinsames Handeln bezogen
  vorschlagen: auf Handlungen des anderen bezogen
  vorschlagen: auf eigene Handlungen bezogen
raten
  einen Rat geben, empfehlen
  abraten
Erlaubnis – Erlaubnisverweigerung
erlauben
dispensieren
Erlaubnis verweigern
Dispens verweigern
Konsultation
um Erlaubnis bitten
um Dispens bitten
um Vorschläge bitten
  um Vorschläge bitten: auf gemeinsames Handeln bezogen
  um Vorschläge bitten: auf eigenes Handeln bezogen
um Rat fragen
um Instruktion bitten
Angebot
nach Wünschen fragen
Dinge anbieten
anbieten, etwas zu tun
Hilfe anbieten
einladen
versprechen
Einwilligung – Weigerung
einwilligen
  einwilligen: Reaktion auf allgemeine Aufforderung
  einwilligen: Reaktion auf Bitten oder Wünsche
  einwilligen: Reaktion auf Aufforderung zu gemeinsamem Handeln
  einwilligen: Reaktion auf Hilferuf
  einwilligen: Reaktion auf gebieten
  einwilligen: Reaktion auf instruieren
  einwilligen: Reaktion auf drängen
  einwilligen: Reaktion auf drohen
  einwilligen: Reaktion auf ermuntern
  einwilligen: Reaktion auf Vorschläge
  einwilligen: Reaktion auf Ratschläge
vereinbaren
Angebote annehmen
  Angebote annehmen allgemein
  Angebote annehmen: Reaktion auf Nachfrage nach Wünschen
  Angebote annehmen: Reaktion auf Anbieten von Dingen
  Angebote annehmen: Reaktion auf Anbieten von Hilfe
  Angebote annehmen: Reaktion auf Einladung
sich weigern
Angebote ablehnen
  Angebote ablehnen: Reaktion auf Nachfrage nach Wünschen
  Angebote ablehnen: Reaktion auf Anbieten von Dingen
  Angebote ablehnen: Reaktion auf Anbieten von Hilfe
  Angebote ablehnen: Reaktion auf Einladung
zögern
Ausdruck handlungsbezogener Einstellungen und Voraussetzungen
Intention
  Absicht ausdrücken
  Entschlossenheit ausdrücken
  Unentschlossenheit ausdrücken
  Absichtslosigkeit ausdrücken
  Verzicht ausdrücken
Motivation
  Handlungswunsch ausdrücken

Präferenz ausdrücken
Handlungszweck ausdrücken
Realisierbarkeit
Fähigkeit ausdrücken
Zuständigkeit, Kompetenz ausdrücken
Bereitsein ausdrücken
Machbarkeit ausdrücken
Nicht-Machbarkeit ausdrücken
Verhinderung ausdrücken
Nicht-Zuständigkeit ausdrücken
Unfähigkeit ausdrücken
Verpflichtung
auf Verpflichtung hinweisen
auf Verbote hinweisen
auf Erlaubtheit hinweisen
Frage nach handlungsbezogenen Einstellungen und Voraussetzungen
Intention
nach Absicht fragen
nach Entschlossenheit fragen
Motivation
nach Handlungswunsch fragen
nach Präferenz fragen
nach Handlungszweck fragen
Realisierbarkeit
nach Fähigkeit fragen
nach Zuständigkeit fragen
nach Bereitsein fragen
nach Machbarkeit fragen
Verpflichtung
nach Verpflichtung fragen
nach Erlaubtheit fragen

Soziale Konventionen

Kontaktaufnahme
grüßen
jemanden begrüßen
zurückgrüßen
über Befinden sprechen
nach dem Befinden fragen
auf Frage nach dem Befinden reagieren
vorstellen, sich selbst vorstellen
sich vorstellen
jemanden vorstellen
reagieren, wenn sich jemand vorstellt oder vorgestellt wird
ansprechen
jemanden ansprechen
reagieren, wenn man angesprochen wird
eintreten
um Erlaubnis bitten einzutreten
jemanden hereinbitten
telefonieren
sich als Anrufender am Telefon melden
sich als Angerufener am Telefon melden
Anrede in Briefen
Kontaktbeendigung
Abschied nehmen
sich verabschieden
Abschiedsgruß erwidern
Grüße ausrichten
jemandem Grüße auftragen
versprechen, Grüße auszurichten
Telefongespräche beenden
sich am Telefon verabschieden
Abschiedsgruß am Telefon erwidern
Schluss- und Grußformeln in Briefen
Stabilisierung von Kontakten
Entschuldigungen
sich entschuldigen
auf Entschuldigung reagieren
Dank
sich bedanken
auf Dank reagieren
Komplimente
Komplimente machen
auf Komplimente reagieren
Gratulation
gratulieren
auf Gratulation reagieren
Beileid bezeugen
kondolieren
auf Kondolation reagieren
gute Wünsche
gute Wünsche aussprechen
auf gute Wünsche reagieren
zuprosten
jemandem zutrinken
auf Zutrunk reagieren

Redeorganisation und Verständigungssicherung

Wechselrede
ums Wort bitten
jemanden unterbrechen
anzeigen, dass man weitersprechen will
Aufmerksamkeit des Hörers suchen
das Wort überlassen, übergeben
zum Sprechen auffordern
Zuhören signalisieren
zum Schweigen auffordern
Verständigungssicherung
rückfragen
um Wiederholung bitten
um Buchstabieren bitten

Nicht-Verstehen signalisieren
um sprachliche Erklärungen bitten
um Erläuterung bitten
um Übersetzung bitten
um Explizierung, Kommentierung bitten
buchstabieren
Verstehen signalisieren
kontrollieren, ob man akustisch verstanden wird
kontrollieren, ob Inhalt verstanden wird
eigene Äußerung explizieren, kommentieren

Redestrukturierung

Äußerung einleiten
zögern, nach Worten suchen
um Ausdruckshilfe bitten
sich korrigieren
umschreiben
aufzählen
Beispiel geben
Thema wechseln
zusammenfassen
betonen, hervorheben
Äußerung abschließen

Kulturspezifische Aspekte

Kontaktaufnahme und Kontaktbeendigung

Kontakt aufnehmen
angemessen reagieren, wenn man jemandem vorgestellt wird
Begrüßungsformen angemessen verwenden
jemanden angemessen ansprechen oder reagieren, wenn man angesprochen wird
sich/jemanden angemessen vorstellen
Kontakt beenden
Verabschiedungsformen angemessen verwenden

Soziale Kooperation

an einem Gespräch teilnehmen
als Zuhörer aktiv am Gespräch teilnehmen
angemessen ein Gespräch beenden
ein Gespräch angemessen eröffnen, das Wort ergreifen oder abgeben
in einem Gespräch angemessen das Thema wechseln
in einem Gespräch das Rederecht behalten
in einem Gespräch ein Thema entwickeln und angemessen darstellen
Planungspausen in der eigenen Rede füllen
auf eine Aufforderung reagieren
ein Angebot oder eine Einladung höflich ablehnen
ein Angebot oder eine Einladung höflich annehmen
Aussagen abschwächen
Aussagen in einem Gespräch angemessen abschwächen, indem man gesprächseinleitende Elemente verwendet
Aussagen in einem Gespräch angemessen abschwächen, indem man rückversichernde Fragen stellt, die dem Gesprächspartner die Möglichkeit geben, zuzustimmen oder zu widersprechen
gute Wünsche/Komplimente ausdrücken
jemandem alles Gute wünschen und darauf reagieren
Hilfe annehmen/um Hilfe bitten
angemessen um Hilfe bitten
Hilfe anbieten
Hilfe angemessen annehmen oder ablehnen
sich rückversichern, dass eine angebotene Hilfe ernst gemeint ist
kondolieren/Unangenehmes aussprechen
angemessen unangenehme Nachrichten mitteilen
jemandem angemessen kondolieren
Korrekturen oder Zweifel anbringen
Korrekturen an den Äußerungen eines Gesprächspartners angemessen und schonungsvoll anbringen
sich selber mit einfachen sprachlichen Mitteln korrigieren
Meinungsverschiedenheit äußern
eine gegenteilige Meinung ausdrücken, ohne seinen Gesprächspartner „vor den Kopf zu stoßen"
Missverständnisse vermeiden und klären
angemessen nachfragen, wenn etwas unklar ist oder ein Missverständnis vorliegt
auf Nachfragen reagieren, wenn etwas unklar ist
eigene Äußerungen erläutern und eigene Haltungen und Werte verdeutlichen
sich bedanken
angemessen auf einen Dank reagieren
sich angemessen bedanken
sich entschuldigen
angemessen auf eine Entschuldigung reagieren
sich angemessen entschuldigen
zu einer Handlung auffordern
ein Angebot oder eine Einladung angemessen aussprechen
eine Erlaubnis verweigern bzw. etwas verbieten, ohne dabei unhöflich zu sein
einen Gesprächspartner höflich zu einer bestimmten Handlung auffordern

Gefühle

Freude/Begeisterung ausdrücken
Ausrufe angemessen verwenden
negative Gefühle ausdrücken
angemessen Missfallen oder Antipathie ausdrücken
positive Gefühle ausdrücken
angemessen Gefallen oder Sympathie ausdrücken
Wut/Trauer/Schmerz ausdrücken
Ausrufe angemessen verwenden

3.4.3 Allgemeine Begriffe A1 – B2

Personen, Gegenstände, Dinge, Begriffe, ...

Referenz auf anwesende Personen (Nominativ)
Referenz auf anwesende Personen (Akkusativ, Dativ)
einfache Referenz auf Personen, Gegenstände, ...
komplexe Referenz auf Personen, Gegenstände, ...
Fragen nach Personen, Gegenständen, ...
Spezifizierung von Personen, Gegenständen, ...
unbestimmte Angaben zu Personen, Gegenständen, ...
Generalisierung von Personen, Gegenständen, Handlungen

Existenz

Sein/Nicht-Sein
Anwesenheit/Abwesenheit
Verfügbarkeit/Nicht-Verfügbarkeit
Vorkommen/Nicht-Vorkommen

Raum

Lage
- Ruhezustand
  - Ruhezustand allgemein
- Ort, Lage
  - unbestimmte Lage
  - gezeigte Lage
  - Außen-/Innenlage
  - horizontale/vertikale Lage
- relative Lage
  - genaue Lage
  - Lage in der Nähe/Umgebung
  - Lage in Bezug auf einen Ort
  - Lage in Bezug auf Himmelsrichtungen
- Nähe/Distanz

Bewegung, Richtung
- Bewegung und Fortbewegung
- Bewegung und Transport
- Bewegungsrichtung
  - unbestimmte Richtung
  - bestimmte Richtung
  - Bewegungsrichtung horizontal/vertikal
- Ziel, Richtung
  - Richtungsangabe/Zielangabe
  - Lage des Ziels horizontal/vertikal
- Herkunft
- Weg

Dimensionen, Maße
- Größe
- Längenmaß
- Flächenmaß
- Volumen
- Gewicht

Zeit

Zeitpunkt, Zeitraum
- unbestimmter Zeitpunkt
- Zeitraum/Zeitpunkt
  - Sekunde, ..., Stunde
  - Tag/Tageszeit
  - Wochentag, Feiertag
  - Monat
  - Jahreszeit, Zeitraum
- Datum, Uhrzeit
- kontextbezogene Zeitspanne und kontextbezogener Zeitpunkt

Vorzeitigkeit
Nachzeitigkeit
Abfolge, Reihenfolge
Gleichzeitigkeit
Zukunftsbezug
Gegenwartsbezug
Vergangenheitsbezug
ohne Zeitbezug
Frühzeitigkeit/Pünktlichkeit/Verspätung
- Frühzeitigkeit/Pünktlichkeit
- Verspätung

Zeitdauer
Beginn
Fortdauer, Fortsetzung
Verlauf
Abschluss, Ende
Veränderung/Beständigkeit
Geschwindigkeit
Häufigkeit
- niedrige Frequenz
- hohe Frequenz
- Zeitangabe und Häufigkeit

Wiederholung

Quantität

Zahl
- Zählbares
- Maßangaben
- rechnen

Menge
- Gesamtheit
- Teilmenge

Grad
- Graduierung bei Zahlen
- Graduierung bei indefiniten Mengenangaben
- Graduierung beim Adjektiv/Adverb

Eigenschaften

physische Eigenschaften
- Form
- Temperatur
- Farbe
- Material
- Materialbeschaffenheit
- Feuchtigkeit
- Sichtbarkeit, Sicht
- Hörbarkeit, Geräusch
- Geschmack
- Geruch
- Alter
- (äußerer) Zustand, Verfassung

personale Eigenschaften
- Denken, Wissen
  - Wissen
  - kognitive Prozesse
  - kognitive Einstellungen
- Gefühl
  - Liebe, Zuneigung, Freude, Hass
  - Glück, Freude, Zufriedenheit
  - Hoffnung, Enttäuschung, Furcht, Angst
  - Aufregung, Ärger
- Wollen
  - Entschluss/Entscheidung
  - Absicht
- Ausdruck, Sprache

Wertung
- Wert, Preis
  - hoher Wert/Preis
  - niedriger Wert/Preis
- Qualität allgemein
- ästhetische Qualität
- Akzeptabilität
- Adäquatheit
- Richtigkeit, Wahrheit
- Normalität
  - Normalität allgemein
  - Regel/Regelmäßigkeit
  - Ausnahme/Außergewöhnlichkeit
- Erwünschtheit
  - Wunsch
  - Präferenz
  - Hoffnung
- Nützlichkeit
- Wichtigkeit
- Notwendigkeit
- Möglichkeit
- Fähigkeit
- Schwierigkeit
- Gelingen, Erfolg

Relationen

Handlungs-, Ereignisrelationen
- Agens
- Objekt
- Adressat
- Instrument
- Art und Weise

Prädikation

Ähnlichkeitsbeziehungen
- Identität
- Vergleich, Entsprechung, Unterschiedlichkeit

Zugehörigkeit
- Besitz
  - Besitzer
  - Besitzangabe
  - Besitzwechsel
  - Teil – Ganzes
  - Gesamtheit
  - Teil

Konjunktion

Disjunktion

Inklusion/Exklusion
- Inklusion
- Exklusion

Opposition, Einschränkung

Kausalität: Grund, Ursache
- Frage nach Grund, Ursache
- Angabe von Grund, Ursache

Kausalität: Folge, Wirkung

Zweck

Bedingungsverhältnis

Deduktion, Folge

3.5 Grammatik: Übersicht

3.5.1 Systematische Darstellung A1 – B2

Text

Textzusammenhang
Kongruenz
Thema – Rhema
Deixis
  Personaldeixis
  Objektdeixis
  Lokaldeixis
  Temporaldeixis
  Aspektdeixis
Pro-Formen
  Pronomen im Text
  Zahlwort als Pro-Form
  Adverb als Pro-Form
  Pro-Verb
  Pro-Substantiv
Konnektoren im Text
bestimmter oder unbestimmter Artikel
Wiederholung
semantische Zusammengehörigkeit
Oberbegriff – Unterbegriff
Synonym – Antonym
Namen- und Titelgebung
Rede wiedergeben
direkte Rede
indirekte Rede
  Indikativ
  Konjunktiv
  Infinitiv mit „zu"
  sollen

Satz

Satzklammer
Verbalklammer
Nominalklammer
Nebensatzklammer
Positionen im Satz
Stellungsfelder
Elemente im Vorfeld
Elemente im Mittelfeld
  Ergänzungen mit Linkstendenz
  Ergänzungen mit Rechtstendenz
  Reihenfolge der Angaben im Mittelfeld
Elemente im Nachfeld
Negation mit „nicht"
Typen von Sätzen
Hauptsatz
  Deklarativsatz
  Interrogativsatz
    W-Frage
    Ja-/Nein-Frage
    Oder-Frage
  Imperativsatz
  Exklamativsatz
  Desiderativsatz
  Satzäquivalent
Nebensatz
  Position der Nebensätze im Satzgefüge
  eingeleiteter Nebensatz
    Nebensatz mit Subjunktor
    Relativsatz
    Nebensatz mit einleitendem ob/W-Wort
  uneingeleiteter Nebensatz
    mit Verbzweitstellung
    Infinitivsatz mit „zu"
    mit Verberststellung
Verbindung von Sätzen
Satzreihung
Satzgefüge

Syntaktische Einheiten

Satzglied
Ergänzung
  Nominativergänzung
  Akkusativergänzung
  Dativergänzung
  Genitivergänzung
  Präpositionalergänzung
  Infinitiv als Ergänzung
  Nebensatz als Ergänzung
  temporale Situativergänzung
  lokale Situativergänzung
  Direktivergänzung
  Qualitativergänzung
  Quantitativergänzung
  Subsumptivergänzung
Angabe
  Temporalangabe
  Lokalangabe
  Modalangabe
  Kausalangabe
Attribut
Linksattribut
Rechtsattribut
Gruppen
Nominalgruppe
Adjektivgruppe
Adverbgruppe
Präpositionalgruppe
Partizipialgruppe

Wörter

Verb
Stellung des Verbs
Valenz der Verben
Konjugation
- Infinitiv
- Präsens
- Perfekt
- Präteritum
- Konjunktiv II
- Konjunktiv I
- Imperativ
- Partizip I
- Partizip II
- Passiv
  - werden-Passiv
  - sein-Passiv
  - Passiversatzformen
- Plusquamperfekt
- Futur I
- Futur II

Modalverb
Hilfsverb
reflexives Verb
reziprokes Verb
Verben mit Präfix
- trennbares Verb
- untrennbares Verb
- Verben, die trennbar oder untrennbar sein können

Funktionsverbgefüge

Substantiv
Genus
Numerus
- Pluralwort
- Singularwort

Kasus
- Nominativ
- Akkusativ
- Dativ
- Genitiv

Adjektiv
Stellung des Adjektivs
Deklination der Adjektive
Steigerung
- Grundform
- Komparativ
- Superlativ

Valenz der Adjektive
- Adjektive mit Akkusativ
- Adjektive mit Dativ
- Adjektive mit Präpositionalergänzung

Adverb
Stellung des Adverbs
Temporaladverb
Lokaladverb
Kausaladverb
Pronominaladverb

Artikelwort
Stellung des Artikelworts
bestimmter Artikel
unbestimmter Artikel
Nullartikel
Negationsartikel
Possessivartikel
Demonstrativartikel
Indefinitartikel
Interrogativartikel

Pronomen
Personalpronomen
- obligatorisches „es"

Possessivpronomen
Demonstrativpronomen
Indefinitpronomen
Interrogativpronomen
Relativpronomen
Reflexivpronomen
Reziprokpronomen

W-Wort
Stellung des W-Worts

Präposition
Stellung der Präposition
- vor dem Bezugselement
- vor/nach dem Bezugselement
- nach dem Bezugselement
- zweiteilige Präpositionen

Kombination von Präpositionen
Verschmelzung von Präposition und bestimmtem Artikel
Rektion der Präpositionen
- Präposition mit Akkusativ
- Präposition mit Dativ
- Wechselpräpositionen
- Präposition mit Genitiv

temporale Präposition
lokale Präposition
modale Präposition
kausale Präposition
finale Präposition
konditionale Präposition
konzessive Präposition

Wortbildung

3.5.2 Funktionale Darstellung A1 – B2

Intentionen

darstellen
bewerten und vergleichen
- Gleiches bewerten
- Ungleiches bewerten
- Absolutes bewerten
- beurteilen

Fähigkeit oder Möglichkeit ausdrücken
Notwendigkeit ausdrücken
Absichten ausdrücken
vorschlagen
wünschen
vermuten
Aussagen verstärken
Aussagen abschwächen
einräumen
versprechen
auffordern
negieren
Handlungen begründen
Bedingungen ausdrücken
- mögliche Bedingungen
- hypothetische Bedingungen

Folgen ausdrücken
argumentieren
- Argumentation eröffnen
  - mit einer Feststellung
  - mit einer Meinungsäußerung oder Wertung
  - mit einem Appell oder Wunsch
  - mit einer Anweisung
  - mit einer Vermutung
  - mit einer Frage
- Argumentation führen
  - Tatsachen angeben, darstellen
  - Gründe nennen
  - Voraussetzungen und Bedingungen nennen
  - Zweck und Absicht nennen
  - Folgerungen schließen
  - Vergleiche ziehen
  - Zitate anbringen
- Argumentation abschließen

zitieren
- wörtlich zitieren
- sinngemäß zitieren

Relationen

Raum
- Lage benennen
- Bewegung, Richtung angeben

Zeit
- Zeitverhältnisse ausdrücken
  - Gegenwart ausdrücken
  - Vergangenheit ausdrücken
  - Zukunft ausdrücken
- Zeitpunkt, Zeitraum angeben
  - Zeitloses ausdrücken
  - Zeitdauer, Gewohnheit ausdrücken
  - Zeitenfolge angeben
    - Reihenfolge angeben
    - Vorzeitigkeit angeben
    - Gleichzeitigkeit angeben
    - Nachzeitigkeit angeben
  - Häufigkeit ausdrücken

Zugehörigkeit ausdrücken
- Besitz angeben
- Anteile ausdrücken

Textelemente

monologische Texte
- Texte eröffnen
- Überleitungen im Text
- Verweise innerhalb eines Textes
- Verweise auf andere Texte
- Texte abschließen

dialogische Texte
- Routine im Dialog
  - Fragen und Antworten
  - Aussagen verkürzen
- Hörersignale
  - zustimmen
  - Aufmerksamkeit signalisieren
  - Rederecht einfordern
  - Gesprächsende signalisieren
- Sprechersignale
  - Rede ankündigen
  - Rederecht behalten
  - Rederecht abgeben
  - Gesprächsende signalisieren

3.6 Texte: Übersicht

3.6.1 Textsorten

Absage
allgemeine Geschäftsbedingungen
An-/Abmoderation
Anfrage
Ankündigung
Ansage
Antrag
Anweisung des Lehrers
Anweisung im Lehrmaterial
Anzeige
Arbeitszeugnis
Argumentation
Artikel
Aufsatz
Aufschrift
Auftrag
Auskunftsgespräch
Bedienungsanleitung
Beipackzettel
Bekanntmachung
Beratungsgespräch
Bericht
Beschreibung einer Grafik
Beschwerde
Besprechung
Bestätigung
Bestellung
Bewerbungsgespräch
Bewerbungsschreiben
Bilderrätsel
Bildschirmtext
Bildunterschrift/-überschrift
Biografie
Börsenbericht
Brief (persönlich)
Comic
Definition
Diagramm
Diskussion
Dokumentarfilm
Durchsage
Einladung
Eintrittskarte
Erzählung
Etikett
Fahrkarte
Fahrplan
Feature
Flugblatt
Formular
Fragebogen
Führung
Garantiebedingung
Gedicht
Gesetz
Gespräch (am Arbeitsplatz)
Gewinnspiel
Grammatikregel
Hand-out
Horoskop
Hörspiel
Interview
Kalender
Karte (Landkarte, Stadtplan ...)
Kaufgespräch
Klappentext
Kochrezept
Kommentar
Krimi
Kündigung
Kurzbiografie
Kurzprosa
Lebenslauf
Legende
Lehrbuchtext
Leserbrief
Lesung
Lexikonartikel
Mahnung
Märchen
Mitschrift
Mitteilung
Musical
Nachrichten
Notiz
Offerte
Organigramm
Plakat
Postkarte
Präsentation
Präsentationsfolie
Preisliste
Produktinformation
Programm (Fernseh-, Veranstaltungsprogramm ...)
Programmhinweis
Prospekt
Protokoll
Prüfung
Ratgeber
Rechnung
Rede
Referat
Reiseführer
Reportage
Rezension
Roman
Satire
Schaubild
Schild
Schlagzeile
Seminararbeit
Sketch
Slogan
Smalltalk
Speisekarte
Spielfilm
Spielregel
Sportergebnis
Sprichwort
Statistik
Stellungnahme
Stundenplan
Tabelle
Tafelanschrift
Tagebuch
Talkshow
Test
Theaterstück
Übertragung
Übung in Unterrichtsmaterialien
Umfrage
Urkunde
Verhandlung
Verkaufsanzeige (privat)
Verordnung
Versuchsbeschreibung
Vertrag
Verzeichnis
Visitenkarte
Vorlesung
Vortrag

Werbung
Wetterkarte
Wettervorhersage
Witz
Wörterbucheintrag
Zeichentrickfilm
Zeittafel
Zeitungsnachricht
Zusammenfassung

3.6.2 Textmuster

Schriftliche Textmuster
Anzeige
Argumentation
Bedienungsanleitung
Bericht
Beschreibung einer Grafik
Bewerbungsschreiben
Brief (offiziell)
Brief (privat)
Definition
Hand-out
Interview
Kochrezept
Kommentar
Lebenslauf (tabellarisch)
Mitschrift
Protokoll
Schild
Seminararbeit
Verkaufsanzeige (privat)
Versuchsbeschreibung
Vertrag
Werbeanzeige
Wettervorhersage
Zeitungsnachricht
Zusammenfassung

Mündliche Textmuster
Ansage
Auskunftsgespräch
Bewerbungsgespräch
Diskussion
Durchsage
Erzählung
Interview
Kaufgespräch
Nachrichten
Präsentation
Prüfung
Rede
Referat
Smalltalk
Wettervorhersage

3.7 Strategien: Übersicht

3.7.1 Lern- und Prüfungsstrategien nach Strategietyp geordnet

Vor dem Lernen
Strategien zur Selbstregulierung
Affektive Strategien

Während des Lernens
Strategien zur Selbstregulierung
Affektive Strategien
Soziale Strategien
Verarbeitungsstrategien
Memorierungsstrategien

Nach dem Lernen
Strategien zur Selbstregulierung
Affektive Strategien
Soziale Strategien

Vor der Prüfung
Entscheidungsstrategien
Strategien zur Selbstregulierung
Affektive Strategien

Während der Prüfung
Strategien zur Selbstregulierung
Problemlösungsstrategien
Interaktionsstrategien
Affektive Strategien

Nach der Prüfung
Strategien zur Selbstregulierung
Affektive Strategien

3.7.2 Lern- und Prüfungsstrategien nach Ziel geordnet

Vor dem Lernen
Das Lernen planen und einrichten
Den Lernstoff organisieren und adaptieren
Stress reduzieren
Sich motivieren
Techniken speziell für den Unterricht
Techniken für Selbstlerner und für den Unterricht

Während des Lernens
Persönlichen Lernprozess effektiv gestalten
Gefühle registrieren und äußern
Stress reduzieren
Sich motivieren
Vorteile der Zusammenarbeit nutzen
Lernstoff verarbeiten
Lernstoff speichern

Nach dem Lernen
Das Lernen steuern und den Lernerfolg evaluieren
Sich motivieren
Vorteile der Zusammenarbeit nutzen

Vor der Prüfung
Entscheiden, welche Art von Prüfung oder Test man machen will
Feststellen, was genau in einer Prüfung/einem Test verlangt wird
Prüfungsstoff überblicken und unterteilen
Sich auf die Prüfungs-/Testsituation vorbereiten

Während der Prüfung
Sich organisieren
Das Prüfungsverhalten optimieren
Das Prüfungsverhalten kontrollieren

Nach der Prüfung
Für andere Prüfungen/Tests lernen
Kenntnisse erweitern
Den Kopf wieder frei bekommen

3.7.3 Lern- und Prüfungsstrategien nach Vorgehensweise geordnet

Vor dem Lernen
Persönliche Bedürfnisse und Lernziele bestimmen
Positive Gefühle entwickeln
Lernform bestimmen
Lernzeiten organisieren
Störfaktoren ausschalten
Den Arbeitsplatz gestalten
Lernstoff nach eigenen Bedürfnissen und Lernzielen auswählen
Vorwissen über den Lernstoff aktivieren
Den Lernstoff überblicken und unterteilen
Sich entspannen

Vor der Prüfung
Sich Informationen beschaffen
Sich einschätzen
Den Prüfungsstoff eingrenzen
Prüfung/Test simulieren
Mit der Prüfungsangst umgehen

Während des Lernens
Bewusst und gezielt lernen
Mit anderen gemeinsam lernen
Den Lehrer als Informationsquelle nutzen
Muttersprachler als Informationsquelle nutzen
Vorwissen aktivieren und Lernstoff analysieren
Lernstoff fokussieren
Lernstoff strukturieren
Lernstoff generalisieren
Lernstoff im Kontext erschließen
Hilfsmittel anwenden
Lernstoff wiederholen
Für Abwechslung sorgen
Lernstoff mit Bekanntem kombinieren/verbinden
Lernstoff mit einem Kontext verbinden
Lernstoff gruppieren
Lernstoff mehrkanalig verarbeiten
Lernstoff individualisieren
Lernstoff anwenden
Lernbiografie reflektieren und einbringen
Verschiedene Lerntechniken erproben und reflektieren
Aufgaben und Lernstoff erweitern oder reduzieren
Körperliche Signale wahrnehmen und darauf reagieren
Gefühle verarbeiten und besprechen
Sich entspannen
Sich Mut machen

Nach dem Lernen
Lernzuwachs und Lernziele überprüfen und Lernstoff neu organisieren
Lernorganisation und Lernprozesse überprüfen und verändern
Lernmotivation überprüfen und verändern
Sich belohnen
Mit anderen gemeinsam evaluieren
Muttersprachler / den Lehrer für die Evaluation nutzen

Während der Prüfung
Zeit einteilen
Lösungsweg und Lösung gestalten
Eigenes Wissen und Können optimal einsetzen
Verständnis der Prüfungs-/Testaufgabe absichern
Risiken vermeiden bzw. diese in Maßen bewusst eingehen
Sich korrigieren
Kommunikation sichern
Auf die eigene Körpersprache achten
Mit einem Black-out umgehen

Nach der Prüfung
Die abgelegte Prüfung evaluieren
Nächste Ziele festlegen
Sich belohnen
Den Prüfungsstress abbauen

Tipp: Die Techniken zu den jeweiligen Strategien finden Sie auf der CD-ROM.

3.7.4 Kommunikative Strategien

Planen
Vorwissen über Inhalte, Sprache, Situation und Personen aktivieren oder einholen
Sich das eigene Interesse und das Interesse der anderen bewusst machen
Informationen und Hilfsmittel bereitstellen und Inhalte vorstrukturieren
Die Aufgabe den sprachlichen und persönlichen Kompetenzen und der gegebenen Situation anpassen
Textschemata aktivieren/Textstruktur entwerfen
Wiederholen und Einüben
Mögliche Verständnisschwierigkeiten erkennen

Durchführen – Kontrollieren – Reparieren
Auf vorhandenem Wissen aufbauen
Hilfsmittel benutzen
Inhalte/Texte strukturieren
Gespräche strukturieren
Kooperieren
Kompensieren und Vermeiden
Hinweise identifizieren/erschließen
Schlüsse ziehen und Vorhersagen machen
Verständnis sichern
Um Klärung bitten/klären
Um Hilfe bitten
Kontrollieren
Ausprobieren
Reparieren

Die Sprachhandlungsstrategien werden bei der Interaktion, Rezeption, Produktion und Sprachmittlung in unterschiedlicher Form angewendet.

Auswahlbibliographie

Folgende Titel waren für die Ausarbeitung der einzelnen Kapitel besonders hilfreich oder geben Hinweise auf weiterführende Literatur:

Abel, Fritz (2003): Eine wichtige Etappe auf dem Weg zur transparenten Zertifizierung von Fremdsprachenkenntnissen – nicht mehr. In: Bausch, Karl-Richard u. a. (Hrsg.): Der Gemeinsame Europäische Referenzrahmen für Sprachen in der Diskussion. Tübingen: Gunter Narr, S. 9–21.

Altmayer, Claus (2004): Sammelrezension von: 1) Gemeinsamer europäischer Referenzrahmen für Sprachen: lernen, lehren, beurteilen (2001). Berlin, München: Langenscheidt. 2) Bausch, Karl-Richard u. a. (Hrsg.): Der Gemeinsame Europäische Referenzrahmen für Sprachen in der Diskussion. Tübingen: Gunter Narr (= Giessener Beiträge zur Fremdsprachendidaktik). 3) Glaboniat, Manuela u. a. (2002): Profile deutsch. Berlin, München: Langenscheidt. In: Zeitschrift für Interkulturellen Fremdsprachenunterricht [Online], 9(2), 10 pp.
Erhältlich unter http://www.ualberta.ca/~german/ejournal/Sprachenpolitik2.htm

Ammon, Ulrich (1995): Die deutsche Sprache in Deutschland, Österreich und der Schweiz. Das Problem der nationalen Varietäten. Berlin, New York: Walter de Gruyter.

Ammon, Ulrich; Bickel, Hans; Ebner, Jakob u. a. (2004): Variantenwörterbuch des Deutschen. Die Standardsprache in Österreich, der Schweiz und Deutschland sowie in Liechtenstein, Luxemburg, Ostbelgien und Südtirol. Berlin, New York: Walter de Gruyter. http://www.sprachwissenschaft.ch/prolex/

Babylonia (1999). Sondernummer in Zusammenarbeit mit dem Europarat: European Language Portfolio – Portfolio européen des langues – Europäisches Sprachenportfolio – Portfolio europeo delle lingue – Portfolio europeic da las lingual. 1999/1.

Baldegger, Markus; Müller, Martin; Schneider, Günther in Zusammenarbeit mit Näf, Anton (1980): Kontaktschwelle Deutsch als Fremdsprache. Berlin, München: Langenscheidt.

Barkowski, Hans (2003): Skalierte Vagheit – der europäische Referenzrahmen für Sprachen und sein Versuch, die sprachliche Sprachkompetenz des Menschen für Anliegen des Fremdsprachenunterrichts niveaugerecht zu proportionieren. In: Bausch, Karl-Richard u. a. (Hrsg.): Der Gemeinsame Europäische Referenzrahmen für Sprachen in der Diskussion. Tübingen: Gunter Narr, S. 29–35.

Bausch, Karl-Richard; Christ, Herbert; Hüllen, Werner; Krumm, Hans-Jürgen (1999): Die Erforschung von Lehr- und Lernmaterialien im Kontext des Lehrens und Lernens fremder Sprachen. Tübingen: Gunter Narr.

Bausch, Karl-Richard (2003): Der gemeinsame Europäische Referenzrahmen für Sprachen: Zustimmung, aber ...! In: Bausch, Karl-Richard u. a. (Hrsg.): Der Gemeinsame Europäische Referenzrahmen für Sprachen in der Diskussion. Tübingen: Gunter Narr, S. 22–28.

Bausch, Karl-Richard; Christ, Herbert; Krumm, Hans-Jürgen ([4]2003): Handbuch Fremdsprachenunterricht, 4., vollständig überarbeitete Auflage. München: Fink.

Beacco Jean-Claude; Bouquet Simon; Porquier Rémy (2003): Niveau B2 pour le Français. Un Référentiel. Paris: Didier.

Berufsprofile. Gesamtkatalog von methodisch-didaktischen Kompetenzen für Lehrkräfte DaF, Unterricht für Erwachsene. Freundlicherweise zur Verfügung gestellt von Galine Perfilova (unveröffentlichtes Manuskript).

Bimmel, Peter; Rampillon, Ute (2000): Lernerautonomie und Lernstrategien. Fernstudieneinheit 23. Berlin, München: Langenscheidt.

Bleyhl, Werner (2003): Die sprachliche Leistungsbeurteilung und die Chance zur Verbesserung des Fremdsprachenunterrichts dank des backwash-Effekts. In: Bausch, Karl-Richard u. a. (Hrsg.): Der Gemeinsame Europäische Referenzrahmen für Sprachen in der Diskussion. Tübingen: Gunter Narr, S. 36–44.

Bredella, Lothar (2003): Lesen und interpretieren im „Gemeinsamen europäischen Referenzrahmen für Sprachen": Die Missachtung allgemeiner Erziehungsziele. In: Bausch, Karl-Richard u. a. (Hrsg.): Der Gemeinsame Europäische Referenzrahmen für Sprachen in der Diskussion. Tübingen: Gunter Narr, S. 45–55.

Buscha, Joachim u. a. (1998): Grammatik in Feldern. Ein Lehr- und Übungsbuch für Fortgeschrittene. Ismaning: Verlag für Deutsch.

Byram, Michael; Zarate, Geneviève; Neuner, Gerhard (1997): Sociocultural competence in language learning and teaching. Studies towards a Common European Framework of reference for language learning and teaching. Strasbourg: Council of Europe.

Byram, Michael; Zarate, Geneviève (1997): The sociocultural and intercultural dimension of language learning and teaching. Strasbourg: Council of Europe.

Christ, Herbert (2003): Was leistet der „Gemeinsame Europäische Referenzrahmen für Sprachen: lernen, lehren, beurteilen"? In: Bausch, Karl-Richard u. a. (Hrsg.): Der Gemeinsame Europäische Referenzrahmen für Sprachen in der Diskussion. Tübingen: Gunter Narr, S. 57–66.

Dräxler, Dieter u. a. (1997): Leitfaden zur Lehrplanarbeit; Zentrale Modulbank für die Mittelstufe. München: Goethe-Institut.

Dreyer, Hilke; Schmitt, Richard (1991): Lehr- und Übungsbuch der deutschen Grammatik. Ismaning: Verlag für Deutsch.

Edmondson, Willis (2003): Bildungspolitik und Referenzrahmen In: Bausch, Karl-Richard u. a. (Hrsg.): Der Gemeinsame Europäische Referenzrahmen für Sprachen in der Diskussion. Tübingen: Gunter Narr, S. 67–74.

Ehlich, Konrad (1994): Funktion und Struktur schriftlicher Kommunikation. In: Günther, H.; Ludwig, O. u. a.: Schrift und Schriftlichkeit/Writing and its Use. Berlin, New York: Walter de Gruyter, S. 18–41.

Eisenberg, Peter (1989): Grundriss der deutschen Grammatik. Stuttgart: Metzler.

Engel, Ulrich ([3]1996): Deutsche Grammatik. Heidelberg: Groos.

Europarat/Council of Europe (1992): Transparency and Coherence in Language Learning in Europe: Objectives, Assessment and Certification. Symposium held in Rüschlikon, 10–16 November 1991. (Edited by North, Brian). Strasbourg: Council for Cultural Co-operation.

Europarat/Council of Europe (1993): Transparency and coherence in language learning in Europe: Objectives, evaluation, certification. Strasbourg.

Europarat/Council of Europe ([5]2004): Gemeinsamer europäischer Referenzrahmen für Sprachen: lernen, lehren, beurteilen. München: Langenscheidt.

Europarat/Council of Europe (2002): Cadre européen commun de référence pour les langues: Apprendre, enseigner; évaluer. Etudes de cas. Strasbourg: Council of Europe Publishing.
http://www.sprachenportfolio.ch/esp_d/hintergrund/index.htm

Europarat/Council of Europe, Common European Framework of Reference for Languages (2002): Learning, Teaching, Assessment. A Guide for Users.
http://culture2.coe.int/portfolio//documents/Guide-for-Users-April02.doc

Europarat/Council of Europe (2002): The Common European Framework and the European Level Descriptions for German as a Foreign Language. In: Common European Framework of Reference for Languages: Learning, Teaching, Assessment – Case Studies. Strasbourg.

Europarat/Council of Europe (2003): Relating Language Examinations to the Common European Framework of Reference for Learning, Teaching, Assessment. Manual. Pilot Version.

Europäisches Sprachenportfolio für Jugendliche und Erwachsene (2001): Hrsg.: EDK Bern: Berner Lehrmittel- und Medienverlag BLMV, Bern.

Europäisches Sprachenportfolio – Portfolio européen des langues – Portfolio europeo delle lingue – European Language Portfolio, Schweizer Version (1999). Hrsg.: Schweizerische Konferenz der kantonalen Erziehungsdirektoren – EDK, Bern. (Die Schweizer Version des Europäischen Sprachenportfolios liegt in einer deutschen, einer französischen, einer italienischen und einer englischen Fassung vor.)
http://www.unifr.ch/ids/portfolio

European Language Portfolio Higher Education (2002): Hrsg.: European Language Council. Berner Lehrmittel- und Medienverlag Bern.

Freudenstein, Reinhold (2003): Richtlinien gehen, der Referenzrahmen kommt ... Wie sich ineffektives Sprachenlernen durch neue Begriffe perpetuieren lässt. In: Bausch, Karl-Richard u. a. (Hrsg.): Der Gemeinsame Europäische Referenzrahmen für Sprachen in der Diskussion. Tübingen: Gunter Narr, S. 75–84.

Glaboniat, Manuela (1998): Kommunikatives Testen im Bereich Deutsch als Fremdsprache. Eine Untersuchung am Beispiel des Österreichischen Sprachdiploms Deutsch. Innsbruck, Wien: Studien Verlag.

Glaboniat, Manuela (2001): Sprachprüfungen am Prüfstand – Merkmale und Gütekriterien kommunikativer Tests. In: Kuri, Sonja; Saxer, Robert (Hrsg.): Deutsch als Fremdsprache an der Schwelle zum 21. Jahrhundert. Innsbruck, Wien: Studien Verlag, S. 129–146.

Glaboniat, Manuela (2002): Schulnoten versus standardisierte Prüfungen – Gedanken zum Neben- und Gegeneinander schulischer und standardisierter Leistungsmessung im DaF-Bereich. In: Barkowski, Hans; Faistauer, Renate (Hrsg.): ... in Sachen Deutsch als Fremdsprache. Hohengehren: Schneider Verlag, S. 218–230.

Glaboniat, Manuela (2003): „Was soll ich können müssen?" Profile deutsch und seine speziellen Anwendungsmöglichkeiten im Bereich Prüfen und Testen. In: ÖDaF-Mitteilungen, Heft 1/2003 „Was soll ich können müssen? Lernziele und Evaluationsverfahren für den DaF/DaZ-Unterricht", S. 20–30.

Glaboniat, Manuela; Müller, Martin; Wertenschlag, Lukas (2003): „Profile deutsch" – Lernzielbeschreibungen und sprachliche Mittel für Deutsch als Fremdsprache auf vier Niveaustufen des europäischen Referenzrahmens". In: Schneider, Günther; Clalüna, Monika (Hrsg.): Mehr Sprache – mehrsprachig – mit Deutsch. Didaktische und politische Perspektiven. München: iudicium Verlag, S.247–255.

Gogolin, Ingrid (2003): Der gemeinsame europäische Referenzrahmen. In: Bausch, Karl-Richard u. a. (Hrsg.): Der Gemeinsame Europäische Referenzrahmen für Sprachen in der Diskussion. Tübingen: Gunter Narr, S. 85–94.

Handbuch für Spracharbeit (1995). München: Goethe-Institut.

Heinemann, Wolfgang; Viehweger, Dieter (1991): Textlinguistik. Eine Einführung. Tübingen: Niemeyer.

Helbig, Gerhard; Buscha, Joachim ([4]2005): Deutsche Grammatik. Ein Handbuch für den Ausländerunterricht. Berlin, München: Langenscheidt.

Held, Gesine u. a. (2004): Szenarien: Deutsch im Tourismus. Arbeitsgruppe Deutsch im Tourismus. Ein Projekt des Goethe-Instituts Madrid.

Holec, Henri; Little, David; Richterich, René (1996): Strategies in language learning and use. Studies towards a Common European Framework of reference for language learning and teaching. Strasbourg: Council of Europe.

House, Juliane (2003): Der Gemeinsame europäische Referenzrahmen für Sprachen – Anspruch und Realität. In: Bausch, Karl-Richard u. a. (Hrsg.): Der Gemeinsame Europäische Referenzrahmen für Sprachen in der Diskussion. Tübingen: Gunter Narr, S. 95–104.

Kautz, Ulrich (2000): Handbuch: Didaktik des Übersetzens und Dolmetschens. München: Goethe-Institut und iudicium Verlag.

Kleppin, Karin (2003): Der gemeinsame europäische Referenzrahmen für Sprachen: Ärgernis oder Fortschritt? In: Bausch, Karl-Richard u. a. (Hrsg.): Der Gemeinsame Europäische Referenzrahmen für Sprachen in der Diskussion. Tübingen: Gunter Narr, S. 105–112.

Königs, Frank G. (2003): Eine Referenz für den Referenzrahmen? Überlegungen zum „Gemeinsamen europäischen Referenzrahmen für Sprachen". In: Bausch, Karl-Richard u. a. (Hrsg.): Der Gemeinsame Europäische Referenzrahmen für Sprachen in der Diskussion. Tübingen: Gunter Narr, S. 113–119.

Krumm, Hans-Jürgen (2003): Der Gemeinsame europäische Referenzrahmen – ein Kuckucksei für den Fremdsprachenunterricht? In: Bausch, Karl-Richard u. a. (Hrsg.): Der Gemeinsame Europäische Referenzrahmen für Sprachen in der Diskussion. Tübingen: Gunter Narr, S. 120–126.

Krumm, Hans-Jürgen (Hrsg.) (2003): Sprachenvielfalt – Babylonische Sprachverwirrung oder Mehrsprachigkeit als Chance? Innsbruck: Studien Verlag.

Langenscheidt e-Großwörterbuch Deutsch als Fremdsprache 4.0. © 2003. Berlin, München: Langenscheidt.

Langenscheidts Großwörterbuch Deutsch als Fremdsprache (2004). Hrsg. von Dieter Götz; Günther Haensch; Hans Wellmann. Berlin, München: Langenscheidt.

Language Learning for a new Europe (1997): Report of the Final Conference of the Project 'Language Learning for European Citizenship'. Strasbourg: Council of Europe.

Legutke, Michael K. (2003): „Das begonnene Sprachenlernen weiterführen. Was leistet der *Gemeinsame europäische Referenzrahmen für Sprachen* im Schnittfeld von Grundschule und weiterführenden Schulen?" In: Bausch, Karl-Richard u. a. (Hrsg.): Der Gemeinsame Europäische Referenzrahmen für Sprachen in der Diskussion. Tübingen: Gunter Narr, S. 127–34.

Lehrpläne für die Goethe-Institute in Deutschland (1996): München: Goethe-Institut.

Lenz, Peter (2000): Piloting the Swiss Model of the European Language Portfolio.
http://www.sprachenportfolio.ch/esp_d/hintergrund/index.htm

Leupold, Eynar (2003): Der Gemeinsame europäische Referenzrahmen: On peut vivre sans, mais vivra-t-on mieux avec? In: Bausch, Karl-Richard u. a. (Hrsg.): Der Gemeinsame Europäische Referenzrahmen für Sprachen in der Diskussion. Tübingen: Gunter Narr, S. 135–139.

Little, David; Perclová, Radka (2001): The European Language Portfolio: a guide for teachers and Teacher trainers.
http://www.sprachenportfolio.ch/esp_d/hintergrund/index.htm

Milanovic, M. (2002): Common European Framework of Reference for Languages: Learning, Teaching, Assessment. Language examining and test development. Prepared under the direction of (A.L.T.E.), Strasbourg.
http://www.sprachenportfolio.ch/esp_d/hintergrund/index.htm

Muhr, Rudolf; Schrodt, Richard; Wiesinger, Peter (1995): Österreichisches Deutsch: linguistische, sozialpsychologische und sprachpolitische Aspekte einer nationalen Variante des Deutschen. Wien: Hölder-Pichler-Tempsky.

Müller, Martin; Schmitz, Helen; Wertenschlag, Lukas (2001): Zur Entwicklung von Niveaubeschreibungen für DaF. In: Kuri, Sonja; Saxer, Robert (Hrsg.): Deutsch als Fremdsprache an der Schwelle zum 21. Jahrhundert. Innsbruck: Studien Verlag, S.211–224.

Müller, Martin; Wertenschlag, Lukas (2001): Die Aufgabe im handlungsorientierten Ansatz. Buenos Aires: Goethe-Institut. http://www.goethe.de/hs/bue/mueller/despvahu.htm

Näf, Anton (1980): Grammatik-Inventar. In: Baldegger, Markus; Müller, Martin; Schneider, Günther in Zusammenarbeit mit Näf, Anton: Kontaktschwelle Deutsch als Fremdsprache. Berlin, München: Langenscheidt.

Neuner, Gerhard (2003): Der Gemeinsame europäische Referenzrahmen für Sprachen (RR) – neue Impulse für die Weiterentwicklung der Fremdsprachendidaktik und die Sprachlehrforschung. In: Bausch, Karl-Richard u. a. (Hrsg.): Der Gemeinsame Europäische Referenzrahmen für Sprachen in der Diskussion. Tübingen: Gunter Narr, S. 140–144.

North, Brian (1997): Perspectives on language proficiency and aspects of competence. In: Language Teaching 30, S. 93–100.

North, Brian; Schneider, Günther (1998): Scaling Descriptors for Language Proficiency Scales. In: Language Testing 15, 2, S. 217–262.

North, Brian (1999): The European Common Reference Levels and the Portfolio. In: Babylonia 1, S. 25–28.

Österreichisches Sprachdiplom Deutsch (2000): Lernzielkataloge. Wien: ÖBV/Hölder-Pichler-Tempsky.

Österreichisches Wörterbuch (2001). Wien: ÖBV/Hölder-Pichler-Tempsky.

Quetz, Jürgen (2001): Der Gemeinsame Europäische Referenzrahmen. In: Info DaF 28/6, S. 553–563.

Quetz, Jürgen (2003): A1–A2–B1–B2–C1–C2: Der gemeinsame europäische Referenzrahmen. In: Deutsch als Fremdsprache. Zeitschrift zur Theorie und Praxis des Deutschunterrichts für Ausländer, Heft 1/2003, S. 42–48.

Quetz, Jürgen (2003): Der Gemeinsame Europäische Referenzrahmen: Ein Schätzkästlein mit Perlen, aber auch mit Kreuzen und Ketten. In: Bausch, Karl-Richard u. a. (Hrsg.): Der Gemeinsame Europäische Referenzrahmen für Sprachen in der Diskussion. Tübingen: Gunter Narr, S. 145–155.

Rahmenrichtlinien für den Mittelstufenunterricht am Goethe-Instiutut (1996): München: Goethe-Institut.

Rampillon, Ute; Zimmermann, Günther (1997): Strategien und Techniken beim Erwerb fremder Sprachen. Ismaning: Hueber.

Raupach, Manfred (2003): „Wir stellen nur Fragen, wir geben keine Antworten." Der Gemeinsame Europäische Referenzrahmen: ist da mehr drin als man denkt? In: Bausch, Karl-Richard u. a. (Hrsg.): Der Gemeinsame Europäische Referenzrahmen für Sprachen in der Diskussion. Tübingen: Gunter Narr, S. 156–163.

Reimann, Monika (1996): Grundstufen-Grammatik für Deutsch als Fremdsprache. Ismaning: Hueber.

Rug, Wolfgang; Tomaszewski, Andreas (2001): Grammatik mit Sinn und Verstand. München: Klett Edition Deutsch.

Rusch, Paul (2002): Profile deutsch. Eine Werkzeugkiste für flexibles Planen und Arbeiten auf den Niveaus A1, A2, B1, B2. In: Ausblicke 16. Zeitschrift für österreichische Kultur und Sprache. Hrsg. v. Zentrum für Österreichstudien. Nov 2002, Jg. 8, Heft 2, S. 9–15.

Saxer, Robert (1999): Texte und Sätze – Didaktische Grammatik der deutschen Sprache. In: Zertifikat Deutsch. Lernziele und Testformat. Hrsg. v. Goethe-Institut (GI); Österreichisches Sprachdiplom Deutsch (ÖSD); Schweizerische Konferenz der kantonalen Erziehungsdirektoren (EDK) und Weiterbildungs-Testsysteme GmbH (WBT), Frankfurt/M.

Schärer, Rolf (2000): Language policies for a multilingual and multicultural Europe. Final Report – A European Language Portfolio Pilot Project. Phase 1998–2000.
http://www.sprachenportfolio.ch/esp_d/hintergrund/index.htm

Schmitz, Helen (2001): Niveaubeschreibungen für Deutsch als Fremdsprache. In: Fremdsprache Deutsch. Zeitschrift für die Praxis des Deutschunterrichts, Heft 24/2001 „Kombinierte Fertigkeiten", S. 58–60.

Schmitz, Helen (2002): „Profile deutsch" und was man damit machen kann. In: Fremdsprache Deutsch. Zeitschrift für die Praxis des Deutschunterrichts, Heft 27/2002 „Kinder- und Jugendliteratur", S. 56–59.

Schneider, Günther (1994): «Fremdsprache gut» – was heisst das? In: Universitas Friburgensis, Dossier Zweisprachigkeit/Bilinguisme 4, S. 37–38.

Schneider, Günther (1996): Selbstevaluation lernen lassen. In: Fremdsprache Deutsch. Zeitschrift für die Praxis des Deutschunterrichts, Sondernummer „Autonomes Lernen", S. 16–23.

Schneider, Günther (1999): Funktionen und wissenschaftliche Grundlagen der Kompetenzbeschreibungen im Sprachenportfolio. In: Babylonia 1, S. 29–33.

Schneider, Günther (1999): Wozu ein Sprachenportfolio? Funktionen und Merkmale des Europäischen Sprachenportfolios (Schweizer Version).
http://www.unifr.ch/ids/portfolio

Schneider, Günther; Lenz, Peter (2001): European Language Portfolio: Guide for developers. Lern- und Forschungszentrum Fremdsprachen, University of Fribourg/CH.
http://www.sprachenportfolio.ch/esp_d/hintergrund/index.htm

Schneider, Günther; North, Brian et al. (1997): European Language Portfolio for young people and adults. In: Council of Europe: European Language Portfolio. Proposals for Development. CC-LANG (97) 1, Strasbourg: Council for Cultural Co-operation, S. 75–88.

Schneider, Günther; North, Brian et al. (1997): Portfolio européen des langues pour jeunes et adultes. In: Conseil de l'Europe: Portfolio Européen des Langues. Propositions d'élaboration. CC-LANG (97) 1, Strasbourg: Conseil de la coopération culturelle, S. 75–88.

Schneider, Günther/North, Brian (2000): Fremdsprachen können – was heißt das? Skalen zur Beschreibung, Beurteilung und Selbsteinschätzung der fremdsprachlichen Kommunikationsfähigkeit. Chur und Zürich.

Schocker v. Ditfurth, Maritha (2003): Die Bedeutung des europäischen Referenzrahmens für die Qualität der Lehr-/Lern-Erfahrungen in Schule und Lehrerbildung. In: Bausch, Karl-Richard u. a. (Hrsg.): Der Gemeinsame Europäische Referenzrahmen für Sprachen in der Diskussion. Tübingen: Gunter Narr, S. 164–172.

Schwerdtfeger, Inge C. (2003): Der europäische Referenzrahmen – oder: Das Ende der Erforschung des Sprachenlernens? In: Bausch, Karl-Richard u. a. (Hrsg.): Der Gemeinsame Europäische Referenzrahmen für Sprachen in der Diskussion. Tübingen: Gunter Narr, S. 173–179.

Steets, Angelika in Zusammenarbeit mit der Projektgruppe Schreib-Curriculum (1999/2000): Curriculum für die Vorbereitung auf wissenschaftliches Schreiben. München: Goethe-Institut und Institut für Deutsch als Fremdsprache der Ludwig-Maximilians-Universität (Erprobungsfassung).

Stotz, Daniel; Wertenschlag, Lukas (2002): Reformieren mit Profil. In: Babylonia 3/2002, S. 33–40.

Tönshoff, Wolfgang (2003): Referenzrahmen: Zwischen Ansprüchen und Erwartungen. In: Bausch, Karl-Richard u. a. (Hrsg.): Der Gemeinsame Europäische Referenzrahmen für Sprachen in der Diskussion. Tübingen: Gunter Narr, S. 180–191.

Tranter, Geoff (2003): Der Gemeinsame Europäische Referenzrahmen – Warum? Wie? Was? In: Klett VHS-Tipps, 10/2003, Nr. 36, S. 3–6.

van Ek, Jan A.; Trim, John L. (1991): Threshold Level. Cambridge: CUP.

van Ek, Jan A.; Trim, John L. (1991): Waystage. Cambridge: CUP.

van Ek, Jan A.; Trim, John L. (1997): Vantage Level. Strasbourg: Council of Europe.

van Ek, Jan A.; Trim, John L. (2000): Breakthrough. A position Paper prepared under contract for the Council of Europe, November 2000 (unveröffentliches Manuskript).

Vollmer, Helmut J. (2003): Ein gemeinsamer europäischer Referenzrahmen für Sprachen: Nicht mehr, nicht weniger. In: Bausch, Karl-Richard u. a. (Hrsg.): Der Gemeinsame Europäische Referenzrahmen für Sprachen in der Diskussion. Tübingen: Gunter Narr, S. 192–206.

Weinrich, Harald (1993): Textgrammatik der deutschen Sprache. Mannheim: Dudenverlag.

Wertenschlag, Lukas; Müller, Martin; Schmitz, Helen (2002): The Common European Framework and the European Level Descriptions for German as a Foreign Language. In: Common European Framework of Reference for Languages: Learning, Teaching, Assessment – Cases Studies. Strasbourg, S. 184–197.

Weydt, Harald (1989): Sprechen mit Partikeln. Berlin, New York: Walter de Gruyter.

Wolff, Dieter (1998): Lernerstrategien beim Fremdsprachenlernen. In: Timm, Johannes-P. (Hrsg.): Englisch lernen und lehren. Berlin: Cornelsen, S. 70–77.

Wolff, Dieter (2004): Ein Weg zu mehr Lernerautonomie. http://paedpsych.jk.uni-linz.ac.at:4711/LEHRTEXTE/Wolff98.html (besucht Oktober 2004).

Zertifikat Deutsch (1999): Lernziele und Testformat. Hrsg.: Goethe-Institut, München (GI); Österreichisches Sprachdiplom Deutsch (ÖSD); Schweizerische Konferenz der kantonalen Erziehungsdirektoren (EDK) und Weiterbildungs-Testsysteme GmbH (WBT), Frankfurt/M.

Zifonun, Gisela u. a. (1997): Grammatik der Deutschen Sprache. Berlin, New York: Walter de Gruyter.

Internationale Prüfungen für Deutsch als Fremdsprache

Niveau	Name der Prüfung	Zielgruppe	Träger/Hrsg.
A1	Fit in Deutsch 1	Jugendliche	GI
	Start Deutsch 1z	MigrantInnen in D	GI
	Start Deutsch 1	allgemein; Erwachsene	GI, WBT
	Sprachkenntnisnachweis (SKN)	MigrantInnen in A	ÖSD
	KID 1 (Kompetenz in Deutsch 1)	Jugendliche	ÖSD
A2	Fit in Deutsch 2	Jugendliche (zurzeit nur in F und I)	GI
	Start Deutsch 2z	MigrantInnen in D	GI
	Start Deutsch 2	allgemein; Erwachsene	WBT
	Grundstufe Deutsch (GD)	allgemein; Erwachsene	ÖSD
	KID 2 (Kompetenz in Deutsch 2)	Jugendliche	ÖSD
B1	Zertifikat Deutsch (ZD)	allgemein; Erwachsene	GI, WBT, ÖSD, Universität Fribourg (CH)
B2	Zertifikat Deutsch für den Beruf (ZDfB)	Berufssprache	WBT
	TestDaF Niveaustufe 3, 4	Studium	TestDaF-Institut
C1	Zentrale Mittelstufenprüfung (ZMP)	allgemein; Erwachsene	GI
	Mittelstufe Deutsch (MD)	allgemein; Erwachsene	ÖSD
	TestDaF Niveaustufe 5	Studium	TestDaF-Institut
	PWD Prüfung Wirtschaftsdeutsch International (PWD)	Wirtschaftssprache	GI, DIHT/Carl Duisberg Centren
C2	Zentrale Oberstufenprüfung (ZOP)	allgemein; Erwachsene	GI
	Kleines deutsches Sprachdiplom (KDS)	allgemein; Erwachsene	GI
	Großes deutsches Sprachdiplom (GDS)	allgemein; Erwachsene	GI
	Wirtschaftssprache Deutsch (WD)	Wirtschaftssprache	ÖSD

Trägerinstitutionen

Goethe-Institut (GI)	Österreichisches Sprachdiplom (ÖSD)	Weiterbildungs-Testsysteme (WBT)	TestDaF-Institut
Dachauer Straße 122 D-80637 München www.goethe.de	Althanstraße 7–9 A–1090 Wien www.osd.at	Wächtersbacher Straße 83 D–60386 Frankfurt/M. www.wbtests.de	Feithstraße 188 D–58084 Hagen www.testdaf.de